Belas Letras

MÚSICA CULTURA POP LIFESTYLE COOKBOOKS
CRIATIVIDADE & IMPACTO SOCIAL

Mötley Crüe

the dirt

EST.
1980
ROWDY 1

ROCK BY VOLUME 200%

Rise Fall

Tradução
Paulo Alves

4ª reimpressão/2024

Belas Letras

MÖTLEY CRÜE
THE DIRT

Para proteger os inocentes, foram mudados alguns dos nomes e características que identificam certas pessoas neste livro, e muitos dos personagens são compostos de diferentes indivíduos.

Publicado mediante acordo com a Dey Street Books, uma divisão da HarperCollins Publishers.

Gustavo Guertler (edição)
Fernanda Fedrizzi (coordenação editorial)
Germano Weirich (revisão)
Celso Orlandin Jr. (adaptação da capa e do projeto gráfico)
Paulo Alves (tradução)

2024
Todos os direitos desta edição reservados à
Editora Belas Letras Ltda.
Rua Visconde de Mauá, 473/301 – Bairro São Pelegrino
CEP 95010-070 – Caxias do Sul – RS
www.belasletras.com.br

Dados Internacionais de Catalogação na Fonte (CIP)
Biblioteca Pública Municipal Dr. Demetrio Niederauer
Caxias do Sul, RS

D599 The Dirt: confissões da banda de rock mais infame do mundo / Tommy Lee ... [et al.]; [tradução de Paulo Alves]. - Caxias do Sul, RS: Belas Letras, 2020.
448 p.: il.

Título original: The Dirt: confessions of the world's most notorious rock band
ISBN: 978-85-8174-516-9

1. Rock (Música). 2. The Dirt (Conjunto musical). 3. Músicos de rock. 4. Autobiografia. I. Lee, Tommy. II. Alves, Paulo. III. Título.

20/3 CDU 784.4

Catalogação elaborada por Vanessa Pinent, CRB-10/1297

DED.

A

nossas esposas
E FILHOS

NA ESPERANÇA DE QUE ELES POSSAM NOS PERDOAR PELO QUE FIZEMOS

SUMÁRIO

THE DIRT

MÖTLEY CRÜE

"A HISTÓRIA AQUI APRESENTADA SERÁ CONTADA POR MAIS DE UMA PENA, ASSIM COMO A HISTÓRIA DE UMA OFENSA ÀS LEIS É, NO TRIBUNAL, CONTADA POR MAIS DE UMA TESTEMUNHA."

— *Wilkie Collins*, *THE WOMAN IN WHITE*, **1860**

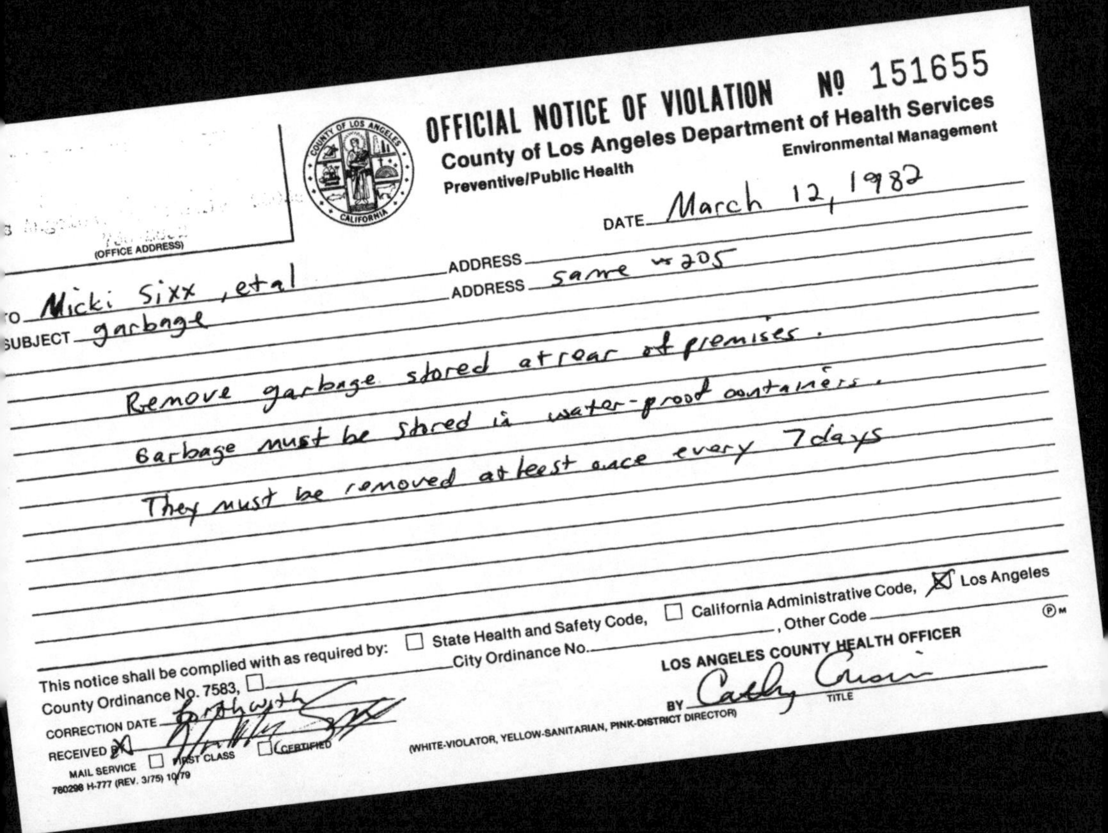

OFFICIAL NOTICE OF VIOLATION Nº 151655

County of Los Angeles Department of Health Services

Preventive/Public Health — Environmental Management

(OFFICE ADDRESS)

DATE March 12, 1982

ADDRESS

TO Micki Sixx, etal — ADDRESS same as 205

SUBJECT garbage

Remove garbage stored at rear of premises.
Garbage must be stored in water-proof containers.
They must be removed at least once every 7 days

This notice shall be complied with as required by: ☐ State Health and Safety Code, ☐ California Administrative Code, ☒ Los Angeles County Ordinance No. 7583, ☐ City Ordinance No. ______, Other Code ______

CORRECTION DATE forthwith

RECEIVED BY ☒

MAIL SERVICE ☐ FIRST CLASS ☐ CERTIFIED

LOS ANGELES COUNTY HEALTH OFFICER

BY Cathy ______ TITLE

(WHITE-VIOLATOR, YELLOW-SANITARIAN, PINK-DISTRICT DIRECTOR)

780298 H-777 (REV. 3/75) 10/79

fig. 1

PARTE UM

A MÖTLEY HOUSE

capítulo 1
VINCE

A RESPEITO DA PRIMEIRA CASA; ONDE TOMMY É PEGO DE CALÇAS ARRIADAS E COM OS PENDURICALHOS NUM BURACO; NIKKI É INCENDIADO, PARA O EMINENTE DESGOSTO DO CARPETE; VINCE COBIÇA NARCÓTICOS NA PESSOA DE DAVID LEE ROTH; E MICK MANTÉM UMA DISTÂNCIA CORRETA E ESTUPEFATA

O nome dela era Bullwinkle. A gente a chamava assim porque ela tinha cara de alce.[1] Tommy, no entanto, apesar de poder ter a garota que quisesse na Sunset Strip, não terminava com ela. Ele a amava e queria se casar com ela, não parava de nos dizer, porque ela, quando gozava, era capaz de esguichar até o outro lado do quarto.

Infelizmente, não era só gozo que ela lançava voando pela casa. Eram também pratos, roupas, cadeiras, socos – qualquer coisa que estivesse ao alcance do tempe-

1 Referência ao personagem do desenho animado *As Aventuras de Rocky e Bullwinkle*. (N. do T.)

ramento dela. Até então eu nunca tinha visto alguém ser tão violento, e olha que eu morei em Compton. Uma palavra ou um olhar errado fazia com que ela explodisse numa fúria de ciúmes. Certa noite, Tommy fez uma barricada na porta da casa para impedir que ela entrasse – a fechadura estava quebrada havia muito tempo, de tanto a polícia arrombar –, então ela pegou um extintor de incêndio e arremessou na janela de vidro para conseguir entrar. Mais tarde, a polícia chegou e sacou as armas para o Tommy, enquanto Nikki e eu nos escondíamos no banheiro. Não sei o que nos dava mais medo: a Bullwinkle ou a polícia.

Nunca consertamos a janela. Teria dado muito trabalho. Entrava gente aos montes na casa, que ficava perto do Whisky A Go-Go, para as festas tarde da noite, pela janela quebrada ou pela porta marrom da frente, torta e apodrecida, que só ficava fechada se dobrássemos um pedaço de papelão e enfiássemos embaixo. Eu dividia um quarto com Tommy, já aquele f.d.p. do Nikki pegou para ele o quarto grande. Quando nos mudamos, concordamos em fazer um rodízio, de forma que todo mês um de nós ficasse com o quarto grande sozinho. Mas isso nunca aconteceu. Dava muito trabalho.

Era 1981, nós estávamos duros, e as únicas coisas que tínhamos em nosso nome eram mil compactos de sete polegadas que nosso empresário prensara para nós e alguns pertences caindo aos pedaços. Na sala havia um sofá de couro e um aparelho de som que os pais do Tommy deram para ele de Natal. O teto era cheio de marquinhas redondas, porque toda vez que os vizinhos de cima reclamavam do barulho, retaliávamos batendo no teto com cabos de vassoura e braços de guitarra. O carpete era imundo, com manchas de álcool, sangue e queimaduras de cigarro, e as paredes eram pretas de tão sujas.

O lugar era infestado de pragas. Se quiséssemos usar o forno, tínhamos de deixar ligado por uns bons dez minutos pra matar os exércitos de baratas que ficavam lá dentro. Não tínhamos dinheiro pra comprar inseticida, então, pra exterminar as baratas das paredes, pegávamos laquê, acendíamos um isqueiro na saída do spray e usávamos como um maçarico pra atear fogo nas desgraçadas. É claro que a gente conseguia se dar o luxo de comprar (ou o luxo de roubar) coisas importantes, tipo laquê, porque, pra marcar presença nos clubes, era preciso ter o cabelo bem armado.

A cozinha era menor que um banheiro, e tão pútrida quanto. Na geladeira geralmente havia atum velho, cerveja, mortadela Oscar Mayer, maionese vencida e, se fosse começo de semana, talvez alguns cachorros-quentes, roubados da loja de bebidas que ficava no andar de baixo ou comprados com trocados. Quase sempre, porém, Big Bill, um motoqueiro e segurança do Troubadour de 200 kg (que morreu de overdose de cocaína no ano seguinte), ia até a casa e comia todos os cachorros-quentes. Ele nos metia medo demais para dizermos que só tínhamos aqueles.

Um casal que morava algumas casas abaixo tinha pena da gente, então de vez em quando trazia uma grande tigela de espaguete. Quando ficávamos mesmo sem nenhum tostão, Nikki e eu saíamos com garotas que trabalhavam em mercados, só pela comida de graça. Porém, sempre comprávamos nosso próprio goró. Era uma questão de orgulho.

fig. 2

Na pia da cozinha se putrefazia a única louça que tínhamos, dois copos e um prato, e a gente passava uma água de vez em quando. Às vezes, dava para fazer uma refeição inteira com a sujeira grudada no prato, e isso não era baixo demais pro Tommy. Sempre que o lixo se acumulava, abríamos a pequena porta de correr da cozinha e o jogávamos no pátio. Na teoria, o pátio teria sido um lugar legal, onde caberiam uma churrasqueira e um banco, mas, ao invés disso, as pilhas de sacos de latas e garrafas eram tão grandes que tínhamos de segurar o lixo para que ele não se esparramasse pela casa toda vez que abríamos a porta. Os vizinhos reclamavam do cheiro e dos ratos que começaram a infestar o pátio, mas de jeito nenhum íamos tocar naquilo, mesmo depois de a Vigilância Sanitária de Los Angeles aparecer na nossa porta com documentos que exigiam que limpássemos o desastre ambiental que havíamos criado.

Em comparação com a cozinha, nosso banheiro parecia imaculado. Nos mais ou menos nove meses que moramos lá, não limpamos o banheiro uma vez sequer. Tommy e eu ainda éramos adolescentes: não sabíamos como limpar. Havia absorventes no chuveiro, deixados pelas garotas na noite anterior, e a pia e o espelho eram pretos, por causa da tintura de cabelo do Nikki. Não tínhamos dinheiro – ou éramos preguiçosos demais – para comprar papel higiênico, então havia meias, flyers de bandas e páginas de revistas sujos de merda espalhados pelo chão. Do lado de dentro da porta havia um pôster do Slim Whitman. Não sei muito bem por quê.

O banheiro ficava num corredor que conduzia para dois quartos. O carpete do hall era salpicado de pegadas chamuscadas, porque nos ensaios para o nosso show ateávamos fogo no Nikki, e o fluido de isqueiro sempre acabava escorrendo pelas pernas dele.

O quarto que eu dividia com Tommy ficava à esquerda do corredor, cheio de garrafas vazias e roupas sujas. Dormíamos cada um num colchão no chão e sobre lençóis que já tinham sido brancos, mas ganharam a cor de barata pisada. Mas nos achávamos muito charmosos por ter uma porta espelhada no nosso guarda-roupa. Ou porque *tínhamos*. Certa noite, David Lee Roth foi nos visitar e sentou no chão do quarto com uma grande montanha de cocaína, sem dividir com ninguém, como era de costume, e a porta se soltou das dobradiças e rachou na cabeça dele. Dave pausou seu monólogo por meio segundo e então prosseguiu. Não pareceu se dar conta de nada fora do comum – e não desperdiçou nem um pouquinho da droga.

Nikki tinha uma TV no quarto e uma porta dupla que abria para a sala, que por alguma razão ele trancou com pregos. Ficava lá sentado no chão, escrevendo "Shout at the Devil", enquanto todo mundo ao redor dele festejava. Toda noite, depois de tocarmos no Whisky, metade do público voltava conosco para a casa para beber e usar cocaína, heroína, Percodan,[2] quaaludes[3] e o que mais desse para conseguir de graça. Nessa época, eu era o único que injetava, porque uma loira mimada, rica, bissexual, amante de *ménages* e dona de um Datsun 280Z chamada Lovey tinha me ensinado a injetar cocaína.

Remanescentes da cena punk, como membros do 45 Grave ou do Circle Jerks, vinham às nossas festas, que aconteciam quase todas as noites, e caras de bandas novatas do metal,[4] como Ratt e W.A.S.P., se espalhavam pelo jardim e pela rua. As garotas chegavam em turnos. Uma saía pela janela enquanto outra entrava pela porta. Eu e Tommy tínhamos a nossa janela, e Nikki tinha a dele.

– Chegou alguém. Você precisa ir – era tudo o que tínhamos de dizer. E elas iam – embora, às vezes, só até o quarto oposto.

Uma mina que ia muito lá era uma ruiva incrivelmente obesa, que nem conseguia passar pela janela. Mas ela tinha um Jaguar XJS, que era o carro favorito do

2 Medicamento opioide composto por oxicodona e aspirina. (N. do T.)

3 Nome popular da metaqualona, medicamento sedativo, depressor do sistema nervoso central. (N. do T.)

4 Embora o Mötley Crüe e outras bandas citadas (como Ratt e W.A.S.P.) sejam mais identificáveis com o hard rock ou com a vertente chamada *hair metal* do que com o metal propriamente dito, nos anos 1980 era comum que a imprensa e o público se referissem de forma ampla a essas bandas como "metal", e esse foi o termo utilizado no texto original deste livro nesta e em diversas outras passagens. (N. do T.)

Tommy. Ele queria dirigir aquele carro mais do que qualquer coisa. Por fim, ela lhe disse que se eles transassem ela o deixaria dirigir o Jaguar. Nessa noite, Nikki e eu chegamos em casa e demos de cara com o Tommy com os gambitos estirados no chão e uma grande forma trêmula e nua quicando impiedosamente em cima dele. Apenas nos desviamos, pegamos um rum com Coca e nos sentamos no sofá caindo aos pedaços para assistir ao espetáculo: eles pareciam um Fusca vermelho com quatro pneus faixa branca murchando cada vez mais. No segundo em que terminou, Tommy subiu as calças e olhou para nós.

– Preciso ir, caras – disse ele, orgulhoso e radiante. – Vou dirigir o carro dela.

E então ele vazou – voou pela sala suja, passou pela porta arrebentada e pelos blocos de concreto e chegou até o carro, feliz consigo mesmo. Não seria a última vez que veríamos aqueles dois entrelaçados numa barganha do diabo.

Vivemos naquele chiqueiro pelo mesmo tempo que uma criança fica no útero antes de irmos morar com garotas que conhecemos. O tempo todo que passamos lá, tudo o que queríamos era um contrato de gravação. Porém, tudo o que conseguimos foi goró, drogas, minas, miséria e ordens judiciais. Mick, que morava com sua namorada em Manhattan Beach, insistia que aquele não era o jeito de conseguir um contrato. Mas acho que ele estava errado. Aquele lugar deu à luz o Mötley Crüe e, como uma matilha de cachorros loucos, abandonamos a cadela, saindo por aí com testosterona descontrolada e intensificada o suficiente para desovarmos um milhão de embriões bastardos de bandas de metal.

capítulo 2
M I C K

A CASA PERCEBIDA DE UMA PERSPECTIVA EXTERNA, NA QUAL A CORRELAÇÃO ENTRE BULLWINKLE E FORMAS DE VIDA EXTRATERRESTRES É POSTULADA

Eu costumava dizer a eles o seguinte:

– Sabe qual é o problema de vocês? Quando vocês fazem as coisas, são pegos. É assim que vocês têm de fazer – e então eu pegava um copo de shot, arremessava do outro lado da sala e ninguém entendia que porra estava acontecendo. Sempre fui o cara que sabe fazer coisas desse tipo e não ser pego. Acho que eu era o *outsider*.

Eu morava em Manhattan Beach com a minha namorada. Nunca curti ficar naquela casa da banda. Já tinha feito aquilo, já sabia como era. Eu já era maior de idade havia muito tempo e eles ainda tinham, tipo, dezoito.[5] Certa vez, fui lá no Natal, e eles tinham uma arvorezinha que roubaram e decoraram com latas de cerveja, calcinhas, catarro, agulhas e outras merdas. Antes de sairmos para fazer um show no Country Club naquela noite, colocaram a árvore no jardim, encharcaram de gasolina e atearam fogo. Eles acharam muito engraçado, mas, para mim, aquilo só fedia. Esse tipo de coisa me entediava muito rápido, sabe como é. A casa estava sempre tão imunda que, se você passasse o dedo sobre qualquer superfície, ia ficar com poeira debaixo da unha. Eu preferia ficar na minha casa e tocar guitarra.

Nikki saía com uma garota meio bruxa com quem ele fazia sexo no armário, ou num caixão, na casa dela. Tommy saía com – não lembro o nome dela, mas nós a chamávamos de Bullwinkle. E um alce não é um animal muito bonito. Ela ficava doida e arrancava os extintores da parede e arrebentava as janelas para entrar na

5 A idade legal para se consumir álcool nos EUA é de 21 anos. (N. do T.)

fig. 3

casa. Para mim, era de uma personalidade boba, imatura e possessiva, que era louca ou algo do tipo. Eu nunca conseguiria ser tão violento daquele jeito, arrebentar uma janela e correr o risco de me machucar.

O que tem no interior de gente assim são coisas que são demais para mim. Todo mundo gosta de procurar alienígenas, mas acho que nós é que somos os alienígenas. Somos os descendentes dos encrenqueiros de outros planetas. Assim como a Austrália era uma prisão para a Inglaterra, que mandava para lá todos os criminosos e tal, é a mesma coisa na Terra. Foi para cá que nos mandaram. Nós somos a porra da gente insana de algum outro lugar, só um monte de lixo.

Minhas costas doem.

fig. 1

Rob Hemphill, Frank Feranna (também conhecido como Nikki Sixx) e amigos na frente da Roosevelt High School, em Seattle

PARTE DOIS

NASCIDO SOLTO DEMAIS

capítulo 1
NIKKI

AS PROVAÇÕES E TRIBULAÇÕES DO JOVEM NIKKI, EM QUE NOSSO HERÓI APANHA SELVAGEMENTE POR ESCOVAR OS DENTES NUM SENTIDO EQUIVOCADO, APRENDE OS ASPECTOS MAIS REFINADOS DA MATANÇA DE COELHOS, UTILIZA UMA LANCHEIRA COMO FERRAMENTA DE AUTODEFESA, PEGA NA MÃO DA DOCE SARAH HOPPER E VENDE METANFETAMINA

Eu tinha quatorze anos quando fiz com que minha mãe fosse presa.

Ela estava brava comigo por algum motivo – fiquei fora de casa até tarde, não fiz a lição de casa, ouvi música muito alto, me vesti de um jeito desleixado, não consigo me lembrar – e eu não aguentava mais. Arrebentei meu baixo na parede, joguei meu aparelho de som do outro lado do quarto, rasguei meus pôsteres do MC5 e do Blue Cheer e, com um chute, fiz um buraco na televisão em preto e branco do andar de baixo, antes de abrir com toda força a porta da frente. Do lado de fora, atirei uma pedra em cada janela da casa, sistematicamente.

Isso era só o começo. Eu já vinha planejando há algum tempo o que veio depois. Corri até uma casa vizinha, habitada por uns degenerados com quem eu gostava de ficar chapado, e pedi a eles uma faca. Alguém me jogou um canivete. Abri a lâmina, estendi meu braço esquerdo cheio de braceletes, enfiei a faca logo abaixo do cotovelo e fiz um corte de uns dez centímetros, profundo o bastante para expor o osso em alguns pontos. Não senti nada. Na verdade, achei que ficou bem legal.

E então liguei para a polícia e disse que a minha mãe tinha me atacado.

Queria que eles a prendessem, para que então eu pudesse morar sozinho. Porém, meu plano saiu pela culatra: a polícia disse que se eu, na condição de menor de idade sob a custódia dela, prestasse queixa, eles teriam de me colocar num orfanato até que eu completasse dezoito anos. Isso significava que eu não poderia tocar baixo por quatro anos. E, se eu não pudesse tocar baixo por quatro anos, significaria que eu nunca chegaria lá. E eu ia chegar lá. Não havia dúvida disso – pelo menos não na minha cabeça.

Então fiz uma barganha com a minha mãe. Disse a ela que não prestaria queixa de agressão se ela recuasse, me deixasse sozinho e em paz:

– Você nunca me apoiou. Então só me deixa ir – e ela deixou.

Nunca mais voltei. Foi o tardio fim de uma busca por fuga e independência que entrara em movimento havia muito tempo. Começou como o clássico punk de Richard Hell, "Blank Generation": "*I was saying let me out of here before I was even born*".[6]

Nasci em 11 de dezembro de 1958, às 7h11min da manhã, em San Jose. Cheguei o mais cedo possível e, já naquela época, provavelmente ainda estava acordado da noite anterior. Minha mãe tinha tanta sorte com nomes quanto ela tinha com homens. Seu nome de batismo era Deana Haight – uma garota da fazenda de Idaho, de olhos brilhantes como estrelas. Era inteligente, determinada, motivada e extremamente deslumbrante – como uma estrela de cinema dos anos 1950, de cabelos curtos meio estilizados, um rosto angelical e um corpo que inspirava encaradas na rua. Porém, era a ovelha negra da família, o exato oposto de sua irmã mimada e perfeita, Sharon. Tinha um lado doido indomável: completamente temperamental, propensa a aventuras aleatórias e, por constituição, incapaz de criar qualquer padrão de estabilidade. Era definitivamente a minha mãe.

Ela queria me chamar de Michael ou de Russell, mas antes que pudesse, a enfermeira perguntou ao meu pai, Frank Carlton Feranna – que poucos anos depois nos abandonaria para sempre –, qual seria o meu nome. Ele traiu a confiança da minha mãe no ato e me deu o seu próprio nome, Frank Feranna. E foi isso que escreveram na minha certidão de nascimento. Desde o primeiro dia, minha vida já era fodida de todo jeito. A essa altura, eu deveria ter rastejado de volta para o útero e implorado ao criador: "Podemos começar de novo?".

Meu pai ficou conosco tempo suficiente para me dar uma irmã de quem não tenho lembranças, assim como dele. Minha mãe sempre me dizia que minha irmã

6 "Eu dizia 'me deixem sair daqui' antes mesmo de nascer" (N. do T.)

fig. 2

A mãe de Nikki, Deana

fig. 3

tinha ido morar em outro lugar quando era pequena e que eu não estava autorizado a vê-la. Só trinta anos depois é que descobri a verdade. Para a minha mãe, gravidez e filhos eram sinais de aviso que diziam a ela para segurar a onda – conselho que ela só seguiu por pouco tempo, até começar a namorar o Richard Pryor.

Durante a maior parte da minha infância, a noção de uma irmã e um pai estava além da minha compreensão. Nunca me vi como saído de um lar disfuncional, porque nas minhas lembranças meu lar sempre foi minha mãe e eu, e só. Morávamos no nono andar do St. James Club – então conhecido como Sunset Towers – no Sunset Boulevard. E, sempre que eu começava a atrapalhar o estilo de vida dela, ela me mandava para os meus avós, que se mudavam constantemente e moraram num milharal em Pocatello, Idaho, ou num parque rochoso no sul da Califórnia, ou numa fazenda de porcos no Novo México. Meus avós sempre ameaçavam pedir a minha guarda na justiça caso a minha mãe não parasse de farrear. Mas ela nem renunciava a mim por completo, nem desacelerava. A situação piorou quando ela entrou para a banda do Frank Sinatra como backing vocal e começou a namorar o baixista, Vinny. Eu ia muito aos ensaios e via passar os astros daquela era, como Mitzi Gaynor, Count Basie e Nelson Riddle.

Quando eu tinha quatro anos, ela se casou com Vinny e nós nos mudamos para Lake Tahoe, que estava se tornando uma míni Las Vegas. Eu acordava às seis da manhã na casinha marrom em que morávamos, pronto para brincar, mas acabava sozinho, jogando pedras na lagoa que passava ao lado até eles acordarem, por volta das 14h. Eu sabia que era melhor não tentar acordar o Vinny, porque ele ia me apagar. Ele sempre estava num mau humor terrível e descontaria em mim a menor das provocações. Certa tarde, ele estava na banheira quando percebeu que eu escovava os dentes de um lado para o outro, em vez de ir de cima para baixo, como ele tinha me ensinado. Levantou-se, nu, peludo e ensopado feito um macaco pego de surpresa por um temporal, e esmurrou minha têmpora com tudo, me nocauteando. Então minha mãe, como de costume, ficou furiosa e o atacou enquanto eu corria até a lagoa para me esconder.

Naquele Natal, ganhei dois presentes: meu pai apareceu na nossa casa enquanto eu estava brincando do lado de fora e, como uma gentileza débil para absolver-se de sua culpa ou como uma tentativa genuína de ser pai com os poucos meios que possuía, me deixou um trenó vermelho de plástico com alças de couro. E minha meia-irmã, Ceci, nasceu.

Quando eu tinha seis anos, nos mudamos para o México, talvez porque minha mãe e Vinny tinham ganhado dinheiro o bastante para tirar um ano sabático, ou talvez porque estivessem fugindo de alguma coisa (muito provavelmente alguma coisa de farda azul). Eles nunca me disseram o motivo. Tudo que lembro é que minha mãe e Ceci foram de avião, o que significava que eu teria de cruzar a fronteira no Chevrolet Corvair com Vinny e Belle. Belle era a pastora alemã dele que, assim como seu dono, sempre me atacava sem motivo. Por anos, minhas pernas, braços e tronco foram cobertos por marcas de mordidas. Até hoje não suporto pastores alemães nem fodendo (o Vince acabou de comprar um, o que faz sentido).

O México foi provavelmente onde passei a melhor época da minha infância: corria pelado com as crianças mexicanas na praia perto do nosso chalé, brincava com as cabras e galinhas que perambulavam pelo bairro como se fossem donas do lugar, comia ceviche, ia até a cidade comprar milho cozido embrulhado em papel-alumínio e, aos sete anos, fumei maconha pela primeira vez com a minha mãe.

Quando ela e Vinny se cansaram do México, retornamos para Idaho, onde meus avós me deram de presente minha primeira vitrola, uma de brinquedo feita de plástico que só tocava compactos. A agulha ficava na tampa, então você tinha de fechar a vitrola para a música tocar e abri-la para parar. Eu ouvia Alvin e os Esquilos o tempo todo, o que minha mãe nunca me deixou esquecer.

Um ano depois, embarcamos num trailer da U-Haul[7] e partimos para El Paso, Texas. Meu avô dormia num saco de dormir do lado de fora, minha avó num dos assentos, e eu me encolhia no chão feito um cachorro. Aos oito anos, eu já estava cansado de turnês.

Depois de tanto viajar e passar a maior parte do tempo na companhia de mim mesmo, as amizades se tornaram como televisão para mim: algo que eu ligava de vez em quando para me distrair do fato de que era sozinho. Sempre que estava perto de um grupo de crianças da minha idade, eu me sentia desconfortável e deslocado. Na escola, tinha problemas de concentração. Era difícil me importar ou prestar atenção, já que eu sabia que, antes do ano terminar, eu teria ido embora dali e nunca mais veria nenhum daqueles professores e colegas.

Em El Paso, meu avô trabalhava num posto Shell, minha avó ficava no trailer e eu frequentava a escola primária local, onde as crianças eram impiedosas. Elas me empurravam, pegavam no meu pé e diziam que eu corria como uma menina. Todos os dias, ao caminhar até a escola, eu tinha de cruzar o pátio do ensino médio e ser atingido por bolas de futebol e comida. Para minha humilhação ser ainda maior, meu avô cortou meu cabelo, que minha mãe sempre deixara comprido, num estilo militar – que não era dos mais populares no final dos anos 1960.

Com o tempo, passei a gostar de El Paso porque comecei a andar com Victor, um garoto mexicano hiperativo que morava do outro lado da rua. Viramos melhores amigos e fazíamos tudo juntos, o que me permitiu ignorar as outras crianças que me odiavam até os dentes porque eu era um pobre *white trash* da Califórnia. Mas assim que me senti confortável, veio a notícia inevitável: íamos nos mudar de novo. Fiquei devastado, porque dessa vez eu teria de deixar alguém para trás, Victor.

NÓS NOS MUDAMOS PARA O MEIO DO DESERTO, para Anthony, Novo México, porque meus avós pensaram que poderiam ganhar mais dinheiro com uma fazenda de porcos. Criávamos galinhas e coelhos além dos porcos. Meu trabalho era segurar cada coelho pelas pernas traseiras, pegar um pedaço de pau e dar com tudo na pelagem de trás da cabeça dele. O corpo convulsionava na minha mão, sangrava pelo nariz, e eu ficava lá pensando: "Ele só era meu amigo. Estou

7 Companhia que aluga trailers e pequenos caminhões para que você mesmo transporte sua mudança. (N. do T.)

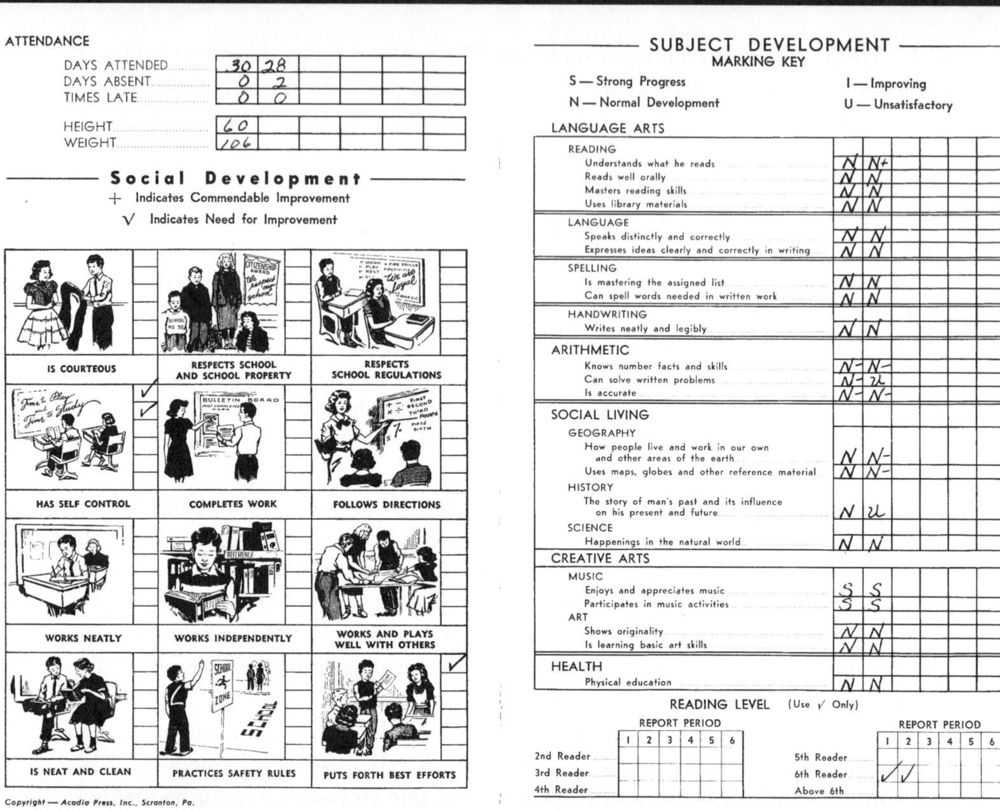

ATTENDANCE

	1	2	3	4	5	6
DAYS ATTENDED	30	28				
DAYS ABSENT	0	2				
TIMES LATE	0	0				
HEIGHT	60					
WEIGHT	106					

Social Development

+ Indicates Commendable Improvement

√ Indicates Need for Improvement

IS COURTEOUS	RESPECTS SCHOOL AND SCHOOL PROPERTY	RESPECTS SCHOOL REGULATIONS
HAS SELF CONTROL ✓ ✓	COMPLETES WORK	FOLLOWS DIRECTIONS
WORKS NEATLY	WORKS INDEPENDENTLY	WORKS AND PLAYS WELL WITH OTHERS
IS NEAT AND CLEAN	PRACTICES SAFETY RULES	PUTS FORTH BEST EFFORTS ✓

SUBJECT DEVELOPMENT

MARKING KEY

S — Strong Progress
N — Normal Development
I — Improving
U — Unsatisfactory

LANGUAGE ARTS	1	2	3	4	5	6
READING						
Understands what he reads	N	N+				
Reads well orally	N	N				
Masters reading skills	N	N				
Uses library materials	N	N				
LANGUAGE						
Speaks distinctly and correctly	N	N				
Expresses ideas clearly and correctly in writing	N	N				
SPELLING						
Is mastering the assigned list	N	N				
Can spell words needed in written work	N	N				
HANDWRITING						
Writes neatly and legibly	N	N				
ARITHMETIC						
Knows number facts and skills	N-	N-				
Can solve written problems	N-	U				
Is accurate	N-	N-				
SOCIAL LIVING						
GEOGRAPHY						
How people live and work in our own and other areas of the earth	N	N-				
Uses maps, globes and other reference material	N	N-				
HISTORY						
The story of man's past and its influence on his present and future	N	U				
SCIENCE						
Happenings in the natural world	N	N				
CREATIVE ARTS						
MUSIC						
Enjoys and appreciates music	S	S				
Participates in music activities	S	S				
ART						
Shows originality	N	N				
Is learning basic art skills	N	N				
HEALTH						
Physical education	N	N				

READING LEVEL (Use √ Only)

REPORT PERIOD	1	2	3	4	5	6
2nd Reader						
3rd Reader						
4th Reader						

REPORT PERIOD	1	2	3	4	5	6
5th Reader						
6th Reader	✓	✓				
Above 6th						

fig. 4

O boletim de Nikki da sexta série, Anthony, Novo México, Gasden School District

fig. 5

O pai de Nikki, Frank Feranna

matando meus amigos". Mas, ao mesmo tempo, eu sabia que abatê-los era o meu papel na família; era o que eu precisava fazer para me tornar um homem.

A escola ficava a uma hora e meia de ônibus por uma estrada de terra e bullying constante. Quando chegávamos, os garotos mais velhos, que se sentavam no fundo do ônibus, me derrubavam no chão e pisavam em mim até que eu desse a eles o meu dinheiro do almoço. Depois da sétima vez, jurei que aquilo não aconteceria de novo. No dia seguinte, aconteceu de novo.

Na manhã seguinte, trouxe uma lancheira de metal da *Apollo 13* comigo e a enchi de pedras no ponto de ônibus. Assim que chegamos na escola, corri para descer do ônibus e, como de costume, eles me alcançaram. Porém, dessa vez, comecei a rodar, quebrando narizes, abrindo cortes em cabeças e jorrando sangue por todo lado, até que a lancheira abriu em contato com a cara de um daqueles caipiras de pais consanguíneos.

Eles nunca mais se meteram comigo – e eu me senti empoderado. Ao invés de me acovardar perto de garotos mais velhos, eu só pensava: "Nem comecem, porque eu vou foder com vocês". E era o que eu fazia: se alguém me empurrasse, eu mandava para a porra do chão. Virei um demente, e todos eles começaram a se dar conta disso e a manter distância. Em vez de brincar jogando pedras no rio, comecei a caminhar pelas estradas de terra com a minha arma de ar comprimido, atirando em todas as coisas animadas e inanimadas. Minha única amiga era uma senhora que morava num trailer perto de casa, sozinha no meio do deserto. Sentada no sofá desbotado de estampa florida, ela bebia vodca enquanto eu alimentava seus peixinhos dourados.

Depois de um ano morando em Anthony, meus avós concluíram que criar porcos não era a estrada para a riqueza que eles acharam que seria. Quando me disseram que íamos nos mudar de volta para El Paso – a uma quadra da nossa antiga casa –, fiquei extasiado. Eu reveria meu amigo Victor.

No entanto, eu não era mais o mesmo – estava amargurado e destrutivo – e Victor tinha feito novos amigos. Eu passava na frente da casa dele pelo menos duas vezes por dia, sentindo meu isolamento e minha raiva crescerem, antes de atravessar a escola do ensino médio e ser atingido por equipamentos esportivos a caminho da Gasden District Junior High, que eu odiava. Comecei a roubar livros e roupas dos armários dos outros por despeito e a ir até a venda Piggy Wiggly's para furtar doces e enfiar carrinhos Hot Wheels nos sacos de pipoca de dez centavos, na esperança de que as pessoas engasgassem com eles. No Natal, meu avô vendeu alguns de seus pertences mais estimados – incluindo seu rádio e seu único terno – só para me comprar uma faca Buck, e eu retribuí esse sacrifício usando-a para rasgar pneus. A desforra, o autodesprezo e o tédio me abriram o caminho para a delinquência juvenil. E eu escolhi segui-lo até o final.

Meus avós enfim se mudaram de volta para Idaho, para um milharal de 24 hectares em Twin Falls. Morávamos ao lado de uma vala de silagem, onde o excesso de cascas e o refugo eram depositados depois das colheitas, misturados com produtos químicos, cobertos com plástico e deixados para apodrecer no solo até que fedessem o bastante para alimentar as vacas. Tive uma vida de Huckleberry Finn naquele verão – pescava no rio, caminhava pela ferrovia, amassando moedas sob os trens, e construía fortes de palha.

Na maioria das noites, eu corria pela casa fingindo ter uma motocicleta, e então me trancava no quarto para ouvir rádio. Certa noite, o DJ tocou "Big Bad John", de Jimmy Dean, e eu fiquei doido. Aquilo cortou o tédio feito uma foice. A canção tinha estilo e atitude: era *cool*. "Achei", pensei. "Era isso que eu estava procurando". Liguei tanto para a estação de rádio para pedir "Big Bad John" que o DJ pediu que eu parasse.

Quando as aulas começaram, foi como se Anthony se repetisse. As crianças pegavam no meu pé e eu tive de recorrer aos punhos para impedi-los. Zombavam do meu cabelo, da minha cara, dos meus calçados, das minhas roupas – nada a meu respeito se adequava. Eu me sentia como um quebra-cabeça faltando uma peça, e não conseguia descobrir qual era essa peça ou onde eu poderia encontrá-la. Então entrei para o time de futebol americano, porque a violência era a única coisa que me dava algum senso de poder sobre as outras pessoas. Entrei para a escalação titular e, embora jogasse tanto no ataque quanto na defesa, brilhava na defesa, onde eu simplesmente comia com farinha os *quarterbacks*. Eu adorava machucar aqueles filhos da puta, era um psicopata. Ficava tão pilhado no campo que girava meu capacete e começava a acertar os outros garotos, assim como fiz com a minha lancheira da *Apollo 13* em Anthony.

– Você toca rock 'n' roll exatamente como jogava futebol – meu avô me disse a vida inteira.

Por meio do futebol americano veio o respeito, e por meio do futebol e do respeito vieram as garotas. Elas começaram a me notar e eu comecei a notá-las. Mas, justo quando eu estava finalmente encontrando um nicho, meus avós se mudaram – para Jerome, Idaho – e tive de começar tudo de novo. Porém, dessa vez havia uma diferença: graças a Jimmy Dean, eu tinha a música. Ouvia rádio dez horas por dia: Deep Purple, Bachman-Turner Overdrive, Pink Floyd. No entanto, o primeiro disco que comprei foi *Nilsson Schmilsson*, do Harry Nilsson. Não tive escolha.

Um dos meus primeiros amigos, um *redneck* chamado Pete, tinha uma irmã que era uma gostosinha interiorana loira e bronzeada. Ela andava por aí de shorts jeans desfiados que me davam convulsões de desejo e pânico. As pernas dela eram arcos dourados, e toda noite, na cama, tudo o que eu conseguia pensar era em como eu encaixaria bem entre elas. Eu a seguia feito um palhaço, tropeçando nos meus próprios pés. Ela frequentava um lugar que era uma combinação de farmácia, venda de refrigerantes e loja de discos, que foi onde, quando eu finalmente juntei dinheiro para comprar o *Fireball*, do Deep Purple, ela sorriu para mim com aqueles dentões brancos e então, de repente, me vi comprando o *Nilsson Schmilsson* por recomendação dela.

Foi em Jerome que tomei o caminho que me conduziria aos Alcoólicos Anônimos anos depois, onde, coincidentemente, eu conheci e fiz amizade com Harry Nilsson (inclusive, num estado delirante de sobriedade, nós chegamos a conversar sobre trabalhar juntos num álbum). Jerome tinha o maior índice de abuso de entorpecentes per capita de todas as cidades dos EUA, o que era impressionante para um lugar de 3 mil habitantes.

Também fiz amizade com um bobalhão como eu, Allan Weeks, e nós passávamos a maior parte do tempo na casa dele, ouvindo Black Sabbath e Bread e folheando o anuário da escola, falando sobre as garotas com quem gostaríamos de sair. É claro que, na hora do vamos ver, éramos patéticos. Nos bailes do ensino médio, só ficávamos do lado de fora, escutando a música que vazava pela porta e nos sentindo desconfortáveis quando as garotas passavam perto de nós, porque ficávamos assustados demais para dançar com elas.

Naquela primavera, ouvimos dizer que uma banda local viria tocar na escola e compramos ingressos. O baixista tinha um black power enorme e usava uma bandana, à la Jimi Hendrix, e o guitarrista era cabeludo e tinha um bigode de motoqueiro, ficava parecido com um Hell's Angel. Pareciam totalmente *cool*: usavam instrumentos de verdade, tinham amplificadores grandes e deixaram trezentos adolescentes hipnotizados num ginásio em Jerome. Foi a primeira vez que vi uma banda ao vivo, e eu fiquei boquiaberto (embora a banda provavelmente estivesse odiando quem os contratou para tocar numa escola numa cidadezinha de merda). Não me lembro do nome da banda, de como era o som deles, nem se eles tocaram covers ou músicas originais. Tudo o que lembro é que eles pareciam deuses.

Eu era pateta demais para ter uma chance com a irmã do Pete, então me contentei com Sarah Hopper: uma garota gorda e sardenta, de óculos, que não usava shorts desfiados e cujas pernas se pareciam mais com semicírculos pálidos do que com arcos dourados. Sarah e eu passeávamos de mãos dadas pelo centro de Jerome, que tinha mais ou menos um quarteirão. Depois íamos até a farmácia para olhar os mesmos discos tudo de novo, repetidas vezes. Às vezes, para impressioná-la, eu saía com um álbum dos Beatles escondido sob a camiseta e nós íamos ouvi-lo na casa imaculada onde os pais religiosos dela moravam.

Certa noite, eu estava deitado no carpete cor de abacate dos meus avós quando o telefone preto de baquelite, que era tão pouco usado que só ficava pendurado na parede sem nenhuma cadeira ou mesa por perto, tocou.

– Quero te dar um presente – disse a voz, a de Sarah, do outro lado da linha.

– Bom, o que é? – perguntei.

– Vou te dar uma dica – ela miou ao telefone. – Bola-gato.

– O que é isso? – repliquei.

– Estou de babá. Só vem.

Enquanto caminhava até onde ela estava, ponderei as possiblidades – uma banda chamada "Bola Gato", um boneco de um gato com uma bola, um baseado bolado por um gato? Quando cheguei, ela estava usando uma lingerie que mal servia e pertencia à dona da casa.

– Quer ir pro quarto? – perguntou ela, apoiando o cotovelo na parede e a mão na cabeça.

– Por quê? – perguntei feito um idiota.

Assim, enquanto as crianças brincavam na sala ao lado, fiz sexo pela primeira vez e descobri que era tipo masturbação, só que dava bem mais trabalho.

Sarah, porém, não me daria moleza. Ela queria o tempo todo: enquanto seus pais preparavam biscoitos para nós na casa dela, eu socava na filha deles no quarto ao lado. Enquanto eles estavam na igreja, Sarah e eu íamos escondidos para o carro. Essa era a minha rotina até que tive um estalo súbito que todo homem deve encarar pelo menos uma vez ao longo da vida: eu estava socando na garota mais feia da cidade. Por que não subir um pouco o nível?

Então dispensei Sarah Hopper e, já que estava no embalo, dispensei Allan Weeks também. E caguei e andei para como eles se sentiram, porque foi a primeira vez na vida que tive a coragem de acreditar que eu poderia me erguer acima do fundo do poço. Em vez disso, comecei a andar com os moleques classudos, como um mexicano de 130 kg chamado Bubba Smith. Eu já tinha transado e começado a beber e a usar drogas, o que me fazia parecer bem descolado – ainda mais sob as luzes negras que logo comprei para o meu quarto. E, como qualquer pessoa que tenha adolescentes em casa sabe, uma vez que há luz negra no quarto, aquele filho não pertence mais a você, e sim aos amigos dele. Adeus, cookies de chocolate e Beatles, olá, maconha e Iron Maiden.

Eu ainda estava longe de ser um dos garotos mais *cool* de Jerome. Eles tinham carros; nós tínhamos bicicletas, que usávamos para andar pelo parque e aterrorizar os casais que se pegavam ali. Eu chegava em casa tarde, pilhado de maconha, e assistia ao *Don Kirshner's Rock Concert*. E se os meus avós tentassem de alguma forma me conter ou criticar, eu surtava. Era demais para eles suportarem noite após noite, então eles me mandaram embora para morar com a minha mãe, que tinha migrado com a minha meia-irmã, Ceci, para a região de Queen Anne Hill, em Seattle, onde viviam com seu novo marido, Ramone, um mexicano grandão e de bom coração que tinha uma moto *low-rider* e cabelos negros penteados para trás.

AQUI FINALMENTE ESTAVA UMA CIDADE REPLETA de doidos e degenerados, uma cidade grande o bastante para atender ao meu estado drogado, embriagado e obcecado por música. Ramone ouvia El Chicano, Chuck Mangione, Sly and the Family Stone e todo tipo de jazz e funk hispânico, que ele, entre um pega e outro num baseado, tentava me ensinar a tocar num violão surrado e desafinado, com a corda Lá faltando.

Logo nos mudamos, é claro, para uma área ali perto chamada Fort Bliss, um enorme aglomerado de prediozinhos de quatro apartamentos para pessoas que recebiam ajuda do governo. No meu primeiro dia na escola nova, no lugar de me baterem, meus colegas perguntaram se eu tinha uma banda. Então eu disse que tinha.

Eu precisava pegar dois ônibus para chegar à escola e, para matar o tempo durante a meia hora de espera pelo segundo ônibus, passava numa loja de instrumentos chamada West Music. Havia uma Les Paul *gold top* que ficava pendurada na parede e cujo timbre era cristalino e complexo. Quando eu a tocava, tentava imaginar que estava no palco fritando com os Stooges, fazendo solos lancinantes que reverberavam pelas vigas enquanto o Iggy Pop convulsionava agarrado ao pedestal do microfone e o público ia à loucura, como naquele show no ginásio do colégio em Jerome. Na escola, fiz amizade com um roqueiro chamado Rick Van Zant, um maconheiro cabeludo que tocava numa banda e tinha uma Stratocaster e uma caixa e cabeçote Marshall no porão. Ele disse que precisava de um baixista, mas eu não tinha instrumento.

Então, certa tarde entrei na West Music com um case vazio que um dos amigos do Rick me emprestara. Pedi para preencher uma ficha de emprego e, quando o cara virou as costas para procurar uma, meti uma guitarra no case. Meu coração estava saindo pela boca e eu mal conseguia falar quando ele me entregou o formulário. Ao examinar, notei que a etiqueta de preço da guitarra estava para fora do case. Disse a ele que voltaria para entregar a ficha preenchida e saí da loja o mais casualmente que pude, trombando o case suspeito nas paredes, nas portas e nas baterias pelo caminho.

Agora eu tinha minha primeira guitarra. Estava pronto para o rock, então fui direto para o porão do Rick.

– Você precisa de um baixista, eu sou o cara.

– Você precisa de um baixo – ele fez uma careta.

– Maravilha – respondi ao botar o case sobre uma mesa, abri-lo e sacar meu novo instrumento.

– Isso é uma porra de uma guitarra, seu idiota.

– Eu sei – menti. – Vou tocar baixo na guitarra.

– Não dá pra fazer isso!

Assim, dei adeus à minha primeira guitarra, a vendi e usei o dinheiro para comprar um baixo Rickenbacker novo em folha, preto com escudo branco. Todos os dias eu tentava aprender músicas dos Stooges, dos Sparks (em especial "This Town Ain't Big Enough for Both of Us") e do Aerosmith. Eu queria muito entrar para a banda do Rick, mas eles sabiam tanto quanto eu que eu não tocava porra nenhuma. Além disso, eles curtiam mais rocks tradicionais com riffs grandiosos, como Ritchie Blackmore, Cream e Alice Cooper (especialmente o disco *Muscle of Love*). Um cara que morava na casa em frente à dele estava começando uma banda chamada Mary Jane's, então tentei fazer uma jam com ele, mas eu era lamentável. Tudo o que conseguia fazer era tocar uma nota a cada trinta segundos e torcer para que fosse a nota certa.

Por fim, do lado de fora de um show para maiores de dezoito anos no qual eu estava tentando entrar, conheci um cara chamado Gaylord, um punk que tinha seu próprio apartamento e sua própria banda, os Vidiots. Todos os dias depois da aula eu ia à casa dele e bebia até desmaiar, ouvindo New York Dolls, MC5 e Blue Cheer. Eles nos chamavam de Whiz Kids, não porque a gente tomava muito *speed*[8] – e a gente tomava –, mas porque usávamos roupas extravagantes, meio David Bowie, cujo álbum *Young Americans* tinha acabado de sair. Assim como os

8 Gíria para anfetamina. (N. do T.)

mods da Inglaterra, vendíamos drogas para comprar roupas. Eu praticamente me mudei para a casa do Gaylord e parei de ir à minha própria casa. Usava drogas o tempo inteiro – maconha, mescalina, ácido, metanfetamina – e logo já era um legítimo Whiz Kid do punk rock que vendia drogas para os outros.

Comecei a sair com uma garota chamada Mary, que todo mundo chamava de Cara de Cavalo, mas eu gostava dela por um motivo muito simples: ela gostava de mim. Fiquei muito feliz por uma garota falar comigo de verdade. Depois de algumas semanas de drogas e rock 'n' roll, eu já era *cool*, mas ainda era patético. Pintava as unhas dos pés e das mãos, usava roupas punk rasgadas, maquiagem nos olhos e carregava um baixo pra todo lado, embora ainda não soubesse tocar e não fizesse parte de banda nenhuma.

Nós chamávamos a atenção e éramos ridicularizados aonde quer que fôssemos. Na escola, eu arrumava briga porque um grupo de garotos negros me chamava de Alice Bowie e bloqueava o corredor, impedindo minha passagem. No caminho de volta da escola, comecei a sondar casas. Ao passar por elas, batia na porta e, se ninguém atendesse por dois dias seguidos, na tarde seguinte eu arrombava a porta dos fundos e pegava o que conseguisse esconder sob a minha jaqueta. Voltava para casa com aparelhos de som, TVs, abajures de lava, álbuns de fotografias, vibradores, tudo que encontrasse. No nosso complexo, eu saqueava os porões de cada conjunto de apartamentos e abria as máquinas de lavar com um pé de cabra, à procura de moedas de 25 centavos. Eu estava com raiva o tempo todo – em parte porque as drogas estavam fodendo com o meu temperamento, em parte porque estava ressentido com a minha mãe, e em parte porque era a coisa mais punk rock a se fazer.

Quase todos os dias, eu vendia drogas, roubava algumas merdas, arrumava briga e fritava de ácido. Voltava para casa, me deitava no sofá e assistia ao *Don Kirshner's Rock Concert* até apagar. Minha mãe não sabia o que estava acontecendo: eu era gay? Hétero? Um serial killer? Um artista? Um menino? Um homem? Um alien? O quê? Para dizer a verdade, eu tampouco sabia.

Sempre que eu punha os pés na casa, entrávamos em alguma discussão. Ela não gostava daquilo que eu estava me tornando, e eu não gostava do que ela sempre fora. Então, um dia, aconteceu: eu não consegui mais suportar. Nas ruas, eu era livre e independente, mas em casa deveria ser um moleque. Não queria mais ser um moleque. Queria ser deixado em paz. Assim, arrebentei a casa, me esfaqueei e liguei para a polícia. Em essência, deu certo, porque depois me livrei dela.

Passei aquela noite com meu amigo Rob Hemphill, um doido pelo Aerosmith que achava que era o Steven Tyler. Para ele, Tyler era o punk que Mick Jagger nunca conseguiu ser. Depois que os pais dele me chutaram de lá, passei a dormir no carro do Rick Van Zant. Eu tentava acordar antes dos pais dele, mas geralmente eles saíam de casa para ir para o trabalho e me achavam dormindo no banco de trás. Quando me pegaram pela terceira vez, ligaram para a minha mãe.

– O que está acontecendo com o seu filho? – perguntou o sr. Van Zant. – Ele está dormindo no meu carro.

– Ele que se vire – respondeu minha mãe, e desligou.

Quando podia, eu ia à escola. Era um bom jeito de conseguir dinheiro. Entre uma aula e outra, eu bolava baseados para os moleques, cobrando cinquenta centavos por dois baseados. Depois de dois meses de bons negócios, o diretor deu de cara comigo com um saco de maconha no colo. Foi o meu último dia na escola. De qualquer forma, eu passara por sete escolas diferentes em onze anos e já estava farto. Depois de ser expulso, passava os dias sob a ponte da 22nd Street, onde todos os demais fodidos e largados matavam tempo. Eu não iria a lugar nenhum.

Consegui um emprego de lavador de pratos na Victoria Station e aluguei um apartamento de um quarto com sete amigos que também tinham abandonado a escola. Roubei outro baixo e, para comer, aguardava ao lado das latas de lixo na frente da estação até que os ajudantes de garçom jogassem fora as sobras de carne. Estava ficando depressivo rapidamente: há apenas um ano, eu me sentia pronto para conquistar o mundo, e agora minha vida não tinha mais rumo. Quando encontrava velhos amigos, como Rick Van Zant, Rob Hemphill ou a Cara de Cavalo, me sentia alienado, como se tivesse emergido da sarjeta e os estivesse contaminando com a minha imundície.

Não tinha vontade de trabalhar, então larguei o emprego. Quando não pude mais pagar o aluguel, fui morar com duas prostitutas que tiveram pena de mim. Vivia no closet delas, onde pendurei pôsteres do *Get Your Wings*, do Aerosmith, e do *Come Taste the Band*, do Deep Purple, para fazer parecer um lar. Eu não tinha absolutamente nada. Certo dia, cheguei na minha casa-closet e as minhas putas-mães haviam sumido. Foram expulsas pelo senhorio, então o negócio foi voltar para o carro dos Van Zant. O inverno estava chegando rápido e as noites eram congelantes.

Para conseguir dinheiro, comecei a vender mescalina coberta com chocolate na porta dos shows. Num show dos Rolling Stones no Seattle Coliseum, um moleque sardento se aproximou e ofereceu um baseado em troca de mescalina. Aceitei, porque a mescalina era barata, mas assim que fechei o negócio, dois policiais saíram de um carro estacionado ali perto e me algemaram. O moleque era um infiltrado. Ele e os policiais me arrastaram pra debaixo do Seattle Coliseum enquanto eu chutava e xingava.

Porém, por alguma razão, eles não me ficharam. Pegaram meus dados, me ameaçaram com a possibilidade de uma sentença mínima de dez anos na cadeia e me deixaram ir. Disseram que, se me vissem de novo, mesmo se eu não estivesse fazendo nada de errado, me colocariam atrás das grades. Senti que a minha vida estava implodindo: eu não tinha onde morar, ninguém em quem confiar, e ainda por cima não tinha tocado em nenhuma banda. Na verdade, como músico, eu era uma merda. Há poucas semanas eu tinha vendido meu único baixo para comprar drogas para traficar.

Então fiz a única coisa que um punk que chegou ao fundo do poço pode fazer: liguei para casa.

– Preciso ir embora de Seattle – supliquei à minha mãe – e preciso da sua ajuda.

– Por que eu deveria te ajudar? – perguntou ela, friamente.

– Só quero ir ver a vovó e o vovô – implorei.

No dia seguinte, minha mãe veio me colocar num ônibus Greyhound. Na verdade, ela não queria me ver de novo, mas não quis confiar o dinheiro a mim. Também queria me relembrar que ela era uma santa que sofreu muito para me ajudar e que eu era um idiota egoísta. Mas a única coisa que eu conseguia pensar era: "Bum! Tô fora daqui pra nunca mais voltar".

Tudo o que eu tinha de música para a viagem era uma fita do Aerosmith, uma fita do Lynyrd Skynyrd e um *boom box* surrado. Ouvi as fitas inúmeras vezes até chegar a Jerome. Desci do ônibus usando botas plataforma de 15 cm de altura, um terno cinza de *tweed*, cabelos desgrenhados e esmalte. Minha avó empalideceu na hora.

Longe de Seattle e da minha mãe, não causei nenhuma encrenca. Trabalhei na fazenda até o final do verão, movendo o cano de irrigação. Juntei dinheiro e comprei devidamente uma guitarra – uma Gibson Les Paul falsa que estava à venda numa loja de armas de fogo por US$ 109.

Minha pedante tia Sharon visitou a fazenda umas duas vezes com seu novo marido, um executivo de gravadora de Los Angeles chamado Don Zimmerman. Ele era presidente da Capitol Records, gravadora dos Beatles e do Sweet, e começou a me enviar fitas e revistas de rock. Certo dia, depois de receber uma dessas encomendas, caiu a ficha: lá estava eu, ouvindo Peter Frampton na porra de Idaho, enquanto em Los Angeles as Runaways e Kim Fowley e Rodney Bingenheimer e os caras da revista *Creem* estavam todos curtindo as casas de rock mais descoladas imagináveis. Toda essa porra acontecendo lá e eu estava perdendo.

❖

capítulo **2**

M I C K

DO ENCONTRO AGRADÁVEL E CASUAL DE MICK COM UM COMERCIANTE DE BEBIDAS ALCOÓLICAS

Cobravam dois dólares por um shot de tequila no Stone Pony, e isso eu não ia pagar. Devíamos estar bebendo de graça naquela noite, já que a banda de southern rock na qual eu tocava era uma das atrações. Originalmente, a banda se chamava Ten-Wheel Drive, mas eu disse que, se eles quisessem que eu entrasse, teriam de mudar o nome. Agora, nós éramos os Spiders and Cowboys, que, numa escala de um a dez para nomes de banda, leva um 4,9.

Em North Hollywood, caminhei pelo Burbank Boulevard até a Magnolia Liquor para comprar meio pint de tequila barata. Fazia frio feito uma teta de bruxa, e eu fui o caminho todo olhando pro chão, pensando no que eu poderia fazer para ensinar aos Spiders and Cowboys sobre música boa. Eu não tinha passado a vida inteira tocando guitarra e negligenciando meus filhos, minha família, meus estudos – tudo – para acabar tocando numa banda de southern rock.

Quando entrei na loja, o cara no balcão fez uma careta.

– Você tem pinta de roqueiro.

Não entendi se ele estava me elogiando ou tirando onda comigo. Levantei o olhar e vi um garoto de cabelos pretos selvagens e tingidos, maquiagem borrada e calças de couro. Acho que disse a ele que ele parecia um roqueiro também.

Estou sempre de olho em gente com quem eu possa tocar, então decidi fazer algumas perguntas a ele para ver se ali havia algum potencial.

fig. 6

Ele tinha acabado de se mudar e estava morando com sua tia e seu tio, que era um figurão na Capitol Records ou qualquer coisa assim. Seu nome era Frank, ele tocava baixo e parecia um cara OK. Mas então ele disse que ouvia Aerosmith e Kiss, e eu não suporto o Kiss. Nunca gostei daquela porra. Imediatamente o risquei da lista de pessoas com quem eu possivelmente tocaria. Eu curtia música boa, tipo Jeff Beck e Paul Butterfield Blues Band.

– Escuta – eu disse ao garoto –, se você quiser ver um guitarrista de verdade, chega no Stone Pony depois do expediente.

Ele era um garoto arrogante, e eu não achei que apareceria. Além disso, parecia ter só uns dezessete anos, então duvidei que o deixassem entrar. Na verdade, tinha até me esquecido dele até vê-lo no meio do show. Eu estava tocando guitarra slide com o pedestal do microfone e fazendo uns solos insanos, e a cara dele ficou no chão. Se alguém passasse por perto, teria pisado em cima.

Depois do show, tomamos alguns drinks e conversamos a respeito das merdas que se conversa quando se bebe tequila demais. Dei meu telefone a ele. Não sei se ele tentou ligar, porque fui para o Alasca fazer alguns shows. Não me importei, também: ele gostava do Kiss.

capítulo 3
NIKKI

MAIS AVENTURAS DO JOVEM NIKKI, SEU EMBATE CONTRA UM ADVERSÁRIO DE UM SÓ BRAÇO, UMA PICADA DOLORIDA E OUTROS ASSUNTOS SUFICIENTEMENTE DIVERTIDOS

Meu tio Don abriu a porta de entrada para mim.

Ele me deixava dirigir seu Ford F10 azul-claro com pneus radiais grossos; conseguiu um emprego para mim numa loja de discos, a Music Plus, onde o gerente enchia os nossos narizes de cocaína; me levava para comprar calças boca de sino e sapatos Capezio no shopping; me deu pôsteres do Sweet para que eu decorasse meu quarto. E havia um bombardeio selvagem de música nova por todos os lados – X, The Dils, The Germs, The Controllers. L.A. era o que eu estava procurando, e eu estava indo à loucura.

Foi uma questão de meses até que eu estragasse tudo e ficasse sem teto e desempregado de novo.

Na casa do meu tio, eu me sentia como um punk que tinha caído de paraquedas no meio de uma reprise do seriado *Leave it to Beaver*. A família dele levava uma vida *yuppie* certinha numa casa perfeitinha com uma piscina perfeitinha. As crianças andavam de bicicleta na rua até que a mãe os chamasse para jantar ao pôr do sol. Elas tiravam os tênis e limpavam os pés no carpete e lavavam as mãos e faziam uma oração para agradecer pela comida e colocavam os guardanapos no colo. Há aqueles de nós que veem a vida como uma guerra e aqueles que veem como um jogo. Essa família não era nem uma coisa, nem outra: preferiam sentar-se à beira do caminho e ver a vida passar à distância.

Para mim, era guerra: o rancor escorria pelos meus poros. Eu usava calças vermelhas apertadíssimas amarradas na frente, Capezios e maquiagem. Mesmo quando eu tentava me encaixar, não conseguia. Certo dia, meu primo Ricky estava jogando bola no quintal com alguns amigos e eu tentei me juntar a eles. Simplesmente não consegui: eu não lembrava como chutar ou jogar ou me portar ou coisa nenhuma. Insisti em tentar motivá-los a fazer algo divertido, como ir atrás de bebida, fugir dali, roubar um banco, qualquer coisa. Queria falar com alguém sobre por que o Brian Connolly do Sweet tinha uma franja que cacheava em baixo, e eu não tinha. Eles só me olhavam como se eu fosse de outro planeta.

Ricky então perguntou:

– Você tá usando maquiagem?

– Sim.

– Homens não usam maquiagem – disse ele com firmeza, como se fosse uma lei, com seus amigos o apoiando feito um júri do normal.

– De onde eu venho, eles usam – eu disse, dando de costas com meu salto alto e indo embora dali.

No shopping, eu via as garotas com o penteado da Farrah Fawcett fazendo compras, e tudo o que eu conseguia pensar era: "Onde está a minha Nancy?". Eu era o Sid Vicious à procura de uma Nancy Spungen.

Por fim, passei a só ignorar meus primos por completo. Ficava no meu quarto tocando baixo num amplificador velho que tomava metade do tamanho da parede e era desenvolvido para aparelhos de som no lugar de instrumentos. Quando eu decidia ir à mesa para comer, não pedia licença nem fazia uma prece. Perguntava a Don coisas do tipo:

– Me fala do Sweet, cara! Eles usam muita droga?

E então eu saía para os clubes e voltava para casa quando desse vontade. Se tentassem impor uma regra doméstica sequer a mim, eu mandava se foderem. Eu era um merdinha arrogante e ingrato. Então eles me chutaram e eu fui embora furioso. Fiquei tão bravo com eles quanto com minha mãe, e mais uma vez me vi sozinho e culpando todo mundo menos a mim mesmo.

Encontrei um apartamento de um quarto perto da Melrose Avenue e consegui engrupir a senhoria a me deixar alugá-lo sem um depósito caução. Não paguei a ela um centavo por dezoito meses, apesar de ter conseguido segurar meu emprego na Music Plus por um tempinho. A loja era o paraíso – cocaína, maconha e minas gostosas chegando o tempo todo. Eu tinha colocado um cartaz ao lado do caixa: "Baixista procura banda". Os clientes perguntavam quem era o baixista, e quando eu dizia que era eu, eles aceitavam, me falavam sobre testes e me convidavam para shows.

Um desses caras era um cantor de rock e cabeleireiro (sempre uma combinação ruim) chamado Ron, que precisava de um lugar para morar. Deixei ele ficar no meu apartamento. Ele tinha um monte de namoradas, e logo nós tínhamos uma pequena cena. Conheci uma patricinha chamada Alli na Music Plus, e a gente cheirava um tranquilizante de elefante chamado Canebenol, bebia cerveja e frequentava um clube de rock chamado Starwood. Depois voltávamos para o meu apartamento de blocos de concreto e trepávamos e ouvíamos o *Runt*, do Todd Rundgren. Eu tinha todas as drogas, discos e sexo gratuitos que quisesse. E comprei um carro, um Plymouth 1949 que custou cem dólares e era tão lixo que, quando eu ia buscar Alli na casa dos pais dela, tinha de subir a ladeira de marcha à ré porque era a única maneira que o motor aguentava.

Então fui despedido da Music Plus. O gerente me acusou de roubar dinheiro do caixa, e eu mandei ele se foder.

– Vai se foder você! – ele berrou de volta.

Entrei numa raiva cega, dei um soco na cara e na barriga dele. Não parava de gritar:

– O que você vai fazer agora?

Não havia muito que ele pudesse fazer: ele só tinha um braço.

A pior parte é que ele estava certo: eu *estava* roubando dinheiro do caixa. Eu era um moleque volátil que não gostava de levar bronca, mesmo se estivesse errado.

ENFIM, CONSEGUI UM EMPREGO como vendedor por telefone de aspiradores de pó Kirby, mas parecia incapaz de fechar um único negócio. Um dos outros vendedores me falou a respeito de um trabalho de limpeza de carpetes aberto a qualquer um que tivesse um carro. Então peguei esse emprego de limpeza a vapor com a única intenção de ir até a casa das pessoas, montar o vaporizador na entrada do quarto delas para mantê-las afastadas enquanto eu saqueava seus armários de remédios e pegava todas as drogas. Para obter um dinheirinho extra, trazia uma garrafa d'água comigo e dizia às pessoas que era Scotchgard, produto com que eu poderia selar os carpetes de forma que a poeira não grudasse neles. Explicava que o valor normal era de US$ 350 para a aplicação em todos os carpetes da casa, mas que, como eu era um estudante tentando trabalhar para pagar a faculdade, faria por US$ 100 se eles me pagassem em dinheiro vivo e não contassem a ninguém. Assim, eu andava pela casa espirrando água nos carpetes e roubando qualquer coisa que eu achasse que eles não notariam por alguns dias.

Comecei a ganhar muito dinheiro, mas ainda não pagava o aluguel. O complexo de apartamentos era tipo uma versão gueto do *Melrose Place*. Meus vizinhos eram um jovem casal e, quando eles terminaram, comecei a foder a esposa até que o marido retornou. Então fiquei amigo dele e nós decidimos traficar quaaludes, porque estavam na moda naquele mês. Eu provavelmente acabei engolindo tantos comprimidos quantos vendi.

Ao mesmo tempo, comecei a montar a minha primeira banda, juntamente com Ron e alguns amigos dele: uma garota chamada Rex, que cantava e bebia como a Janis Joplin, e o namorado dela, Blake ou qualquer coisa assim. Chamávamo-nos de Rex Blade e éramos bonitos. Tínhamos calças brancas que amarravam na frente e atrás, regatas pretas justas e cabelos sujos e maltratados que pareciam os do Leif Garrett num dia ruim. Ensaiávamos num prédio comercial perto de onde os Mau Maus ensaiavam. Infelizmente, nosso som não era tão bom quanto nosso visual. Em retrospecto, a única vantagem do Rex Blade era ser uma boa desculpa para usar drogas e me dar o direito de dizer às garotas que eu tinha uma banda.

Como de costume, minha atitude de merda tornou esse período da minha vida bem breve. Acho que tudo o que eu vivia era sempre tão curto e transitório que, se alguma coisa se mostrasse estável por um período mais longo, eu entrava em pânico e me autossabotava. Assim, fui expulso da Rex Blade por cometer o erro clássico das bandas de rock jovens, que tantos outros antes de mim já cometeram e vão cometer até o fim dos tempos. Isso acontece quando você começa a compor. Suas palavras parecem muito importantes e você tem a sua própria visão que não acomoda a de mais ninguém. Você é narcisista demais para se dar conta de que o único jeito de melhorar é ouvir os demais. Esse problema era agravado pela minha teimosia e volatilidade. No lugar da Rex ou do Blake, eu também teria me chutado da banda, junto com as pequenas maravilhas de três acordes que eu achava serem grandes obras-primas.

Dias depois, a polícia bateu na minha porta e me jogou na rua. Depois de um ano e meio sem pagar aluguel, finalmente fui despejado. Mudei-me para uma garagem que achei nos classificados por cem dólares por mês. Dormia no chão, sem aquecedor nem móveis. Tudo o que eu tinha era um aparelho de som e um espelho.

Toda manhã, eu tomava uns tabletes de anfetamina e dirigia até o trabalho, onde, no turno das 6h às 18h numa fábrica em Woodland Hills, eu mergulhava placas de circuito de computador num tipo de produto químico capaz de devorar seu braço. Depois de trabalhar lá, jogar Pong o dia todo e brigar com os mexicanos (ao contrário da diversão que eu depois desfrutaria com a minha vocalista meio mexicana, meio loira), dirigia direto para o Magnolia Liquor no Burbank Boulevard e trabalhava das 19h às 2h. Antes de ir embora, escondia o máximo de garrafas de goró que eu conseguisse nas minhas botas e dirigia mais uma hora até a minha garagem. Entornava a bebida e me encarava no espelho, modelava meu cabelo preto grosso, entortava a boca numa careta tipo Billy Idol, empunhava a guitarra e tocava, tentando parecer o Johnny Thunders, do New York Dolls, até desmaiar pelo cansaço e pelo álcool. Depois eu acordava, tomava mais pílulas e começava tudo de novo.

Tudo era parte do meu plano: ia ralar pra caralho até que tivesse dinheiro o suficiente para comprar o equipamento de que eu precisava para começar uma banda que ou teria um sucesso insano, ou atrairia um monte de minas ricas. Para conseguir um dinheiro extra, sempre que entrava alguém para comprar bebida, eu registrava no caixa só metade do valor que cobrava. Anotava o valor que não havia registrado e guardava comigo. Então, no fim do turno, somava a quantia que fodi da loja, botava no bolso e fechava o caixa, oitenta dólares mais rico. Minha contabilidade nunca ficava além ou aquém de mais de um dólar: tinha aprendido a lição na Music Plus.

Certa noite, enquanto eu estava chapado de metanfetamina e álcool, um roqueiro corcunda de cabelo preto entrou no Magnolia Liquor. Parecia uma versão sinistra do Johnny Thunders, então perguntei se ele tocava, e ele assentiu.

– O que você curte? – perguntei.

– Paul Butterfield Blues Band e Jeff Beck – respondeu ele. – E você?

Fiquei decepcionado que aquele corcunda, que parecia tão demente, tinha um gosto tão frouxo e previsível. Disparei a lista de música legal que eu curtia:

– Dolls, Aerosmith, MC5, Nugent, Kiss – e ele só me olhou com desprezo.

– Ah – disse, seco. – Eu curto quem toca de verdade.

– Vai se foder, cara – disparei de volta. Merdinha pomposo.

– Não, vai se foder você – disse ele, não com raiva, mas com firmeza e confiança, como se eu logo fosse ver o erro dos meus caminhos.

– Vaza da minha loja, cuzão – fingi que ia pular do balcão e dar uma surra naquele amante do Jeff Beck.

– Se você quiser ver um guitarrista de verdade, vem me ver tocar hoje à noite. Vou tocar ali no fim da rua.

– Vaza daqui. Tenho coisa melhor pra fazer.

Mas é claro que eu fui vê-lo tocar. Eu podia ter detestado o gosto musical dele, mas gostei da atitude.

Naquela noite, roubei um pint de Jack Daniel's, escondi na meia e fiquei bêbado na frente do bar. Lá dentro, vi aquele Quasímodo horroroso de roupas de couro tocar guitarra slide com o pedestal do microfone, deslizando de cima a baixo pelo braço da guitarra o mais rápido possível. Estava completamente doido, surrando a guitarra como se tivesse acabado de flagrar o instrumento transando com sua namorada. Eu nunca tinha visto ninguém tocar guitarra daquele jeito na minha vida. E ele estava desperdiçando seu talento numa banda que parecia uns Allman Brothers largados. Depois do show, nos sentamos e ficamos bêbados juntos. Fiquei impressionado com a habilidade dele e decidi que o perdoaria pelo gosto musical de merda. Conversamos por telefone algumas vezes depois disso, e então perdi contato com ele.

Passei a transitar por diferentes bandas como cruzamentos numa via. Ia para testes anunciados no *The Recycler*, entrava na banda por um dia e então nunca mais aparecia. Por fim, aprendi a deixar meu baixo no porta-malas do carro quando chegava para conhecer uma banda. Se não rolasse uma *vibe* – o que quase sempre era o caso, já que todas elas eram Lynyrd Skynyrd e eu era todo Johnny Thunders –, eu dizia a eles que ia até o carro pegar meu equipamento e então dava no pé.

Mas a persistência valeu a pena, e eu respondi a um anúncio de uma banda chamada Garden ou Soul Garden ou Hanging Garden ou Hanging Soul. Eram um bando de caras de aparência suspeita e cabelo preto comprido, que era mais ou menos a minha própria aparência. No entanto, eles tocavam um jam rock psicodélico terrível, meio Doors, e eu caí fora. Mas sempre trombava o guitarrista da banda, Lizzie Grey, no Starwood. Ele tinha cabelos cacheados compridos e usava top e salto alto. Um cruzamento entre o Alice Cooper e uma cascavel, de duas uma: ou ele era a mulher mais linda ou o homem mais feio que eu já vira, perdendo apenas pro Tiny Tim. Logo descobrimos que ambos éramos apaixonados por Cheap Trick, Slade, os Dolls, Kiss antigo e Alice Cooper, especialmente o *Love It to Death*.

fig. 7

Foi por meio do Lizzie que entrei na minha primeira banda em Hollywood. Ele foi convidado por um filho da mãe grandalhão e assustador chamado Blackie Lawless para tocar no Sister, banda que incluía um guitarrista completamente demente, Chris Holmes. Eu conhecia o Blackie do Rainbow Bar and Grill: ele ficava lá no meio do salão, alto, cabelos pretos compridos, calças de couro pretas, maquiagem preta nos olhos, e emitia uma espécie de poder magnético de *bad boy* que imediatamente atraía dezenas de garotas até ele. De algum modo, Lizzie convenceu Blackie a me deixar tocar baixo no Sister, completando uma banda bem feia e ameaçadora. Ensaiávamos na Gower Street, em Hollywood, no mesmo lugar que os Dogs.

Blackie era um compositor incrível e, apesar de ser frio e fechado, era inspirador conversar com ele, porque tinha um interesse em impressionar não apenas com a música, mas também com o visual. Ele curtia comer minhocas e desenhar pentagramas no palco – qualquer coisa para chamar a atenção do público. Gravávamos músicas tipo "Mr. Cool" no estúdio, e então conversávamos por horas sobre como seria nosso visual no palco ou sobre o que ele estaria tentando expressar com suas músicas. Mas Blackie caía naquela categoria de pessoas que, assim como eu, via a vida como uma guerra – e ele sempre tinha de ser o general. O resto de nós não deveria ser nada além de bons soldados. Assim, Blackie e eu logo começamos a bater de frente, constantemente, até que ficássemos cobertos de hematomas e de sangue, e ele, como general da banda, não teve escolha senão me dispensar do serviço. Pouco tempo depois, mandou Lizzie embora também, e nós dois decidimos formar nossa própria banda.

A essa altura, eu não tinha um tostão. Tinha sido demitido da loja de bebidas e da fábrica por faltar ao trabalho para ir ensaiar. Consegui um emprego na Wherehouse Music, no Sunset Boulevard com a Western Avenue, onde eu podia chegar a hora que quisesse e me safar. Quando o dinheiro ficava apertado, eu doava sangue numa clínica no Sunset para pagar as contas. Certa manhã, no ônibus a caminho da Wherehouse Music, conheci uma garota chamada Angie Saxon. Em geral, eu não tinha nenhum interesse em mulheres, exceto por um ou outro momento de prazer que elas poderiam me proporcionar: no resto do tempo, elas eram uma pedra no caminho. Mas Angie era diferente: era cantora, e nós podíamos conversar sobre música.

Exceto por Angie e Lizzie, eu não tinha amizades que durassem mais de uma semana, e ninguém em quem confiar. Como eu estava sempre morto de fome e pilhado de drogas estimulantes, frequentemente me sentia como se não tivesse um corpo, como se fosse apenas uma massa vibrante de nervos. Certo dia, me sentindo especialmente sem grana e ansioso, decidi encontrar meu pai. Convenci-me de que estava ligando para ele porque precisava de dinheiro – dinheiro que ele me devia para compensar por todos os anos em que me abandonou –, mas, em retrospecto, acho que eu queria me sentir conectado a alguém, queria conversar com ele e, quem sabe, nesse processo, aprender alguma coisa sobre o que me tornara tão louco. Liguei para minha avó, depois para minha mãe, e elas me disseram que a

FRANKLYN CARL V. FERANNA

Attorney for IN PROPRIA PERSONA

Address 2012 LEMOYNE ST.

LOS ANGELES, CA.

90026

Telephone (213) 662-9047

LOS ANGELES COUNTY CLERK
CENTRAL DISTRICT

ENTERED BOOK PAGE
Nov 28 '80 7673 278

FILED

NOV 7 1980

JOHN J. CORCORAN, COUNTY CLERK

S. Motander

BY S. MOTANDER, Deputy

SUPERIOR COURT OF THE STATE OF CALIFORNIA

FOR THE COUNTY OF LOS ANGELES

In the Matter of the Application of

FRANKLIN CARLTON FERANNA,

for Change of Name....

No. C 340 460.

DECREE CHANGING NAME

The application of FRANKLIN CARLTON FERANNA

for an Order of Court changing HIS name....to NIKKI SIXX
(his, her or their)

in place of HIS present name.....came on regularly to be heard in Department 1-A of the
(his, her or their)

above-entitled Court, this 7TH day of NOV., 1980, and proof having been made to the satisfaction of the Court that notice of hearing was given in the manner and form required by law and order of this Court, and no objections having been filed by any person, and evidence having been produced on behalf of petitioner.... in support of said application, and the Court being satisfied that there is no reasonable objection to the petitioner.... assuming the name.... proposed; and

It appearing to the satisfaction of the court that all the allegations of said application are true and that the order prayed for should be granted;

IT IS THEREFORE ORDERED, ADJUDGED AND DECREED that petitioner.... name.... of FRANKLIN CARLTON FERANNA be and the same IS hereby changed to NIKKI SIXX
(is or are)

The Clerk is ordered to enter this decree.

Dated: NOV 7 1980, 19....

Judge of the Superior Court

THE DOCUMENT TO WHICH THIS CERTIFICATE IS ATTACHED IS A FULL, TRUE AND CORRECT COPY OF THE ORIGINAL ON FILE AND OF RECORD IN MY OFFICE.

ATTEST DEC 0 9 1980, 19....

JOHN J. CORCORAN, County Clerk and Clerk of the Superior Court of California, County of Los Angeles,

BY H. Martinez DEPUTY

última coisa que souberam dele foi que ele estava trabalhando em San Jose, Califórnia. Liguei para o serviço de informações, pedi o número de Frank Feranna e consegui. Anotei o número e entornei uma garrafa de uísque para ganhar coragem para discar.

Ele atendeu ao primeiro toque, e quando eu disse quem era, a voz dele ganhou um tom ríspido.

– Não tenho filho – ele me disse. – Eu não tenho filho. Não sei quem é você.

– Vai se foder! – berrei do outro lado da linha.

– Nunca mais ligue para cá – retrucou ele, e desligou.

Foi a última vez que ouvi a voz dele.

Chorei por horas, atirando discos contra as paredes para despedaçá-los. Peguei os pedaços dos vinis quebrados e arranhei meus braços inteiros com eles, fazendo cruzes na pele, pontuadas por gotas de sangue. Apesar de achar que não fosse conseguir dormir naquela noite, de algum modo consegui, e acordei na manhã seguinte me sentindo estranhamente calmo, decidido a mudar meu nome de batismo. Não queria ter o nome daquele homem atrelado a mim pelo resto da vida. Que direito ele tinha de dizer que eu não era seu filho, quando ele nunca foi um pai para mim? Primeiro, matei Frank Feranna Jr. numa música, "On with the Show", em que escrevi "*Frankie died just the other night / Some say it was suicide / But we all know / How the story goes*".[9] E então tomei as medidas legais.

Lembrei-me que Angie sempre falava de seu ex-namorado em Indiana, um cara chamado Nikki Syxx, que tocava numa banda cover de sucessos do momento e, depois, num grupo de surf music chamado John and the Nightriders. Eu adorei o nome, mas não podia simplesmente roubá-lo. Então decidi me chamar de Nikki Nine, mas todo mundo dizia que era punk rock demais, e o punk rock agora era *mainstream* demais. Precisava de algo mais rock 'n' roll, e Six era rock 'n' roll. Assim, decidi que alguém que acha que surf tem alguma coisa a ver com punk rock não merece um nome tão legal, e logo entrei na justiça para ter meu nome mudado legalmente para Nikki Sixx. Foi como roubar a alma dele, porque por anos a fio pessoas me abordavam dizendo:

– Nikki, cara, lembra de mim de Indiana? – eu dizia que nunca tinha estado em Indiana e eles insistiam: – Fala sério, cara, vi você com o John and the Nightriders.

Anos depois, na turnê do *Girls, Girls, Girls*, estava zapeando os canais de TV no quarto do hotel e vi uma figura estranha, de aparência lívida e cabelos longos, sendo entrevistada. Ouvi as palavras "ele é o demônio" e parei para assistir. Era o cara, desembestando a falar:

– Ele roubou o meu nome, sugou minha alma e a vendeu pra todos vocês. Eu era o Nikki Syxx original. E ele está usando o meu nome para espalhar a palavra de Satanás.

9 "Frankie morreu numa dessas noites / Alguns dizem que foi suicídio / Mas todos nós sabemos / Como essas coisas acontecem".

fig. 8

O London, em sentido horário a partir da esquerda: John St. John, Dane Range, Nigel Benjamin, Nikki Sixx, Lizzie Grey

Nikki Syxx – ou John, como ele agora se chamava, de maneira apropriada, por sinal, já que João é o santo do Novo Testamento que relata o Apocalipse – tinha se convertido evangélico.

ANGIE ME CONVENCEU A IR MORAR com uns músicos atrás de uma floricultura na frente da Hollywood High School. Havia aspirantes a *rock star* pela casa toda: dormindo na banheira, nos degraus da entrada, atrás das almofadas do sofá. E, de algum modo, um deles incendiou o lugar numa tarde. Voltei da loja de discos e dei de cara com a casa queimada, cercada de estudantes curiosos. Com meu baixo nas mãos – eu sempre o levava comigo, para evitar que alguém da casa o roubasse –, corri para dentro para ver se ainda conseguia salvar alguma coisa minha. Notei que ainda havia um piano em pé, alugado por um cara que estava viajando para visitar os pais, então o tirei da casa e segui empurrando até uma loja de instrumentos na Highland Avenue, onde o vendi por cem dólares.

Angie me deixou ir morar na casa dela em Beachwood Canyon, onde eu passava o dia inteiro ouvindo seus discos e tingindo meu cabelo de diferentes cores, enquanto ela ganhava dinheiro para nós trabalhando como secretária. Nem lembrava mais do piano até que, seis meses depois, dois policiais apareceram batendo na porta à procura de um cara chamado Frank Feranna, que tinha roubado um piano. Disse a eles que não conhecia ninguém com esse nome.

Quando Lizzie e eu não estávamos tentando montar uma banda nossa, eu ia de carona com Angie até Redondo Beach, onde ela ensaiava com sua própria banda. Eu detestava essa banda, porque os caras curtiam Rush, tinham um monte de pedais de guitarra, falavam sobre *hammer-ons*[10] e, o pior de tudo, tinham cabelo cacheado. Se existe um traço genético que automaticamente desqualifica um cara de ser rock 'n' roll, é o cabelo cacheado. Ninguém *cool* tem cabelo cacheado; gente tipo o Richard Simmons, o cara do *Super-Herói Americano*[11] e o cantor do REO Speedwagon têm cachos. As únicas exceções são o Ian Hunter, do Mott the Hoople, cujo cabelo é mais emaranhado do que cacheado, e o Slash, mas o cabelo dele é crespo e isso é *cool*.

Para as mulheres, o equivalente de ter cabelo cacheado é ser vesga. Se existe um traço genético nas mulheres que as predispõe a me detestar, é ser vesga. Sempre me dou mal com mulheres vesgas, e a colega de quarto da Angie calhava de ser uma delas. Certa noite, bêbado, tentei deitar na cama dela, e ela contou tudo à Angie no dia seguinte. Tentei convencer Angie de que eu pensava ser a cama *dela*, mas ela me conhecia bem até demais e me chutou da casa. Mudei-me para um cortiço em Hollywood, infestado de drogas e cheio de prostitutas, e me concentrei em permanecer na minha própria cama e formar minha banda com Lizzie.

Achamos um baterista que usava coleira de cachorro e era um verdadeiro gigante de bronze chamado Dane Rage; um tecladista chamado John St. John, que arrastava um órgão Hammond B3 enorme a todo show; e um cantor chamado Michael White, cuja fama consistia em ter gravado alguma coisa para um álbum tributo ao Led Zeppelin certa vez. Isso devia ter me dito logo ali que ele não era o cara que procurávamos. Isso e o fato de que ele tinha cabelo cacheado. E era meio vesgo.

Perambulávamos por Hollywood usando salto alto e top e qualquer coisa que conseguíssemos arrumar para chocar os fãs jurássicos do Rush e do Led Zeppelin. Era 1979 e, até onde nós sabíamos, o rock 'n' roll estava morto. Éramos o Mott the Hoople, os New Yorks Dolls, os Sex Pistols; éramos tudo que ninguém mais curtia. Nas nossas cabeças de alcoólatras, éramos a porra da banda mais *cool* de todos os tempos, e a nossa autoconfiança (e alcoolismo) atraiu *groupies* fanáticas depois

---

10 Técnica de ligadura de notas na guitarra. (N. do T.)

11 Richard Simmons é um excêntrico "guru do fitness", famoso por seus vídeos de exercícios e aparições na TV, e *Super-Herói Americano* foi um seriado da ABC do início dos anos 1980, exibido no Brasil pelo SBT. (N. do T.)

de apenas uns poucos shows no Starwood. Demos à banda o nome de London, mas éramos mesmo o Mötley Crüe antes do Mötley Crüe.

Exceto pelo Michael White. Tudo o que eu desprezava, ele idolatrava. Se eu gostasse dos Stones, ele gostava dos Beatles. Se eu gostasse de pasta de amendoim cremosa, ele gostava com pedaços. Então nós o despedimos por ter cabelo cacheado, colocamos um anúncio no *The Recycler* e conhecemos Nigel Benjamin, que na nossa cabeça era um *rock star* de verdade, não só porque tinha cabelo liso, mas também porque tinha tocado no Mott the Hoople como substituto do Ian Hunter. Escrevia letras ótimas e, ao microfone, cantava pra caralho. Sabia mesmo cantar, como eu nunca tinha visto antes numa banda. Tínhamos um tecladista insano com seu próprio Hammond, um baterista com um kit enorme da North e um vocalista britânico. Estávamos fervendo.

Fiquei tão animado que liguei para o meu tio na Capitol e exigi:

– Quero falar com o Brian Connolly do Sweet!

– O quê?! – perguntou ele, incrédulo.

– Então, tô com uma banda incrível e queria mandar umas fotos pra ele.

Mandei as fotos pro Connolly e, como um favor para o meu tio, ele concordou em receber meu telefonema na semana seguinte. Passei o dia inteiro em casa, ensaiando o que eu diria. Peguei o telefone e comecei a discar, e então desliguei.

Enfim tomei coragem. Assim que ele atendeu, entrei direto no meu discurso a respeito do London e de como nós estávamos no caminho para o sucesso e de como nós podíamos contar com conselhos ou o apoio dele, ou qualquer tipo de instruções que ele poderia ter para nós. Talvez pudéssemos sair em turnê juntos um dia.

– Você já acabou, cara? – ele perguntou.

Sim, eu tinha acabado.

– Recebi suas fotos e as músicas – prosseguiu – e entendo o que vocês estão tentando fazer. Mas não consigo ajudar vocês.

– Cara, acho que a gente vai ser a maior banda de L.A., e acho que seria bom pra nós se...

Ele me cortou:

– É, bom, eu já ouvi isso antes, cara. Meu conselho seria pra vocês não largarem o emprego. Esse tipo de música nunca vai acontecer.

Fiquei devastado. Ele passou de meu ídolo a meu inimigo: um *rock star* amargo sentado num trono de merda na sua mansão em Londres.

– Bom, sinto muito em saber que essa é a sua opinião.

Desliguei e fiquei encarando o telefone por meia hora, sem saber se ria ou chorava.

No fim das contas, isso só me deu mais motivação para chegar ao sucesso e fazer o Brian Connolly lastimar o dia em que me insultou. Nosso empresário era David Forest, o excêntrico demônio festeiro que gerenciava o Starwood com Eddie Nash – Eddie depois se enroscou no caso John Holmes (astro pornô que se envolveu num assassinato de quatro pessoas na casa de um traficante de drogas em Laurel Canyon). Forest, sempre generoso, deu empregos para mim e

Dane Rage no clube, onde cuidávamos da limpeza e de trabalhos de carpintaria durante a tarde. Isso funcionava de modo que, à noite, o London tocava, jogava confete por todo lado, fazia uma bagunça e, no dia seguinte, nós éramos pagos para limpar o lugar.

Foi por meio de Forest que fui apresentado à decadência que a comunhão da disco music com o rock trouxe à cena dos clubes de L.A. No escritório dele, convivi com gente como Bebe Buell e Todd Rundgren, que envenenavam minha mente impressionável com histórias sobre overdoses do Steven Tyler e sobre o Mick Jagger recebendo boquetes no *backstage* enquanto as *groupies* chapavam de heroína em volta. Nas festas, via heróis da cena local como Rodney Bingenheimer e Kim Fowley. Podia beber de graça quantos runs com Coca eu quisesse, e aprendi tudo sobre drogas das quais eu só tinha ouvido falar. Drogas de verdade. E eu adorei.

Eu era jovem, bonito e tinha cabelo comprido. Encostava na parede do Starwood usando salto agulha e calças superapertadas, com o cabelo na cara e o nariz empinado. Até onde eu sabia, tinha chegado ao sucesso. Dormia até a hora que tivesse que acordar e fazer algo para ganhar dinheiro, tipo telemarketing, vender alguma merda de porta em porta ou trabalhar no Starwood. À noite, ia para o Starwood beber, brigar e comer garotas no banheiro. Eu realmente achava que tinha me tornado a porra dos meus heróis: Johnny Thunders e Iggy Pop.

Agora, em retrospecto, me dou conta do quão ingênuo e inocente eu era. Naquela época, não havia jatinhos ou shows com ingressos esgotados em estádios, nem mansões e Ferraris. Não havia overdoses ou orgias com o braço de uma guitarra enfiado na bunda de uma garota. Eu era só um moleque convencido num clube, que, assim como tantos outros antes e depois, achava que uma picada dolorida e uma ardência nas narinas queriam dizer que eu tinha dominado o mundo.

capítulo 4

MICK

UMA LIÇÃO MORAL VALIOSA É APRENDIDA A RESPEITO DO JULGAMENTO DOS OUTROS POR FATORES RELACIONADOS À APARÊNCIA EXTERNA, INCLUINDO MAS NÃO SE LIMITANDO A PESO CORPORAL E PÚSTULAS NO FORMATO DE FRANGO PROCESSADO FRITO.

Questiono muitas coisas e formo minhas próprias opiniões. Elas são tão válidas quanto as de um cientista da NASA ou as de qualquer outra pessoa. Quem é que diz que você tem que acreditar em alguma coisa porque leu num livro ou viu fotos? A quem cabe dizer "é assim que as coisas são"? Quando todo mundo acredita na mesma coisa, nos tornamos robóticos. As pessoas têm cérebros: elas podem chegar sozinhas a suas próprias conclusões, tipo como um OVNI voa.

Quando eu estava no ensino fundamental, nos anos 1950, no auge da Guerra Fria, fazíamos simulações na escola. Diziam-nos que, se a bomba de hidrogênio caísse, tudo o que teríamos de fazer era ir para debaixo da carteira e colocar as mãos sobre a cabeça. Hoje, a ideia de que uma carteira escolar vai nos proteger de radiação e da devastação total parece ridícula, mas na época fazia total sentido para aquelas pessoas supostamente inteligentes e informadas a quem chamamos de professores. Lembro que escrevi em letras grandes no meu caderno as palavras *agachar e se esconder*, entre aspas e com um ponto de interrogação gigante. Que piada. Aquela tartaruguinha[12] era um papo furado.

Eu tinha o costume de guardar pilhas de cadernos e folhas de papel com coisas escritas por mim desde criança. Ao longo do tempo, muito do que escrevi se tor-

12 Em janeiro de 1952, o governo estadunidense lançou uma animação institucional intitulada *Duck and Cover* para instruir alunos como proceder no caso de uma explosão nuclear, que trazia como protagonista uma tartaruga. (N. do T.)

nou realidade. Em 1976, quando minha banda cover White Horse agonizava, pronta para tomar o tiro de misericórdia, estávamos ensaiando na sala da casa onde morávamos, quando o baixista chegou e disse:

– Bom, essa certamente parece uma gangue de desajustados.[13]

Depois do ensaio, fui para o meu quarto e escrevi no meu caderno essas palavras – *Motley Crew* ["gangue de desajustados"], e então, embaixo, em letras maiores, MOTTLEY CRU – e disse a mim mesmo que eu precisava ter uma banda chamada Mottley Cru. Queria que o White Horse, que era uma banda boa de verdade, passasse a tocar músicas autorais e se tornasse o Mottley Cru.

– Por que não fazer som autoral? A gente tá passando fome de qualquer jeito – eu disse a eles.

A resposta foi uma votação que me tirou da banda. Então fui embora com tudo: o P.A., as luzes, a van.

Coloquei um anúncio naquele jornal de classificados, o *The Recycler*, que dizia: "Guitarrista extraterrestre disponível para quaisquer outros aliens que queiram conquistar a Terra". Na época, eu usava o nome de Zorky Charlemagne, então foi assim que assinei o anúncio, e recebi alguns telefonemas muito bizarros, mas nenhum de alguém que parecia são. Acabei numa banda cover chamada Vendetta, que me rendeu dinheiro o bastante para comprar um cabeçote e uma caixa Marshall e uma Les Paul. Comprei outro Marshall e outra Les Paul quando voltei de uma turnê no Alasca, e coloquei outro anúncio no *The Recycler*. As pessoas geralmente começam um anúncio com a letra A, tipo "Aqui, um bom guitarrista à procura de banda", só para que fique entre os primeiros listados. Eu não me importei, porque sabia que o meu anúncio ia se destacar em qualquer posição. Dizia: "Guitarrista barulhento, rude e agressivo disponível".

O cara do Sparks que tem o bigode tipo Hitler respondeu, mas eu disse a ele que não gostava das suas músicas e que estaria desperdiçando o tempo dele e o meu se fizesse um teste. Acho que ele me respeitou por conta disso. Uma banda cafona de Redondo Beach, que viria a se tornar o Poison ou o Warrant ou alguma dessas outras que arruinaram os anos 1980, ligou porque os caras tinham me visto tocar no Pier 52. Não retornei a ligação. Para citar o Andy Warhol, "todo mundo tem quinze minutos de fama". Para citar a mim mesmo, "eu gostaria que eles não tivessem".

Acho que o Nikki enfim viu o anúncio e me ligou. Conversamos um pouco e combinamos um dia para nos encontrarmos. Amontoei minha guitarra e meus Marshalls num Mazda minúsculo que pertencia ao meu amigo Stick e dirigi até North Hollywood. Nikki e eu nos cumprimentamos como dois completos estranhos: nenhum de nós se lembrava que já tínhamos nos conhecido. Ele tinha mudado de nome e seu cabelo estava todo volumoso, preto como breu, e encobrindo o rosto. Eu não seria capaz de reconhecê-lo nem se ele fosse meu próprio pai. Demorou umas duas semanas até ele perguntar:

13 Tradução livre da expressão em inglês que deu origem ao nome da banda: "*motley-looking crew*". (N. do T.)

– Ei, você não é aquele cara esquisito que entrou na loja de bebidas um dia e...

Mal pude acreditar: ele realmente tinha se transformado em alguém.

Nikki disse que tinha saído de sua banda anterior, o London, porque havia gente demais tentando puxar a banda para direções diferentes demais. Agora ele estava tentando montar seu próprio projeto e concretizar sua própria visão. Fingi que concordei, mas eu sabia que ele ainda era muito novo e musicalmente ingênuo, e eu poderia influenciá-lo a evoluir do meu jeito. Nesse ensaio, tocamos algumas das músicas que Nikki tinha escrito – "Stick to Your Guns", "Toast of the Town", "Public Enemy #1". Tinha um cara frouxo, cujo nome não vou mencionar, tocando guitarra. A primeira coisa que fiz ao chegar no ensaio foi dizer:

– Com ele não vai rolar.

Então eles me disseram que, se eu queria o cara fora da banda, teria de dizer isso a ele. Era o primeiro dia e eles já me botaram para fazer o trabalho sujo.

Havia também um moleque esquelético, com um galo gigante no queixo que parecia um nugget do McDonald's. Ele disse que tinha caído ou sido empurrado da escada do Gazzari's na noite anterior. Não sei se é por isso que aquilo estava na cara dele, mas parecia um segundo queixo. O moleque alegava que sabia tocar bateria, apesar de parecer jovem demais e magricela demais para ser bom. Porém, quando ele começou a tocar, não era nada frouxo. Tocava com força e seu nome era Tommy.

E, pensando bem, não foi o Nikki quem viu o anúncio no *The Recycler*. Foi o Tommy. Foi ele quem ligou e deixou a mensagem. Foi ele quem fez acontecer. E, rapaz, ele sabia tocar.

fig. 1

PARTE TRÊS

TOAST OF THE TOWN

capítulo 1
TOMMY

DE UMA FRUTINHA DE COR VERMELHA QUE INFLAMOU DE DESEJO O CORAÇÃO DE UM JOVEM GAROTO, DAS OPORTUNIDADES EDUCACIONAIS PROPORCIONADAS POR UMA AULA MISTA DE VOLEIBOL E DE OUTRAS REMINISCÊNCIAS FELIZES

Caaaaaara. Porra, aí sim. Finalmente. Quanto espaço o Nikki vai ter, mano? Porra. O cara tentou pôr a própria mãe na cadeia. Eu amo esse cara, fomos praticamente casados por vinte anos. Mas às vezes rola toda uma disfunção ali. Eu não sou assim. Sou um romântico incurável pra caralho. Essa é a parte de mim que muita gente desconhece. Sabem tudo o que há pra saber de uma outra parte de mim, mas não sabem coisa nenhuma do meu coração. Cara, isso é ruim, mas tá tudo bem. Tudo bem pra caralho.

Meu destino foi selado com a primeira paixonite que tive, por uma garotinha irada que morava na mesma rua que eu em Covina. Eu ia atrás dela pra todo lado, a seguia de bicicleta e espiava pela janela dela de noite, feito um *stalker* em miniatura. Tudo o que eu queria fazer era beijá-la. Tinha visto meus pais se beijarem e parecia muito legal. Concluí que estava pronto para experimentar.

Ao longo da vida, aprendi que, se você perseguir uma coisa por tempo o bastante, logo ela é quem vai começar a te perseguir. Depois de um tempo, minha vizinha começou a me seguir pra todo lado, e ficamos loucos um pelo outro. Uma vez, não sei como, acabamos atrás de uns arbustos, à sombra, num gramado onde ninguém conseguia ver. Os arbustos tinham umas frutinhas vermelhas que eram da cor dos lábios dela. Sem nem pensar, peguei uma das frutinhas e coloquei entre as nossas bocas. Então envolvemos nossos lábios nela e nos beijamos pela primeira vez. Foi tão romântico e mágico: achei que se nos beijássemos com aquela frutinha vermelha entre nós, de algum jeito nos transformaríamos em alguma coisa. Talvez ela virasse uma princesa e eu, um cavaleiro que a levaria embora de Covina no meu cavalo branco. Galoparíamos até o meu castelo enquanto os vizinhos observariam, se perguntando quem seria aquele lindo casal de príncipe e princesa. E viveríamos felizes para sempre. A menos que alguém comesse ou destruísse a frutinha mágica. Se isso acontecesse, retornaríamos a Covina e seríamos duas crianças tontas de novo. Na minha vida, sempre foi assim: sempre há uma nuvem tempestuosa à espreita, esperando para foder tudo que está legal e perfeito.

Recentemente, consultei um analista de sonhos e ele me disse que herdei essa nuvem da minha mãe. A vida dela foi assim: tudo que era bom era cercado de tragédia. Seu nome era Vassilikki Papadimitriou e ela foi Miss Grécia nos anos 1950. Meu pai, David Lee Thomas, era sargento do exército, e pediu minha mãe em casamento na porra da primeira vez que a viu. Eles se casaram cinco dias depois de se conhecerem, exatamente como Pamela e eu faríamos quase quarenta anos depois. Ele não falava uma palavra de grego; ela não falava uma palavra de inglês. Comunicavam-se por desenhos, ou ela escrevia algo em grego e meu pai quebrava a cabeça para o alfabeto estranho fazer sentido usando um dicionário grego-inglês.

Antes de eu nascer, ela tentou ter filhos por seis vezes: teve cinco abortos naturais e, quando meu irmão nasceu da sexta gravidez, faleceu depois de cinco dias. Por alguma razão, esses filhos não deveriam estar aqui. Não sei como ela teve coragem de tentar de novo. Porém, quando engravidou pela sétima vez, se recusou até a sair da cama por nove meses, com medo que algo desse errado.

Logo depois que nasci, meus pais se mudaram de Atenas para um subúrbio de Los Angeles chamado Covina. Foi duro para a minha mãe. Ela era uma modelo muito irada, e agora cá estava nos EUA, vivendo de limpar as casas dos outros feito a porra de uma serva. Sempre teve vergonha desse trabalho. Estava morando num país novo com um estranho que de repente tinha se tornado seu marido. E não tinha família, nem amigos, nem dinheiro, e mal falava uma palavra em inglês. Sentia tanta falta de casa que deu à minha irmã mais nova o nome de Athena.

Meu pai trabalhava pro departamento rodoviário do condado de Los Angeles na manutenção dos caminhões e tratores. Minha mãe sempre esperou que ele ganhasse dinheiro o suficiente para ela poder largar o emprego e contratar uma faxineira, mas ele nunca ganhou.

O tal do analista de sonhos disse que a minha mãe passou muito do medo com o qual ela vivia nos EUA para mim, especialmente quando eu era criança. Ela falava comigo em grego, e eu não conseguia compreender uma palavra; não fazia ideia de por que eu conseguia entender todo mundo ao meu redor, mas não distinguia uma única palavra que minha mãe dizia. Experiências como essa, disse o analista, levaram ao medo e à insegurança constantes que sinto na vida adulta.

Uma vez, cheguei numa dessas sessões com ele usando uma camisa de manga curta, e ele viu as minhas tatuagens e teve uma porra de um surto. Falei a ele sobre os meus pais e sobre como eles se comunicavam quando eu era criança. Na sessão seguinte, ele disse que pensara na minha família a semana toda e tinha chegado a uma conclusão:

– Quando você era muito pequeno, via pessoas fazendo desenhos e se comunicando por meio deles. Agora, você usa essas tatuagens como forma de comunicação.

Ele apontou que muitas das tatuagens eram símbolos para coisas que eu queria na minha vida, tipo a carpa, que eu fiz muito antes de ter um lago de carpas em casa. Também tenho uma tatuagem de leopardo, e qualquer dia desses vou arrumar a porra de um leopardo. Quero encontrar um relaxando no sofá quando chegar em casa de uma turnê.

DIZEM QUE VOCÊ NÃO PODE PREVER o futuro, que ninguém sabe o que a vida tem planejado. Mas eu sei que isso é papo furado. Não foram só as imagens das tatuagens que depois se tornaram realidade pra mim. Isso vem de muito antes. Previ meu futuro quando tinha três anos e, num esforço infantil para fazer barulhos mais altos e melhores, ajeitei potes e panelas no chão da cozinha e sentei a mão neles com colheres e facas. Meu amigo Gerald me diz hoje em dia que, no fundo, naquela época eu já sabia o que queria fazer. E o dia em que comecei a fazer aquela zona com os negócios de cozinhar da minha mãe foi o dia em que manifestei isso. Mas eu não sabia disso ainda. Eu era burro.

Quando o leiteiro chegou tocando acordeon, decidi que o que queria aprender mesmo era sanfona. Então abandonei a bateria infantil que meus pais tinham me dado no intuito de evitar que os pratos limpos fossem parar no chão e comecei a ter aulas de acordeon junto com a minha irmã. Quando um professor de dança tocou em casa pra fazer propaganda de suas aulas, minha irmã e eu ficamos tão animados que entramos pra um grupo de sapateado e balé, o que era ótimo, porque aí eu podia dançar com garotas. Eu cagava e andava pra jogar beisebol no parque com outros meninos: só queria segurar as meninas.

Depois da dança, fiquei animado com piano, mas no fim das contas o instrumento se mostrou só uma repetição tediosa pra caralho, escalas tocadas de novo e de novo até que eu sentisse vontade de matar gente, a começar pela professora de piano. Então vi uma guitarra numa loja de penhores e desenvolvi uma obsessão por guitarras. Meu acordeon era um DaVinci elétrico, e eu aumentava o volume até conseguir uma distorção bem suja e tocava "Smoke on the Water", fiz isso até minha mãe não aguentar mais e comprar aquela guitarra da loja de penhores. Eu a plugava no meu amplificador de acordeon e tocava o mais alto possível, com as janelas abertas, pra todo mundo na vizinhança saber que eu tinha a porra de uma guitarra. Eu até saía com ela no jardim e fazia pose pra todo mundo ver. Não sei por que eu queria que as pessoas notassem. Ainda sou desse jeito: faço as coisas por amor, mas também quero reconhecimento. Isso me trouxe muita felicidade e também me meteu em muita encrenca.

Por sorte, nenhuma Testemunha de Jeová passou em casa quando eu era criança, porque aí provavelmente eu estaria vendendo Bíblias hoje em dia. Ao invés disso, depois de ver uns caras de uma banda marcial do ensino médio tocarem caixa num jogo de futebol americano, voltei minha atenção para os tambores, que nunca deveria ter abandonado em primeiro lugar. Meu pai me deu de Natal minha primeira caixa profissional. Cara, não era uma caixa de papelão, a porra de uma lata de tinta ou uma panela de cabeça pra baixo. E se o meu pai não tivesse me feito sentar lá e praticar escalas no piano e aprender compassos, batidas e divisões, eu nunca teria aprendido bateria tão rápido quanto aprendi.

Enquanto escrevo isso, com meu pai em seu leito de morte, não sei como poderei retribuir. Estou vendo-o morrer lentamente – só lhe resta um ano, provavelmente – e, quando ele olha pra mim, seus olhos se enchem de lágrimas. E quando eu olho pra ele – esse homem que só me apoiou – não consigo não chorar. Depois de me dar aquela caixa, ele topou ser meu fiador pra que eu pudesse comprar o resto da bateria sozinho:

– Não vou dar a bateria pra você porque aí você não vai respeitar o instrumento. Mas vou te ajudar e ser seu fiador, porque aí se você se atrapalhar e esquecer de pagar as parcelas, eu cubro.

Ele então me ajudou a erguer a porra de uma sala dentro da garagem, com isolamento térmico, carpete, uma porta, paredes duplas de compensado e tratamento acústico feito com caixas de ovos. Meus pais deixavam os carros do lado de fora da garagem só pra que eu pudesse ter uma sala de ensaio com isolamento acústico. E mais tarde, quando eu estava pronto pro meu primeiro carro, meu pai me ajudou de novo e assinou o empréstimo comigo. Ele não fazia os meus esforços por mim, mas, se eu tropeçasse sozinho, ele me ajudava a levantar.

Agora que eu tinha minha própria sala de ensaio, cada moleque da escola que tocava ou tinha visto uma guitarra queria vir até a minha casa e arrebentar pra caralho, o que geralmente significava tocar músicas do Led Zeppelin repetidas vezes. Não são muitos os pais que deixam os filhos fazerem isso em casa. A única regra dos meus pais era a de que a música não podia passar das 22h, e eu respeitava isso. Respeitei por um tempo, pelo menos.

Na escola, eu só pensava em música: minhas aulas favoritas eram a de música e a de design gráfico, onde eu fazia camisetas de rock com meus amigos. Também curtia o vôlei misto, que não tinha nada a ver com música, mas tinha tudo a ver com rock 'n' roll, se é que você me entende.

Todos os dias eu via as minhas três aulas favoritas e matava o resto pra descer o braço na bateria a tarde toda enquanto meus pais estavam trabalhando. Pouco antes de a minha mãe chegar em casa, eu saía pra dar uma volta, matava um tempo e então voltava como se tivesse acabado de retornar da escola. Foi um bom plano até que comecei a bombar, na oitava série.

Meu professor, o sr. Walker, anotava nossas notas num caderninho que guardava em sua gaveta todos os dias. Então, juntamente com uns outros moleques que também estavam bombando, elaborei um plano pra roubar o caderninho de notas quando ele saísse da sala pra fumar seu cachimbo. A carteira designada a mim ficava na frente da sala, então, certa manhã, enquanto ele fazia a pausa pra fumar, corri até a mesa, me debrucei sobre o tampo, estendi o braço e saquei o caderninho preto da gaveta.

Consegui voltar pra minha carteira no momento exato em que ele retornou. Enquanto ele discorria a respeito de *O Sol é Para Todos*, passei o caderninho pro Reggie, que sentava atrás de mim e levantou a mão e pediu pra ir ao banheiro. Eu fui em seguida, depois um outro amigo. Nos encontramos no banheiro e colocamos o caderninho em cima da tampa fechada de uma privada. Reggie pegou o isqueiro e ateou fogo naquilo. Nós éramos uns idiotas, mano: pensamos que, se destruíssemos o caderno, todas as nossas notas F desapareceriam e o sr. Walker teria de nos passar de ano. Também fomos estúpidos por acharmos que três moleques no banheiro por dez minutos não levantariam suspeita nenhuma.

Enquanto tentávamos apressar a queima botando fogo em diferentes extremidades do caderninho, a porta do banheiro se abriu com tudo. Lá estava o sr. Walker, com o rosto vermelho feito um caminhão de bombeiro. Deu tudo errado, cara. Enquanto soprávamos o caderninho na tentativa de apagar o fogo, ele nos pegou pela porra das orelhas. Juro por Deus que os meus pés não tocaram o chão até chegarmos na sala do diretor, que tinha uma cadeira encostada na parede. Quando chegou a minha vez de entrar, ele me fez ficar de frente pra cadeira e segurar nos braços.

– Olha praquele ponto na parede! – latiu o diretor.

– Que ponto? – perguntei. Então, de repente, vieram os golpes, um seguido do outro, na porra da minha bunda. Ele me bateu pra caralho e me suspendeu. Meus pais me deram um baita castigo.

De algum modo, passei de ano e fui cursar o ensino médio na South Hills High School, onde entrei na percussão da banda marcial que tanto admirava quando criança. Como competíamos contra outras escolas, tive de aprender todo tipo de truque: malabarismos com as baquetas, golpear as laterais dos tambores e outras merdas que iam além de tocar percussão e já eram de fato teatrais. Os caras dos bumbos rodavam os bastões no pulso enquanto todos os tocadores de caixa rodavam e batiam as baquetas em uníssono, marchando no tempo. Tudo o que aprendi na banda marcial, usei mais tarde ao tocar no Mötley.

Porém, se dependesse de todo mundo na escola, eu podia muito bem ainda estar fazendo aula de balé. Por onde eu ia, me chamavam de "bicha da banda". Não era como se eu tocasse flauta: eu era a porra de um baterista. O fato de eu ser o único que achava isso *cool* me deixava puto.

O capitão da percussão era um cara alto de cabelos escuros chamado Troy, que tinha passado pela puberdade cedo demais: seus ossos pareciam tentar escapar de dentro do corpo e seu rosto ainda estava repleto de cicatrizes de acne. Eu era um calouro, mas estava me destacando rapidamente na banda e ele logo achou que eu era uma ameaça a sua autoridade de capitão. Um dia, antes do ensaio, enquanto eu me abaixava pra pegar meu tambor, ele me deu um tapinha nas costas. Quando me virei, ele me deu um soco que entortou meu nariz. Fui pro hospital, onde anestesiaram a região, botaram um alicate cirúrgico no meu nariz e – *creck* – o colocaram de volta no lugar. Mas ele nunca mais foi o mesmo: ainda é torto.

Nunca mais voltei a ver o Troy, porque depois disso meus pais venderam a casa e nós nos mudamos para um lugar a quinze minutos dali. Comecei meu segundo ano do ensino médio na Royal Oak High, na região de Covina/San Dimas.

Foi ali que formei minha primeira banda, a U.S. 101. Pedi aos meus pais se nós podíamos ensaiar na garagem, e, porra, eles deixaram. O guitarrista da banda, Tom, era um cara bem surfista e amava os Beach Boys. Embora eu achasse os Beach Boys uma merda boba de boiola, tocava junto porque estava pilhado demais só de estar fazendo um som com uma banda de verdade (posteriormente, dois dos membros formariam o Autograph).

Do balé à banda marcial, sempre fui um *outsider*. Porém, fazer parte de uma banda de rock real de repente fez isso parecer *cool*. E tem uma diferença grande entre ser um *outsider* sem graça e um *outsider* irado. Não importava que a banda era uma merda. Começamos a tocar em bailes da escola e festas no quintal: em todo lugar que precisassem – ou não – de uma banda. Foi nesse circuito que vi pela primeira vez o moleque mais *cool* pra caralho do mundo. Era um cara surfista com cabelo comprido loiro armado bem alto, bem tipo o David Lee Roth. Estava muito bem vestido, todo de branco, e tinha uma banda. Uma banda bem melhor do que a minha. Ele frequentava a Charter Oak High, a pouco mais de um quilômetro da minha escola, mas foi expulso no segundo ano do ensino médio e passou para a Royal Oak. Assim que ele passou pelas portas duplas – usando uma calça boca de sino irada de cintura baixa e uma camiseta branca justa –, parecia que o Arrebatamento tinha acabado de acontecer. Todas as garotas ficaram boquiabertas, apaixonadas por aquele surfista cabeludo roqueiro. Seu nome era Vince Wharton.

Um dia, depois da aula, fui até ele e disse:

– E aí, cara, beleza? Sou o Tommy e toco bateria. Ouvi falar que você tem uma banda.

A banda dele se chamava Rock Candy e eu comecei a frequentar as festas de quintal para beber e vê-los tocar. Vince tinha uma voz incrível: fazia covers do Cheap Trick e soava exatamente como o Robin Zander. E cantava muito bem Sweet e Aerosmith.

fig. 2

Tommy com seu pai, David Lee Thomas,
e sua mãe, Vassilikki

Pra mim, Vince era Deus. Tinha uma banda irada, era um baita surfista, as garotas desmaiavam de tanta luxúria por onde ele passasse e rolava um boato de que ele tinha se tornado pai antes mesmo de entrar pro ensino médio; me achei sortudo só por ele sequer falar com um excluído magricela como eu. Nunca nem imaginei que eu seria *cool* o bastante pra chegar a tocar numa banda com ele.

capítulo 2
T O M M Y

DA FORMAÇÃO DO MÖTLEY CRÜE: UM CONJUNTO CAÓTICO DE MENESTRÉIS, AVENTUREIROS E CANALHAS

Foi um momento definidor pro Suite 19: nosso primeiro show no Starwood. Fiquei surtado, porque tocar no Starwood significava ter "chegado lá". Cara, a primeira vez que fui pra porra de Hollywood, foi pra ir ao Starwood ver o Judas Priest. Fiquei embasbacado: *rock stars* britânicos que vieram até Hollywood com todo seu equipamento e calças de couro. E eu ia vê-los. Quase perdi a cabeça quando eles tocaram "Hell Bent for Leather". Eles fizeram o som mais pesado que eu já tinha ouvido, e eu imaginei que eles fodiam com um milhão de minas. Mal sabia eu.

Ao contrário da U.S. 101, a Suite 19 tocava músicas autorais. Minha namorada, uma *cheerleader* chamada Vicki Frontiere (a mãe dela, Georgia, era dona do Los Angeles Rams, e a avó, Lucia Pamela, gravou um disco infame sobre a vida no espaço sideral), me disse que eles estavam à procura de um baterista. Seríamos uma combinação perfeita: três caras cabeludos que tinham se dado mal na escola, frequentavam um supletivo e matavam aula pra tocar umas merdas com influência do Eddie Van Halen. Eu tinha dezessete anos e não conseguia acreditar que estava num power trio matador.

Na época, notei que havia pôsteres de uma banda chamada London por todo o Starwood. Algumas semanas depois do nosso show, fui ver o London tocar e, cara, eles eram mais *cool* do que a porra do Judas Priest. Pareciam umas minas, tipo o New York Dolls e tal, com umas roupas de bolinha doidas pra caralho. Eu era só um clone malnutrido e mal-ajambrado do Alice Cooper, com uma calça de lycra com estampa de oncinha apertada nos meus gambitos. Mas eles eram irados pra caralho e atraíam um monte de minas gostosas. Quando vi o Nikki rodar o baixo no palco, pensei: "Que tipo de cachorro é esse?". Ele tinha um cabelo louco pra caralho, que encobria até as maçãs do rosto, como se fosse um filhote caro de raça de Beverly Hills que se perdeu e caiu em dificuldades.

O Suite 19 se desmantelou depois que acabaram os *licks* de guitarra do Eddie Van Halen pra gente copiar. Toquei brevemente com outra banda, que se desfez depois que comecei a namorar a irmã do vocalista. O nome dela era Jessica, e eu a achava sexy porque ela era uma garota pequena, metade mexicana, com peitinhos pequenos, um sorriso engraçado e bochechas gorduchas. Quando nos pegamos pela primeira vez, a levei pra traseira da minha van e, em questão de minutos, comecei a fazer sexo oral nela. Ela esmurrou a parede e gritou:

– Ai, meu Deus! Vou gozar!

Comecei a lambê-la mais rápido, e de repente ela rugiu feito um leão da montanha desesperado e a boceta dela explodiu. Foi água pra todo lado. Ela gozava feito um caminhão de combustível vazando, e foi a coisa mais foda que eu já tinha visto. Só pensei: "Meu Deus, eu amo essa garota. É ela!".

Todos os dias depois do ensaio, eu a buscava na minha van, estacionávamos num lugar discreto e ela jorrava pra todo lado. Eu adorava ficar lá sentado e deixar ela gozar em mim. Porém, minha van começou a feder, enfim. Certa tarde, dei carona pra minha mãe até o mercado e ela não parava de perguntar que cheiro era aquele. Tive de fingir que não sabia.

Vince daria a ela o apelido de Bullwinkle, porque dizia que ela tinha cara de alce. E talvez ela tivesse, mas eu não ligava. Ela estava abrindo portas sexuais doidas para mim. Foi minha primeira namorada de verdade e eu achei que todas as garotas gozavam daquele jeito quando ficavam excitadas. Quando descobri que não era assim, foi difícil terminar com ela.

(A única outra garota que conheci capaz de fazer isso era uma amiga de uma atriz pornô meio indiana de 1m80cm chamada Debi Diamond. Anos mais tarde, quando a Bullwinkle era só uma memória embaçada, eu estava trabalhando com o Trent Reznor do Nine Inch Nails no A&M Studios. Era aniversário do baixista dele, Danny Lohner, então levei Debi e a amiga dela até o estúdio como presente de aniversário. Depois de atirar uvas de dentro da boceta para nos entreter, a amiga de Debi sentou no piano enquanto Debi a chupava. De repente, a garota jogou a cabeça pra trás, gemeu e jorrou um jato a quase dois metros de distância, que acertou numa tigela de frutas do outro lado da sala.)

Bom, enquanto eu estava comendo a Bullwinkle e procurando outra banda, o guitarrista do Suite 19, Greg Leon, começou a tocar com o Nikki, que tinha saído do London e estava tentando montar uma nova banda. Nikki tinha visto o Suite 19 tocar naquela noite no Starwood e gostou do meu estilo de tocar. Greg deu meu telefone a ele e marcamos de nos encontrar no Denny's da esquina do Burbank com o Lankershim Boulevard, em North Hollywood. Fiquei muito nervoso, por-

LONDON

fig. 3

FINE FOOD
DISCO DANCING
In Hollywood
STARWOOD
8151 SANTA MONICA BLVD (at Crescent Heights)
DOORS OPEN 8:00 PM • 656-2200 • NO AGE LIMIT
VALID ONLY ON DATE SHOWN
THIS TICKET & $2.00 GOOD FOR ONE ADMISSION
SHOWTIMES: 8:30 & 11:30
Happy May Day
Thursday, May 1st
L O N D O N
and
T H E P E N N Y S
FOR COMING ATTRACTIONS SEE OUR AD IN THE LOS ANGELES TIMES
SUNDAY CALENDAR SECTION AND LISTEN TO KLOS 95½ FM
NON-TRANSFERABLE • NOT FOR RESALE
In Hollywood
STARWOOD
8151 SANTA MONICA BLVD. (at Crescent Heights)
DOORS OPEN 8:00 PM • 656-2200 • NO AGE LIMIT

fig. 4

que eu era só um moleque punk. Como Nikki conseguia fazer shows com ingressos esgotados aos finais de semana no Starwood e no Whisky, na minha cabeça isso o tornava um enorme deus do rock. Quando ele se sentou na minha frente, fiquei ainda mais intimidado, porque não conseguia ver com quem eu estava falando detrás daquele cabelo preto espetado. Fiquei pensando, tipo: "Onde tá esse cara?". Quis pedir biscoitos de cachorro pra ele, mas não sabia se ele tinha senso de humor. Ainda não sei.

Depois do almoço, fomos pra uma casinha toda fodida, caindo aos pedaços. Nikki estava morando de graça com uma garota chamada Laura Bell, que era baterista do The Orchids e ele tinha conhecido por meio do Kim Fowley. Ele me mostrou algumas demos nas quais vinha trabalhando e eu, instintivamente, comecei a tocar bateria na mesa, do jeito que eu fazia na cozinha quando era criança. Tínhamos a mesma energia e nos demos bem logo de cara. Ficou claro que nós íamos fazer algo juntos muito rapidamente. Nikki era um cara obstinado, e eu compartilhava dessa obsessão. Queríamos explodir a cena, dominar a Sunset Strip e brigar ou foder com qualquer coisa que se mexesse.

Uns dois dias depois, levei minha bateria até a casa do Nikki e começamos a fazer jams, só baixo e bateria, no chão irregular da sala de estar. A mesma sala servia ainda de cozinha, sala de jantar, espaço de ensaio e escritório, com um closet que fazia as vezes de quarto pro Nikki. De vez em quando durante o ensaio, Nikki pegava o telefone, ligava para algum número e tentava vender lâmpadas pra alguém. Era esse o trabalho dele.

A madeira nas paredes da casa estava podre e rachada, e insetos surgiam para atacar toda comida que estivesse dando sopa. Se você fizesse um sanduíche, tinha de ficar com ele na mão o tempo todo, caso contrário ele seria devorado por alguma tribo de insetos. Fiquei pilhado por estar numa outra banda com o Greg Leon, mas o puto do Nikki o expulsou. Greg era um guitarrista ótimo – ele e o Eddie Van Halen eram provavelmente os melhores guitarristas da cena –, mas era um cara muito comum, e Nikki não gostava disso. Dizia que o Greg não tinha a ousadia dos New York Dolls ou dos Stooges. Ele queria que todo mundo tivesse exatamente a mesma aparência que ele.

Achamos um guitarrista substituto, Robin, por meio de um anúncio no *The Recycler*. Robin era bem talentoso, mas era um fresco e todo mundo sabia disso. Ele usava a camisa pra dentro da calça, lavava as mãos antes de tocar na guitarra, se aquecia tocando escalas e, em geral, agia como se tivesse de fato estudado guitarra na faculdade. A única coisa que tinha a seu favor era um cabelo irado.

Continuamos a olhar o *The Recycler*, na esperança de encontrar um segundo guitarrista que fosse um filho da puta bem feio e louco para contrabalancear o Robin. Um dia, encontrei o anúncio certo: "Guitarrista barulhento, rude e agressivo disponível". Liguei e deixei meu número pro cara, e uma semana depois ouvimos uma batida tímida na porta do Nikki.

Quando abrimos a porta, lá estava um duende de cabelo preto que chegava até a altura da bunda e sapatos plataforma envoltos por praticamente um rolo inteiro de *silver tape* para não se desmancharem. Parecia um parente do Primo It sem grana, dolorosamente tímido e de aparência *freak*. Eu ri muito e chamei o Nikki:

– Vem cá! Você tem que ver esse cara!

Quando Nikki chegou na frente dele, foi tipo a Família Addams encontrando o Scooby Doo. Nikki me puxou de lado, animado.

– Não creio! – disse. – Ele é mais um de nós!

Atrás do Primo It, carregando um cabeçote Marshall, vinha um carinha chamado John Crouch, ou Stick, um agregado cujo principal valor parecia ser o fato de que ele tinha um carro, um pequeno Mazda que, naquele dia úmido de primavera, estava com uma caixa de amplificador saindo por uma janela e um braço de guitarra pela outra (pra ser justo, o Stick também tinha talento pra ir buscar burritos).

Montamos o equipamento do Mick, e Nikki mostrou a ele o riff de abertura de "Stick to Your Guns". Mick observou atentamente, curvado e esfregando suas mãos inquietas feito um louva-a-deus, e então pegou a guitarra e tocou pra caralho, deixando o riff tão distorcido e insano que nem reconhecemos mais. Eu, na verdade, não sabia julgar se alguém era um bom guitarrista ou não. O puro volume da guitarra dele me impressionou mais do que qualquer outra coisa ali. E eu gostei do visual e do som malucos dele: era como se ele viesse de um planeta habitado por uma espécie tão sonicamente avançada que não precisavam tomar banho.

Ao terminar, o Primo It virou-se para mim, os olhos redondos brilhando por entre o cabelo emaranhado, e disse:

– Vamos buscar uma *schnapps*.[14]

Compramos uns quatro litros de *schnapps* na loja de bebidas, entortamos o caneco e tocamos por uma hora. E então o Primo It falou novamente. Ele puxou Nikki e eu de lado e balbuciou alguma coisa sobre o Robin. Então virou-se pro Robin e disse a ele, feito um velho rabugento:

– Você tá fora daqui. Só tem espaço pra um guitarrista nessa banda, e sou eu.

Nem precisamos discutir se o Mick era ou não o guitarrista certo pra banda: o cara já estava dentro.

Robin olhou pro Nikki, depois pra mim, e nenhum de nós falou uma palavra sequer em sua defesa. Ele fez uma cara emburrada, depois ficou vermelho, largou a guitarra e começou a chorar. Era mesmo um frouxo.

Depois que Robin levou suas coisas embora, Nikki tingiu meu cabelo de preto pra ficar igual ao dele e ao do Mick. E eles me encorajaram a fazer minha primeira tatuagem: a do Super Mouse, meu super-herói favorito dos desenhos animados. Ele me lembrava de mim mesmo: é pequeno e eu sou magricela, estamos sempre tentando salvar o dia e sempre ficamos com a garota no final. Pedi para o tatuador desenhar um Super Mouse atravessando um bumbo de bateria com baquetas nas mãos.

Nikki, Mick e eu começamos a ensaiar todos os dias, e era incrível como Nikki não parava de criar músicas novas. Depois, íamos pro Starwood como se já fôssemos *rock stars*. Só faltava um vocalista.

---

14 Bebida alcoólica destilada semelhante à cachaça ou à aguardente. (N. do T.)

Fizemos um teste com um cara gordo e bobo chamado O'Dean, cuja voz ficava em algum lugar entre o The Cult e o Scorpions. Era um cantor incrível, mas o Nikki não gostou dele porque ele não soava como o Brian Connolly do Sweet. O outro problema do O'Dean era ele ser muito xarope com o par de luvas brancas ultralimpas que sempre usava. Ele tinha a impressão de que as luvas configuravam ter um *look*, e nós tentávamos não dizer nada contrário a isso porque ele era tudo o que tínhamos.

Demos um jeito de entrar em estúdio pra gravar algumas das músicas do Nikki: "Stick to Your Guns", "Toast of the Town", "Nobody Knows What It's Like to Be Lonely", e uma música dos Raspberries, "Tonight". Eles só nos deram duas horas, então, quando o tempo acabou, Nikki me fez ir comer a engenheira de som. Os dentes dela eram tortos pra fora, mas ela era legal e tinha um corpo decente. Ela me levou pra casa dela e lá tinha a porra da cama mais legal do mundo. Tinha uma rede mosquiteira em volta, e eu nunca tinha experimentado nada daquilo. Eu era um puto na época, tentava provar todas as coisas, então disse a ela:

– Uau, eu ia adorar te comer nesse negócio.

Nós nos divertimos e ela garantiu que ganhássemos algumas horas de graça no estúdio até ficarmos acomodados demais.

Na última música que registramos pra nossa demo, "Toast of the Town", O'Dean se recusou a tirar as luvas pra gravar as palmas de fundo. Achava que tirar as luvas ia arruinar seu mistério, apesar do fato de que o único mistério ali era como ele tinha uma voz tão boa. Nikki ficou furioso quando o O'Dean não quis bater palmas tipo o Sweet em "Ballroom Blitz", e o Mick já o detestava de qualquer forma, por achar que ele era um puto gordo, um cantor de merda e um espiritualista enrustido.

– Não gosto desse cara – Mick balbuciava durante os ensaios. – Ele é um hippie, e eu odeio hippies.

Eu disse ao Nikki:

– O Mick não acha que o O'Dean é um deus...

– Porra, de jeito nenhum – Mick disse. – Quero aquele filho da puta loiro magrelo que vi no Starwood outro dia, naquela banda Rock Candy.

– Você tá falando do Vince?! – perguntei.

– Porra, sim, o Vince – o Primo It fez uma carranca. – Esse cara. Não quero nem saber se ele sabe cantar ou não. Vocês viram o que ele causa no público? Viram o que ele causa nas garotas e o jeito como ele se porta no palco?

– Estudei com aquele puto. As garotas amam ele – eu disse a Mick.

Eu tinha dado meu telefone ao Vince no show dele, mas ele nunca me ligou. Depois que despedimos O'Dean, passei na casa do Vince, dei a ele uma fita demo e implorei pra que ele fizesse um teste com a gente. Esperamos por semanas até que ele ligasse ou aparecesse num ensaio, mas ele nunca o fez. Por fim, cedi e liguei pra ele mais uma vez.

– Tenho tentado falar com vocês – disse Vince. – Lavei minha calça com o número dentro sem querer, e não consegui mais o número.

– Escuta só – falei pra ele –, essa é sua última chance, cara. Você tem que ver essa banda em que eu estou. Você vai ficar doido com as músicas que a gente tá fazendo. O Nikki Sixx tá na banda e a gente tem um guitarrista irado que parece o Primo It da Família Addams.

– OK – disse Vince –, a minha banda me fodeu esses dias e estou prestes a sair. Vamos fazer o seguinte: passo lá no sábado. Onde vocês vão estar?

O sábado foi um bom dia: fazia sol e soprava uma brisa fresca. Eu estava bebendo *schnapps*, Nikki entornava Jack Daniel's e Mick bebericava Kahlúa na frente do estúdio IRS, em Burbank, quando Vince chegou num Datsun 280Z com uma garota que apelidamos de Lovey na hora, porque ela era loira, rica e metida tipo a Lovey Howell do seriado *Ilha dos Birutas*.

Ela desceu do carro e nos olhou de cima a baixo como se fosse empresária do Vince.

– Bom, tenho que ouvir o guitarrista, porque ele tem que ser muito bom se for tocar com você, *baby* – ela miou, dando nos nossos nervos de imediato. Vince ficou lá feito um moleque, meio convencido e meio envergonhado, com cabelos loiros platinados explodindo de sua cabeça como fogos de artifício. Nikki deu a ele alguns versos escritos e ele começou a cantar. Não estava certinho no tempo da música, mas acertou todas as notas e não desafinou. E algo mais começou a acontecer: sua voz esganiçada e aguda combinava com o baixo tosco e fora do tempo do Nikki, com a guitarra alta demais e superdistorcida do Mick e com a minha bateria excessiva e exagerada. E essa combinação soava bem, apesar dos "backing vocals" da Lovey, que não parava de reclamar que aquelas músicas não eram pro Vince.

No ato, Nikki começou a reescrever as músicas para a voz do Vince, e o primeiro resultado foi "Live Wire". Naquele momento, nos tornamos o Mötley Crüe. Naquela porra daquele exato momento. Criamos um dos nossos clássicos em cinco minutos na nossa primeira jam com Vince. Eu não conseguia acreditar. O Missing Persons estava ensaiando na sala ao lado, e nós ficamos tão empolgados que, só pra sermos cuzões, fechamos o cadeado que estava pendurado do lado de fora da porta da sala deles e os trancamos no estúdio. Não sei como eles saíram – ou se é que saíram.

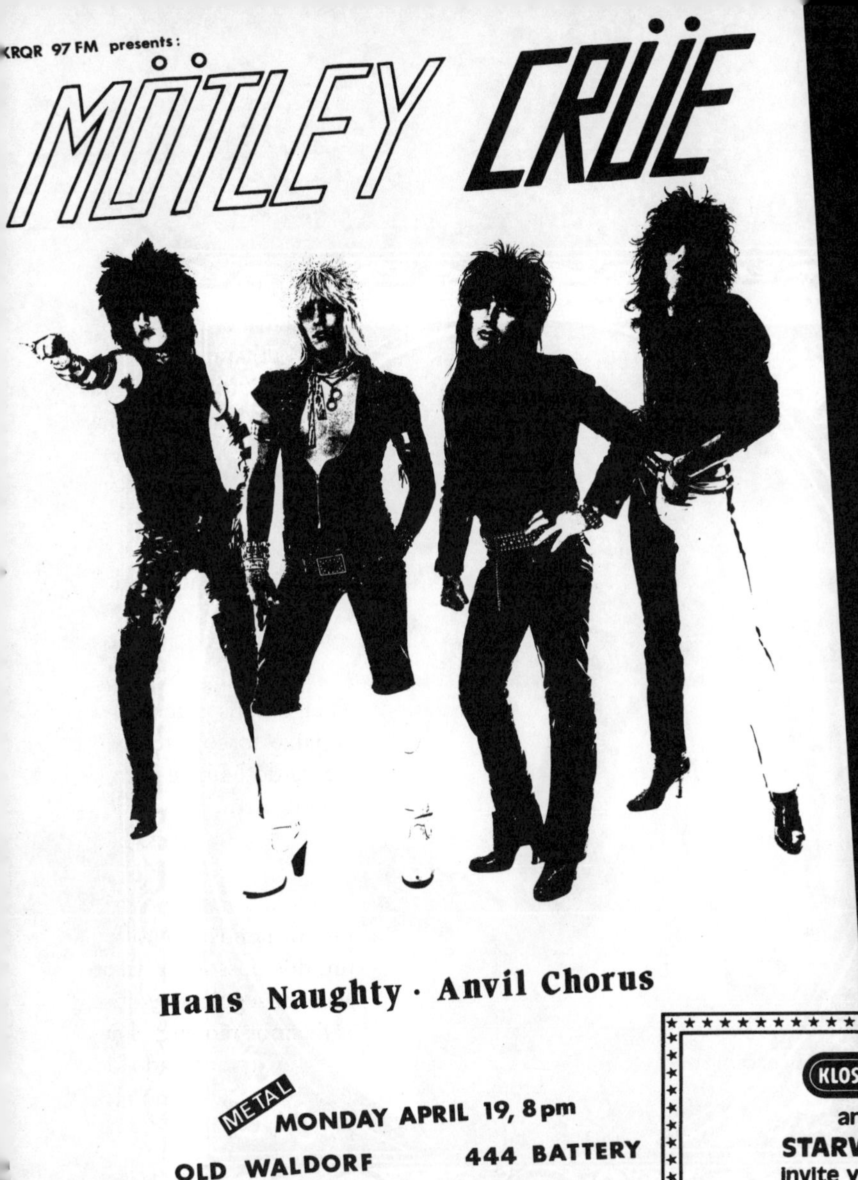
KRQR 97 FM presents:
MÖTLEY CRÜE
Hans Naughty · Anvil Chorus
METAL
MONDAY APRIL 19, 8 pm
OLD WALDORF
444 BATTERY

KLOS 95½
and
STARWOOD
invite you to a
MONDAY NIGHT SPECIAL
SHOWTIMES: 8:30 AND 11:30
Monday * May 25th
A LA CARTE
and
MÖTLEY CRÜE
Present this invitation at the VIP entrance
for complimentary admission.
STARWOOD
8151 SANTA MONICA BLVD.
(at Crescent Heights) in Hollywood
DOORS OPEN 8:00 P.M. • 656-2200

fig. 5

fig. 6

O Rock Candy: James Alverson (à esquerda) e Vince Neil

capítulo 3
V I N C E

A RESPEITO DE UMA DECISÃO FATÍDICA, DIGNA DE RECORDAÇÃO ETERNA, E DE UMA FUGA OUSADA DE UM CÁRCERE FORÇADO

Eu curtia muito a cor branca. Usava calças de cetim brancas com polainas brancas, sapatilhas Capezio, correntes em torno da cintura e uma camiseta branca que rasguei dos lados e costurei com renda. Tingia meu cabelo o mais branco possível e o armava até ficar uns 15 cm mais alto. Cantava com o Rock Candy no Starwood, e a vida não podia ser melhor do que isso.

Então o Tommy apareceu num dos nossos shows e tentou foder com tudo. Fazia um ano que eu não o via, desde que saíra da escola, e ele estava usando calças de couro brilhantes, salto agulha, cabelo tingido de preto e uma fita no pescoço. Estava até começando a parecer *cool*.

– Puta merda! – soltei. – O que aconteceu com você?

– Estou numa banda agora, cara, com aqueles caras ali.

Ele apontou para dois outros roqueiros de cabelo preto que estavam num canto. Reconheci um deles como o baixista doido, drogado e *loser* do London; o outro era mais velho e parecia muito sério. Não era o tipo de cara que vinha para o Starwood para arrumar uma transa. Lá do canto, o cara mais velho me olhava de cima a baixo como se eu fosse carne de primeira.

– Eu te falei deles, mano – disse Tommy. – Eles te viram cantar hoje à noite e estão pilhados. Sei que você já está numa banda, cara, mas vem fazer uma jam com a gente. Estamos com uns sons foda pra caralho.

Tommy me pediu para fazer um teste com a banda dele no final de semana seguinte. Eu estava contente no Rock Candy, mas aceitei mesmo assim, para não magoá-lo. Ele tinha me ajudado muito quando saí de casa, no ensino médio; me deixava dormir em sua van. E, depois que seus pais descobriram que tinha um moleque sem-teto dormindo na garagem deles com todas as roupas numa mala, eles me deixaram dormir no chão do quarto do Tommy até que eu encontrasse um novo lugar para morar.

Na época, eu trabalhava como eletricista na construção de um McDonald's no Baldwin Park. Para garantir a segurança do emprego, comecei a namorar a filha do meu chefe, Leah, uma loira alta, vagamente atraente e bissexual que, por meio de algum tipo de retoque mental elaborado, acreditava que se parecia com a Rene Russo. Ela mostrava fotos de modelo da Rene Russo e dizia que eram fotos dela, o que eu cheguei a acreditar. Leah (a quem a banda rebatizaria de Lovey) era uma viciada em drogas podre de rica, e me comprou minhas primeiras calças de couro, por quinhentos dólares, para eu usar no palco. Passei a morar com ela e a dirigir seu 280Z. Mas ela me deixava maluco. E eu estava preso com ela – não só por causa do dinheiro, do carro, da casa e do emprego, mas porque ela tinha me ensinado a injetar cocaína e eu me viciei. Sentávamo-nos no chão do banheiro dela e injetávamos um no outro enquanto os pais dela jantavam ou dormiam no outro cômodo.

Certa manhã, depois de quatro dias sem dormir, meu corpo começou a falhar. Eram 7h e eu precisava ir trabalhar. Vomitei no carro todo no caminho – não consegui manter nada pra dentro. No McDonald's em construção, comecei a ouvir vozes, ver pessoas que não estavam lá e até a conversar com elas. De vez em quando, um cachorro imaginário passava correndo e eu ficava olhando para o nada, tentando descobrir para onde ele tinha ido.

Voltei para casa naquela noite e dormi por quase vinte horas. Acordei, injetei e estava só começando a enxergar direito quando o Tommy apareceu. Ele trazia uma fita com músicas para eu aprender a cantar. Ouvi as músicas e tentei não vomitar ou rir. De jeito nenhum eu ia cantar com aquela banda ridícula, se é que dava para chamar de banda. Eles não tinham nem nome.

Então dei o cano no ensaio e, quando Tommy ligou para saber o que tinha acontecido, expliquei que tinha lavado minha calça jeans com o papel com o número deles no bolso por engano. E ele acreditou. Eu nunca lavava minhas roupas, nem usava jeans, e, além disso, sabia exatamente onde o Tommy morava. Poderia ter passado na casa dele se quisesse falar com ele. Alguns dias depois, ouvi dizer que tinham conseguido um vocalista e fiquei feliz por eles. Isso significava que eu não precisaria mais me esconder do Tommy quando o visse pelo bairro.

Na semana seguinte, o Rock Candy iria tocar numa festa numa casa em Hollywood. Cheguei no meu uniforme completo de cetim branco, mas o guitarrista e o baixista não apareceram. Lá estava eu, feito um idiota com uma roupa extravagante pra caralho, junto com o nosso baterista, enquanto uma casa cheia de gente berrava pedindo músicas por duas horas seguidas. Fiquei puto pra caralho. Quando liguei para o guitarrista naquela noite, ele disse que não queria mais tocar rock 'n' roll: tinha cortado seu cabelo loiro comprido, comprado um punhado de gravatas finas e decidido que o Rock Candy agora seria uma banda new wave.

No outro dia, calhou do Tommy ligar e me dizer que não estava dando certo com o vocalista novo deles. Ele teve sorte: me pegou quando eu estava fraco.

QUANDO O MÖTLEY CRÜE APARECEU NA CENA, era mais uma gangue do que uma banda. Ficávamos bêbados, usávamos umas quantidades insanas de cocaína e andávamos por aí de salto agulha, tropeçando por todo lado. A Sunset Strip era um fosso de depravação. Havia prostitutas de cima a baixo, de calças de lycra apertadas e saltos tipo os nossos, punks sentados em grupos na calçada e filas enormes de *new wavers* vestindo preto, vermelho e branco, tomando quarteirões inteiros na frente de cada clube. Kim Fowley perambulava por toda a rua, pegando garotas e lançando-as em bandas, enquanto Rodney Bingenheimer chegava nos clubes como um prefeito esquálido de L.A., capaz de fazer bandas estourarem ou fracassarem com uma única execução em seu programa de rádio. Todo final de semana, gangues enormes de jovens de North Hollywood, Sherman Oaks e Sun Valley inundavam a cena, deixando uma nuvem espessa de laquê sobre a Sunset Strip.

Sempre que não estávamos tocando, dávamos um giro pelo circuito – o Whisky, o Roxy e o Troubadour – colando pôsteres, quatro de cada vez, em todos os muros e postes. Se todas as outras bandas tinham um pôster num muro, nós tínhamos de ter quatro: essa era a regra do Nikki.

Eu tinha dezoito anos e era novo demais para entrar na maioria dos lugares,[15] então usava a certidão de nascimento do Nikki, que dizia Frank Feranna. Todo mundo sabia quem eu era, por causa do Rock Candy, mas eles me deixavam entrar mesmo assim. Quando os clubes começavam a fechar, íamos para o Rainbow. O lugar era disposto em círculo, com os roqueiros mais *cool* e os desviados mais ricos sentados nas mesas centrais. Era preciso ter 21 anos para entrar no bar, mas as garotas podiam ter 18. Os caras se sentavam em seus lugares de costume e as garotas andavam em torno do círculo até que alguém as chamasse para ocupar uma cadeira vazia. Ficavam circulando feito urubus de pica até você preencher sua mesa com elas.

Depois, todo mundo vazava para o estacionamento: Randy Rhoads, o guitarrista do Ozzy Osbourne, se pendurava de cabeça para baixo numa árvore, gritando, enquanto os *junkies* tentavam conseguir droga e todo mundo tentava passar conversa nas garotas. Logo, juntamente com Robbin Crosby e Stephen Pearcy do Ratt (que na época só tocavam covers do Judas Priest), começamos a nos chamar de Gladiadores e a dar títulos uns aos outros, como Marechal de Campo e Rei.

Certa noite, Nikki e eu conhecemos duas loiras gêmeas idênticas que faziam os comerciais do chiclete Doublemint e fomos para a casa delas. Depois, não conseguíamos distinguir uma da outra, então toda noite, no Rainbow, tínhamos de esperar que elas viessem até nós e dissessem oi, porque não queríamos chegar e agarrar a garota errada.

15 Considerando que a maioridade nos EUA, nesse caso, é de 21 anos. (N. do T.)

Embora não tivéssemos dinheiro para comprar cocaína, sempre dava para cheirar a dos outros. Achávamos alguém que tivesse droga e já levávamos pra van do Tommy, que se tornara nosso veículo de festa. Toda noite, depois do Rainbow, andávamos até o Santa Monica Boulevard, onde os jovens roqueiros e atores que nunca fizeram sucesso faziam michê. Conseguíamos dinheiro o suficiente para comprar um burrito do Noggles. Dávamos uma mordida numa das pontas do burrito e enfiávamos nossos paus no recheio quente para disfarçar o cheiro de boceta, de forma que as nossas namoradas não descobrissem que estávamos fodendo qualquer coisa estúpida ou bêbada o bastante para entrar na van do Tommy.

Eu não sabia o que pensar do Mick. Ele era maluco. Ficava sentado na outra ponta do clube, rabiscando num pedaço de papel. Então trazia o bilhete até mim e estava escrito algo do tipo: "Vou te matar". Estava sempre desgrenhado e com a barba por fazer, e costumava morder o mamilo do Tommy o tempo todo. O Tommy só o afastava timidamente e dizia:

– Para com isso, isso incomoda.

Por conta de seu trabalho no Starwood, Nikki de algum modo conseguiu convencer o chefe dele a nos deixar fazer nossos primeiros shows lá: dois sets, na sexta-feira e no sábado, abrindo para o Y&T. E a gente agia mais como uma gangue do que como uma banda até mesmo no palco.

Mick estava inquieto, porque nunca tínhamos ensaiado um show completo. Não sabíamos nem qual seria o *set list*, até que Nikki botou uma folha de papel com uns garranchos colada com fita no palco, no último minuto. Durante a primeira música, "Take Me to the Top", o público mandava a gente se foder e nos mostrava o dedo do meio. Então um imbecil com uma camiseta preta do AC/DC cuspiu um catarro que pegou na minha calça de couro branca. Sem nem pensar, pulei do palco no meio do verso, dei um mata-leão nele e comecei a socá-lo. Olhei pra trás e vi que o Nikki estava com seu baixo Thunderbird branco erguido acima da cabeça. Rodou com o baixo pra frente, como se fosse um daqueles martelos de brincadeira de força do circo, e deu com tudo na escápula de um cara. Se tivesse um sino na cabeça desse cara, teria ido parar no teto.

Éramos tão largados que eu não sabia onde uma música terminava e a próxima começava. Mas estávamos com um bom visual e brigávamos ainda melhor. No fim do segundo set daquela noite, tínhamos convertido a maioria dos nossos inimigos em fãs. Eles falaram de nós para os amigos, e ainda mais gente veio nos ver na noite seguinte. Quando o Y&T entrou no palco para o segundo set do sábado, metade do público tinha ido embora. Na vez seguinte que tocamos com o Y&T, foram eles que abriram para nós.

Um dos nossos primeiros grandes fãs foi o David Lee Roth. Apenas um ano antes, quando o Van Halen tocou na arena de Long Beach, eu estava no estacionamento vendendo camisetas piratas. Agora, Roth estava apresentando a minha banda. Embora todos nós soubéssemos que isso se dava não porque ele adorava nossa música, e sim porque gostava de pegar as garotas que iam aos nossos shows, ficávamos lisonjeados. Nós éramos ninguém, uma banda sem contrato; ele era um *rock star*.

Depois do nosso primeiro show no Troubadour, David me abordou:

– Vince, você sabe alguma coisa sobre a indústria musical?

– Sim, a gente consegue os shows e toca as músicas – respondi.

– Não – disse ele. – Não é assim que se faz. Me encontra amanhã no Canter's Deli, na Fairfax, às 15h.

No dia seguinte, David chegou no seu Mercedes-Benz enorme, com o crânio e os ossos pintados na lataria. Sentou-se comigo e entrou num monólogo a respeito da indústria do rock: mencionou quem eu deveria evitar, em quais golpes ficar de olho e quais cláusulas de contrato eliminar.

– Não trabalhe com uma distribuidora pequena – disse ele, entre mordidas de um sanduíche de pastrami transbordando mostarda. – Seus discos têm que chegar até o Taiti. Se não estiverem no Taiti, não vão estar em nenhum outro lugar.

E continuou:

– Não simplesmente assine com qualquer empresário. Não aceite um contrato só pelo dinheiro. Você tem que prestar atenção aonde o dinheiro vai e em como ele volta.

Ele compartilhou comigo tudo o que aprendera nos últimos sete anos, por pura bondade daquele coração alcoólatra. Eu não fazia ideia do que ele estava falando, porque não sabia nada sobre essa indústria. Comprovei isso no dia seguinte, quando fui na direção contrária desses conselhos e cometi um dos erros profissionais mais burros da minha carreira. Assinei um contrato de dez anos de agenciamento com um construtor civil que sabia menos ainda do que eu sobre a indústria.

Eu o conheci depois que o chofer e encarregado dos burritos do Mick, Stick, começou a trazer sua irmã pros nossos ensaios, durante as gravações das músicas que se tornariam nosso primeiro single, "Stick to Your Guns" e "Toast of the Town". Ela era exatamente igual ao Stick, só que tinha só um dente e usava um negócio esquisito que parecia uma cobra enrolada no cabelo. Era tão feia que nem o Tommy transava com ela. Seu marido era um cara magérrimo de aparência suspeita, dono de uma construtora, que tinha o cérebro do tamanho de um amendoim, mas um coração do tamanho de uma teta de stripper. Seu nome era Allan Coffman, ele era de Grass Valley, no norte da Califórnia, e por alguma razão queria entrar na cena do rock. Parecia um *yuppie* psicótico, com os olhos sempre inquietos de um lado para o outro da sala, como se estivesse esperando que algo saltasse das sombras e o atacasse. Quando ficava bêbado, começava a vasculhar obsessivamente todos os arbustos pelos quais passávamos, para ter certeza de que não havia ninguém escondido neles. Só anos depois descobrimos que ele tinha servido na Guerra do Vietnã.

Quando Stick o trouxe para o nosso ensaio, ele provavelmente nunca tinha visto uma banda de rock. E nós nunca tínhamos visto um empresário. Ele disse que queria investir na gente e nos deu cinquenta dólares – o primeiro dinheiro que conseguimos como banda. Nós assinamos um contrato com ele no ato. Estabelecemos um padrão que repetiríamos por toda a nossa história e, dentro de minutos, gastamos toda a quantia numa pilha de cocaína, que cheiramos numa única e longa carreira que percorria toda a mesa.

Coffman nos bancou porque achou que seria barato. Uma banda punk talvez fosse barata, mas nós não éramos: fizemos ele comprar uma jaqueta de couro de cobra e calças pretas pro Tommy, uma jaqueta de couro nova pro Mick e, pro Nikki, um par de botas de seiscentos dólares. Naquela época, se nós quiséssemos alguma coisa cujo preço tivesse três dígitos, tínhamos de roubar.

Coffman pensou em nos treinar em Grass Valley e nos deixar praticar os truques do nosso show. Dormíamos no trailer de visitas dele e pegávamos carona até o centro da cidade, que era um paraíso *redneck* com uma só rua, a Main Street. Apesar da natureza caipira do lugar, não nos furtamos a usar salto agulha, laquê, unhas pintadas de vermelho, calças rosa-choque e maquiagem. Completamente montados, nos jogávamos nos bares na tentativa de conseguir *speed* com os caminhoneiros e dar em cima da namorada de alguém. Na nossa primeira noite na cidade, um Hell's Angel entrou no bar e parou diante de um motoqueiro que tinha uma tatuagem dos Angels no braço.

– Você não merece mais ser um Hell's Angel – disse ele calmamente, para então sacar um canivete e cortar a tatuagem do cara ali mesmo.

Um dos shows que Coffman conseguiu para nós foi num lugar chamado Tommyknocker, que tinha um letreiro enorme do lado de fora que dizia: "Noite à Fantasia de Hollywood". Entramos e vimos uma dúzia de peões com as namoradas algemadas a eles. Todo mundo ficou confuso: eles achavam que estavam ao estilo de Hollywood e não faziam ideia de que planeta a gente tinha vindo; a gente achava que era de Hollywood e não fazia ideia de que planeta eles tinham vindo.

Tocamos "Stick to Your Guns" e "Live Wire", mas eles só ficaram nos encarando, aturdidos. Então decidimos falar a língua deles e mandamos ver em "Jailhouse Rock" e "Hound Dog", que os deixaram doidos. Tocamos "Hound Dog" cinco vezes naquela noite, e então fugimos pela porta dos fundos antes de sermos assassinados.

Alguém nos falou de uma festa que estava rolando na cidade. Chegamos lá e o lugar estava cheio de minas gostosas que nunca tínhamos visto. Depois de uns quinze minutos, Tommy me cutucou e disse:

– Elas não são minas, cara.

Olhamos em volta e nos demos conta de que estávamos cercados por drag queens caipiras esquisitas, que provavelmente estavam usando as roupas de suas esposas e namoradas. Perguntei a uma loira grandona se ela tinha cocaína, e ela me vendeu um saco por vinte dólares. Fui pro banheiro injetar e quase morri: era pó de talco e eu fiquei puto.

Quando a drag queen não quis devolver meu dinheiro, arranquei a peruca dela, virei-a e dei na cara dela. O sangue escorreu pelo batom até pingar do queixo. De repente, uma dúzia de travestis *redneck* veio pra cima de nós, socando e chutando de salto alto, e nos botou na rua, um monte de lixo de Hollywood, rasgados e sangrando.

fig. 7

fig. 8

No dia seguinte, Coffman conseguiu nossa primeira entrevista no rádio. Chegamos no estúdio com as bocas inchadas, cheios de hematomas e com os olhos roxos. E estávamos nos cagando de medo: nunca havíamos dado uma entrevista. Perguntaram de onde nós éramos, e nós ficamos nos entreolhando em silêncio – e então Mick disse: “Marte”.[16]

Depois de mais alguns pesadelos que Coffman chamava de treinamento, migramos para o sul de volta para Los Angeles, fazendo shows e colando pôsteres em todos os postes que víamos pelo caminho. Quando chegamos, me deixaram na casa da Lovey, e em menos de um minuto eu estava na banheira injetando com ela, enquanto ela tagarelava sobre como o Allan Coffman ia nos desgastar e como ela era quem deveria ser nossa empresária, com o dinheiro do pai. Ela estava me tirando completamente do sério, ainda mais depois que comecei a transar com uma garota surfista muito mais legal, mais bonita e mais sã do que ela, que morava na mesma rua. Lovey e eu acabamos numa festa até o nascer do sol na casa de um cara que era herdeiro da siderúrgica U.S. Steel, mas morava numa quitinete miserável porque a família tinha cortado sua grana.

Na noite seguinte, eu ainda estava injetando com a Lovey quando me dei conta de que tínhamos um show no Country Club em dez minutos e eu não tinha como sair. Não tinha carro, nem qualquer outro meio de descer a colina onde ela morava. Disparei pela porta e desci a colina correndo até conseguir pegar uma carona. Cheguei no clube quarenta e cinco minutos atrasado, ainda de roupão. Os caras estavam surtados. Ficaram putos porque eu estava usando injetáveis e aparecendo nos shows vestido como um velhote. Disseram-me que, se eu injetasse mais uma vez, estaria fora da banda. Foram tão furiosos e moralistas comigo que foi difícil morder a língua alguns anos depois, quando Tommy e Nikki passaram a injetar.

Daquela noite em diante, fiquei determinado a escapar da Lovey. Eu estava encalhado na *Ilha dos Birutas*, dependendo do dinheiro ou do carro dela se quisesse ir a qualquer lugar – e do suprimento de drogas dela, se eu quisesse ficar em casa. Algumas manhãs depois, enquanto ela dormia, Tommy foi até a casa. Juntei minhas roupas num lençol e joguei no porta-malas da van dele. Não deixei um bilhete, nem me preocupei em ligar pra ela mais tarde. Depois disso, ela passava direto na casa do Tommy, na esperança de me pegar lá, e eu consegui evitá-la por três dias. Então, quando estávamos prestes a subir no palco para um show no Roxy, enxerguei-a abrindo espaço no meio do público e disse à segurança que a expulsasse dali.

16 Em inglês, *Mars*, que é também o sobrenome de Mick (N. do T.)

Ainda naquele mesmo mês, me mudei pra um apartamento de dois quartos na Clark Street (a apenas cinquenta passos do Whisky A Go-Go), que Coffman comprou para manter Nikki, Tommy e eu juntos e próximos aos clubes. Só fui ver a Lovey de novo uns quinze anos depois, de novo no Roxy, num show solo meu. Depois do show, por volta da meia-noite, ela foi ao *backstage* acompanhada de uma garotinha, que ela disse ser sua filha.

Apenas alguns meses depois disso, vi Lovey no noticiário: tinha sido esfaqueada sessenta vezes numa transação de drogas que deu errado. Sempre me pergunto o que aconteceu com a filha dela, e espero que não seja minha.

❋

fig. 9

capítulo 4

UMA BIOGRAFIA DA BANDA É DISTRIBUÍDA PELO CORREIO, COM ANOS DE NASCIMENTO, GRAFIA DE NOMES E PAÍSES DE ORIGEM INTENCIONALMENTE FORJADOS, NA ESPERANÇA DE INCREMENTAR UMA PROBABILIDADE BAIXA DE SUCESSO, UMA FALTA GERAL DE FAMILIARIDADE COM A INDÚSTRIA DA MÚSICA E UMA BANDA COM MEMBROS JOVENS DEMAIS PARA TOCAR EM ESTABELECIMENTOS QUE SERVEM BEBIDAS ALCOÓLICAS

Coffman & Coffman Productions
156 Mill Street
Grass Valley, CA 95945

PARA LANÇAMENTO EM: 22 de junho de 1981

O Mötley Crüe é a banda de hard rock comercial pela qual os anos oitenta vêm pedindo aos berros. Em poucos meses, o Mötley Crüe se tornou o grupo mais bombado do sul da Califórnia. O Mötley Crüe estabeleceu recordes de público no Troubadour, em Hollywood, e fez shows com ingressos esgotados no Country Club e no Whisky A Go-Go. O Mötley Crüe é uma das poucas bandas que tocaram no Roxy Theater sem ter apoio de uma gravadora *major*. O Mötley Crüe logo vai lançar seu álbum de estreia por seu próprio selo – o Leathür Records. A banda oferece um show excepcional, que excita, estimula e toca o público. Assistir ao Mötley Crüe é tão empolgante quanto ouvir. O Mötley Crüe são quatro artistas talentosos fazendo o que fazem de melhor – música atemporal.

NIKKI SIXX, no baixo e vocais, de 22 anos, deixou uma marca duradoura na cena de Hollywood com seu grupo anterior, o London. Nikki é um compositor

figs. 10 & 11

THE UNION, Grass Valley-Nevada City, Ca.—Wednesday, June 17, 1981—19

Motley Crue breaks out in Nevada County stint

By JIM BURNS
Staff Writer

They stand out in rural, slow-moving Nevada County.

But the Northern California pace has not affected the stinging music that happens when this Hollywood quartet get together for some fiery rock'n roll.

Tuesday, they jammed at Lyman Gilmore School auditorium. Motley Crue, as the group is called, was getting ready for its Nevada County — and Northern California — debut, which will occur Thursday at 8 p.m. in the Nevada Theater in Nevada City.

There will be no drinks served which gives one an idea what kind of crowd this long-haired, punk-looking band is catering to.

Most of their audiences — at least in the L.A. area — have started at age 13 and gone up from there. The band, says Nikki Sixx, the group's 22-year-old bass guitarist, songwriter and spokesman, plays music the younger set can relate to.

For instance, the group's "Public Enemy" is a song Sixx thinks most teenagers can bite their teeth into.

Sixx and other band members — Mick Mars, 25, lead guitar; Tommy Lee, 21, drums; Vince Neal, 21, lead vocals — think they're on the brink of stardom.

Together just three months, the group has already received great reviews for performances at the Whisky a Go Go and Starwood. "We're definitely a success in LA already," Sixx says with no hesitation.

"It's been magic from day one," chimes in drummer Lee.

Why suddenly a show in Grass Valley?

This is where Coffman & Coffman Productions has been established to manage the band. Allan Coffman, general contractor and member of the county board of zoning administration, and wife Barbara, Grass Valley School District board member, discovered the band through Barbara's brother.

The Coffmans flew to Los Angeles for a look at the group. They liked what they saw. Now, they are the group's financial backers.

"This is at the forefront of a rebirth of rock 'n roll," Allan says, dismissing the group's punk-like looks.

"It's because they look different that people think they must be punk," Barbara adds.

No way is the group punk-oriented, Sixx says. "That's destruction. They (punkers) like to smash their heads into walls, slash their wrists. We're just different. Maybe a little ahead of our times. Maybe in five years, every band will look like us."

Besides, adds singer Neal, punk musicians "don't like us. Our hair is too long."

Their music is definitely hard-driving rock. And just to make sure the audience knows that, "they've put a couple of Elvis and Beatles numbers in their repertoire," Barbara says.

The Coffmans think the band will take off when it gets a recording contract. "We'll break through when we get our first recording," Sixx says.

The group will follow up its Nevada Theater date with Friday and Saturday shows at the Tommyknacker. From there it's on to the Bay Area and Chico for scheduled dates.

BARBARA AND Allan Coffman (left) pose with the group they think is about to make it big. Motley Crue, from left to right, is: Nikki Sixx, Tommy Lee, Mick Mars and Vince Neal.
(Staff photo by Jim Burns)

excelente, fortemente influenciado por Sweet e Cheap Trick, e é a inspiração por trás da maior parte do som do Mötley Crüe.

MICK MARS, de 25 anos, talvez seja a figura com maior reivindicação à fama de Newfoundland. O estilo de guitarra singular e emotivo de Mick combina um som rápido com uma grande presença. Mick ajuda nos vocais e suas habilidades de compositor se mesclam com perfeição às de Nikki. Juntos, eles criam a maior parte do que é o Mötley Crüe.

TOMMY LEE, de 21 anos, na bateria, é a alta voltagem personificada. Quando Tommy pega uma baqueta, ninguém fica parado. Quando se trata de tocar baquetas, tambores, pratos, gongos, cowbells ou blocos de madeira, a habilidade e a presença de palco de Tommy são inigualáveis. Ele é outro componente importante com contribuições únicas ao Mötley Crüe.

VINCE NEAL, loiro, de 21 anos, vocalista e compositor, deixa os corações das garotas palpitando. Vince comanda o palco e cada movimento seu é observado com intensidade. O estilo vocal único e o alcance versátil de Vince foram influenciados por John Lennon e Robin Zander. Ele é peça final na criação da banda Mötley Crüe.

Quando Nikki, Mick, Tommy e Vince se juntaram, da *mágica* instantânea nasceu o Mötley Crüe.

O gênio criativo desses quatro artistas trouxe à tona uma nova música que não será esquecida tão cedo. Sua música e presença de palco são uma nova força motriz no rock. Os temas que percorrem suas canções envolvem o público numa realidade musical da vida cotidiana, ao expressar alegrias e tragédias com as quais a juventude de hoje pode se identificar. O Mötley Crüe é aquilo pelo que os jovens dos anos oitenta têm aguardado – um som para dançar, letras que falem com eles e um visual digno de heróis.

O Mötley Crüe não é uma rebelião, mas uma revolução no rock. Um retorno à pegada dos Beatles, num som pesado reenergizado para os anos oitenta.

Para contratar shows e solicitar entrevistas, favor ligar para a Coffman & Coffman Productions: (916) 273-9554.

capítulo 5
N I K K I

MAIS SOBRE UM CAVALHEIRO QUE USA SEUS PUNHOS PARA PROPÓSITOS DE COMUNICAÇÃO, PERSUASÃO E INSPIRAÇÃO ARTÍSTICA

Fazia uma hora que eu estava ouvindo ele se gabar. Seu cabelo era ruivo e sujo, cortado num moicano meia-boca, e ele tinha um piercing de pressão – não era nem um de verdade – na orelha. Assim como todos os outros punks posers, ele estivera no Whisky A Go-Go naquela noite, observando os últimos respiros da cena punk rock de L.A. David Lee Roth, Robin Crosby e Stephen Pearcy, do Ratt, estavam festejando conosco na Mötley House na mesma noite. E aquele punkzinho insistia em tentar provar que era mais rock 'n' roll do que a gente, mais durão e mais "das ruas" do que eu, embora claramente só fosse um pirralho rico e autoiludido de Orange County. Por fim, não aguentei mais.

– Você não é punk porra nenhuma, seu filho da puta!

Saltei do sofá, bati a cabeça dele com tudo na mesa, puxei a orelha dele e apertei o lóbulo com força contra a madeira. Então, com a sala toda assistindo, martelei um prego pelo lóbulo até prender na madeira.

– Aaaaaaaaaaaggggghhh! – ele berrou, se contorcendo de dor, pregado na mesa feito um cachorro numa coleira curta.

– Agora você é punk! – eu disse a ele.

Ligamos o som e continuamos a festejar como se ele não estivesse lá. Quando acordei, na tarde seguinte, ele tinha sumido, mas o prego ainda estava misteriosamente preso à mesa. Tentei evitar imaginar o que ele deve ter feito para escapar.

Eu tinha chegado a um novo momento da vida: não era mais o coitado oprimido, vitimizado e sem talento que choramingava e implorava para que os caras *cool* me deixassem entrar na banda deles. Agora eu fazia parte da banda *cool*; estava gravando meu próprio álbum com minhas próprias músicas. Tínhamos nosso próprio apartamento bem no meio daquela cena toda, que era o único lugar aonde ir na madrugada. E andávamos por aí em Cadillacs alugados para nós por Coffman. Ingratos, chutávamos as portas e destruíamos os carros sem dar a mínima para os custos.

Quando saíamos juntos, quatro degenerados vestidos feito putas, as pessoas se atraíam pela nossa energia. Se entrássemos no Troubadour, todo mundo entrava conosco; se saíssemos, o clube ficava vazio. Era como se estivéssemos nos tornando os reis de L.A. e parecia que todos os caras queriam ser a gente e que todas as garotas queriam dar pra nós, e tudo o que tínhamos de fazer era simplesmente ser uma banda.

Foi a melhor época da minha vida, mas também a mais tenebrosa; eu era o terror encarnado. A pulga atrás da minha orelha estava do tamanho de uma montanha, e se alguém encostasse nela, eu reagia com um soco na cara. O homem é como um rottweiler ou um tigre; é um animal muito belo, mas se ele estiver puto e você estiver ao alcance, você vai se dar mal, não importa quem seja.

Pelo menos é esse o tipo de homem que eu era. Certa noite, depois de acordar e beber o dia inteiro, Vince e eu chegamos cedo para um show no Whisky A Go-Go. Quando entrei, um cara com pinta de atleta e cabelo escovado zombou:

– Quem você pensa que é? O Keith Richards ou o Johnny Thunders?

Eu não disse uma palavra. Peguei a cabeça dele e comecei a batê-la na lateral do bar, estilhaçando copos e cobrindo o balcão de sangue. O leão de chácara veio até mim e, ao invés de me expulsar, sorriu:

– Massa, cara. Vamos te dar uns drinks de graça por essa. Tudo bem se eu te chamar de Muhammad Ali, Sixx?

Ele conduziu Vince e eu ao andar de cima, e nós continuamos a entornar Jack Daniel's. Porém, enquanto eu recebia uma punheta de uma garota no bar, Vince sumiu. Vasculhei o clube inteiro, perguntei a todo mundo se alguém tinha visto ele. Foi só mais tarde, quando eu estava indo embora, que o achei, desmaiado debaixo de um Ford Malibu, com os pés pra fora, tipo um mecânico. Arrastei-o para casa, onde nos deparamos com uma garota algemada à cama dele. Embora não houvesse nem sinal do Tommy, ela era uma das vítimas dele, filha de um atleta famoso. Eu a vi recentemente trabalhando no navio pirata na Disneyland. Foi bom ver que ela ainda estava no meio de algemas.

Vince apagou com a garota ainda algemada à cama. Quando ele acordou, à meia-noite, ela tinha sumido, Tommy estava de volta e todos nós saímos de novo.

Naquela noite, havia uma festa no Hyatt House, com umas sessenta pessoas apinhadas num quarto. Uma garota magra, bronzeada e de peitos enormes que eu conhecia chegou num vestido grudado ao corpo, agarrou a minha mão e, balbuciando e tropeçando, me puxou pra dentro de um quarto pequeno, do tamanho de um closet. Com a habilidade de uma bêbada, abriu com tudo minha calça de couro, agarrou meu pau, me empurrou contra a parede, levantou o vestido e me manejou pra dentro dela. Fodemos por um tempo, e então eu disse a ela que precisava ir ao banheiro. Voltei para a festa e encontrei Tommy; agarrei-o e disse:

– Cara, vem cá. Tô com essa mina no closet. Vem comigo e não diz uma palavra. Quando eu mandar, começa a meter nela.

No closet, fiquei em pé bem atrás do Tommy. Ele a comia enquanto ela agarrava o meu cabelo e gritava:

– Oh, Nikki! Nikki!

Depois que Tommy e eu nos alternamos algumas vezes com ela, me esgueirei de volta para a festa, agarrei um moleque magricela de camiseta dos Rolling Stones, provavelmente o irmão mais novo de alguém ali, e disse a ele:

– Parabéns, você está prestes a perder a virgindade.

– *Não, cara!* – ele me olhou impressionado e com medo. – *Não quero!*

Empurrei-o em direção ao quartinho e o tranquei lá com a garota. Ouvi-o chorando e berrando:

– Me deixa sair daqui, seu filho da puta!

Fiquei tão bêbado que, quando acordei no dia seguinte, não lembrava de nada – até que o telefone tocou. Era a garota da noite anterior.

– Nikki – disse ela com a voz trêmula –, fui estuprada ontem à noite.

Meu coração saiu pela boca e meu corpo ficou frio. As lembranças da noite anterior vieram como uma enchente, e eu me dei conta de que talvez tivesse ido longe demais. Ela continuou:

– Estava pedindo carona pra voltar pra casa do Hyatt House, um cara me pegou e me estuprou no carro dele.

– Meu Deus, sinto muito.

Primeiro, fiquei aliviado, porque isso significava que eu não a tinha estuprado. No entanto, quanto mais eu pensava nisso, mais me dava conta de que eu basicamente tinha, sim. Porém, eu estava numa determinada zona mental onde não existiam consequências. Além disso, era capaz de me rebaixar ainda mais do que aquilo.[17]

---

17 Quando questionado a respeito deste incidente em entrevista ao site da Rolling Stone próximo ao lançamento do filme The Dirt pela Netflix, Nikki Sixx inicialmente afirmou que "houve um pouco de exagero aqui e ali [na escrita do livro] com Neil Strauss"; Strauss, por sua vez, não se pronunciou, afirmando que seu contrato o impedia de fazê-lo. Posteriormente, Sixx fez uma declaração, também publicada no site da Rolling Stone, em que diz o seguinte sobre o assunto:

"O livro foi escrito no ano 2000, durante um período muito baixo da minha vida. Eu não estava mais sóbrio e me valia de álcool e drogas para lidar com um relacionamento que então se desintegrava, e até hoje me arrependo disso... Honestamente, não me lembro de boa parte das entrevistas a Neil.
Fui para a reabilitação em 2001 e realmente gostaria de ter dado as minhas entrevistas depois disso, uma vez limpo e sóbrio como estou hoje.
Não me lembro de fato desse episódio descrito no livro, somente de tê-lo lido. Não faço ideia de por que ele está lá, a não ser pelo fato de eu estar completamente louco, e possivelmente [essa passagem] foi exagerada em grande medida ou inventada [por mim].
Essas palavras foram irresponsáveis da minha parte. Peço desculpas.
Há muito comportamento horrível no livro.
O que posso dizer é que todos nós vivemos para nos arrepender muito e aprender com isso.
Todos nós assumimos a responsabilidade por nossos comportamentos, que magoaram a nós mesmos, nossas famílias e amigos e todo mundo ao nosso redor que era inocente." (N. do T.)

Havia uma garota sem-teto que era uma figurinha carimbada na Sunset Strip: era jovem, doida e estava sempre usando uma fantasia de Cinderela. Certa noite, a pegamos e a levamos para casa, para que o Tommy pudesse tentar transar com ela. Enquanto ela estava na cama com ele, roubamos a fantasia. Depois que ela foi embora da casa aos prantos usando roupas do Tommy, largas demais para ela, nunca mais ninguém a viu nas ruas.

Uma vez que tínhamos roubado as roupas de uma garota sem-teto, não havia mais tabus. Eu tentei até comer a mãe do Tommy, mas falhei miseravelmente. Quando o pai dele descobriu, me disse o seguinte:

– Se você conseguir, pode ficar.

Depois disso, comecei a sair com uma modelo alemã, ou pelo menos uma alemã magérrima que me disse ser modelo. Ela tinha umas fotos dela com os caras do Queen, então fiquei bem impressionado. O vizinho de cima dela, Fred, queria me ensinar a fumar crack, e isso incomodou a alemã, que nós apelidamos de Himmler. Toda semana, Himmler ia até a casa e nós celebrávamos os Finais de Semana Nazi. Usávamos braçadeiras, marchávamos e fazíamos a saudação nazista *sieg heil*. Ao invés de eliminar as baratas nas paredes com jatos flamejantes de laquê, nós as pegávamos e as queimávamos com suas compatriotas no forno. Quando elas morriam, ficavam em pé e tombavam, enquanto nós latíamos para elas em alemão falso. Himmler, que tinha um sotaque bem gutural, nos repreendia gravemente:

– Ei, isso não é engraçado. Muitos milhões de pessoas morreram naqueles fornos.

Depois que terminamos, passei a sair com uma *groupie* de cintura fina, penteado de Sheena Easton e um olhar que dizia "me coma". Seu nome era Stephanie, seus pais eram donos de uma rede de hotéis de luxo e ela era inteligente o bastante para saber que o caminho mais rápido até os nossos corações era nos trazer drogas e comida. Conheci-a no Starwood, onde ela estava curtindo com os caras do Ratt. Eu adorava sair com ela: íamos até seu apartamento cheirar pó e tomar quaaludes, e então eu a fodia, o que era ótimo, porque eu não tinha dinheiro para comprar pó nem quaaludes, e não podia foder a mim mesmo (embora eu esteja prestes a me foder com essa história). Ela me deixava fazer de tudo: num dos nossos primeiros encontros, saímos para jantar e eu usei uma garrafa de vinho nela por debaixo da mesa.

Certa noite, Vince, Stephanie e eu estávamos no Rainbow, comendo quaaludes com escargot e vomitando debaixo da mesa a cada quinze minutos. Ficamos totalmente chapados, a levamos de volta pra casa e acabamos os três na cama do Vince. Isso nunca foi a minha praia: Tommy e Vince sempre carcavam minas juntos, porém, para mim, ter um outro cara ali arruinou o momento. Não consegui ficar duro e, enfim, fui para o meu quarto e deixei os dois a sós. Foi a última vez que vi Stephanie nua, porque uma vez que você coloca o Vince no mesmo quarto que uma garota que tem dinheiro e um carro legal, já era. Os dois namoraram por meses depois disso e estavam prestes a se casar quando Vince achou uma garota mais rica, Beth, que era loira e tinha um carro melhor, um Nissan 240Z.

fig. 12

Com Elvira no backstage do Santa Monica Civic Center, no show New Year's Evil, 1982

fig. 13

Nikki com Lita Ford

Nem sei como arrastamos nossos egos incestuosos e exaustos de farra para um nível acima como banda, porque nós nem acreditávamos que um nível acima existia. O negócio era lotar nossos shows de gente e garantir que todo mundo saísse falando de nós. Certa noite, chamamos até a Elvira, que aceitou nos apresentar se o Coffman lhe pagasse quinhentos dólares e a buscasse numa limusine preta. Quanto mais seguíamos morando juntos, melhores ficavam os nossos shows, porque tínhamos mais tempo para bolar bizarrices para fazer no palco. Vince começou a decapitar manequins com serras-elétricas. Blackie Lawless tinha parado de atear fogo em si mesmo porque se cansou de ter a pele queimada, então peguei esse truque para mim, porque cagava e andava para a dor. Eu teria engolido tachinhas ou metido o pinto numa garrafa quebrada, se isso atraísse mais gente para os shows.

O visual do nosso palco melhorava a cada novo show: Mick tinha uma dúzia de holofotes comprados do Don Dokken, e um P.A. roubado da sua antiga banda cover, o White Horse. Tínhamos um lençol branco sujo e manchado de sangue, que arrancamos da cama do Tommy, e nele escrevemos o nome da banda em letras pretas grandes. Inspirados pelo Queen, Tommy e Vince construíram um tablado de três andares para a bateria: uma estrutura de tábuas pintadas de branco com um pano preto por cima, coberta por quinze luzes piscantes, além de crânios e baquetas. Pesava uma tonelada e era um pé no saco para montar a cada show. Também fizemos pequenas caixas de acrílico com luzes dentro, nas quais subíamos para fazer pose e depois saltar de volta para o palco. O show todo era uma mistureba de qualquer coisa que parecesse *cool* e barata para nós. Pintávamos as peles de bateria, colocávamos candelabros por todo o palco e cabeças de bonecos vodu nas pontas das baquetas, amarrávamos lenços em tudo o que podíamos, decorávamos nossos instrumentos com fita colorida, nos enrolávamos em fios de telefone e usávamos as gravações mais malignas que conseguíssemos achar para pilhar o público antes das apresentações.

Quando uma série de shows nossos no Whisky teve os ingressos esgotados, fiquei tão extasiado que liguei para os meus avós e disse:

– Vocês não vão acreditar! Conseguimos três noites com ingressos esgotados no Whisky. Chegamos lá, porra.

– Chegaram onde? – meu avô perguntou. – Ninguém nem sabe quem são vocês.

E ele estava certo: esgotávamos show atrás de show, mas nenhuma gravadora assinava conosco. Diziam que nosso show era errático demais e que de jeito nenhum nossas músicas chegariam ao rádio ou às paradas pop. Insistiam em nos dizer que o heavy metal estava morto; a new wave era tudo o que importava. A menos que soássemos como as Go-Go's ou o The Knack, não se interessariam por nós. Não queríamos saber de paradas ou diretores de programação de rádio ou new wave. Tudo o que queríamos saber era de Marshalls brutais disparando rock 'n' roll na porra das nossas virilhas e do quanto de pó, Percodan, quaaludes e álcool conseguiríamos de graça.

O único motivo pelo qual eu queria um contrato de gravação era poder impressionar garotas ao dizer que tinha um. Então resolvemos esse problema criando nosso próprio selo, o Leathür Records. Alugamos o estúdio mais barato que encontramos: um depósito num pedaço ruim da Olympic Avenue, sessenta dólares a hora. Mick gostou do lugar porque tinha uma mesa de som Trident e salas bem pequenas, que ele dizia serem ótimas para reverb natural. Mick dispensou o engenheiro de som da casa e chamou Michael Wagner, um alemão jovial e angelical que fizera parte da banda de metal Accept. Juntos, cuspimos *Too Fast For Love* em três dias bêbados. Quando não conseguimos ninguém nem para distribuir o álbum, Coffman fez isso sozinho no seu Lincoln alugado, tentando convencer as lojas de disco a pegarem uma ou duas cópias. No entanto, no espaço de quatro meses, conseguimos um distribuidor (a Greenworld) e vendemos vinte mil álbuns, o que não era nada mau para um disco cuja gravação custou seis mil dólares.

Comemoramos o lançamento do álbum com uma festa no Troubadour, que era uma das minhas casas de show favoritas, porque lá havia um cara que eu gostava muito de espancar. Ele tinha cabelo comprido e nos idolatrava, mas era um peste e sofria merecidamente por isso. Eu tinha acabado de empurrá-lo pra cima do Tommy, que estava posicionado atrás dele de quatro, quando vi uma garota de cabelos loiros platinados volumosos, bochechas coradas, sombra de olho azul pesada, calça de couro preta apertada, um cinto punk rock e botas pretas que passavam dos joelhos. Ela veio até mim e disse:

– Oi, eu sou a Lita. Lita Ford, das Runaways. Como você se chama?

– Rick.

– *Sério?*

– Sim, sou o Rick – eu era bem convencido e presumia que todo mundo sabia o meu nome.

– Foi mal, achei que você fosse outra pessoa.

– Bom, achou errado – zombei, com o nariz empinado como de costume.

– Isso é uma pena, Rick, porque eu queria dividir um quaalude com você.

– *Sério?* – comecei a prestar atenção.

– Pensei que você fosse o Nikki.

– Eu sou o Nikki! Eu sou o Nikki! – praticamente me mijei feito um cachorro em busca de um petisco.

Ela mordeu metade do quaalude e colocou na minha boca, e foi isso.

Começamos a conversar e a andar juntos. Antes de conhecê-la, eu via a maioria das mulheres da mesma maneira que eu via minha primeira namorada, Sarah Hopper, como pestes que às vezes eram úteis como alternativas à masturbação. Mas Lita era musicista e eu conseguia me identificar com ela; ela era legal, normal e inteligente. Em meio à tempestade furiosa que minha vida se tornara, ali estava alguém em quem eu podia me apoiar, alguém para me ajudar a manter os pés no chão.

Certa noite, Lita, Vince, Beth e eu estávamos saindo do Rainbow quando um motoqueiro começou a empurrar as garotas e a perguntar se elas queriam transar com ele. Naquela época, os motoqueiros tinham declarado guerra aos roqueiros. Observamos aquilo por um minuto e então fomos até ele. Estávamos de bom humor, então não batemos nele, pedimos para que parasse. Ele deu uma encarada e mandou a gente se foder.

Eu tinha uma corrente amarrada na cintura, presa a um pedaço de couro e a uma fivela. Saquei a corrente e comecei a girá-la no ar, na tentativa de abrir umas cabeças. De repente, mais algumas pessoas entraram na briga. Um dos caras, uma besta peluda de 1,90 m, avançou em mim feito um touro, me tirando o ar ao me lançar nos arbustos. Tentei pegar a corrente do chão e ele agarrou a minha mão com sua luva de couro, colocou-a na boca e mordeu até o osso. Gritei de dor e, num arroubo de adrenalina, peguei a corrente e comecei a dar na cara dele.

De repente, ele me empurrou, sacou uma arma e disse:

– Você está preso, filho da puta.

No meio da comoção, nem percebi que as duas pessoas que entraram na briga não eram amigos do motoqueiro, e sim policiais à paisana. Golpearam-me sete vezes no rosto com os cassetetes, quebrando um osso malar e deixando um olho roxo. Então me algemaram e me jogaram na viatura. Do banco traseiro, vi o Vince fugir correndo feito uma galinha *glam*, provavelmente porque ele tinha acabado de ser preso no Troubadour algumas semanas antes por bater numa garota que não gostou da farda de fuzileiro naval que ele estava usando.

– Punk do caralho – o policial grandão gritou pra mim. – Bater num policial. Que porra você acha que tá fazendo?

O carro parou cantando pneu na entrada de um beco. Ele pegou meus dois cotovelos com uma mão só, me puxou para fora do carro e me jogou no chão. Então os dois começaram a me chutar na barriga e no rosto. Toda vez que eu tentava me virar para tentar proteger a barriga dos golpes, eles me giravam para o outro lado, de forma que pudessem me bater onde doía mais.

Naquela noite, fui para a cadeia coberto de maquiagem borrada, esmalte e sangue. Fui acusado de agressão com arma letal a um oficial de polícia. Passei duas noites na cadeia com os policiais ameaçando me prender por cinco anos, sem fiança (porém, a força policial acabou não abrindo queixa, porque logo depois disso surgiu um escândalo, quando dezenas de pessoas acusaram os policiais de as terem assediado e agredido na Sunset Strip).

Lita penhorou seu estimado Firebird Trans Am por cem mangos para pagar minha fiança. Caminhamos quase cinco quilômetros da cadeia até a Mötley House para encontrar a banda a tempo de um show no Whisky naquela noite. Mais tarde, acompanhado pelos sons da namorada do Tommy, Bullwinkle, arrebentando tudo o que tínhamos de valor que havia na casa, peguei um caderno pautado amarelo e desabafei minha ira:

A starspangled fight
Heard a steel-belted scream
Sinners in delight
Another sidewalk's bloody dream

I heard the sirens whine
My blood turned to freeze
See the red in my eyes
Finished with you, you'll
make my disease[18]

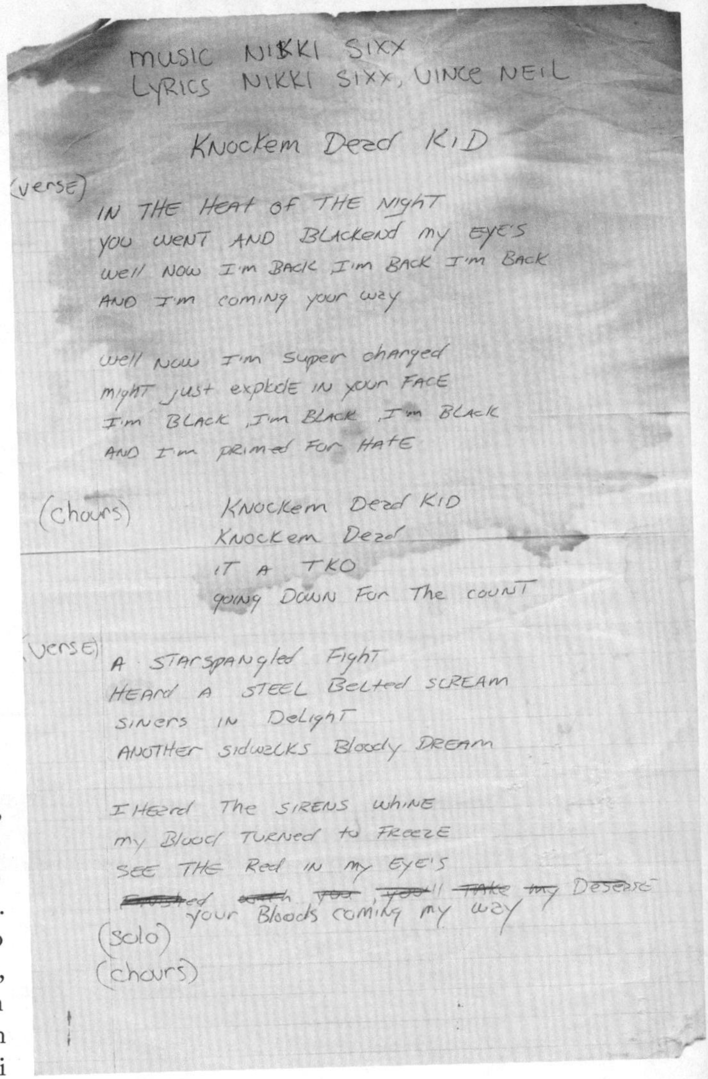
MUSIC NIKKI SIXX
LYRICS NIKKI SIXX, VINCE NEIL

KNOCKEM DEAD KID

(VERSE)
IN THE HEAT OF THE NIGHT
YOU WENT AND BLACKEND MY EYE'S
WELL NOW I'M BACK, I'M BACK I'M BACK
AND I'M COMING YOUR WAY

WELL NOW I'M SUPER CHARGED
MIGHT JUST EXPLODE IN YOUR FACE
I'M BLACK, I'M BLACK, I'M BLACK
AND I'M PRIMED FOR HATE

(CHOURS)
KNOCKEM DEAD KID
KNOCKEM DEAD
IT A TKO
GOING DOWN FOR THE COUNT

(VERSE)
A STARSPANGLED FIGHT
HEARD A STEEL BELTED SCREAM
SINERS IN DELIGHT
ANOTHER SIDWALKS BLOODY DREAM

I HEARD THE SIRENS WHINE
MY BLOOD TURNED TO FREEZE
SEE THE RED IN MY EYE'S
~~FINISHED WITH YOU, YOU'LL TAKE MY~~ DESEASE
YOUR BLOODS COMING MY WAY
(SOLO)
(CHOURS)

Não, esse último verso não estava bom. Assim que o risquei, a porta voou das dobradiças e Tommy veio com tudo ao chão, com um corte na cabeça e Bullwinkle em cima dele feito um alce raivoso.

"*Your blood is coming my way*",[19] rabisquei debaixo do verso riscado.

Melhor, mas não perfeito.

Na manhã seguinte, apareceu um advogado com uma ordem de despejo. Estávamos na casa havia nove meses, bebendo, brigando, fodendo, ensaiando e festejando constantemente, e estávamos todos doentes e fatigados. Precisávamos de um pouco de atenção maternal. Assim, fui morar com Lita em Coldwater Canyon, em North Hollywood, Vince foi morar no apartamento de Beth, e Tommy, com Bullwinkle. Não sei onde o Mick estava: talvez tivesse ficado pendurado de cabeça pra baixo num dos armários da casa. Nunca nos demos o trabalho de checar.

18 Em tradução livre: "Uma luta numa bandeira estrelada / Ouvi um grito envolto por aço / Pecadores em deleite / O sonho sangrento de outra calçada / Ouvi as sirenes lamentarem / Meu sangue virou gelo / Veja o vermelho nos meus olhos / Acabei com você, você fará minha doença"; versos de "Knock 'Em Dead, Kid".

19 "Seu sangue está vindo até mim".

Shout ~~At~~ The Devil (NSIXX)

I'm The wolf screamin lonely in The night
I'm The Blood stain on The stage
I'm The Teer in your eye
Been Tempted By my lie
I'm The knife in your Back I'm Rage
I'm THE Razor to The knife
oh Londy is our life's
Heads spining Round an Round

(*)

I'll Be The Love in your Eyes
I'll Be The Blood Between your Thighs
and Then I'll Have you cry for more
I'll put your strenght to The Test
I'll put The Thrill Back in Bed
sure you've Heard it all Before
I'll Be The Risk in The Kiss
might Be The Anger on your lips
might Run, scared for The Door

(*) But in The Season of wither
we'll ~~you~~ ~~Better~~ stand and deliver
Be strong and Laugh and shout

PARTE QUATRO

SHOUT AT THE DEVIL

capítulo 1
TOM ZUTAUT

UM ASSALARIADO SOB A CHEFIA DA ELEKTRA RECORDS EMBARCA NUMA AVENTURA NA QUAL É FEITA A DESCOBERTA DE QUE UM GRUPO DA PIOR REPUTAÇÃO TEM UM EMPRESÁRIO DE CATEGORIA AINDA MAIS DUVIDOSA

Acredito que a única razão pela qual cheguei a ser bem-sucedido foi minha paixão. Eu sempre fui além do que todo mundo fazia para conseguir algo que queria. Por exemplo, quando eu era DJ na rádio da escola em Park Forest, Illinois, fiquei sabendo de uma conferência sobre rádio na Loyola University e me inscrevi. Foi lá que descobri que poderia conseguir discos de graça. A rádio da escola funcionava há anos e nunca tinha ocorrido aos responsáveis que eles não precisavam comprar os próprios discos.

Meu primeiro emprego depois de sair da escola foi no departamento de correspondência do centro de distribuição da WEA em Chicago, cargo que só consegui porque impressionei alguém ao telefone enquanto implorava por discos do Cars de graça. Essa mesma paixão enfim me rendeu uma promoção para Los Angeles, onde trabalhei como assistente no departamento de vendas da Elektra Records, que, na época, contava com artistas como Jackson Browne, Queen, Eagles, Linda Ronstadt e Twennynine With Lenny White.

Suponho que, se eu não fosse empreendedor, nunca teria estacionado naquela noite de quinta-feira no Sunset Boulevard. Era começo da noite e eu dirigia pelo Sunset com planos de comer alguma coisa num café chamado Ben Frank's, que estava sempre lotado de jovens roqueiros, atendidos por garçonetes de setenta anos que trabalhavam lá desde a Era de Ouro de Hollywood, quando então notei centenas de jovens tentando entrar num show no Whisky. Olhei para o letreiro para ver quem ia tocar e dizia "Mötley Crüe: Esgotado". Aquela mesma paixão e obsessão que me levou a ir à convenção de rádio na Loyola bateu, suplicando para que eu estacionasse, mesmo com a barriga uivando de fome. Na vitrine de uma loja de discos na esquina, a Licorice Pizza, vi um display enorme com quatro caras andróginos de visual *glam*, vestidos de couro, refugiados do New York Dolls. Também notei que eles tinham lançado um álbum pelo próprio selo, o Leathür. Era bem raro uma banda que não tinha nem contrato criar aquele tipo de histeria no Whisky. Eu precisava conferir.

Fui até a porta, saquei meu cartão da Elektra e dei uma blefada para entrar, dizendo que era executivo de artista & repertório (A&R) da gravadora. Eu sempre tentava convencer a gravadora a assinar com bandas que eu curtia, mas ninguém me dava ouvidos. Apresentei a eles "I Love Rock and Roll", da Joan Jett, que descobri no lado B de um compacto europeu, "Tainted Love", do Soft Cell, o Human League e até as Go-Go's. E eles dispensaram tudo isso. Porém, eu era tímido demais para esfregar na cara deles; já me sentia sortudo o bastante por trabalhar numa gravadora em Los Angeles aos vinte anos de idade.

No interior do clube, quinhentos adolescentes – a capacidade total do lugar – iam à loucura diante desse tal de Mötley Crüe, cujo visual era incrível. Nikki era tão intenso que parecia que estaria matando alguém nas ruas se não estivesse tocando baixo. Golpeava as cordas com tanta força que rasgava a pele entre os dedos. Ao observá-lo estrangular aquele instrumento, com sangue jorrando dos dedos, parecia que as cordas eram lâminas.

Vince era um dos cantores mais bonitos e carismáticos que eu já tinha visto: as mulheres abriam as pernas só de vê-lo cantar. Ele era o exato oposto do guitarrista, que parecia Satã reencarnado, embora viesse a se mostrar o mais legal deles (quando não estava bebendo). Tommy era como uma criança hiperativa, mas, ao mesmo tempo, parecia também ser o único músico nato da banda. Era um baterista de primeira linha, um bom *showman* e estava sempre em movimento. Parecia o alfinete que mantinha a coisa toda unida.

Depois do show, achei o empresário deles e disse que queria levar a banda a uma reunião com a Elektra. Para minha surpresa, ele me dispensou por completo: me disse que eu deveria falar com a Greenworld, uma pequena distribuidora local que estava cuidando do álbum. Por coincidência, havia uma feira da indústria musical acontecendo na cidade e a Greenworld tinha um estande lá. Conversei com um cara chamado Allan Niven, que me pôs de volta em contato com o empresário estranho da banda, um construtor civil exageradamente sério chamado Allan Coffman.

Antes de conversar sério com o Mötley Crüe, quis me certificar de que eu não estava colocando o carro na frente dos bois na Elektra. Perguntei ao departamento de A&R se eu poderia contratar a banda, e eles riram da minha cara. Porém, persisti: fiz um dossiê com as cartas do departamento de A&R que rejeitavam todas as bandas que eu sugerira e vieram a obter sucesso em outras gravadoras. Por sugestão do meu chefe no departamento de vendas, apresentei as cartas a Joe Smith, presidente da Elektra, que, para minha surpresa, aceitou o desafio:

– OK, sabichão. Você acha que consegue fazer isso? Ótimo. Vamos então contratar essa banda e ver o quão bom você é.

Eu era motivo de piada em Hollywood por me interessar pelos caras. A música popular na época era a new wave britânica – Haircut 100, A Flock of Seagulls, Dexy's Midnight Runners. Os jovens mais descolados curtiam Elvis Costello, The Clash e outras bandas que vinham na cauda do movimento punk. Todo mundo ria de mim por tentar assinar contrato com uma banda de metal. No trabalho, me diziam:

– O que você tá pensando? Isso não vai tocar no rádio. Não dá pra reinventar o Kiss.

Porém, eu acreditava no Mötley Crüe porque o Whisky lotado acreditava no Mötley Crüe. Para ser um caçador de talentos, você não precisa de ouvidos; precisa de olhos.

Assim, com o meu minúsculo orçamento de assistente-no-departamento-de-vendas, comecei a bajular o Crüe, que acho que só veio na minha para comer de graça. A cada refeição, Tommy se mexia feito louco – assim como no palco, não conseguia ficar quieto; Mick ficava cada vez mais demoníaco a cada drink, até começar a ter alucinações e ver alienígenas roxos; e Vince geralmente comia a garçonete no banheiro. Nikki era o único que levava as reuniões a sério: ele tinha cada passo do futuro da banda mapeado na cabeça. Sabia que a molecada estava de saco cheio da new wave, com raiva do punk por ter se vendido e morrendo de tédio com o Fleetwood Mac, o Foreigner e o pop leve das FMs. Ele queria expandir aqueles quinhentos adolescentes no Whisky para uma revolução rock 'n' roll de escala nacional, liderada pelo Mötley Crüe. E foi o que ele fez – porém, não sem batalhar muito.

Quando estávamos finalmente prontos para assinar contrato, a Virgin Records apareceu do nada, fez uma reunião com a banda e botou uma maleta com dez mil dólares em dinheiro vivo bem na cara faminta deles. Na época, a Virgin não tinha selos nem distribuidores nos EUA. A operação era na Inglaterra, e tentaram usar isso para seduzir o Mötley Crüe, dizendo que eles poderiam ser como os Beatles, os Rolling Stones e o Led Zeppelin e estourar nos EUA depois de ficarem populares na Inglaterra. Acho que isso era uma ideia romântica para a banda – isso e o afrodisíaco adiantamento de dez mil dólares de um contrato de cem mil.

No fim das contas, apesar de a Virgin ter oferecido cerca de vinte e cinco mil dólares a mais do que nós, o Crüe decidiu que seria mais inteligente para uma banda de rock de Los Angeles assinar com uma gravadora de Los Angeles (nenhum de nós sabia que a Elektra logo transferiria seus escritórios para Manhattan). Depois de batermos o martelo nos últimos pontos e concordarmos em assinar contrato, Coffman, a banda, alguns funcionários da Elektra e eu comemoramos no Casa Cugats, um restaurante mexicano cujo dono era o rei da rumba, Xavier Cugat. O Mötley Crüe não precisava de muita coisa para começar uma festa naquela época, então as coisas ficaram bem doidas muito rapidamente.

O que me chamou a atenção, porém, foi que eu esperava maluquices bizarras da banda, não do empresário almofadinha. No entanto, ele ficou tão bêbado que começou a falar em vietnamita como se fosse um soldado na Guerra do Vietnã. Convenceu-se de que havia vietcongues escondidos debaixo das mesas e estoques de munição na cozinha. Virou mais uma dose e correu para o banheiro.

Como ele não voltou depois de vários minutos, Mick pediu que eu fosse checar. Eu sempre pensara em Coffman como um tipo de cara certinho que servia de babá para aquela banda louca, então foi um choque quando o encontrei tentando arrancar um orelhão da parede do banheiro. Tirei-o dali, pedi a alguém do departamento de imprensa que ficasse de olho na banda e pagasse a conta enquanto eu levava Coffman embora no meu carro surrado da empresa.

Seguimos pelo La Cienega Boulevard e ele não parava de tentar arrancar a maçaneta da porta do carro. Assim que chegamos no Santa Monica Boulevard, ele abriu a porta e rolou para fora do carro bem no meio do cruzamento. Olhei para trás e o vi entre as faixas de trânsito, se arrastando de bruços como um soldado segurando um rifle. Os carros passavam a toda, buzinando e berrando, e parecia que era só uma questão de segundos até que ele fosse esmagado. Encostei, corri até ele e o agarrei. Ele começou a se debater e a me xingar como se eu fosse um vietcongue tentando capturá-lo como prisioneiro de guerra. Realmente pensei que ele pudesse me matar, mas, por meio de algum tipo de descarga de adrenalina, consegui levá-lo de volta para o carro e até o hotel.

Quando voltei ao restaurante, a festa tinha passado para outro lugar. Uma semana depois, o contrato foi enfim assinado e a banda insistiu em fazer a gravadora pagar por mais uma festa. Assim, tocamos com eles nos nossos carros da empresa até o Benihana, no La Cienega. Começou como um jantar muito civilizado, com o chef demonstrando truques com facas. A banda comeu um pouco e bebeu muito. Vince, é claro, foi o que mais bebeu. Notei que o copo de margarita dele estava quebrado, então ele pediu outro. Quando vi, o copo novo estava quebrado também e ele insistiu que fosse substituído de novo. A garçonete, perplexa, trouxe mais um drink, examinando cuidadosamente o copo para se certificar de que não havia lascas ou rachaduras. Assim que ela saiu, Vince colocou o copo na boca e mordeu, despedaçando a beirada. "Esse cara é doido", pensei. "Ele pode cortar a língua ou abrir o lábio todo".

Vince se levantou, gesticulou para a garçonete e a acusou de trazer copos quebrados de propósito. Ela jurou de todo jeito que os copos estavam perfeitos quando os trouxe, e então voltou-se para mim em busca de explicações. Eu não queria colocar nem ela nem Vince em encrenca, então disse timidamente:

– Talvez a lava-louças esteja quebrada.

Ela então trouxe mais uma margarita e foi espiar Vince de um canto, junto com o gerente. Sem saber que eles estavam de olho, Vince meteu os dentes no copo de novo. O gerente correu imediatamente até nós e tentou nos expulsar do restaurante, enquanto a garçonete chamava a polícia. Paguei a conta bem rápido e encerrei a festa.

Quase todas as noites com a banda eram assim: ou algo quebrava ou alguém desmaiava. Nada era fácil com aqueles caras. O chefe de A&R da Elektra, Kenny Buttice, ficou furioso por eu ter passado por cima dele e conseguido a permissão de Joe Smith para contratar a banda, então fez tudo o que pôde para dificultar a minha vida. Originalmente, íamos apenas relançar o álbum *Too Fast For Love*, que eles tinham soltado de forma independente, mas Buttice convenceu a gravadora de que a qualidade não estava à altura dos padrões do rádio e que só seria possível lançá-lo depois de remixado.

Eu fui contra e a banda ficou apreensiva, mas se uma remixagem era o que precisávamos para tornar o Crüe uma prioridade na Elektra, estávamos dispostos a jogar o jogo deles. Quando a gravadora escolheu Roy Thomas Baker para retrabalhar o disco, eu praticamente mijei nas calças. Lá estava eu, aos vinte anos, numa reunião com o excêntrico e aventureiro britânico que produzira o Queen, o Foreigner, o Cars, o Journey e tantos outros discos incríveis. E apesar de sua mixagem e truques de produção de última hora terem tirado um pouco do charme visceral do álbum originalmente feito pelo Crüe, aprendi muito ao vê-lo trabalhar e ouvindo suas histórias. Depois de a banda passar o dia no estúdio, ele costumava convidá-los até sua casa, onde cheiravam cocaína em cima do piano de acrílico enquanto ele contava de quando Freddie Mercury compôs "Bohemian Rhapsody" naquele mesmo piano ao mesmo tempo em que recebia um boquete.

RTB, como nós o chamávamos, era um homem que se deleitava muito em dar festas perfeitas. Da noite de quinta-feira até a segunda, sempre havia uma parada infinda de gente interessante, belas mulheres, álcool e outros agrados em sua casa. Era o refúgio definitivo para um produtor, nas colinas da Sunset Drive, desde o controle remoto da casa instalado na cama até o carpete felpudo e grosso. Lá, o céu era o limite: vinte pessoas nuas lotavam a Jacuzzi, comida era servida no corpo de mulheres e tudo mais que você, eu e Calígula poderíamos imaginar. O Mötley Crüe e o RTB eram uma combinação perfeita.

Sempre me senti deslocado, como um garoto de Chicago que de algum modo fora transportado para um filme glamoroso em que pude conhecer todos os meus astros do rock favoritos – Elton John, Rod Stewart e caras do Queen, Journey e Cheap Trick. Algumas festas ficavam tão fora de controle que RTB apertava uns botões e trancava todo mundo na casa. Assim, se alguém quisesse sair, tinha de ser liberado por um segurança que se certificava de que a pessoa não estava bêbada demais para dirigir. RTB era um cara esperto: sabia que, se ia facilitar esse tipo de caos, precisava minimizar o potencial de acidentes pelos quais ficaria responsável. A julgar pelo estado em que alguns convidados se encontravam, ele provavelmente salvou muitas vidas.

Quando estávamos terminando de remixar *Too Fast For Love*, Coffman de repente decidiu mandar a banda para uma turnê no Canadá, embora ainda não houvesse um disco para promover. Protestamos e dissemos que não fazia sentido, mas ele estava irredutível.

Só fomos entender o motivo de Coffman fazer a banda viajar pelo Canadá quando a verdade apareceu posteriormente num processo: ele tinha vendido parte da sua participação na banda para um garoto de Michigan chamado Bill Larson, que tinha reunido parte das economias dos pais – cerca de vinte e cinco mil dólares – para que pudesse ser dono de 5% da Mötley Crüe Inc. Para recolher o dinheiro, Coffman tinha de mandar a banda numa turnê ao norte. Assim, o Crüe chegou ao Canadá para embarcar numa viagem miserável e desastrosa com um coempresário que não conheciam e de quem sequer tinham ouvido falar. Houve ameaças de bomba, problemas na fronteira, brigas, jogadores de hóquei loucos de ácido, ossos quebrados (de Coffman, na maioria) e policiais do lado do palco em alguns shows para evitar que o público não assassinasse a banda.

Logo depois, Coffman sumiu, bem como todo o adiantamento da Elektra e o dinheiro do pobre garoto de Michigan. Talvez ele tenha se mandado porque a banda começou a fazer perguntas demais sobre aonde todo o dinheiro deles estava indo – dinheiro esse que Coffman provavelmente achava que merecia, depois de ter hipotecado a casa três vezes para pagar por todos os carros alugados, quartos de hotel e sabe lá Deus o que mais a banda tinha destruído. No fim, quem mais sofreu foi Bill Larson, cujo pai morreu de ataque cardíaco por conta do estresse. Larson entrou com um processo, porém, ninguém conseguiu encontrar Coffman para que ele cumprisse a intimação. Pelo que ouvi falar, a esposa se divorciou dele, os filhos pararam de falar com ele e ele virou evangélico.

QUANDO A ELEKTRA LANÇOU *Too Fast For Love*, foi um desastre. A prioridade da gravadora era uma banda australiana chamada Cold Chisel, que todo mundo no departamento de promoção estava determinado a tornar o próximo grande nome. Eu calhei de ouvir uma chamada em conferência em que um cara da promoção regional disse ao chefe do departamento de rádio:

– Escuta, tenho uma estação em Denver e outra em Colorado Springs que acabaram de incluir o Mötley Crüe na programação. Elas não estão interessadas no Cold Chisel, mas vou continuar tentando.

– *Tô cagando e andando pro Mötley Crüe* – o cara do departamento de rádio berrou de volta. – Eles não são prioridade. Não quero essa inclusão. Pode dizer pra essas rádios que, se incluírem o Mötley Crüe, podem ir se foder.

Quando ouvi isso, quis subir pelas paredes. Já era ruim a gravadora não ajudar o Mötley Crüe, mas agora eles estavam tentando de fato prejudicar a banda. Então cantei essa bola para Joe Smith e, por causa desse incidente e de vários outros parecidos, o chefe do departamento de promoção foi substituído. Nessa mesma época, Tom Werman entrou na gravadora como o novo chefe de A&R. Werman tinha produzido o primeiro álbum do Ted Nugent e alguns dos melhores do Cheap Trick, e ficou tão empolgado com o Mötley Crüe que insistiu em produzir o próximo disco deles. Ele e Nikki estavam muito na mesma sintonia: Nikki queria uma imagem de *bad boy*, mas, ao mesmo tempo, tinha um senso pop e queria que sua música chegasse ao *mainstream*, que foi o que Werman tentou fazer com as bandas que produziu.

Apesar dos grandes esforços do departamento de promoção para sabotar o disco por alguma razão misteriosa, *Too Fast For Love* acabou vendendo mais de cem mil cópias, só no boca a boca. Eu não sabia o que fazer, porque a banda tinha um contrato com uma gravadora *major* e tinha vendido uma quantidade respeitável de discos, era capaz de esgotar a capacidade de qualquer casa de shows em L.A., estava causando um rebuliço na indústria e começando a compor o segundo álbum, mas não tinha empresário e os integrantes estavam todos duros e morrendo de fome. Tentei cuidar deles da melhor maneira possível.

Quando eu tinha dezesseis anos, Lita Ford era minha garota dos sonhos: a maior gata do rock. No meu quarto na casa dos meus pais havia pôsteres das Runaways por todas as paredes. Agora, apenas cinco anos depois, eu tinha contratado o Mötley Crüe e o Nikki Sixx estava morando com uma das Runaways. E não só eu estava andando com eles, como também lhes dava comida e dinheiro. Quando podia, passava na casa de Nikki e Lita com sorvetes da Häagen-Dazs ou sanduíches do Subway. Diziam que os dois brigavam feito cão e gato, mas era sempre divertido estar com eles. Porém, com o passar do tempo, a casa foi ficando mais assustadora. Eu chegava lá e via o *Necronomicon*, um livro de magia negra, sobre a mesa. Nikki estava começando a curtir pesado umas coisas satânicas e queria intitular o disco *Shout with the Devil.*[20] Isso aborreceu a gravadora e a mim; eu sabia que o departamento de promoção usaria o título como desculpa para ignorar por completo o álbum.

Certa noite, fui até lá para conversar com Nikki sobre mudar o título. Quando entrei, ele e Lita estavam encolhidos no sofá.

– Estou meio apavorada. Estão acontecendo coisas estranhas no apartamento – disse ela.

– Como assim? – perguntei, olhando para os pentagramas recém-desenhados no chão e as pinturas góticas penduradas na parede por Nikki.

– Umas coisas estranhas que simplesmente acontecem. Portas de armários que abrem e fecham, barulhos esquisitos, coisas que voam pelo apartamento.

20 "Grite com o Diabo".

– Escuta, Nikki – eu disse. – Você precisa parar de brincar com essa merda de magia negra satânica. É um negócio poderoso e, se você não sabe o que está fazendo, não mexa com isso.

Nikki, porém, não quis dar ouvidos:

– Não é nada. É só um visual legal. São símbolos e merdas que não significam nada. Só tô fazendo isso pra deixar as pessoas putas. Não é como se eu estivesse adorando Satã ou alguma porra assim.

Eu sabia que não conseguiria fazer a cabeça dele, então fui embora. Quando retornei, duas noites depois, havia garfos e facas enfiados na parede e no teto, e Nikki e Lita pareciam muito mais pálidos e doentes.

– Que diabos vocês têm feito aqui? – perguntei.

– Não estamos fazendo nada, cara – disse Lita. – Tentei te dizer: as coisas estão voando sozinhas por aqui.

Assim que ela disse isso, e eu juro por Deus que vi isso com meus próprios olhos, uma faca e um garfo voaram da mesa e espetaram o teto bem acima de mim. Olhei para o Nikki e surtei:

– Chega de *Shout with the Devil*. Se você continuar a "gritar com o diabo", vai acabar morto.

Você pode acreditar no que quiser, mas eu acredito de verdade que Nikki inconscientemente contatou alguma coisa maligna, algo mais perigoso do que ele era capaz de controlar e que estava prestes a machucá-lo de forma séria. Ele deve ter tido a mesma percepção, porque decidiu por conta própria mudar o título do álbum para *Shout at the Devil*.[21] Esse incidente é até hoje uma das coisas mais bizarras que já vivenciei.

Por sorte, pouco depois conheci um agente de talentos chamado Doug Thaler, que conhecia um cara, Doc McGhee, que tinha muito dinheiro e queria abrir uma companhia para empresariar artistas. Doc era um carinha charmoso que sabia como dizer todas as coisas certas:

– Nós vamos fazer do Mötley Crüe a maior banda de rock 'n' roll do mundo. E o dinheiro que a Elektra não investir pra isso acontecer, eu vou investir.

Tudo parecia perfeito: o Crüe tinha dinheiro, um cara chamado Barry Levine ajudando com a imagem da banda, e se tornou uma prioridade da gravadora. Graças à manipulação habilidosa, à imaginação generosa e às molhadas de mão de Doc, Nikki estava finalmente prestes a levar sua rebelião do Whisky para os estádios. Porém, é claro, nada acontece sem dificuldades para aqueles caras.

Algumas semanas depois, acordei com a notícia de que Joe Smith tinha sido despedido e agora um cara chamado Bob Krasnow estava liderando a companhia. Ele despediu Tom Werman e o substituiu por Roy Thomas Baker, e até aí, tudo bem, porque agora havia ainda mais motivos para ir às festas do RTB e Werman ainda queria produzir o disco. No entanto, justo quando estávamos nos preparando para gravar, Krasnow veio a Los Angeles e chamou Werman e a mim para uma reunião.

21 "Grite *para* o diabo", ao invés de "...*com* o diabo". (N. do T.)

– O rock 'n' roll não está rolando. Decidi que não quero nenhuma banda de rock na gravadora. Não ficaria com o Ozzy Osbourne nem se vocês me dessem ele de graça numa bandeja de prata.

– Por que você dispensaria um grupo que está vendendo muitos discos? Isso não faz sentido nenhum, Bob!

– Somos a Elektra Records, Tom. Temos uma tradição de artistas refinados e talentosos como Linda Ronstadt, The Doors e Jackson Browne. Não estou no ramo do circo e não vou dar um centavo a eles.

– Os empresários estão dispostos a cobrir parte dos custos de promoção e turnês.

– Escuta aqui, essa banda é horrível. Vi o clipe e é vergonhoso. Pedi para tirarem da MTV.

– O quê?! Acabamos de fechar uma turnê deles com o Kiss. Você não pode fazer isso.

– Fiquei sabendo disso e cancelei as datas.

Chamei Doug Thaler e Doc McGhee para outra reunião com Krasnow, e ele lhes disse as mesmas coisas. A reação deles foi perguntar o que era necessário fazer para dispensar o Mötley Crüe do contrato com a Elektra.

– Vamos fazer o seguinte – Krasnow cedeu –, façam o melhor disco que puderem. Não se preocupem com dinheiro, mas mantenham o orçamento razoável. Não prometo que vou lançar, mas prometo facilitar para que vocês o levem para outra gravadora.

Se a banda tivesse sido dispensada naquele momento e perdido o ápice que vinha alcançando, provavelmente seria o fim do Mötley Crüe. Porém, felizmente, aconteceu algo que fez a cabeça de Bob: o US Festival. Menos de um ano depois, Krasnow estaria usando uma bandana do Mötley Crüe no Madison Square Garden ao entregar a eles discos de ouro e de platina.

capítulo 2

VINCE

UM DIA DE TRIUNFO PÚBLICO ACABA EM RECRIMINAÇÃO PRIVADA QUANDO NOSSO HERÓI SE SUBMETE A SEUS INSTINTOS MAIS BÁSICOS, QUE NÃO SERÃO REVELADOS EM DETALHES MAIS EXCITANTES NESTA BREVE SINOPSE PARA EVITAR CORROMPER LEITORES MAIS JOVENS

Vinte e nove de maio de 1983 foi o dia em que a new wave morreu e o rock 'n' roll assumiu o poder: o segundo dos três dias do US Festival.

Ao circularmos de helicóptero – na primeira vez que estive num helicóptero – acima do público de centenas de milhares de jovens, parecia que a cena das noites de sexta e sábado na Sunset Strip tinha sido subitamente teletransportada para um campo no meio do nada, numa tarde escaldante de primavera. Ozzy Osbourne, Judas Priest, Scorpions e Van Halen se apresentariam para trezentas mil pessoas – assim como nós.

Devia ter brotado um equivalente da Sunset Strip em cada cidade dos EUA – essa cena não era mais uma coisa *underground*. Era um movimento de massa, e finalmente estávamos todos nos encontrando para colocar uma nova nação no mapa. Olhando do helicóptero lá para baixo, com uma garrafa de Jack na minha mão esquerda, um saco de comprimidos na minha mão direita e uma cabeça loira quicando no meio das minhas pernas, me senti o rei do mundo. Isso durou por mais ou menos um segundo – depois, comecei a cagar de medo.

Só tínhamos um álbum no mercado, que acabara de arranhar as paradas pop em 157º lugar. A maioria daqueles jovens provavelmente nem nos conhecia. Estavam esperando o dia todo no calor e provavelmente nos detestariam, na impaciência pelos shows do Ozzy e do Van Halen.

Dei mais um gole de Jack e então pousamos e conhecemos nossos novos empresários, Doc McGhee, que era basicamente um traficante de drogas com um bom senso de negócios, e Doug Thaler, seu bajulador. O cara que tinha conseguido nosso contrato com a Elektra, Tom Zutaut, estava lá com a namorada, uma mina surpreendentemente gostosa, dada a sorte de Tom com mulheres. Fui para o camarim me maquiar e me trocar, e ver o que podia fazer pela fila de garotas e repórteres à espera do lado de fora. Depois do que pareceram poucos minutos, ouvi batidas frenéticas na porta.

– Vocês já deviam estar no palco há dez minutos. Saiam agora dessa porra – Doc berrou.

No momento em que tocamos "Shout at the Devil", eu soube que tínhamos chegado lá. Não havia nada com que me preocupar. Aquelas pessoas nunca tinham ouvido a música: nós mal tínhamos começado a gravar o álbum. Porém, no final, elas estavam cantando junto de punhos levantados. Observei o público se agitar em resposta a cada palavra que eu cantava e a cada *lick* de guitarra do Mick. Entendi então por que os rock stars têm egos tão grandes: de cima do palco, o mundo é apenas uma massa obediente, sem rosto e sem camisa, que se estende até onde os olhos conseguem ver.

Mick foi o primeiro a sair do palco e voltou para o trailer que servia de nosso camarim. Lá, sua namorada estava esperando por ele; era uma morena grandona e brava, que nós chamávamos de A Coisa, e estava com as mangas dobradas acima do cotovelo. Assim que ele passou pela porta, ela avançou e deu-lhe um soco certeiro na cara, sem uma única palavra de explicação. (Em Manhattan Beach, às vezes ela ficava bêbada, dava uma surra nele e o chutava de casa, e em seguida Nikki ou eu recebíamos um telefonema desesperado do Mick nos pedindo para que fôssemos buscá-lo.)

Para mim, o pós-show foi um borrão de álcool, drogas, entrevistas e garotas. Lembro-me de sair do palco e ver a namorada do Tom Zutaut, que, por causa do calor, estava usando só um biquíni de oncinha. Agarrei-a, pressionei meu rosto suado contra o dela e meti a língua em sua garganta. Ela apertou o corpo contra mim e mordeu meu lábio.

Levei-a para o trailer – passando por Mick, que estava sentado na escada com as mãos na cabeça – e enfiei a cabeça no meio dos peitos dela. Bem nesse momento, ouvi uma batida na porta e uma voz esganiçada dizer:

– Ei, é o Tom. Posso entrar?

– O que você quer? – perguntei, com medo de ele ter nos visto.

– Só queria dizer que vocês foram in-cri-críveis. Foi o melhor show de vocês que já vi.

– Valeu, cara. Viu, vou sair num minuto. Só preciso de um tempinho pra descansar.

Então rasguei o biquíni da namorada dele e a fodi que nem louco enquanto ele esperava do lado de fora.

Nikki ficou vermelho de raiva quando contei o que tinha feito:

– Seu cuzão do caralho! Você não consegue deixar o pau dentro da calça? Esse cara conseguiu o contrato pra gente. Se ele descobrir, vai jogar isso contra nós e foder sério com o nosso álbum novo.

– Foi mal – respondi. – Mas aí é só se ele descobrir.

capítulo 3

TOM ZUTAUT

UM ASSUNTO DELICADO É ABORDADO NO DECORRER DE UMA BREVE ENTREVISTA COM TOM ZUTAUT, UM BENFEITOR INOCENTE E BEM-INTENCIONADO

Conte-me sobre o US Festival.
Só me lembro de ter dirigido até o meio do nada e da banda receber muito dinheiro de um cara da Apple para fazer um show para um monte de gente.

Você se lembra de alguma outra coisa notória daquele dia?
Bem, foi meio estranho vê-los tocar ao ar livre, de dia.

Você foi ao festival acompanhado de alguém?
Fui com Doc [McGhee] e Doug [Thaler].

Mais alguém?
Sim, minha namorada foi comigo.

Aconteceu alguma coisa esquisita com a sua namorada naquele dia?
Não, não que eu me lembre.

Porque o Vince disse que transou com ela.
Ele transou com a minha namorada?!?

Foi o que ele me disse.

Não, não pode ter sido ela.

Ele disse que ela estava usando um biquíni de oncinha.

OK, então era outra garota. Minha namorada séria, real, não estaria usando um biquíni de oncinha. Provavelmente era só um *date* bagaceiro que estava comigo. O Nikki provavelmente deve ter se preocupado com isso ao longo desses anos todos, mas ela não significava muita coisa pra mim.

Foi o Vince, não o Nikki.

Foi o Vince? Bom, o Vince tinha um fluxo infinito de garotas. Ele comia dez garotas antes do show e dez depois. Você olhava pra ele e pensava: "Cara, como ele consegue?". Ele não para nunca. Eu ficava impressionado, porque ele tinha uma namorada firme. Quando ela estava por perto, ele agia como se fossem casados, mas no segundo em que ela olhava pro lado, ele ia comer alguém. Não estou surpreso; acho que, lembrando bem, havia uma garota com quem eu costumava sair de vez em quando, por diversão, e pode ter sido ela. O nome dela era Amanda alguma coisa, de San Diego. Foi antes de eu conhecer a namorada em quem eu estava pensando inicialmente. Pensando bem, lembro que ela estava usando alguma coisa minúscula de oncinha.

Você ficou chateado?

Se fosse alguém importante para mim, eu não a teria levado a um show de rock como aquele. E definitivamente não a deixaria num trailer com qualquer membro do Mötley Crüe.

Teve uma outra vez em que o Nikki de fato transou com uma outra namorada minha. Ela era baladeira e estava comigo no *backstage*, e o Nikki basicamente a pegou na minha frente, a colocou de quatro e a comeu. Ela estava menstruada, foi nojento. Ela nem tentou impedi-lo. Eu a conhecia havia umas duas semanas e aquela era a segunda ou terceira vez que saíamos. Depois disso, ela não se tornou uma namorada assim tão séria. Mas não culpo o Nikki. Parte disso tudo era que as garotas me usavam para chegar ao *backstage*, então concluí que aquele era um jeito muito bom de saber a verdadeira natureza de alguém. Eu tinha uns vinte e um anos, não estava pronto para me casar ou ter um relacionamento sério. Quer dizer, pelo menos o Nikki não estava escondendo nada. Acho que ele disse algo do tipo: "Essa garota que tá com você é bem gatinha. Tudo bem se eu colocar ela de quatro?". E eu disse, tipo: "Não, não ligo. Não é nada sério".

Mas isso do Vince eu definitivamente não sabia.

Sinto muito por te dar a notícia.

É, acho que com o Vince foi mesmo a garota de San Diego. E sabe, nossa relação acabou pouco depois disso. Pensando bem, ela começou a agir de maneira bem estranha depois do festival, como se algo tivesse acontecido. Me lembro de dar um pé nela num final de semana e depois nunca mais vê-la, porque ela estava agindo de forma esquisita. Provavelmente foi por causa do Vince. De primeira, ela deve ter pensado, "Ah, vou ser a nova namorada do Vince e esquecer esse cara de A&R", mas depois se deu conta de que era uma das cinco garotas que o Vince comeu naqueles quinze minutos. Então é possível que ela tenha se sentido encurralada: não tinha nada com ele, mas, se eu descobrisse, estaria frita. Lembro que ela ficou bem esquisita depois daquilo, tanto que nem me lembro de tê-la visto de novo.

fig. 2

Assinando o contrato no escritório da Elektra. Em sentido horário, a partir da esquerda: Joe Smith, Mick, Allan Coffman, desconhecido, Vince, Nikki, Tom Zutaut, Tommy

capítulo 4
N I K K I

DAS ESTRANHAS, IMPROVÁVEIS E QUASE SEMPRE ESCATOLÓGICAS AVENTURAS QUE SUCEDEM AOS NOSSOS HERÓIS NUMA JORNADA COM O MENESTREL OZZY OSBOURNE E SUA AGRADÁVEL CÔNJUGE, SHARON

Foi o começo do fim, no que dizia respeito à diversão: cocaína ilimitada. Tommy conhecia umas figuras suspeitas em Simi Valley, que passavam no Cherokee Studios, onde estávamos gravando *Shout at the Devil*, e traziam quilos de coca. Ficávamos acordados por três dias seguidos fazendo música e nem pensávamos que estávamos trabalhando duro. Vince colou fotos de revistas pornô por todas as paredes, e garotas inundavam o estúdio, penetradas por microfones na técnica, garrafas na cozinha e vassouras na despensa, porque nós estávamos ficando sem ideias do que fazer com elas.

Ray Manzarek, o tecladista do The Doors, estava trabalhando ao lado, e passava no estúdio todos os dias, entornava nosso goró e nos deixava secos. Nunca fomos grandes fãs de Doors, então isso nos deixava muito putos. Por respeito, não dizíamos nada, mas sempre nos perguntamos: se Ray era tão folgado assim, o quão ruim teria sido Jim Morrison?

Posteriormente, a cocaína me tornaria recluso e paranoico, mas, na época, era simplesmente uma droga de festa, algo mais divertido de inalar do que ar. Certa noite, Tommy, seu técnico de bateria, Spidey, e eu estávamos enchendo a cara num boteco na esquina do estúdio para baixar o efeito da cocaína. Dois policiais sentados perto de nós começaram a ficar agressivos conosco, fazendo comentários pouco originais, do tipo “Cabelo bonito, meninas”. Assim, depois que o álcool fez efeito e nós tomamos alguns analgésicos para equilibrar a onda, saímos e fomos até

fig. 3

a viatura deles. A janela estava aberta, então fizemos uma fila, mijamos nos assentos e demos no pé. No estúdio, Tommy estava tão pilhado que arremessou um tijolo na janela da técnica. Não sabíamos mesmo o que estávamos fazendo, nem como gravar um álbum de maneira profissional.

Na manhã seguinte, ainda estávamos no estúdio gravando "I Will Survive". Lá havia um gongo pendurado no teto por uma corda, que enrolamos o mais apertado possível para depois soltar com tudo, de forma que o gongo girasse e produzisse um som trêmulo sinistro. Enquanto o gongo girava, nos deitamos de costas no chão e tentamos entoar a frase "*Jesus is Satan*" ao contrário, o que soou como "*scrambled eggs and wine*" ou algo do tipo. O engenheiro de som pediu demissão nesse dia e disse que nós estávamos todos possuídos pelo demônio. E talvez nós estivéssemos mesmo.

Estávamos fazendo experimentos com magia negra, lendo todo tipo de livro de feitiços e ocultismo que encontrávamos e gravando invocações tipo "God Bless the Children of the Beast", que na verdade foi inspirada pela introdução do álbum *Diamond Dogs*, do David Bowie. E talvez fosse só a nossa imaginação, mas estávamos começando a atrair alguma coisa maligna.

Minhas ideias para o álbum e a turnê tinham a ver com a psicologia de massas do mal por trás do nazismo e com os livros de Anton LaVey sobre satanismo, que na verdade era mais uma filosofia pessoal com um nome chocante do que uma religião de fato. Eu tinha ideias grandiosas para a criação de uma turnê que fosse como o cruzamento de um comício nazista com uma missa negra, com símbolos do Mötley Crüe no lugar das suásticas. Cheguei até a acreditar de verdade que Ronald Wilson Reagan, cujos nomes tinham seis letras cada – 666 –, fosse o Anticristo. A Bíblia diz que o Anticristo terá a voz de um leão a ser ouvida por todas as nações. Eu dizia a todo mundo que ele levaria um tiro no coração e se recuperaria mais rápido do que era humanamente possível, e foi o que aconteceu. Ele era o diabo contra quem eu queria que todo mundo gritasse. Eu estava me deixando levar por essas coisas todas, e então, na volta para casa depois da sessão satânica de "I Will Survive", o carro do Tommy pifou. Vince não parava de derrapar o carro, e objetos levitavam e voavam pela casa onde eu morava com Lita. Começamos a ficar apavorados, e então sofri um acidente.

Tinha comprado meu primeiro carro de verdade, um Porsche, depois de fechar um contrato de edição com a Warner/Chappell. Esse carro era o meu maior orgulho e Tommy e eu dirigíamos a toda velocidade pelo Sunset Boulevard às 2h da manhã, entornando garrafas de Jack. Só nos demos conta do quão estúpido era dirigir bêbado um ano depois. Até a polícia, quando nos parava, só nos fazia jogar fora as bebidas e nos deixava seguir em frente. E nós nem nos achávamos sortudos por isso: ficávamos putos porque já era muito tarde para comprar mais álcool.

Depois de passar meses dando ao carro mais atenção do que eu já despendera com qualquer garota, fui a uma das festas do Roy Thomas Baker. Todos nós cheiramos umas carreiras em cima do piano de vidro, e então ficamos pelados e pulamos na Jacuzzi. Havia umas quinze pessoas ali, inclusive o Tommy, que tinha finalmente dado um pé na Bullwinkle e estava saindo com uma aspirante a modelo da Flórida, chamada Honey. De repente, Tommy teve uma ereção enorme, virou-se para a Honey e ordenou:

– Beleza, vadia, chupa o meu pau.

Ela se debruçou e o chupou na frente de todo mundo. Quando terminou, ele a fez chupar de novo. Ela recomeçou, mas dessa vez Tommy estava demorando muito para gozar e ele começou a ficar puto e a repreendê-la por não estar fazendo um bom trabalho, dizendo que ela não sabia o que estava fazendo. Por fim, ela acertou o jeito e teve a consideração de engolir, de modo a não contaminar a Jacuzzi com os filhos não nascidos do Tommy – que, cinco minutos depois, a colocou para "trabalhar" mais uma vez.

Acho que muitos amigos do RTB ganharam um novo respeito por Tommy naquela noite: não só ele tinha um pau enorme e não só tinha orgasmos sem fim, como também compartilhava quando terminava. Ao ver a roda de caras estupefatos na Jacuzzi, ordenou que Honey chupasse todo mundo. Foi difícil tirar essa cena da minha cabeça quando eu estava sentado à mesa de jantar com o casal feliz e os pais do Tommy em West Covina alguns meses depois. Ela não parecia o tipo de garota que você levaria para conhecer sua mãe, a menos que você tivesse crescido num bordel.

Dispensei a oferta do Tommy, não por respeito, mas porque eu estava fodido demais para me excitar. Na verdade, tinha decidido ir embora da festa; estava passando mal de drogas, confuso e queria ver Lita. O problema era que o RTB havia trancado e bloqueado as portas, como de costume, para garantir que ninguém fosse embora fodido demais para dirigir. Para piorar, eu não fazia ideia de onde estavam minhas roupas.

Corri até o muro da casa e o escalei, completamente nu. Quando desci do outro lado, percebi que as pedras tinham cortado meu peito e minhas pernas, que estavam sangrando. Lá fora, duas garotas que não conseguiram entrar na festa estavam esperando num Mustang 1968 e gritaram por mim. Por sorte, eu sempre deixava a chave no carro – ainda deixo. Assim, entrei no meu Porsche e desci a colina a mil, com o Mustang cantando pneu atrás de mim. Pisei até alcançar 140 km/h, olhei para trás para ver se as tinha despistado e, ao fazer isso, fui subitamente arremessado contra o painel: bati num poste que agora estava ao meu lado no banco do passageiro destruído. Se houvesse alguém sentado ali, sua cabeça teria sido completamente esmagada.

Saí do carro em choque e observei a pilha de metal retorcido e fumegante que fora meu verdadeiro amor. Perda total. As garotas que estavam me seguindo sumiram, provavelmente mais assustadas do que eu, e eu fiquei sozinho – nu, sangrando e zonzo. Tentei levantar o braço para pedir carona, mas uma dor aguda correu do meu cotovelo até o ombro. Caminhei até o Coldwater Canyon, onde um casal mais velho me deu carona e, sem dizer uma palavra sobre o fato de que eu estava pelado, me levaram ao hospital. Os médicos imobilizaram meu ombro – que estava deslocado – com uma tipoia e me mandaram para casa com um frasco de comprimidos. Passei os três dias seguintes inconsciente, nocauteado pelos analgésicos.

Com exceção de Lita, ninguém sabia onde eu estava. Tudo o que a banda sabia era que meu Porsche jazia destruído na descida daquela colina e eu estava desaparecido. Até hoje ainda me pergunto o quanto sentiram minha falta: ninguém se deu ao trabalho de ligar para minha casa para checar se eu estava bem. A única coisa boa a resultar dessa experiência foi que desenvolvi um amor vitalício pelo Percodan.

O acidente de carro, combinado a tudo mais de assustador e perigoso que vinha acontecendo conosco, me trouxe de volta à realidade, e Lita me convenceu a maneirar no meu flerte com o satanismo. No lugar disso, a heroína começou a me consumir, primeiro para matar a dor no ombro, e depois para matar a dor da vida, que é a dor de não estar sob o efeito de heroína. Vince tinha conhecido uma garota que poderia nos arrumar a droga. Ele trazia uma pedra marrom, uma folha de papel-alumínio e uma espécie de funil caseiro feito de cartolina e fita adesiva. Pegávamos um teco da heroína, envolvíamos no papel-alumínio, esquentávamos com um isqueiro e inalávamos a fumaça enquanto perseguíamos a bola que queimava no funil. Ficávamos tão chapados que só nos jogávamos no sofá e encarávamos um ao outro.

Logo passamos a conseguir heroína de melhor qualidade por meio de um baixista que tocava numa banda punk local e era bem amigo do Robbin Crosby, do Ratt. Depois que os dois nos ensinaram a injetar, já era. As primeiras vezes que injetei, simplesmente desmaiei. Quando acordava, todo mundo estava rindo de mim, porque eu ficara largado no chão por quinze minutos. O vício do Vince eram as mulheres e, com aqueles primeiros picos, compreendi que o meu seriam as drogas, para o resto da vida. Inventei *speedballs*[22] sem que ninguém precisasse me falar a respeito: certa tarde, me perguntei se injetar coca junto com a heroína me impediria de desmaiar. Assim, fiz meu primeiro *speedball* e não desmaiei. Porém, passei os quinze minutos geralmente reservados para o blecaute vomitando por todo o banheiro; no entanto, não me importava em vomitar, sempre fui bom nisso.

Por sorte, com um braço numa tipoia, eu não conseguia injetar sozinho. Isso me manteve na linha. Eu também não conseguia tocar baixo, mas isso não fazia diferença para o nosso produtor, Tom Werman, já que ele ligava constantemente para a Elektra para reclamar que eu não sabia tocar baixo e que Vince não sabia cantar. Então eu ia para o estúdio com o braço na tipoia só para ficar lá com os caras, chapar e cuidar das gravações.

Ao longo de toda a gravação, Werman me dizia:

– Não olhe as minhas anotações em hipótese alguma. Há coisas ali nas quais estou pensando que dizem respeito à direção da música, e eu não quero você surtando em cima disso.

É claro que essa foi a pior coisa que ele poderia ter dito. Daí em diante, não paramos de tentar descobrir o que ele andava escrevendo. Porém, ao sair do estúdio, ele levava as anotações junto. Certa noite, quando ele foi ao banheiro, deixou

22 *Speedball* é a mistura de heroína ou morfina com cocaína ou metanfetamina. (N. do T.)

as anotações na sala. Corri para a mesa de mixagem, empolgado em finalmente descobrir o que ele realmente tinha na cabeça. Abri o caderno e me deparei com as seguintes palavras: "Não esquecer de cortar a grama no domingo. Lembrar de comprar sapatilhas para a peça da escola. Comprar um taco de golfe novo". Fervi de raiva: não conseguia acreditar que essa pessoa que se dizia nosso produtor poderia estar pensando em qualquer coisa que não fosse Mötley Crüe e rock 'n' roll.

Saí para ir atrás dele, mas a recepcionista me parou. Alice Cooper estava trabalhando no estúdio e há dias eu implorava para que ela me apresentasse a ele. Alice parecia maior que Deus, e aquele era o meu domingo de sorte:

– Ele está pronto para conhecer você. Disse para você aguardá-lo na sala na frente do estúdio dele às três horas.

Às três horas, na frente do estúdio do Alice, havia um homem vestindo um terno impecável e segurando uma valise.

– Alice vai sair em alguns segundos – ele me disse, como se eu estivesse prestes a conhecer o Poderoso Chefão.

Um minuto depois, a porta do estúdio se abriu e dela veio uma nuvem de fumaça. Alice Cooper emergiu lentamente do meio da fumaça, segurando uma tesoura, abrindo-a e fechando-a com um clique. Veio até mim e disse:

– Eu sou Alice.

E tudo o que eu consegui dizer foi:

– Porra, se você é!

Com uma entrada daquelas, ele era mesmo Deus. Só fui descobrir o que realmente era aquela fumaça muitos anos depois.

Quando meu braço melhorou, nosso segundo álbum, *Shout at the Devil*, estava concluído, e nós, prontos para tocar ao vivo de novo. No período em que moramos juntos, assistíamos *Mad Max* e *Fuga de Nova York* sem parar, até que cada imagem ficasse gravada em nossos cérebros. Estávamos começando a ficar entediados com o imaginário *glam-punk* porque havia tantas bandas copiando, então nosso visual evoluiu para uma mistura desses dois filmes. A metamorfose começou certa noite num show no Santa Monica Civic Center. Joe Perry, do Aerosmith, estava fora de si, e eu me aproximei dele, peguei um giz preto e pintei duas faixas abaixo dos olhos, ao estilo dos *road warriors* de *Mad Max 2*. Joe disse que estava maneiro, e isso foi incentivo suficiente para mim. Em seguida, coloquei uma única ombreira com tachas, como os piratas do deserto do mesmo filme, e então mandei fazer botas de couro que iam até o joelho e contavam com compartimentos nos saltos que soltavam fumaça quando eu apertava um botão. Fizemos uma pintura do horizonte de uma cidade baseada em *Fuga de Nova York* como pano de fundo para o show, decoramos nossos amplis com rebites e construímos um tablado de bateria que parecia feito de detritos de uma explosão na rodovia.

PENSÁVAMOS SER AS CRIATURAS MAIS MALVADAS nesse mundão de Deus. Ninguém era capaz de pegar tão pesado quanto a gente, com tanta frequência quanto a gente, e se safar como a gente se safava. Não havia competição.

Quanto mais fodidos ficávamos, melhores éramos aos olhos das pessoas e mais elas nos forneciam aquilo que precisávamos para ficar ainda mais fodidos. As estações de rádio nos traziam *groupies*; os empresários nos davam drogas. Todo mundo que conhecíamos garantia que estivéssemos constantemente fodendo ou nos fodendo. Para nós, colocar o pau para fora e urinar no chão de uma estação de rádio no meio de uma entrevista ou comer a locutora no ar se ela tivesse uma aparência mais ou menos razoável não significava nada. Pensávamos que tínhamos elevado o comportamento animal a uma forma de arte. Mas então conhecemos Ozzy.

Não ficamos lá muito empolgados quando a Elektra Records nos disse que tinha conseguido nos colocar como banda de abertura da turnê *Bark at the Moon*, do Ozzy. Tínhamos feito alguns shows com o Kiss depois de *Too Fast For Love*, e não só eles foram insuportavelmente chatos, como também o Gene Simmons nos mandou embora da turnê por mau comportamento. (Imaginem a minha surpresa quando, dezessete anos depois, Gene Simmons, o executivo de primeira, me ligou enquanto eu escrevia este mesmo capítulo e pediu para comprar não só os direitos cinematográficos de *The Dirt*, como também os direitos cinematográficos exclusivos da história do Mötley Crüe por toda a eternidade.)

Começamos a nos aquecer para a turnê com Ozzy na Long View Farm, em Massachussetts, onde os Rolling Stones ensaiavam. Nos hospedamos em lofts e eu implorei para ficar no que o Keith Richards dormia, que era no celeiro. Os motoristas das nossas limusines nos traziam tantas drogas e putas da cidade que nós mal conseguíamos manter os olhos abertos durante os ensaios. Tommy e eu deixávamos um balde entre nós, para que pudéssemos ter algo onde vomitar. Certa tarde, os empresários e um pessoal da gravadora vieram acompanhar nosso progresso, ou a falta dele, e eu fiquei "pescando" o tempo todo.

Mick, nosso implacável superintendente de controle de qualidade, curvou-se sobre o microfone e anunciou ao grupo ali reunido de executivos e emissores de cheques, diárias e adiantamentos:

– Talvez nós pudéssemos tocar essas músicas para vocês se Nikki não tivesse ficado acordado a noite inteira injetando heroína.

Fiquei tão puto que joguei o baixo no chão, fui até o microfone dele e quebrei o suporte no meio. A essa altura, Mick já estava saindo pela porta, mas eu o persegui pela fazenda, ambos de salto alto, feito duas putas se arranhando.

A turnê começou em Portland, Maine, e ao chegarmos na arena encontramos Ozzy fazendo a passagem de som, vestindo um enorme casaco de pele de raposa e adornado com quilos de joias de ouro. No palco com ele estavam Jake E. Lee na guitarra, Rudy Sarzo no baixo e Carmine Appice na bateria. Essa não seria outra turnê como a do Kiss. Ozzy era um corpo trêmulo e convulso de nervos e de uma energia doida e incompreensível, que nos contou que, na época do Black Sabbath, tomou ácido todos os dias por um ano inteiro para ver o que aconteceria. Não havia nada que Ozzy não houvesse feito e, como resultado, não havia nada que Ozzy conseguisse se lembrar de ter feito.

fig. 4

Mick com Ozzy Osbourne

A gente se deu bem com ele desde o primeiro dia. Ele nos acolheu sob suas asas e nos fez sentir confortáveis diante de duzentas mil pessoas a cada noite, uma alavancada no ego como nenhuma outra. Depois do primeiro show, tive a mesma sensação de quando fizemos nosso primeiro show com ingressos esgotados no Whisky, só que, desta vez, era algo maior e melhor, e muito mais perto da linha de chegada, da vitória, onde quer e o que quer que isso fosse. O pequeno sonho que tínhamos juntos na Mötley House estava prestes a se tornar realidade; nossos dias de matar baratas e foder por comida estavam no passado. Se o show no US Festival foi um lampejo do que poderíamos nos tornar, então a turnê com Ozzy seria o fósforo que incendiaria a banda toda. Sem ela, nós provavelmente teríamos sido mais uma daquelas bandas de L.A. como o London, estrelas que nunca realmente decolaram.

Ozzy mal passava uma noite em seu ônibus: estava sempre no nosso. Surgia pela porta com um saco cheio de coca, cantando "Sou o homem do pozinho, trazendo todo pozinho que posso, que posso", e nós cheirávamos o pozinho a noite inteira, até que o ônibus parasse e nós estivéssemos na cidade seguinte.

Numa dessas ocasiões, a cidade calhou de ser Lakeland, Flórida. Rolamos do ônibus pelo calor do sol do meio-dia e fomos direto para o bar, que era separado da área da piscina por um vidro. Ozzy abaixou as calças, enfiou uma nota de um dólar no cofrinho, entrou no bar e ofereceu o dólar a cada casal que estava lá. Quando uma senhora idosa começou a enxotá-lo, Ozzy pegou sua bolsa e saiu correndo. Ele voltou para a piscina usando só um vestidinho de verão que tinha encontrado na bolsa. Nós estávamos rachando o bico, embora não soubéssemos ao certo se aquelas maluquices evidenciavam um senso de humor perverso ou um caso grave de esquizofrenia. Cada vez mais, eu tendia a acreditar na segunda hipótese.

Estávamos ali de boa, nós de camiseta e o Ozzy de vestido, quando de repente ele me deu um cutucão:

– Ei, cara, tá a fim de um teco?

– Cara, nosso pó acabou. Acho que posso pedir pro motorista ir buscar mais.

– Me dá o canudo – disse ele, inabalado.

– Mas cara, não tem pó.

– Me dá o canudo. Quero um teco.

Entreguei o canudo a ele, que foi até uma rachadura no chão e se debruçou. Vi uma longa fileira de formigas marchando até um pequeno formigueiro construído onde o pavimento se encontrava com a areia. E assim que pensei "Não, ele não vai fazer isso", ele fez. Colocou o canudo no nariz e, com a bunda branca aparecendo por debaixo do vestido como um melão cortado em dois, mandou pra dentro a carreira inteira de formigas com uma única e monstruosa cheirada.

Ozzy se levantou, jogou a cabeça para trás e finalizou com uma inalada poderosa da narina direita que provavelmente mandou uma ou duas formigas perdidas para dentro de sua garganta. Depois, levantou o vestido, segurou no pau e mijou no chão. Sem nem perceber seu público crescente – todo mundo da turnê o estava observando, enquanto as velhinhas e famílias fingiam não ver nada –, se ajoelhou e, ensopando o vestido na poça, lambeu o mijo. Ele não deu só uma passadinha de língua, e sim deu uma meia dúzia de lambidas longas, demoradas e completas, como um gato. Então se levantou e, com os olhos em chamas e a boca úmida de urina, olhou diretamente para mim:

– Faz isso, Sixx!

Engoli em seco e comecei a suar frio. Porém, essa era uma pressão de grupo que eu não poderia recusar. Afinal, ele tinha feito tanto pelo Mötley Crüe. E se nós quiséssemos manter nossa reputação de banda mais cretina do rock, eu não poderia dar pra trás, não com todo mundo assistindo. Abri meu zíper e coloquei o pau pra fora, diante de todo mundo no bar e na piscina. "Porra, não dou a mínima pra isso", pensei para me concentrar enquanto fazia minha poça. "Vou lamber meu mijo. E daí? Vem do meu próprio corpo mesmo".

Porém, quando eu ia me abaixar para terminar o que havia começado, Ozzy se jogou na minha frente: lá estava ele, de quatro diante dos meus pés, lambendo meu mijo. Levantei as mãos:

– Você venceu.

E venceu mesmo: dali em diante, sempre saberíamos que, não importava onde estivéssemos nem o que fizéssemos, haveria alguém mais doentio e mais nojento do que nós.

No entanto, ao contrário da gente, Ozzy tinha uma moderação, um limite, uma consciência, um freio. E essa moderação vinha na forma de uma pequena mulher inglesa pouco atraente, cujo simples nome já faria pernas e lábios tremerem de medo: Sharon Osbourne, uma mulher braba e disciplinadora como ninguém, cuja presença poderia, num único instante, nos trazer de volta correndo nossos medos infantis de autoridade.

Depois da passagem pela Flórida, Sharon se juntou à turnê para restabelecer a ordem. De repente, Ozzy se transformou num marido perfeito. Comia verduras, andava de mãos dadas com ela e ia para a cama imediatamente depois de cada show, sem drogas no nariz, nem urina na boca. Mas Ozzy se comportar não era o bastante: Sharon queria que nós nos comportássemos. Quando ela entrou no nosso camarim e se deparou com uma garota de quatro e nós em volta dela com as calças arriadas e sorrisos de moleques sapecas no rosto, jogou as cartas na mesa. Ela não nos deixaria usar drogas, levar garotas para o *backstage* ou nos divertir de alguma maneira que não fosse com jogos de tabuleiro. Para se certificar de que essas regras seriam seguidas, ela riscou as bebidas alcoólicas do nosso *rider* de turnê e se denominou a detentora e distribuidora exclusiva das credenciais de *backstage*. Ficamos tão frustrados que pedimos para a companhia de *merchandising* que viajava conosco que fizesse uma camiseta nova. Nas costas havia um círculo estampado com uma lista que dizia "sexo, diversão, bebida, festas, carrões, boceta, heroína, motos". Uma grande linha vermelha atravessava o círculo, num risco de "proibido", e abaixo iam os dizeres "*No Fun Tour: '83–'84*".[23] Demos uma camiseta para todo mundo que integrava a turnê, incluindo o Ozzy.

No fim, me vi reduzido a rastejar até a Sharon e suplicar:

– Eu preciso muito transar. Estou ficando louco.

– Não, você não pode, Nikki. Você vai pegar alguma doença – disse ela, com firmeza.

– Eu não ligo pras doenças – choraminguei. – Tomo uma injeção. Só quero transar.

– OK, só dessa vez – ela cedeu.

– Valeu, mãe.

Ela me conduziu pela mão até a lateral do palco e disse:

– E então, qual você quer? – como se eu fosse um moleque escolhendo doces.

– A de vermelho, por favor.

Naquela mesma noite, Carmine Appice abandonou a turnê. Ele tinha tocado com o Vanilla Fudge, o Cactus e o Rod Stewart, e era meio que um astro por si só, então achou que deveria vender suas próprias camisetas. Com uma generosidade pouco característica, Sharon concedeu-lhe permissão. Porém, quando os fãs leva-

23 "Turnê da Não Diversão", em tradução livre. (N. do T.)

vam as camisetas para Carmine autografar, todas estavam com um grande buraco no peito: Sharon e Ozzy tinham recortado o rosto do Carmine de todas as peças. Isso resultou numa briga feia, que terminou com Carmine pedindo demissão e Tommy Aldridge retornando à banda para substituí-lo na bateria.

Sempre que Sharon deixava a turnê, Ozzy recaía na decadência completa. Em Nashville, ele cagou no banheiro do Tommy e espalhou a merda pelas paredes. Em Memphis, ele e Vince roubaram um carro que estava com a chave na ignição, aterrorizaram os pedestres na Beale Street e então destruíram o veículo, quebrando os vidros e depenando o estofado. Dias depois, calhamos de chegar a New Orleans na segunda noite do Mardi Gras: a cidade estava bombando. Tommy, Jake E. e eu nos metemos numa briga de facas num bar na Bourbon Street enquanto Vince e Ozzy faziam uma turnê pelas casas de strip. Quando voltamos para o hotel, bêbados e cobertos de sangue, a Mãe estava à nossa espera: Sharon chegou na cidade e nos proibiu de voltar a andar com Ozzy.

Às vezes, quando Sharon estava longe, Ozzy fica perdido feito uma criança sem a mãe. Na Itália, ele comprou uma boneca inflável, desenhou um bigode de Hitler nela e a deixou no fundo do ônibus. A caminho de Milão, ele ficava conversando com a boneca como se ela fosse sua única amiga. Disse a ela que havia uma espécie de conspiração, que todo mundo havia se virado contra ele e havia um complô para matá-lo. Naquela noite, ele entrou no palco usando botas da Gestapo, calcinha, sutiã e uma peruca loira. A princípio, parecia estar se divertindo muito, mas, depois de algumas músicas, ele teve um estalo e começou a chorar.

– Não sou um animal – choramingou no microfone. – Não sou uma aberração – e então pediu desculpas ao público e saiu do palco.

Naquela noite, ele veio até o quarto de hotel que eu compartilhava com Mick e pediu para usar o telefone.

– Inglaterra, por favor – disse à telefonista.

Arranquei o fone da mão dele e desliguei.

– Cara, você não pode ligar pra Inglaterra. Não tenho tanto dinheiro assim.

Então ele ligou a cobrar, e Sharon aceitou.

– Só estou ligando pra dizer que quero divórcio – disse Ozzy, da maneira mais sóbria e séria que pôde.

– Cala a boca e volta pra cama – ela disparou de volta e desligou na cara dele.

Por alguma razão, nosso *tour manager* teve a brilhante ideia de colocar o calado Mick Mars e eu, o insuportável Nikki Sixx, juntos no mesmo quarto: éramos tipo *Um Estranho Casal*. Eu ficava frustrado ao compor uma música e levava minha guitarra para o corredor, onde arrebentava todas as luzes. Então voltava para o quarto, trazendo a guitarra quebrada, e pedia ao Mick se ele poderia me emprestar a dele. Brigávamos constantemente, em geral porque eu levava festas ou garotas para o quarto. Depois que arranquei um tufo do cabelo dele porque ele não me emprestou a guitarra, finalmente me deram meu próprio quarto. Porém, isso não ajudou Mick a encontrar muita paz e tranquilidade, porque pouco depois uma hóspede do hotel chamou a polícia ao ver Tommy causando pelos corredores, e Mick foi preso no lugar dele por engano.

Viajamos com Ozzy aqui e acolá por mais de um ano, tirando um tempo para fazer shows nossos avulsos ou dividindo o palco com o Saxon. Nesse ínterim, recebemos nossos primeiros discos de ouro e de platina, ouvimos nossa música no rádio pela primeira vez e começamos a ser reconhecidos na rua fora de Los Angeles. Tudo estava acontecendo muito rápido e, como resultado, todas as nossas relações começaram a ruir. No dia em que a turnê acabou, o ônibus me deixou na frente da casa onde eu morava com Lita. Fiquei ali parado por dez minutos, com a mala na mão, sem ter certeza se entrava ou não. Quando entrei, abracei-a e não disse uma palavra. Só fiquei lá parado; não sabia o que deveria fazer. Algo tinha se desligado dentro de mim durante a turnê e eu não fazia ideia de como religar.

Quando Lita saiu em sua própria turnê alguns dias depois, fiquei aliviado. Eu não estava em condições de me manter num relacionamento com ela, especialmente por nós dois viajarmos com tanta constância, e eu não tinha mais ideia de como interagir com uma mulher que eu respeitava. Quando ela voltou, eu já tinha acertado de me mudar para o outro lado da rua, com Robbin Crosby. No dia em que me mudei, a vida retornou à indigência e à depravação completas. Robbin só tinha uma cama, e foi gentil o bastante para me deixar dormir nela enquanto ele dormia no chão. No lugar de uma geladeira, ele tinha um isopor cheio de sacos de gelo, que tinha um buraco no fundo, de forma que sempre vazava água por todo o chão da cozinha. O síndico do prédio me detestava e me alertava todos os dias de que, se me pegasse dando festas barulhentas ou consumindo álcool na piscina, ou em qualquer tipo de mau comportamento, ia me expulsar de lá com um chute na minha bunda tatuada.

Embora eu não pudesse comprar um isopor novo ou uma geladeira de verdade para o apartamento, não tive problemas em adquirir um Corvete novinho em folha. No dia em que o retirei da concessionária, fui até o Reseda Country Club e peguei uma garota. Fomos até o estacionamento, sentei-a no capô, abri as pernas dela e comecei a comê-la. Aos poucos, formou-se uma plateia e a única coisa que me lembro de ouvir foi:

– Aí, cara! Carro irado!

Para esquecer Lita, me enterrava no meio das pernas de outras mulheres. Uma universitária baixinha, atraente num estilo meio nerd, de óculos, se mudou para o mesmo prédio algumas semanas depois que fui morar com Robbin. Então, certa noite, em vez de sair com Robbin, fui até o apartamento dela com uma garrafa de champanhe, um papelote de cocaína e um punhado de quaaludes. Festejamos a noite toda e, como planejado, acabamos trepando. Quando voltei para o meu apartamento às sete da manhã, o síndico estava regando as flores. Tentando manter as aparências, acenei e sorri para ele, da maneira mais inocente possível. Ele se virou, olhou para mim e derrubou a mangueira. Simplesmente congelou. Não consegui entender qual era o problema. Entrei no apartamento e tropecei no Robbin sem querer.

– Cara, o que aconteceu com você? – ele exclamou, depois que seus olhos se ajustaram à claridade.

– Eu estava comendo aquela nerd. Qual o problema?

– Não, cara, vai olhar no espelho.

Fui até o espelho, que era uma enorme vidraça quebrada que alguém provavelmente arrebentou de algum lobby de hotel numa noite de bebedeira, e vi o meu reflexo. Meu rosto inteiro estava coberto de sangue, do queixo até o nariz. Evidentemente, a garota nerd estava menstruada e eu estava fodido demais para sequer notar isso quando fui chupá-la. Pelo jeito, era o primeiro dia do ciclo menstrual.

Depois de alguns dias de trepadas com qualquer coisa que eu conseguisse, ouvi falar que um punkzinho tinha apresentado Lita a seu novo namorado, um tal de Don, de uma banda chamada Heaven. Claro, eu não a queria mais, mas isso não significava que outro cara poderia tê-la. Numa fúria ilógica e hipócrita de ciúmes, liguei para o Tommy; nos encontramos na minha casa, cada um de nós pegou um bloco de madeira, e seguimos para a casa de Lita para tratar da situação. Abrimos a porta e entramos na sala com nossas armas. A única pessoa na casa era o punkzinho, que se encolheu num canto quando avançamos nele e lhe desferimos golpes incessantes na cabeça e no peito, até finalmente quebrar uma das madeiras em suas costas. Deixamos ele lá no canto, com sangue por todo lado.

Algumas horas depois, o telefone tocou na minha casa. Era Lita.

– Vai se foder! Você é mesmo um cuzão.

Expliquei meu lado da história, e então ela me cortou com algumas palavras bem escolhidas que até hoje ainda ecoam na minha cabeça:

– Aquele punk que você espancou, nem foi ele que me apresentou ao Don!

Senti-me especialmente mal por ter envolvido Tommy, porque na noite anterior eu tinha comido a namorada dele, Honey. Ela me ligou para dizer que tinha drogas, fui até a casa dela para compartilhar e uma coisa levou à outra, que por sua vez me levou pelado ao banheiro à procura de alguma pomada para passar nos arranhões nas minhas costas. Mais uma imagem para eu tentar tirar da cabeça durante a festa de noivado deles. Tommy era meu melhor amigo e provavelmente teria compreendido, mas eu nunca consegui a coragem para contar a ele.

capítulo 5
T O M M Y

UMA DANÇARINA DO SUDOESTE APRENDE QUE UMA MENTE CIUMENTA LEVA A CONTAS EXORBITANTES NO DENTISTA

Alguém me disse que haveria umas gostosas tipo atrizes numa festa em Hollywood, então é claro que eu estaria lá. Foi assim que conheci a Honey. A primeira coisa que notei – a primeira coisa que sempre noto – foi que ela tinha peitos enormes. Tinha um corpo incrível, com as curvas de uma modelo de lingerie – o que ela era mesmo, é claro. E um rosto bonito, mas que não era exatamente suave ou delicado – era coberto de cicatrizes, não físicas, mas emocionais, mais sutis. Fui ao banheiro da festa com ela pra cheirar cocaína e, quando vi, estava saindo do banheiro dela na manhã seguinte.

Devia ter acabado ali. Mas, cara, eu sempre faço merda: me abro demais, me deixo conduzir fácil demais, estou sempre pronto demais para me apaixonar. Fiquei obcecado pela Bullwinkle porque ela conseguia gozar que nem um cavalo de corrida, e pirei na Honey porque ela era modelo de lingerie e fiquei muito lisonjeado por uma modelo de verdade sequer falar comigo. Mas nunca segurei um pouco a onda para vê-las como realmente eram: doidas pra caralho, cara.

Assim como a Bullwinkle, a Honey era violentamente ciumenta. Certa noite, no Troubadour, uma garota chegou por trás de mim e beliscou a minha bunda. Sem antes perguntar nada, Honey deu a volta em mim e apagou o cigarro na porra do olho da menina, depois a levou pra fora e torceu o braço dela até quebrar.

– Quero ver você beliscar ele agora – cuspiu ao sair de perto.

Vi a tal garota no Rainbow duas semanas depois, com o braço engessado, e ela estava com medo até de dar oi.

Adivinha o que eu fiz depois disso, cara? Fui morar com a porra da Honey. Achamos um apartamento na Gower Street, em Hollywood. No dia em que cheguei em casa com os meus primeiros discos de ouro e de platina por *Shout at the Devil*, ela ficou com ciúmes por causa de uma foto que ela achou de uma garota e jogou um prato em mim, que atingiu a moldura do disco de ouro e a despedaçou.

Nunca fui ciumento que nem ela. Numa das festas do RTB, com todo mundo na Jacuzzi, ela me fez um boquete e depois eu disse a ela pra chupar o pau do RTB. Pensei que era uma boa noção de negócios: fazer um favor ao produtor. É claro que eu estava fodido demais pra lembrar que ele não tinha interesse numas merdas assim. Parecia que nunca desfrutava de garotas ou de drogas nas festas.

A única vez que fiquei puto foi durante a turnê com o Ozzy. Estávamos em Buffalo e eu fiquei muito animado ao ver neve pela primeira vez na vida. No *backstage*, um fã veio até mim e disse:

– Ei, cara, a xavasca da sua mulher é muito bonita. Você é um homem de sorte.

Eu estava muito doido e tinha acabado de sair do palco, então agarrei o cara e disse:

– O que você falou?

– Falei que a sua mulher tem uma bela boceta.

Não entendi porra nenhuma do que ele estava dizendo, mas me soou como um insulto descarado. Meti um soco da porra na têmpora dele, que caiu inconsciente no chão. Foi um bom golpe, sólido, do qual fiquei orgulhoso. Esperamos no ônibus enquanto nosso *tour manager*, Doug Thaler, tentava convencer o moleque a não prestar queixa.

– Do que ele estava falando? – perguntei a Doug quando ele entrou no ônibus.

O que rolou foi que Honey tinha vendido fotos da gente trepando pra uma revista chamada *Celebrity Sex*, e não tinha me contado.

Paramos na 7-Eleven mais próxima e eu peguei a revista pra olhar. Estava cheia de fotos explícitas que eu tinha tirado certa noite e a manchete dizia algo do tipo "A Mina do Tommy Lee Conta (e Mostra) Tudo". Eu poderia ter matado aquela vaca por tirar proveito da minha fama, que acabara de surgir, pelas minhas costas. Mas o que fiz, ao invés disso?

Quando os shows com o Ozzy terminaram, o ônibus me deixou no condomínio. Passei pela porta virando uma garrafa de Jack que eu estava bebendo desde a noite anterior. Honey estava me esperando na cozinha num vestido preto com o decote explodindo. Eu estava pronto para começar a xingá-la, mas ela me interrompeu:

– Adivinha só!

– O quê?

– Arrumei um padre, comprei alianças, deixei tudo pronto.

– Pronto pra quê?

– Quero me casar.

– Comigo? Mas você acabou de vender a porra das nossas fotos pra uma revista pornô e nem me contou.

– Era pra ser um presente de aniversário pra você. E eu precisava do dinheiro pra comprar as alianças pro nosso casamento. Então não podia te contar.

Tentei pensar por um momento, mas o álcool não me deixava. Da minha boca saíram as palavras mais estúpidas que já proferi:

– Beleza, foda-se. Vamos nessa.

Meus pais ficaram horrorizados e me deram uns cem bons motivos pra não me casar – eu era jovem demais, o ciúme dela só ia piorar, eles não queriam como nora uma mulher que vendia fotos íntimas nossas pra uma revista pornô. Recusei-me a ouvi-los, mas, por sorte, as circunstâncias logo intervieram.

Os problemas de verdade começaram durante uma briga em casa por conta de uma garota que ficava ligando para o nosso telefone e desligando em seguida. Eu nem sabia quem era, mas a Honey insistia que eu a estava traindo. Depois de uma hora de berros, ela se acalmou e concordou que a garota talvez fosse só uma doida aleatória, então fui até a cozinha fazer um sanduíche de pasta de amendoim. De repente, ela correu atrás de mim, abriu com tudo a gaveta de talheres, pegou uma faca de manteiga e meteu nas minhas costas. A vaca estava tão enlouquecida que a faca conseguiu penetrar a pele e deslizou pra dentro bem do lado da minha escápula. Tive de dirigir até o pronto-socorro com uma faca enfiada nas costas.

Nós dois estávamos sempre trepando feito estrelas pornô ou brigando feito lutadores de luta livre. Certa noite, fomos com RTB a uma das primeiras lutas da WrestleMania e ela começou a brigar comigo porque achou o número de uma garota no bolso da minha calça e, pra piorar, minha mãe tinha conversado com ela por telefone e a chamado de Jessica, que era o nome da Bullwinkle. Eu nunca tinha ido a uma partida de luta livre, mas ela não calava a porra da boca e não me deixava curtir.

Depois da luta, Vince, Beth, RTB, Tom Zutaut, Honey e eu nos amontoamos na limusine do RTB e fomos ao Tropicana para ver luta na lama. A Honey não parava de encher o saco e, como eu a ignorava, ficava cada vez mais determinada a me incitar a reagir.

– A sua mãe é uma puta do caralho mesmo – latiu ela. – Não sei nem por que você ainda fala com ela.

– Por favor, não chame a minha mãe assim – suspirei.

– Bom, ela é uma puta.

Tenho o pavio longo, que fica um tanto quanto mais curto quando bebo. Naquele momento, a Honey acabara de queimar o que restava desse pavio e eu pude sentir meu corpo se preparando para explodir. O truque para lidar com mulheres como Honey é não deixar que elas te provoquem, porque é aí que elas vencem. Eu sempre pareço deixá-las ganhar.

– Escuta aqui, sua vaca. Não vou falar duas vezes: não chama a minha mãe de puta! – encarei-a furioso.

– Ela é uma puta, puta, puta. Puta! – berrou Honey.

– Chega – voltei-me para o motorista. – Para o carro. Essa vaca do caralho tá fora daqui!

O motorista encostou e mandei Honey sair. Ela se recusou e começou a me socar, então a agarrei e arrastei até a outra calçada. Voltei até o carro, peguei a bolsa dela e arremessei contra o muro atrás dela, o que fez derramar pelo chão qualquer que fosse a merda que havia ali dentro. Ela correu pra cima de mim, gritando:

– A sua mãe é uma puta do caralho e você sabe disso. É por isso que você é um moleque tão mimado que ama tanto a puta da sua mãe? Puta, puta, puta!

Afastei o braço e, antes que pudesse pensar no que estava fazendo, fechei a mão num punho e dei com tudo bem na fuça dela, cara. Suas mãos voaram para a boca e ela caiu no chão. Fiquei paralisado, em choque por ter de fato perdido todo o controle – eu nunca tinha nem sonhado em bater numa mina. Então pulei pra dentro da limusine e bati a porta. Ao sairmos dali, olhei pra trás e a vi ajoelhada na calçada, cuspindo dentes na mão, que estava cheia de sangue viscoso.

– Ela teria levado qualquer um de nós a fazer aquilo – disse Tom Zutaut, num tom tranquilizador. – Mas alguém tem que ajudar ela a achar os dentes.

Zutaut parou a limusine e correu para consolá-la e recolher os dentes dela.

O noivado estava oficialmente cancelado.

capítulo 6
NIKKI

REMINISCÊNCIAS TERNAS DE VIAGENS COM O VAN HALEN, O AC/DC, O IRON MAIDEN E OUTROS PALADINOS GENTIS DE REPUTAÇÃO EXTRAORDINÁRIA

Quando deixamos a turnê com Ozzy para fazer alguns shows sozinhos, trazendo o Ratt a tiracolo para complementar o entretenimento, o mundo – nosso mundo – não era mais o mesmo. Eu escutava "Shout at the Devil", "Too Young to Fall in Love" e "Looks That Kill" em todo lugar. Havia uma histeria toda vez que aparecíamos nas lojas de discos para sessões de autógrafos, e quando tocávamos em cidades onde nunca estivéramos, adolescentes compareciam aos milhares. Estávamos num novo mundo – um mundo em que eu sempre quis estar desde que vi aquele primeiro show de rock num ginásio em Jerome. Mas eu era só um garoto de Idaho. Não sabia o que fazer, nem como agir nesse novo mundo. Então improvisei.

Antes de um show no Bronco Bowl, em Dallas, Texas, uma loira e uma morena de calças de lycra e tops apertados cambalearam no *backstage* e disseram que queriam transar com a banda inteira. Fui eu ou o Vince quem teve a grande ideia de dizer a elas que deveriam fazer por merecer. Pegamos uma garrafa de champanhe do camarim e dissemos à morena que, se ela quisesse trepar com a gente, teria de sentar na garrafa ali mesmo.

– Se você ainda não estiver sentada na garrafa quando a gente voltar, então não pode trepar com a banda – disse Vince enquanto nos encaminhamos ao palco.

Depois do show, ela ainda estava lá, agachada no meio do camarim.

Vince se esgueirou para o escritório da produção para ganhar um boquete de duas outras garotas (ao mesmo tempo), e então nós levamos as duas das calças de lycra para a van.

Vince e Tommy se sentaram na frente, e Mick e eu, atrás. As garotas entraram na frente com Vince e Tommy e tiraram a roupa, o que demorou uns bons cinco minutos, de tão apertadas. Quando elas terminaram de se despir, Vince e Tommy já estavam comendo-as por trás. Elas se debruçaram por cima dos assentos, então a loira agarrou na minha calça enquanto era comida, e a morena fez o mesmo com Mick. Apalparam, desabotoaram e abriram os zíperes e enfim conseguiram nos chupar.

Quando chegamos no hotel, dissemos a elas que tinham de permanecer nuas. Pegamos o elevador para o quarto de Vince e Tommy e começamos a beber e a ficar estúpidos. A loira se sentou na cama com as pernas arreganhadas, e isso nos deu ideias.

Tommy saiu do banheiro com um tubo de pasta de dente, que foi a primeira coisa que enfiamos nela. Em seguida, concluímos que, nesse caso, não era justo deixá-la sem uma escova de dentes.

– O que mais a gente tem? – perguntou Tommy.

– Que tal a porra do telefone? – alguém, provavelmente eu, sugeriu.

Tiramos o fone do gancho e conseguimos enfiá-lo nela até que só o bocal ficasse pra fora. O tempo todo, a garota só ria, gemendo de vez em quando, fosse por estar excitada, fosse por querer que nós achássemos que ela estava.

– Tô com fome – grunhiu Mick, que estava entediado numa poltrona, assistindo.

Mandamos ele se foder, e então nos demos conta de que talvez fosse possível conciliar interesses ali. Liguei para o serviço de quarto e, de repente, do meio das pernas abertas da loira, ouvimos uma voz abafada:

– Boa noitshhh rmqpss djdlss.

Debrucei-me e recitei nosso pedido na virilha da garota.

– Qwl qrrth?

– Quarto dois-dois-sete – respondi.

A morena começou a rir. De repente, Vince, num lampejo de inspiração, voltou-se para ela:

– Do que você tá rindo?

Ela parou de rir e olhou pra ele sem entender.

– A sua mãe sabe onde você tá? – perguntou Vince.

– Não.

– Você não acha que ela tá preocupada com você?

– Talvez. Não sei.

– Talvez você devesse ligar pra ela – foi aí que, subitamente, nos ocorreu a diabrura que ele estava confabulando. – Qual é o telefone dela?

Ela deu o número a Vince e ele discou. A mãe atendeu, e a morena se debruçou sobre a virilha da amiga.

– Oi, mãe. Só liguei pra avisar que vou pra casa logo. Estou na casa da Sherry agora. OK? Valeu.

Nós não perdemos o respeito só pelas garotas naquela noite, perdemos o respeito por nós mesmos.

Quando retornei a L.A., minha meia-irmã, Ceci, me ligou para dizer que minha mãe tinha surtado e estava internada num hospital psiquiátrico em Seattle.

Eu não falava com ela desde que a deixara no terminal da Greyhound seis anos antes e, embora ainda sentisse muita raiva e amargura, senti que precisava vê-la de novo, me conectar a algum elemento do meu passado antes de perdê-lo por completo. Assim, peguei um voo para Seattle, entristecido pelo fato de que íamos nos rever num hospital psiquiátrico. Quando entrei, mal a reconheci; aqueles seis anos não a haviam tratado bem. Antigamente ela tinha tudo: beleza, talento e inteligência. Mas agora ela estava se parecendo mais com o Ozzy do que com minha mãe. Corri até ela e quase abracei-a. Ela me olhou fixamente e a primeira coisa que saiu de sua boca foi:

– Você escreveu aquela música sobre mim?

– Qual música? – perguntei, confuso.

– "Looks That Kill"!

Isso me derrubou: havia tantas coisas que eu queria dizer a ela, tantas coisas que eu queria que ela dissesse a mim. Mas isso não era uma delas. Fiz a alta dela, coloquei-a num táxi e a levei para a casa da minha irmã. Mal conversamos durante o trajeto. Éramos ambos orgulhosos e teimosos demais para explicar ou pedir desculpas por qualquer coisa. Na sala da minha irmã, enquanto lançávamos um ao outro olhares de desprezo, malevolentes, com minha irmã do lado repreendendo a nós dois, me lembrei por que a tinha deixado originalmente. Eu simplesmente não pertencia àquele lugar. Assim, me levantei, fui embora e peguei o primeiro voo para Los Angeles, de volta à relativa sanidade dos meus traficantes de droga.

NA SEMANA SEGUINTE, PARTIMOS PARA a Inglaterra para tocar um punhado de datas do festival Monsters of Rock, com o Van Halen, o AC/DC, o Dio e, em uma das datas, o Y&T. Na noite em que chegamos, eu estava na cama, num quarto térreo de um Novotel nos arredores de Nottingham, quando ouvi batidas na janela do banheiro. Tentei desligar, presumindo que era só minha imaginação, mas o som persistia. Por fim, me levantei para ver o que era e me deparei com uma bela loira, de pernas longas, do lado de fora. Abri a janela e ela me olhou de cima a baixo.

– Posso entrar? – perguntou, de maneira casual e educada, como se fosse o vigário da vizinhança que chegou para o chá da tarde.

Ela entrou no banheiro delicadamente e mais uma vez perguntou:

– Tudo bem se eu tirar a calcinha?

– Claro, fique à vontade – respondi, pego de surpresa.

Apesar de tentar parecer casual, eu nunca estivera tão excitado. "Isso é irado pra caralho!", pensei. "Estou na Inglaterra, lar de todas as minhas bandas favoritas – o Sweet, o Slade, Bowie, o Queen, os Sex Pistols – e tem uma mina entrando pela janela do banheiro, igual na música dos Beatles".

Ela tirou a calça e deixou pendurada numa perna. Sentei-me no vaso e ela montou em mim. Com uma mão no toalheiro e outra agarrando meu cabelo, ela gozou. Levantou-se, vestiu a calça e fez uma discreta reverência.

– Muito obrigada – disse com aquele sotaque distinto. – Foi uma honra.

Em seguida, subiu no parapeito da janela, saiu e foi embora. Peguei o telefone e liguei para Mick, Tommy e Vince para contar a eles o que tinha acabado de acontecer e o quanto eu amava a Inglaterra.

No dia seguinte, a miniturnê do Monsters of Rock teve início. Quando viajamos pelos EUA com o Ratt, pegamos o hábito de morder uns aos outros. Tommy agarrava Vince ou algum segurança e metia-lhe os dentes no braço até machucar. É claro que era tudo de forma afetuosa, mas doía pra caralho se você não estivesse chapado.

No primeiro show, eu estava tão bêbado e cheirado que fui até o Eddie Van Halen e o derrubei. Então joguei a cabeça pra trás, levantei a camisa dele e meti os dentes na barriga dele.

– Qual é a porra do seu problema? – a mulher dele, Valerie Bertinelli, urrou. – Morder o meu marido? Seu doente do caralho!

Eddie se levantou, sacudiu a poeira e estreitou seus olhos pequenos. Não consegui entender se ele tinha ficado excitado ou ofendido. Antes que eu tivesse a chance de pedir desculpas, Vince correu até ele feito um cão raivoso e meteu os dentes na mão dele. Isso deixou Valerie histérica: ninguém morde a mão que o Eddie Van Halen usa para tocar guitarra.

Devo ter mordido o Angus Young também, porque seu irmão, Malcolm, veio até mim furioso. Eu estava usando botas plataforma, de maneira que a cara do Malcolm estava na altura do meu umbigo.

– Seu filho da puta – ele rugiu para a minha barriga –, você pode morder o meu irmão, beleza! Mas, caralho, se você me morder, vou arrancar a porra do seu nariz no dente, sua bicha do cão.

Acho que retruquei alguma coisa do tipo "você e que escada?", porque, quando vi, ele estava me atacando, subindo na minha perna e tentando arranhar o meu rosto feito um gato enlouquecido. Doc McGhee o tirou de mim e, segurando-o pelo pescoço, o lançou para fora do camarim. Podíamos ouvi-lo arranhando a porta e sibilando para nós enquanto Doug nos dava a notícia:

– Parabéns, depois dessa turnê, vocês vão abrir pro Iron Maiden.

– Do caralho, agora eu não preciso voltar pra casa – eu disse, pensando na minha visitante da madrugada anterior.

Doc acrescentou:

– Inclusive, o Bruce Dickinson quer conhecer vocês.

Bruce era o novo cantor do Iron Maiden e, embora o metal literário e galopante dele nunca tenha sido meu som favorito, ainda assim era uma lenda.

Doc saiu do camarim e, mantendo Malcolm à distância com a mão direita, fez um sinal para que Bruce e uma mulher que estava com ele entrassem. Fiquei com o coração na boca, e minhas bolas se encolheram até ficarem do tamanho dos pequenos punhos do Malcolm. Tentei balbuciar um "olá" para eles, mas fiquei mudo. Lá estava ela, a garota que tinha entrado pela janela na noite anterior. E eu não sabia se ela era esposa, namorada, empresária, assistente pessoal ou sei lá o que do Bruce.

Foi nas turnês do Monsters of Rock e do Iron Maiden que o tédio começou. Em Hollywood, fazer shows era um estilo de vida, mas fazer shows não era a mesma coisa do que sair em turnê. Depois dos shows, a gente voltava para casa. Turnês são um desfile infindo de anonimato: gente sem rosto, quartos de hotel idênticos e cidades indistinguíveis, sempre mudando, mas sempre as mesmas. Nos EUA, pelo menos tínhamos o consolo de ver nossa fama crescer à medida que viajávamos. Na Europa, no entanto, nada parecia real ou relevante. Nas turnês anteriores, eu me sentava no hotel para escrever cartões postais para meus avós em Jerome, Idaho, de quatro mil habitantes, e dizia a eles o quão solitário eu estava e o quanto eu sentia falta de um lar para onde voltar. Porém, depois do meu reencontro com minha mãe, eu não queria mais um lar. Tornei-me mais doido e mais inconsequente, me colocando inconscientemente no mesmo caminho autodestrutivo que minha mãe seguira. Minha fantasia de rock 'n' roll não era mais só sobre sucesso, decadência e rebeldia, mas também sobre dor e morte. Eu tinha certeza de que ia morrer antes dos vinte e cinco; acho que todos nós pensávamos nisso.

Tommy e eu começamos a quebrar garrafas na cabeça um do outro e a desrosquear aquelas pequenas lâmpadas dos espelhos dos camarins para engoli-las inteiras, só por diversão. Quando Vince estava no banheiro com alguma *groupie* ou garçonete, a gente entrava escondido, não por querer transar a três, mas para roubar as drogas do bolso da calça do Vince enquanto ele se preocupava com outras coisas. Como vocalista, Vince era quem tinha a maior dificuldade em se recuperar da farra: em geral, ele ficava tão podre que só conseguia fazer a maioria dos shows inteiros se chamássemos um médico pra meter uma injeção de cortisona na bunda dele antes de ele entrar no palco.

No Ritz, em Paris, Vince tentou chegar à recepção para atender um telefonema, mas estava tão fodido que não conseguia entender como abrir a porta de vidro da entrada do hotel. Então deu um chute na porta, estraçalhando o vidro e derrubando a maçaneta de latão, que caiu no chão com um barulhão. Ele pegou a maçaneta, entregou para o concierge e atendeu a ligação como se nada tivesse acontecido.

Na Alemanha, ficamos chapados com Claude Schnell, o tecladista do Dio, no quarto de hotel dele. Quando ele saiu do quarto para pegar alguma coisa, decidimos sacaneá-lo. Pegamos as duas camas europeias, pequeninas, e as atiramos pela janela, seguidas pelas cadeiras, escrivaninha, televisão e aparador. Havia duas Mercedes novinhas estacionadas abaixo do quarto e os móveis caíram nas duas. De repente, a polícia alemã estava batendo na porta de Claude, com rottweilers. A banda inteira teve de fazer as malas e deixar o hotel, o que fez com que o Dio fosse banido dali por anos, enquanto nós, os culpados, ficamos. Posso não gostar do álbum *Intermission*, mas sempre vou dar crédito ao Dio por não nos dedurar.

Na Suíça, depois da turnê com o Iron Maiden, não tivemos tanta sorte. Tommy e Vince compraram pistolas sinalizadoras e dispararam uma no quarto do hotel. A bola de fogo gigante ricocheteou na parede e incendiou o sofá do Tommy. Ele e Vince se divertiram tanto que correram para chamar Doc e mostrar a ele a cama em chamas. Porém, quando retornaram ao quarto com ele, descobriram que tinham trancado a porta com as chaves do lado de dentro. Quando a camareira abriu para eles, a fumaça já estava saindo por debaixo da porta. Por alguma razão, só nos expulsaram do hotel no dia seguinte, quando usamos as enormes bolas de metal que ficavam penduradas nas chaves dos quartos para quebrar todas as janelas de vidro dos elevadores. Estávamos realmente de saco cheio pra caralho da Europa.

Um elemento extra de tensão desconfortável na turnê com o Maiden era o fato de que a garota misteriosa da janela do banheiro estava com o Bruce o tempo todo. Toda vez que eu o via, ele se oferecia para me ensinar esgrima, porque era algo que curtia muito. Eu sempre recusava, porque tinha certeza de que ele usaria a aula de esgrima como uma desculpa para me matar sem querer com uma espada por ter trepado com ela.

Quando o baterista do Maiden, Nicko McBrain, foi detido na fronteira da França com a Alemanha por porte de haxixe, ninguém da banda se deu ao trabalho de nos avisar no local do show, onde ainda estávamos porque éramos sempre os últimos a sair, pois ficávamos na farra. Sempre achei que isso foi um ato proposital de vingança, porque, quando finalmente chegamos na fronteira, os oficiais e cachorros da alfândega entraram de supetão no ônibus enquanto cheirávamos e engolíamos tudo o que encontrávamos. Quando revistaram a mala do Tommy, um pedaço enorme de haxixe caiu no chão e ficou lá por minutos, parecendo um torrão de terra, enquanto nós suávamos de nervoso. Em seguida, o oficial que fazia a revista fechou a mala, deu uma olhada no ônibus e foi até Vince. Ele tinha pisado no haxixe, que grudou na sola de seu sapato como um chiclete. Os oficiais então me fizeram tirar a roupa, apoiar os braços na parede e me inclinar para que eles pudessem revistar minha bunda. Forcei o esfíncter e tentei o máximo que pude cagar na cabeça deles. Empurrei, empurrei, empurrei, mas não tive resultado.

Depois do incidente na fronteira, começamos a esconder escutas no camarim do Iron Maiden para descobrir, primeiro, se eles foram os responsáveis por aquela revista intensa e, segundo, quem era a porra daquela garota. Com exceção do Nicko, nenhum deles parecia gostar da gente. Na última noite da turnê, Bruce até abordou Mick e o desafiou para um duelo. Acho que ele pensou que Mick tinha se engraçado com aquela garota.

No final da turnê europeia, estávamos soando péssimos. Vince ficava tão fodido toda noite que mais nenhum médico ou remédio era capaz de fazê-lo soar bem no palco. Nosso último show na Europa, no Dominion Theatre, em Londres, foi o pior. Estávamos ridículos, porque nosso estilo estava começando a mudar do visual *Mad Max* soturno para trajes mais coloridos, teatrais, tipo macacões de bobo da corte. Nesse show, usei um traje verde-escuro, pintei meu baixo da mesma cor e coloquei mocassins que também combinavam. Parecia um *leprechaun* gigante. Devia haver um açougue ou alguma coisa do tipo perto dali, porque, ao longo de todo o show, os fãs não pararam de jogar ossos, cabeças de animais e linguiças estranhas em nós. Entendemos como um elogio até que o técnico de bateria do Tommy, Clyde Duncan, caiu no chão. Quando vimos, ele estava com um dardo nas costas. Tommy, com uma mão só, arrancou o dardo enquanto tocava.

Minutos depois disso, a máquina de gelo seco explodiu. Um odor forte do que parecia ser água de salsicha bafejou pelo palco e impregnou minhas roupas, e uma poça úmida se formou sob meus pés. Presumi que a equipe estivesse derramando água de salsicha no palco como uma pegadinha de fim de turnê. Pegadinha que achei bem tosca, mas, quando olhei para o Tommy, ele parecia estar em pânico. A bateria estava cercada de água, e presumi que tivessem derramado água de salsicha nele também.

Depois que o Vince terminou a nossa última música coaxando, saí pisando pela água no palco para encontrar o Tommy. Ele estava debruçado sobre o Clyde e o cheiro de salsicha estava insuportável. Ao chegar mais perto, descobri que o cheiro era, na verdade, a pele do Clyde queimada. A máquina de gelo seco tinha explodido no rosto dele, fritando sua pele como um hot dog kosher e derramando água por todo o palco, que ficou até pendendo pra frente. Clyde ainda estava agoniado de dor quando voltamos para os EUA; por sorte, tínhamos muitos analgésicos.

Na época, não pensávamos em drogas como viciantes, mas sim apenas como algo que gostávamos de usar o tempo todo para evitar o tédio. Não éramos "viciados": éramos só "usuários constantes".

No voo de volta pra casa, comecei a pensar numa outra viagem de avião. Alguns meses antes, depois de ganharmos os discos de platina em Manhattan por *Shout at the Devil*, fui até Nantucket para me encontrar com algumas garotas. Tinha conhecido Demi Moore na cerimônia de premiação e ela estava à minha espera quando o avião turboélice pousou. Ela estava lá trabalhando num filme com Bobcat Goldthwait, que também estava na pista de pouso, junto com mais alguns atores e membros da equipe de filmagem. Minha cabeça estava rodando de tão bêbado e chapado que fiquei no voo. Fui até a escada que levava da porta do avião até a pista. Segurava o prêmio na mão esquerda, uma garrafa de Jack na mão direita e trinta gramas de cocaína amassados no bolso traseiro da minha calça. Imaginei-os me vendo ali: eu parecia um *rock star* de verdade, como o Johnny Thunders.

Ao descer da porta do avião, meu sapato escorregou na beirada do primeiro degrau e perdi o equilíbrio. Tentei me segurar no corrimão, mas só consegui derrubar a garrafa de Jack, que se estilhaçou escada abaixo. Eu fui em seguida, tropeçando de cabeça, numa bagunça de vidro quebrado, álcool e membros. Cheguei primeiro na pista, seguido pelo prêmio, que bateu bem na minha cabeça.

Abri os olhos e vi Demi, Bobcat e seu amigos ao meu redor, me ajudando a me levantar e me olhando com desaprovação. Eles já tinham estado no meu lugar. Nesse dia, foi a primeira vez que ouvi falar dos Alcoólicos Anônimos. Quando Demi e Bobcat sugeriram que eu me informasse sobre o programa, só dei de ombros, porém, pude ver nos olhos deles e pela maneira como eles balançaram a cabeça um ao outro: sabiam que em breve eu seria um deles. Eu festejava sem pensar em consequências porque, para mim, consequências não existiam. Éramos o Mötley Crüe, tínhamos um disco de platina e éramos maiores do que os New York Dolls jamais foram. Éramos jovens, fodidos e idolatrados por isso. Palavras como *consequências*, *responsabilidade*, *moralidade* e *autocontrole não se aplicavam a nós. Ou assim pensávamos.*

fig. 1

PARTE CINCO

SAVE OUR SOULS

capítulo 1
MICK

UM HOMEM DE CORAÇÃO DESCONSOLADO É CONDUZIDO A UMA COVA MOLHADA POR TRAIÇÕES, INTOXICAÇÃO E AUTOENGANO

Já aconteceu de alguém chamar a polícia, a segurança ou seu senhorio por você ouvir música muito alto? Como pode uma coisa tão bela ser tão escorraçada? Se você está em casa ouvindo um bom disco e algum vizinho abelhudo alega que não consegue ouvir a TV, por que a sua música tem de sofrer para que ele possa assistir TV? "Problema do vizinho", digo eu.

A música já é censurada demais: não se pode dizer "cagar" ou "mijar" ou "foder" ou "caralho de merda" nos discos se você quiser que eles toquem no rádio ou sejam vendidos no Wal-Mart. Não é permitido. E se você quiser seu clipe na TV, não pode usar certas roupas, nem ter imagens de armas de fogo ou sacos de corpos. Será que a música é tão perigosa assim? Mais perigosa do que as mortes, assassinatos, suicídios e estupros que vejo na TV e no cinema o tempo todo? No entanto, escreva uma cantigazinha sobre esses mesmos assuntos e ninguém vai tocá-la no rádio. E você não pode ouvi-la a todo volume em casa, porque aí essa porra é alta demais para os seus vizinhos. A música é um negócio muito potente, mas eu não aceitaria menos que isso. As pessoas são uma merda; a música, não.

Quando eu estava em casa em Manhattan Beach com A Coisa, tudo o que queria fazer era ouvir música ou tocar guitarra, mas acabava sendo calado porque os vizinhos idiotas queriam assistir a assassinatos e sexo adolescente na televisão. No entanto, parecia que eles nunca reclamavam nem interferiam quando A Coisa gritava comigo ou me espancava. Mas beleza. Talvez eles achassem que eu merecia aquilo por tocar e ouvir *música alto* demais.

Quando criança, aprendi que nunca se bate numa mulher, mesmo se ela te bater primeiro. Então, quando A Coisa surtava, eu nunca revidava. Na verdade, fui morar com ela; me sentia tão velho que achava que não seria mais possível para mim arrumar outra mulher de aparência decente.

Também, nunca entendi de verdade as mulheres. Na turnê do Monsters of Rock na Suécia, um dos caras do AC/DC trouxe uma garota até o bar do hotel. Ele estava muito bêbado e vomitou nela toda. Um segurança do hotel o levou até o quarto, mas ele voltou em quinze minutos, batendo no balcão do bar e pedindo mais cerveja. Depois de beber o suficiente para passar mal de novo, chamou a garota para subir para o quarto com ele. Ela ainda estava suja de vômito, mas topou mesmo assim. O quão nojento é isso? Isso é pior do que o Ozzy cheirando formigas. Qual é o problema dessas mulheres?

Vince e sua esposa, Beth, se mudaram para uma casa perto de onde eu e A Coisa morávamos em Manhattan Beach. A Coisa era amiga da Beth e, juntas, as duas eram as donas mais duronas do mundo. A Coisa era do tipo que socava primeiro e perguntava depois, e a Beth era mais do tipo implicante, muito sensível quanto à limpeza e paranoica em relação a germes. Não sei como Vince se safava do tanto de merda que ele fazia. Ele frequentava o Tropicana, uma casa de strip com um ringue onde as mulheres lutavam no óleo, e voltava para casa às duas da manhã. Quando Beth perguntava por que ele estava coberto de óleo, Vince só dizia que "estava no Benihana e o cozinheiro da mesa se empolgou". E fim. Eu nunca ia àqueles lugares, não tenho interesse. De que vale olhar se você não pode tocar?

Depois que retornamos dos últimos shows do *Shout* na Inglaterra, Vince deu uma festa em sua casa para comemorarmos o início da produção do nosso álbum seguinte. No segundo ou terceiro dia da festa, A Coisa entrou na sala com as mangas dobradas. Eu estava no sofá, fodido como sempre, assistindo um episódio de *Nova* sobre teorias matemáticas. Tinha tomado uns quaaludes e estava bebendo Jack e *bellars*. *Bellar* era um drink que eu e meu amigo Stick inventamos: uma mistura de Kahlúa e brandy, de nome inspirado pelas velhas que berravam[24] pra nós no bar.

---

24 "*Bellar*" sendo uma corruptela de *beller*, termo sinônimo de *bellow*, verbo que significa "berro, grito profundo, mugido". (N. do T.)

A Coisa me virou de cabeça pra baixo e exigiu que eu a levasse até a casa de Vince e Beth. Eu não queria sair do sofá, mas concluí que ir até a festa era mais fácil do que ficar em casa e brigar o dia todo. Assim, fomos até o Vince e acabamos brigando de qualquer forma. Não fez o menor sentido. Não havia como ganhar com ela, e eu estava triste e cansado desses abusos. Não valia a pena e, ainda por cima, os amigos dela me diziam que ela estava trepando com algum atleta pelas minhas costas. Acho que ela pensou que ele tinha mais dinheiro do que eu.

Fiquei tão abalado que saí da casa do Vince e caminhei até a praia. Minha cabeça não parava de ressoar: "Se mate, se mate". Eu não queria acabar com tudo de verdade, já tinha passado por coisa pior. Só queria paz e tranquilidade. Então entrei no mar com um *bellar* na mão. As ondas eram frias e ensopavam minhas roupas, cada vez mais altas, até que derrubaram o drink da minha mão. Logo, meu cabelo estava molhado e colado à cabeça. Então desmaiei.

capítulo 2
T O M M Y

DE UMA FESTA QUE ACABA EM INFORTÚNIO QUANDO UM REMÉDIO EQUIVOCADO É OFERECIDO PARA UMA FONTE QUE SECOU

Éramos eu, Mick, Vince e os caras do Hanoi Rocks, que estavam de farra na cidade. Estávamos bebendo e nos divertindo pra caralho na casa do Vince. Já fazia uns bons três ou quatro dias que estávamos fazendo churrasco, enchendo a cara e, de vez em quando, dormindo, quando a cerveja finalmente acabou. Vince quis exibir seu novo Ford Pantera, então perguntou quem queria ir com ele pra buscar mais cerveja. Razzle se ofereceu primeiro e os dois sumiram pela porta.

A loja de bebidas ficava a poucas quadras, mas eles demoraram pra caralho. Mick também sumiu e ninguém sabia pra onde ele tinha ido, mas isso era um comportamento típico daquele puto sorrateiro. Nikki nem apareceu na festa, então ninguém sabia onde esse porra estava também.

– Cara – falei para um coletivo de esposas num sofá –, mesmo se o Vince levou o Razzle pra uma porra de um passeio, eles já deviam ter voltado. A loja de bebidas é ali na esquina, que porra eles tão fazendo?

Foi quando começamos a nos preocupar com a possibilidade de eles terem batido o carro ou sido assaltados. Eu não fazia ideia. Então ouvimos ambulâncias passarem correndo, virarem a esquina e frearem com tudo. Fiquei sóbrio na hora. Acho que todo mundo ficou, porque não houve dúvida do porquê daquelas ambulâncias estarem ali.

Corremos para fora. A rua fazia uma curva para a esquerda, de forma que era impossível ver o que havia virando a esquina. Andamos, andamos e andamos – parecia que íamos andar pra sempre –, vendo as luzes vermelhas das sirenes refletindo nas casas vizinhas.

Quando viramos a esquina, havia caminhões de bombeiro, ambulâncias, viaturas da polícia e dezenas de pessoas de short, observando boquiabertas. Quando me virei na mesma direção que elas, a primeira coisa que vi foi aquela porra daquele Pantera vermelho. Tinha batido – não de frente, e sim meio de lado – com outro carro, e o lado do passageiro estava amassado feito uma sanfona. A via estava cheia de merda jogada: vidro, metal, plástico e, no meio disso tudo, a porra de um Chuck Taylor cano alto. Era o tênis que o Razzle sempre usava.

Na minha cabeça, porém, nada daquilo fazia sentido: por que o cano alto do Razzle estava no meio da rua? Onde estava o Vince? O que estava acontecendo? O que eu devia fazer, dizer, pensar, gritar?

Então eu o vi. Vince. Ele estava sentado no meio-fio, com os braços envolvendo os tornozelos, balançando pra frente e pra trás. Enquanto corria até ele, vi o Razzle de canto de olho. Estava sendo carregado numa maca em direção às portas abertas de uma ambulância. Concluí que ele estava bem, apesar de obviamente precisar de cuidados sérios, considerando o estado do lado do passageiro do Pantera.

Vince estava coberto de sangue e só balançava, fazendo um som estranho que parecia vir de um lugar tão doloroso que acho que nem posso chamar de choro. Eu não sabia se ele estava com dor, em choque ou só tendo um surto. Tentei falar com ele, mas um policial me empurrou, algemou Vince e o jogou numa viatura. Fui até o hospital com Beth e os caras do Hanoi.

Depois de aguardarmos por duas horas e meia em completo silêncio, um médico finalmente veio até a sala de espera, com as luvas ensanguentadas e a máscara em torno do pescoço. Meus olhos se encheram de lágrimas antes mesmo de ele começar a falar. As lágrimas ficaram lá suspensas, cobrindo meus olhos como lentes de contato, até que o médico, apreensivo, disse aquelas palavras temidas:

– Seu amigo Razzle não resistiu.

E então a barragem se rompeu e as lágrimas encharcaram meu rosto.

capítulo 3
VINCE

MAIS A RESPEITO DE UMA FESTA INFELIZ E DE UMA DERRAPADA OUVIDA AO REDOR DO MUNDO, E AINDA MAIS ALTO NO CORAÇÃO DE NOSSO MOTORISTA

A festa tinha começado como um churrasco para dar o pontapé inicial no nosso terceiro álbum, mas ninguém quis ir para casa. Beth estava arrancando os cabelos, porque era maníaca por limpeza e odiava quando meus amigos vinham em casa e deixavam germes por todo lugar. Nosso casamento não se baseava em amor, e sim em drogas, álcool e o Datsun 240Z dela – e eu estava infeliz. Ficava acordado até o mais tarde que conseguia, e bebia do momento em que acordava até ir dormir, para não ter que aguentar a encheção de saco dela.

A festa era um vai e vem de gente, mas alguns nunca foram embora, tipo umas garotas que moravam no complexo, um âncora da NBC que era nosso vizinho e o Tommy. Por sorte, ele tinha terminado com a Honey; eu detestava estar no mesmo ambiente que os dois juntos – não porque eles brigavam constantemente, mas porque eu tinha trepado com ela pelo menos uma meia dúzia de vezes pelas costas do Tommy. Mick chegou no terceiro dia, e eu me surpreendi ao vê-lo, já que ele raramente bebia com a gente. Preferia se trancar sozinho no quarto, onde ele provavelmente festejava muito mais do que nós, a julgar pela forma como seu corpo estava começando a inchar pelo consumo constante de álcool.

Nesse terceiro dia de festa, finalmente consegui dormir um pouco. Acordei no dia seguinte, olhei pela janela e vi o que parecia ser uma pequena baleia preta encalhada na praia. Vesti meus jeans e uma camisa havaiana e corri até lá para ver melhor. Lá estava o Mick, desmaiado na areia de calça de couro preta, botas de couro e jaqueta de couro, com o sol do meio-dia queimando sobre ele. As roupas claramente tinham se molhado, porque agora estavam secas e grudadas nele feito pele velha e enrugada. Parecia que ele estava se decompondo na areia.

Quis levá-lo para dentro, mas ele balbuciou alguma coisa sobre só querer ficar deitado ali. Então o deixei lá, parecendo o E.T. quando fica doente, e voltei pra festa.

Naquela noite, a bebida acabou. Eu tinha recém-comprado um Ford Pantera 1972, que é um carro lindo e veloz, e o Razzle quis ver como era andar nele. Era vermelho vivo, com bancos de couro preto lustroso. Ambos estávamos fodidos e não deveríamos ter saído de carro, ainda mais porque a loja de bebidas ficava a apenas uns dois quarteirões e nós poderíamos facilmente ter ido a pé. Mas simplesmente não pensamos duas vezes. Razzle estava de tênis de cano alto, calça de couro e uma camisa de babados – um deus do rock 'n' roll 24h por dia, ele nunca seria visto de jeans e camisa havaiana, como eu estava.

Chegamos no estacionamento da loja cantando pneu e gastamos uns duzentos dólares em cerveja e destilados para reabastecer a festa. O carro não tinha bancos traseiros, então Razzle colocou as sacolas de bebida no colo no banco do passageiro. Na volta pra casa, fomos por uma colina que contornava a costa. Era cheia de pequenas descidas e subidas, e quando cheguei numa subida discretamente mais íngreme, havia uma curvinha fechada adiante, pouco antes de chegarmos no topo da colina. Estava escuro e, por alguma razão, as ruas estavam úmidas. Como eu não saíra de casa naquela noite, não tinha certeza se tinha chovido um pouco ou se as ruas tinham acabado de ser lavadas. Ao me aproximar da curva, notei que o esgoto de um lado da via estava transbordando e vazando água e sujeira até o outro lado.

Enquanto o carro fazia a curva, engatei a segunda para a reta final até a minha casa. Porém, quando fiz isso, os pneus cantaram e o carro subitamente deslizou de lado na água, para a esquerda – na faixa que vinha na direção contrária. Tentei manobrar, mas enquanto eu lutava contra o volante, surgiu um par de faróis na minha frente. Havia alguém vindo do topo da colina direto ao nosso encontro. Foi a última coisa que vi antes de perder a consciência.

Quando voltei a mim, Razzle estava deitado no meu colo. Forcei um sorriso para ele, como para dizer "Graças a Deus, estamos bem", mas ele não respondeu. Levantei a cabeça dele e chacoalhei, mas ele não reagiu. Eu não parava de gritar para ele acordar, porque presumi que ele tivesse sido nocauteado também. Era como se estivéssemos num mundinho próprio; nem percebi que aquilo estava acontecendo no Pantera até pessoas começarem a olhar e a mexer no carro, puxando Razzle para a rua.

Comecei a me levantar do carro, mas os paramédicos correram até mim e me deitaram na calçada.

– Eles estão fedendo a álcool! – um deles gritou para um policial enquanto fazia curativos nas minhas costelas e nos cortes no meu rosto.

Pensei que fossem me levar para o hospital, mas me deixaram sentado na calçada. Parecia um pesadelo, e primeiro eu só conseguia pensar no meu carro e no quão feia tinha sido a perda total. Mas então Beth e algumas outras pessoas que estavam na festa chegaram e começaram a surtar, e aos poucos caiu a minha ficha de que algo de ruim tinha acontecido. Vi um Volkswagen destruído e paramédicos colocando um casal que eu não conhecia numa ambulância. Porém, eu estava em tal estado de choque que não me dei conta de que aquilo tinha alguma coisa a ver comigo ou com a vida real.

Então um policial veio até mim.

– A quanto você estava correndo? O limite é 40 km/h.

Respondi que não lembrava, o que era verdade. Só depois foi que me recordei de que o velocímetro batia 100 km/h.

Fiz o teste do bafômetro, que eu teria recusado se estivesse pensando direito, e deu .17. Em seguida, ele leu meus direitos e, sem me algemar, me conduziu ao banco traseiro da viatura. Na delegacia, os oficiais me olhavam estupefatos. Pediam insistentemente para que eu contasse o que havia acontecido, mas tudo o que eu conseguia dizer era "Cadê o Razzle?". Deduzi que o tinham colocado em outra sala para prestar depoimento.

O telefone tocou e o oficial que estava no comando saiu da sala. Ao voltar, disse friamente:

– Seu amigo está morto.

Quando ouvi essas palavras, o impacto do acidente finalmente me alcançou. Senti não só emocionalmente, mas fisicamente, como se tivesse sido atingido por cem garrafas de uísque. Minhas costelas espetavam meu tronco com tanta força que eu mal conseguia me mover, e a dor corria pelo meu rosto toda vez que eu falava ou piscava. Pensei no Razzle: eu nunca mais o veria. Se ao menos eu tivesse ido sozinho, ou a pé, ou mandado outra pessoa ir buscar bebida, ou saído da loja trinta segundos depois, ou deslizado num ângulo diferente de forma que eu acabasse morrendo no lugar dele. Puta merda. Eu não sabia como seria capaz de encarar alguém – a banda dele, a minha banda, a minha esposa. Não sabia o que fazer comigo.

A polícia me mandou pra casa ao amanhecer, e Beth e Tommy estavam à minha espera. Tentaram me confortar, mas eu não tive reação. Estava confuso. Não sabia como fazer essa nova realidade se encaixar na forma como a minha vida era apenas doze horas antes. Eu ainda era a mesma pessoa, mas, de algum modo, tudo havia mudado.

No dia seguinte, o telefone não parava de tocar: amigos, parentes, repórteres, inimigos, todos perguntando o que aconteceu. Depois, tão rapidamente quanto começara, o telefone parou de tocar. Depois de uma estranha manhã de silêncio, meus empresários ligaram: a polícia tinha decidido me prender por homicídio culposo na direção de veículo automotor. Fui até a delegacia e me entreguei.

Os pais do casal a bordo do Volkswagen estavam presentes na minha audiência preliminar. Olhavam para mim como se eu fosse Satanás. Lisa Hogan, a garota que dirigia o carro, estava em coma, com danos cerebrais, e o passageiro, Daniel Smithers, estava imobilizado no hospital e também tinha sofrido danos cerebrais. Ali, eu soube que deveria ir para a cadeia pelo que acontecera, mesmo que tecnicamente tivesse sido um acidente. Se eu fosse apenas um cara comum, sem fama ou dinheiro, provavelmente teria sido preso no ato. Porém, ao invés disso, fui solto sob uma fiança de 25 mil dólares até a data do julgamento, embora tenham me dito que, se o julgamento não acabasse bem, eu deveria contar com sete anos de prisão e o fim da minha carreira.

Quando voltei pra casa depois da audiência, nosso empresário, Doc McGhee, me disse que eu deveria me internar na reabilitação. Falei pra ele que eu não era um alcoólatra e que de jeito nenhum seria tratado como se tivesse algum problema. Eu não era um bebum deitado na sarjeta. Mas o tribunal exigiu que eu buscasse tratamento e Doc achou um lugar que mais parecia um clube de campo. Disse que havia quadras de tênis, um campo de golfe e um pequeno lago com barcos. Levou-me até lá no dia seguinte e eu fui em paz, concluindo que seria bom tirar umas férias de todas as manchetes de jornal que me chamavam de assassino. Chegamos num endereço no Van Nuys Boulevard e eu entrei num hospital de aparência fria, com grades nas janelas.

– Cadê o campo de golfe? – perguntei ao Doc.

– Bem, tenho boas e más notícias.

Não havia boas notícias: era só um pequeno hospital, onde eu teria de me desintoxicar e fazer terapia intensa por trinta dias. Lá – ao reviver o acidente repetidas vezes com terapeutas, ler editoriais nos jornais que diziam que eu deveria pegar prisão perpétua para desestimular a direção embriagada, e chorar horrores toda vez que me lembrava do Razzle, com seus tênis de cano alto e seu sotaque britânico despretensioso –, pensei que era o fim da linha pra mim.

Recebi talvez um telefonema do Tommy ou do Nikki quando me internei, mas foi só isso. Ninguém da banda ligou ou me visitou depois disso. Ou não estavam me apoiando, ou foram aconselhados a manter distância. Eu estava sozinho, e eles provavelmente iam seguir adiante sem mim. Imaginei Nikki fazendo testes com novos cantores e me deixando com sete anos de cadeia e uma vida de desprezo como um assassino ambulante, o motivo de piada em *talk shows* que seriam reprisados até eu afundar no inferno.

capítulo 4
N I K K I

AO PONDERAR O IMORTAL QUESTIONAMENTO "O QUE SE FAZ DEPOIS DA ORGIA?", NIKKI É INFORMADO POR UM MENSAGEIRO APÓCRIFO DE QUE VINCE JÁ ENCONTROU A RESPOSTA

Quando retornei para casa depois da turnê do *Shout*, não sabia o que fazer comigo. Ficamos treze meses na estrada e, nesse meio-tempo, perdi minha namorada, nosso lar e a maioria dos meus amigos. Eu estava dormindo num colchão de merda e guardando comida num isopor; me sentia sozinho, deprimido e louco. Não era assim que os *rock stars* deveriam viver.

Assim, Robbin Crosby, um fotógrafo chamado Neil Zlozower e eu decidimos ir para a Martinica. Foi uma viagem surreal, porque eu estava mais uma vez num período de consumo compulsivo de drogas e incapacitado demais para fazer qualquer coisa sozinho. Alguém me levou para o aeroporto e me colocou num avião para Miami, onde outra pessoa me colocou em outro avião, depois outra pessoa me conduziu pela alfândega e, quando vi, estava num bar de piscina numa ilha belíssima com mulheres de topless por todo lado. Foi o que vi de mais parecido com o paraíso na minha vida.

Depois de uma semana de festa na Martinica, voamos para Miami. Ao descer do avião, um homem alto de blazer azul correu até mim, berrando:

– Nikki, Nikki! Seu vocalista está morto.

– O quê?!

– Vince morreu num acidente de carro.

Meus joelhos fraquejaram, fiquei zonzo e caí sentado numa cadeira. Isso não era parte do plano, não deveria acontecer. O que estava rolando? Eu não tinha lido nenhum jornal, assistido TV, nem falado com ninguém durante a viagem. Fui até um orelhão e liguei para nossos empresários.

– Aconteceu um acidente – disse Doc.

– Meu Deus, então é verdade!

– Sim. O Vince tá bem fodido.

– Acho que sim. Ele morreu, cara.

– Do que você está falando? – perguntou Doc, e então me contou a história: Razzle tinha morrido, Vince estava na reabilitação e todo mundo estava deprimido, confuso e aborrecido.

Peguei o primeiro avião para Los Angeles e fui para o barraco que dividia com Robbin. Liguei para Michael Monroe e Andy McCoy, do Hanoi Rocks, e todos nós desaparecemos numa estranha e intensa amizade cujos laços eram a morte, as drogas e a autodestruição. Michael ficava sem fazer nada o dia todo, penteava o cabelo, colocava maquiagem, tirava e depois colocava de novo.

– Talvez você seja um travesti – disse a ele certo dia, depois que fui procurá-lo no banheiro do Rainbow e descobri que ele estava usando o banheiro feminino.

– Não, cara – ele respondeu enquanto passava base no rosto. – Eu só gosto desse visual.

– Mas isso não significa que você tenha que usar o banheiro feminino.

– Eu sempre uso o banheiro feminino, porque sempre que uso o masculino, arrumo briga porque alguém me chama de bicha por estar no espelho colocando maquiagem.

Eu reprovava a injeção de cocaína desde quando Vince andava com Lovey e chegava nos shows de roupão. Porém, com os caras do Hanoi Rocks, comecei a misturá-la com heroína o tempo todo. Nem liguei para o Mick ou o Vince. Não sabia o que fazer comigo: tinha realizado muitos dos meus sonhos com *Shout at the Devil*. Foi a orgia de sucesso, garotas e drogas que eu sempre quis. Agora, porém, eu me confrontava com um novo problema: o que fazer depois da orgia?

A única coisa que eu conseguia pensar em fazer depois da orgia era outra orgia, maior, de forma que eu não precisasse lidar com as consequências da anterior. Vince estava no noticiário todos os dias, e eu estava tão drogado que perguntava por que ele estava no noticiário. Alguém respondia que era por causa da acusação de homicídio, eu só respondia "Ah, é" e injetava de novo.

Vince era meu colega de banda, meu melhor amigo, meu irmão. Tínhamos acabado de concluir a turnê mais bem-sucedida que uma banda jovem poderia conseguir fazer tão cedo assim na carreira; vivemos as melhores diversões juntos; compartilhamos tudo, da minha namorada à esposa do Tommy e às *groupies* nos quartos de hotel. E eu não liguei para ele, não o visitei, não o apoiei de maneira alguma. Como sempre, eu só estava interessado em autoindulgência. Por que não fiquei do lado dele? Qual era o motivo disso? As drogas eram tão poderosas assim? Quando eu pensava no Vince, não era com pena, era com raiva, como se ele fosse o vilão e os outros membros da banda fossem vítimas inocentes das transgressões dele. No entanto, todos usávamos drogas e dirigíamos bêbados. Poderia ter acontecido com qualquer um de nós.

Mas não: aconteceu com o Vince. E ele estava internado na reabilitação, contemplando sua vida e seu futuro, enquanto tudo o que eu conseguia fazer era ficar sentado em casa e contemplar a próxima dose de cocaína que entraria pelas minhas veias. Tommy estava farreando no Rainbow com Bobby Blotzer, do Ratt, Mick provavelmente estava sentado nas escadas da casa dele com um olho roxo, e o Mötley Crüe estava morto na linha de partida.

fig. 2

Da esquerda para a direita: Nikki, Robbin Crosby e um guia, na Martinica

capítulo 5
M I C K

DA DESCOBERTA AGRIDOCE DE MICK DE QUE ELE RETORNOU DE UMA COVA MOLHADA, AO PASSO QUE UM AMIGO DEIXOU ESTA VIDA EM SEU LUGAR

Eu tinha certeza de que estava morto. Acordei na praia, e o céu e o mar estavam um breu. Havia uma luz ao longe e caminhei até ela. Eram as janelas de vidro da casa do Vince. Olhei lá dentro e vi Beth, Tommy, Andy e alguns outros caras na sala, mas eles não estavam festejando e sim sentados em silêncio, aparentando tristeza, como se algo terrível tivesse acontecido. Quando falavam, pareciam sussurrar. Havia lágrimas nos olhos de Beth e Tommy. Deduzi que estivessem chorando por mim: eu tinha me afogado e eles encontraram meu corpo. Agora eu era só uma alma penada, um fantasma ou algum tipo de espírito, preso num limbo na Terra em penitência pela minha vida ou por ter me suicidado. Mas onde estava A Coisa? Por que ela não estava ali chorando com eles? Afinal, eu tinha entrado na água em primeiro lugar para chamar a atenção dela. Talvez ela estivesse com meu corpo no necrotério.

Já que eu era um fantasma, objetos materiais não eram mais um obstáculo para mim, então tentei atravessar a janela de vidro para entrar na sala e ouvir o que Tommy e Beth estavam falando a meu respeito. Foi aí que me machuquei de verdade. O barulho do meu corpo colidindo com a janela chacoalhou o grupo lá dentro. Eles correram até a janela e olharam para fora em pânico, só para me encontrarem caído de costas na areia.

– Onde você tava, cara? – Tommy exclamou ao me ver.

Acho que eu estava vivo, afinal.

Quando me contaram do acidente, Beth disse que muita gente pensou que eu estivesse no carro: Razzle foi tão desfigurado que ficou parecido comigo. Não teria feito diferença, porque, no meu entendimento, aquele era o fim do Mötley Crüe. Eu estava acostumado a ser um andarilho, e sempre poderia voltar a vagar por aí e dormir no sofá dos outros.

Voltei abalado para casa. Só pensei "Álcool é uma merda", e então comecei a beber com mais intensidade do que nunca. A Coisa logo foi embora de casa. Comprei um BMW 320i. Certa noite, estava em casa conversando com o baterista do White Horse sobre o quão fodido era o meu relacionamento. Ele quis ver o BMW, então abri as cortinas para mostrá-lo e o carro tinha sumido. Liguei para a polícia e disse que minha namorada tinha roubado meu carro. Perceberam que eu estava bêbado e não pareceram dar muita bola.

– OK. Vamos sair e procurar. E se a virmos com o carro, vamos atirar nela, OK?

– Deixa quieto – retruquei.

– Ela vai voltar, não se preocupe – disse o oficial ao desligar.

Porém, ela nunca voltou. Sempre fui fiel à pessoa com quem eu me relacionava, porque se você trair a sua esposa ou namorada, começa a acreditar que ela está fazendo a mesma coisa e isso alimenta medo e desconfiança e, por fim, destrói seu relacionamento. Mas as mulheres com quem namorei e me casei nem sempre se sentiam da mesma forma: elas podem ir trepar com quem quiserem, depois voltar para casa perguntando "E aí, *baby*, o que você tá fazendo?". Não entendo como alguém é capaz de fazer isso com uma pessoa por quem supostamente se está apaixonado, então, se fazem isso comigo, tenho de presumir que não estão apaixonadas por mim. E foi o que aconteceu com A Coisa. Achei meu carro na frente da casa de um lutador profissional de boxe. Quando a confrontei, ela disse:

– Vai se foder. Estou com ele, ele é muito mais jovem.

Embora ela nunca tenha dito, senti que ela achava que ele seria uma aposta melhor do que eu, que ele ganharia mais dinheiro. Sempre disse a ela que, em alguns anos, eu seria multimilionário.

– Boa sorte na pobreza – eu disse a ela arrogantemente, embora, por dentro, estivesse tão confuso quanto uma prostituta numa igreja. Fui para casa, paguei o último mês de aluguel e disse aos administradores que estava me mudando e que agora A Coisa era a responsável pelo imóvel.

Sentia-me um ancião, exausto e inútil: velho demais para arrumar outra namorada jovem e bonita e para encontrar outra banda em ascensão como o Mötley Crüe. Já era de garotas jovens, milhões de dólares e rock de arena. Eu poderia viajar pelo país, tocando na rua por dinheiro, como o Robert Johnson – só precisava mudar a minha forma de pensar. Então me mudei para um apartamento em Marina Del Rey e comecei uma lavagem cerebral com álcool. Toda noite, antes de ir para a cama, era capaz de me sentir inchando cada vez mais, feito um porco suado e nojento. E em nenhum momento pensei em visitar o Vince na reabilitação. Não estava com raiva dele, mas estava aborrecido. Embora soubesse que não era culpa dele, tampouco conseguia me convencer a perdoá-lo.

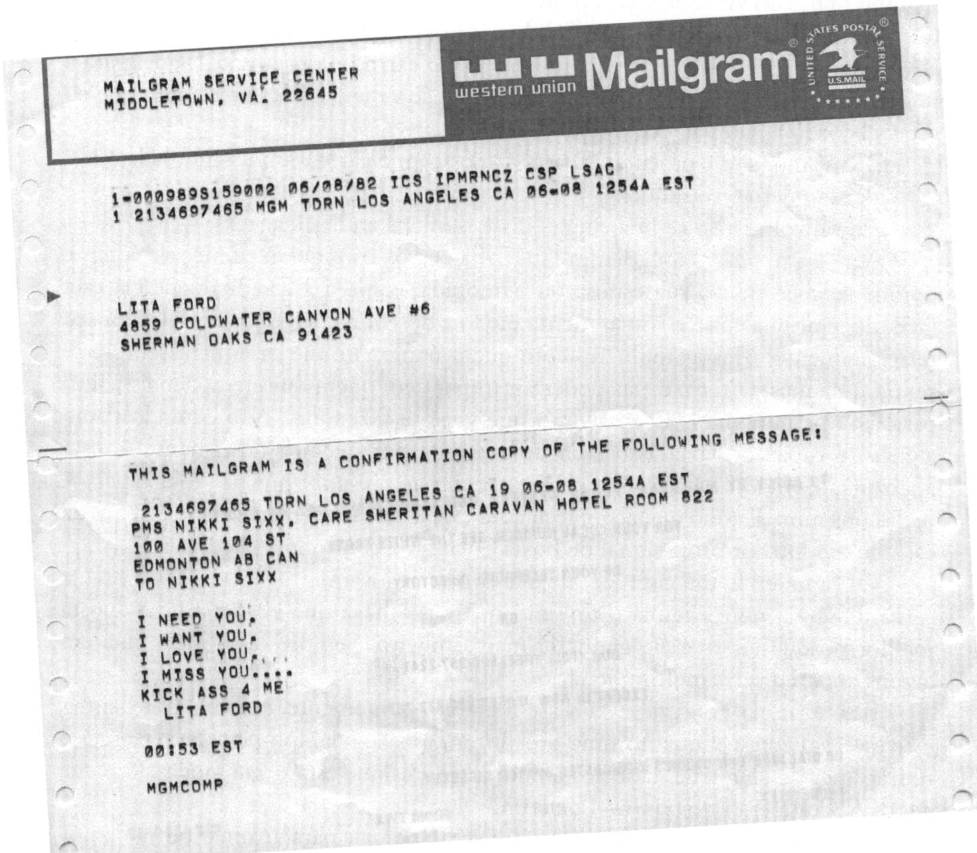

MAILGRAM SERVICE CENTER
MIDDLETOWN, VA. 22645

western union Mailgram

UNITED STATES POSTAL SERVICE
U.S.MAIL

1-000989S159002 06/08/82 ICS IPMRNCZ CSP LSAC
1 2134697465 MGM TDRN LOS ANGELES CA 06-08 1254A EST

LITA FORD
4859 COLDWATER CANYON AVE #6
SHERMAN OAKS CA 91423

THIS MAILGRAM IS A CONFIRMATION COPY OF THE FOLLOWING MESSAGE:

2134697465 TDRN LOS ANGELES CA 19 06-08 1254A EST
PMS NIKKI SIXX, CARE SHERITAN CARAVAN HOTEL ROOM 822
100 AVE 104 ST
EDMONTON AB CAN
TO NIKKI SIXX

I NEED YOU,
I WANT YOU,
I LOVE YOU,...
I MISS YOU....
KICK ASS 4 ME
LITA FORD

00:53 EST

MGMCOMP

fig. 3

capítulo 6
N I K K I

MAIS AVENTURAS, RELACIONADAS À TRISTEZA, NAS QUAIS NOSSOS HERÓIS ENCARAM SEU MAIOR INIMIGO: ELES PRÓPRIOS

Quando Vince chegou ao estúdio, não houve uma reunião chorosa. Uma sensação vaga de tristeza envolveu o recinto, como se uma ex-mulher tivesse irrompido pela porta de repente. Nos últimos meses, eu vinha desfilando por L.A. com Robbin Crosby e os caras do Hanoi Rocks como se fosse o rei do mundo, sem nem pensar na banda. Escrevi as músicas para o álbum que se tornaria *Theatre of Pain*, mas não fazia ideia do que estava dizendo ou tocando; estava tão fodido que mal conseguia me vestir.

Quando Vince disse um "oi" tímido, apesar de ele ter acabado de sair da reabilitação, lhe ofereci um teco. Talvez só para se encaixar de novo, ele aceitou, enrolou uma nota de um dólar e cheirou a carreira. Então cobriu a boca com a mão e correu para o banheiro, onde vomitou tudo o que havia em seu estômago pelos cinco minutos seguintes.

– Que porra era aquela? – perguntou ao voltar.

– Heroína, cara – revelei.

– Heroína? Por que porra você tá usando isso?

– Porque é legal.

– Jesus, você tá todo fodido!

Mas estávamos todos fodidos. O que Vince não entendeu é que, enquanto ele estava se limpando, nós estávamos chegando a um novo pico de vício. Estávamos presos em casa e não sabíamos o que fazer de nós mesmos depois de uma turnê tão intensa. Nossas namoradas e esposas – Lita, A Coisa e Honey – estavam nos deixando e nós estávamos solitários. Assim, Mick se perdia em coquetéis caseiros de alto teor alcoólico, Tommy em vodca aos galões e em cocaína, e eu, em qualquer coisa que conseguisse injetar no organismo.

Sempre que voltava para casa do estúdio, abria a porta e havia gente por todo lado da sala, ouvindo música, injetando, trepando. Eu passava reto por aquelas pessoas, porque nem sequer as conhecia, e capotava na cama. Meu quarto estava coberto por agulhas e livros. Eu andava lendo sobre a relação entre teatro, política e cultura, desde a antiguidade, quando artistas que não conseguiam fazer um rei rir eram executados, até ideias mais recentes, como o ensaio de Antonin Artaud sobre "O Teatro da Crueldade". Originalmente, íamos chamar o álbum de *Entertainment or Death*, mas, uma semana depois que Doug Thaler tatuou o título no braço, mudamos para *Theatre of Pain*. Roubei esse título ou do ensaio do Artaud, ou de uma garota com quem saí algumas vezes, chamada Dinah Cancer (que era da banda 45 Grave), ou de ambos.

No estúdio, ninguém gostava dos sons que tirávamos dos nossos microfones, baixos ou guitarras. Mas estávamos chapados demais para fazer qualquer coisa a respeito. Mick estava puto por ter de usar um amplificador Gallien-Krueger ao invés de seu Marshall, embora tenha praticamente mijado nas calças quando o Jeff Beck entrou na sala para pegar uma palheta emprestada dele.

Eu tinha escrito apenas cinco músicas e nós gravamos todas. Depois, tivemos de vasculhar demos antigas para costurar um álbum completo. "Home Sweet Home" foi uma das primeiras que gravamos, e capturava nossa sensação, na época, de sermos vagabundos perdidos e solitários e desesperados e confusos, ansiosos por algum senso de segurança, fosse na família, na intimidade ou na morte. Mas a gravamos muito porcamente: chegávamos no estúdio, fazíamos dois takes, detestávamos os dois e então ficávamos entediados e íamos embora. E fizemos isso todos os dias por uma semana inteira, só para "Home Sweet Home", chegando muito lentamente a lugar nenhum.

Enquanto trabalhávamos na música, nosso contador foi ao estúdio com uma aspirante a atriz chamada Nicole. Era muito bonita, mas usava o cabelo penteado para trás e um topete. Minha primeira impressão foi de que ela era um tipo irritante, certinha, estilo advogada. Eu sempre ficava muito desinteressado em garotas. Gostava de transar, mas assim que gozava, saía do quarto, se estivéssemos em turnê, e ia bater na porta de algum dos meus colegas de banda para ver o que eles estavam fazendo. Não sei por que alguma garota gostaria de mim: eu não seria um bom namorado. Era chato, traía e não me interessava por nada que alguém tivesse a dizer se não se referisse diretamente a mim.

Depois de ver Nicole pelo estúdio uns dois dias seguidos, perguntei a ela:

– Quer ir comer comida tailandesa?

Levei-a a um restaurante chamado Toi, que ficava um pouco depois da esquina da casa que eu dividia com Robbin. Depois de umas duas garrafas de vinho, perguntei:

– Uhm, você já usou heroína?

– Não.

– E pó?

– Já, umas duas vezes.

– Já tomou quaaludes?

– Uhm, acho que sim. Talvez uma vez.

– Bom, vamos fazer o seguinte. Eu tenho um pouco de heroína, um pouco de pó e uns quaaludes, se você quiser ir pra minha casa. Também tenho umas duas garrafas de uísque, e a gente poderia se divertir.

– OK – disse ela. Eu percebia que ela estava morrendo de vontade de se libertar daquela fachada *yuppie* e experimentar uma noite com um *bad boy*, para depois voltar para o mundo careta e talvez fofocar sobre isso com as outras vacas metidas ao redor do bebedouro, porque era algo tão fora da realidade dela.

Fomos para casa, chapamos e metemos. Porém, por alguma razão, ela não foi embora. Gostou das drogas. Eram divertidas e nos uniam pela culpa: eu sabia o segredo dela e ela sabia o meu. Toda noite, depois dos ensaios, íamos para a minha casa e injetávamos. Depois, começamos a injetar ao acordar pela manhã. Depois, ela passava nos ensaios e, não importava o que estivéssemos gravando, eu fazia uma pausa e injetava no banheiro ou no carro dela e, de algum modo, nunca retornava ao estúdio. Na superfície, éramos um casal de namorados, mas, tecnicamente, éramos só parceiros de droga. Usando o pretexto do namoro como uma desculpa para passarmos todo o nosso tempo juntos usando heroína, puxamos um ao outro para baixo até nos tornarmos viciados furiosos. Dificilmente fazíamos sexo: só injetávamos e apagávamos no meu colchão imundo.

DESDE O ACIDENTE DO VINCE, NÓS QUATRO tínhamos nos desligado e começado a viver vidas separadas, Vince em especial. Na turnê de *Theatre of Pain*, ele ficava de fora. Por algum motivo, continuamos a vê-lo como o vilão e a relegá-lo. Ele estava com problemas, mas nós não. Então, se eu o pegasse bebendo depois de um show, lhe dava uma bronca. Por um lado, ele merecia, pois se fosse pego, o juiz o crucificaria no julgamento. Por outro, lá estava eu dando uma lição de moral nele por beber uma cerveja, com uma garrafa de Jack nas mãos e uma seringa escondida na bota.

Assim, enquanto todo mundo estava ocupado evitando que Vince bebesse, ninguém se deu conta de que eu estava piorando progressivamente. Na véspera de quando filmaríamos o clipe de "Home Sweet Home", numa parada da turnê no Texas, peguei Vince no bar do hotel e disse a Fred Saunders, nosso segurança, que o mandasse para o quarto com uma garota. Enquanto isso, eu estava com um papelote de coca que queria misturar com alguma coisa, então disse ao Fred que precisava de uns comprimidos. Ele voltou com quatro pílulas azuis grandes na mão e me alertou:

– Não tome mais do que uma dessas. Elas vão acabar com você.

Agradeci e peguei uma stripper loira de botas de cowboy até o joelho, jeans apertados e peitos siliconados enormes que estavam estourando seu top vermelho. Fomos para o meu quarto, entornei uma garrafa de uísque, cheirei e injetei o máximo de pó que consegui e engoli os quatro comprimidos num só gole. Ofereci a ela apenas um resto da coca, porque eu não me importava. Estava acostumado a mandar para dentro tudo que estivesse à vista, porque tinha descoberto que minha forma favorita de entretenimento era misturar tudo e então ver o que acontecia com meu corpo.

Nessa noite em particular, meu corpo encontrou um adversário à altura. Quando os comprimidos bateram, minha cabeça começou a queimar e eu senti uma rajada insana de energia percorrer o meu corpo. Imagens da minha mãe e do meu pai flutuavam diante dos meus olhos. Eu tinha esquecido tudo a respeito do meu pai desde que mudara de nome, mas agora todo o ressentimento solitário e a raiva com os quais eu nunca o confrontei retornaram. Minha mente sempre foi como um trem, correndo adiante a toda velocidade o tempo todo, sem parar para nada. Porém, de repente, ela descarrilhou. Pulei em cima da mesa e comecei a arrancar os cabelos, gritando:

– Eu não sou eu! Não sou o Nikki! Sou outra pessoa!

A loira devia ter vindo para o meu quarto pensando que ia transar com o Nikki Sixx, mas agora tinha de lidar com um Frank Feranna surtado, um nerd do ensino médio que escapara em pânico da pele de um *rock star*. Ela pegou a lista de quartos do hotel e ligou para o Fred, que veio correndo até o meu quarto e me desceu dos móveis. Caí no chão e comecei a convulsionar enquanto uma espuma branca começava a vazar por entre meus lábios. Fred tentou me fazer morder um rolo de papel higiênico, mas eu comecei a gritar. No meio de um grito, desmaiei.

Quando acordei, na manhã seguinte, estava mais calmo, mas não tinha melhorado de verdade. Uma limusine me levou até o set de filmagem do clipe e alguém me vestiu com o figurino totalmente *glam* de *Theatre of Pain*. A filmagem deveria acontecer ao meio-dia no palco do show e, enquanto esperava, fiquei vagando por baixo do palco, onde encontrei um homem com quem tive uma longa conversa sobre família, música e morte. Quando chegou a hora de gravar, fiquei aborrecido por interromperem o papo.

– Nikki, com quem você estava falando? – perguntou Loser, meu técnico de baixo.

– Estou conversando, me deixa.

– Nikki, não tem ninguém aí.

– Me deixa!

– Calma, cara. Você tá surtando.

Gravamos algumas cenas no *backstage*, beijando pôsteres de gatas tipo a Heather Thomas, que colocávamos nas paredes dos camarins em cada cidade, e depois fomos para o palco. Senti-me como se estivesse sob o efeito de ácido e anfetamina ao mesmo tempo, e não parava de entornar uísque na tentativa de rebater isso. Meus olhos viravam tanto para trás que eu não conseguia ver nada e tive de usar óculos escuros para o clipe. Mal conseguia andar, então colocaram umas vinte pessoas na frente do palco para garantir que eu não caísse.

Tenho de admirar o Vince, pois ele não disse uma palavra sarcástica sequer para mim a respeito do quão fodido eu estava. Mas isso foi provavelmente porque ele descobrira as alegrias dos comprimidos. Ele podia tomar só um, em silêncio, desligar e fugir das pressões de estar em turnê com a gente, de precisar dar testemunhos em escolas de ensino médio em cada cidade, de falar com terapeutas sobre o acidente o tempo todo, de não poder beber e de não saber se na semana seguinte ele estaria na estrada ou na cadeia.

Costumávamos nos considerar um exército ou uma gangue. Foi por isso que, para essa turnê, compramos um avião particular e o pintamos todo de preto com um pênis gigante e bolas na cauda, de forma que, toda vez que pousávamos, parecia que estávamos chegando para foder a cidade. Porém, ao invés de agirmos como uma força invasora, começamos a nos tornar comandantes rivais. Cada um de nós atraía soldados diferentes depois de cada show: os maconheiros e os caras que gostavam de falar "cara" ficavam com Tommy, cujo figurino entrava em sua fase Sisters-of-Mercy-abraçando-o-Boy-George; os nerds da guitarra iam para o lado do Mick; os esquisitões me encurralavam numas conversas longas sobre livros ou discos; e Vince se recolhia a seu casulo. Pegava alguma garota, voltava para o ônibus ou para o hotel e ia fazer suas coisas.

Talvez fosse isso que o fizesse se sentir seguro. Não confiava mais em nós porque nós o havíamos desertado, mas ele achava uma garota e ela o amaria por completo, de corpo e alma, naquela noite, e essa era uma situação familiar para ele, sobre a qual ele tinha controle e que o manteria distraído. Sem perceber, Tommy, Mick e eu traçamos uma linha e empurramos Vince para o outro lado dela. E quanto mais tempo passávamos na farra ao mesmo tempo que vigiávamos a sobriedade dele, mais espessa essa linha ficava, até que o solo debaixo dela ruiu e Vince foi deixado sozinho sobre uma pequena lasca de pedra, separado de nós por um abismo que nenhum comprimido, garota ou terapeuta no mundo poderia atravessar.

capítulo **7**

V I N C E

NO QUAL VINCE RESOLVE AS COMPLEXIDADES DA VIDA COTIDIANA EM APOSENTOS COMPARTILHADOS NUMA FÓRMULA MATEMÁTICA: TRÊS CONTRA UM

Nunca pensei que fosse mesmo um alcoólatra até concluir com sucesso a reabilitação. Daí me tornei um alcoólatra. Antes, eu só bebia para me divertir. Depois do acidente, porém, eu ficava tentando esquecer o que tinha acontecido. Para funcionar no mundo como um ser humano normal, eu simplesmente não poderia continuar a me sujeitar à culpa por Razzle e Lisa Hogan e Daniel Smithers.

No entanto, na terapia, não me deixavam esquecer de nada: me forçavam a explorar meus sentimentos em relação ao acidente todos os dias até que quisesse começar a beber para esquecer tudo de novo. Era um círculo vicioso. Embora eu tentasse permanecer sóbrio, sabia que era questão de uma cerveja, uma taça de vinho, uma garrafa de Jack para que eu me tornasse um alcoólatra por completo, pior do que nunca.

Enquanto aguardava julgamento, viajei pelo país e alertei adolescentes sobre os perigos de beber e dirigir, e isso ajudou a espantar os demônios do alcoolismo que tremulavam no meu cérebro. Porém, para ser sóbrio, você também precisa de pessoas ao seu redor que lhe apoiem. E, com exceção dos nossos empresários, que me ofereceram um Rolex de ouro cravejado de diamantes se eu aguentasse três meses sem beber, ninguém estava me apoiando.

No avião, os caras viravam para mim, entornando Jack com Coca-Cola, e perguntavam:

– Vince, você poderia passar aquela bandeja de cocaína pra cá?

Fumavam maconha e sopravam na minha cara. Agiram desse jeito durante toda a turnê, e aí quando eu quebrava e tomava um drink, me davam a maior bronca e diziam que eu estava prejudicando a banda. Enquanto eu estava internado, Tommy saiu chapado de moto, com Joey Vera, do Armored Saint, na garupa. Ele escorregou na estrada e capotou a moto uma meia dúzia de vezes, esmagando a mão do Joey, de forma que ele ficou um tempo sem poder tocar baixo. E ninguém disse uma palavra pro Tommy. Ele continuava a beber como se não fosse da conta de ninguém, e ficava tão fodido que o nosso *tour manager*, Rich Fisher, tinha de puxá-lo da cama quando chegava a hora de ir embora do hotel, colocá-lo no carrinho de bagagem, empurrá-lo até o ônibus e depois achar uma cadeira de rodas no aeroporto para levá-lo até o avião. Certa noite, Rich algemou Tommy na cama para impedi-lo de beber, mas em questão de uma hora Tommy escapou e foi encontrado no térreo, desmaiado sobre um monte de vidro quebrado de uma divisória do restaurante, que ele tinha acabado de despedaçar.

Para os caras, isso era engraçado, mas tudo o que eu fazia era errado. Uma das regras no avião era: não encostar nas comissárias. Porém, eu ficava tão entediado por estar sóbrio que sempre acabava com uma comissária no banheiro, no closet ou no quarto do hotel depois que pousávamos. Aí a banda descobria e ela era demitida. Para me colocar no meu lugar, eles contrataram a mulher do piloto como comissária. Por fim, até contrataram um segundo segurança, chamado Ira, cujo único trabalho era me apagar e me levar de volta para o meu quarto se eu bebesse ou causasse encrenca em público.

Nesse meio-tempo, todo mundo estava se divertindo como nunca. Num dos ensaios para um novo braço da turnê, Tommy apareceu com umas Polaroids que ele tirou enquanto trepava com a Heather Locklear. Os dois tinham começado a sair de repente, e agora nós tínhamos o privilégio de ver a bunda da Heather Locklear de perto.

As mulheres se tornaram meu vício também, mas não mulheres como Heather Locklear. Ao invés de beber e usar drogas, eu comia um monte de *groupies*. E havia toneladas delas, pegava quatro ou cinco por noite. Transava antes do show, depois do show e, às vezes, no meio do show. Não parava nunca, porque eu nunca deixava uma oportunidade passar e as oportunidades sempre estavam lá. Algumas vezes, quando eu realmente precisava de distração, enfileirava meia dúzia de garotas nuas deitadas no chão ou de frente para a parede e fazia uma "corrida de obstáculo" sexual. Mas a novidade perdeu a graça rapidamente. Embora eu tivesse me casado com Beth e tido uma filha, nosso relacionamento não melhorou muito. Além disso, o Datsun 240Z laranja dela que eu tanto adorava tinha pifado de vez. Então era só questão de tempo até o nosso relacionamento pifar de vez também.

Parecia que todas as minhas relações explodiam na minha cara. Conseguia entender por que a banda estava tão aborrecida, mas o que eu fiz já estava feito. Como companheiros de banda, eles deveriam ter me apoiado. Afinal, tínhamos acabado de gravar um álbum fraco e o primeiro hit dele, um cover de "Smokin' in the Boys Room", do Brownsville Station, que eu tocava com a minha antiga banda, Rock Candy, era ideia minha. Mas toda noite, embora eu adorasse cantá-la ao vivo, Nikki reclamava que a música era idiota e que ele não queria tocá-la. Fora "Home Sweet Home", que a MTV passou tanto que precisou estabelecer um prazo de validade para os novos clipes para conter a enchente de pedidos, o resto do álbum era merda pura. Toda noite, ao correr pelo palco numa calça de couro rosa amarrada dos lados, eu me sentia como o único sóbrio o bastante para ter noção do quão ruins eram algumas daquelas músicas. Fiquei chocado quando o álbum ganhou disco de platina duplo, e talvez isso só tenha reforçado a ideia de que nós éramos tão incríveis que conseguíamos nos safar por termos lançado um álbum terrível.

Quando retornamos a L.A. entre um braço e outro da turnê, meu advogado marcou uma reunião no tribunal com o promotor e as famílias dos outros envolvidos no acidente. Para evitar um julgamento, ele me aconselhou que eu me declarasse culpado por homicídio culposo na direção de veículo automotor e chegasse a um acordo. Ele deduziu que, já que a maioria das pessoas na minha casa eram membros do Mötley Crüe e do Hanoi Rocks, a festa poderia ser considerada uma reunião de negócios e nós poderíamos pagar a indenização às famílias por meio do seguro da banda, porque eu não conseguiria de jeito nenhum pagar sozinho. Foi por isso que as famílias das vítimas concordaram com o que todo mundo viu como uma sentença muito leve: trinta dias de detenção, US$ 2,6 milhões de indenização e duzentas horas de serviço comunitário, que eu já vinha cumprindo ao dar palestras em escolas e no rádio. Além disso, meu advogado disse ao promotor que eu poderia fazer mais benfeitoria dando palestras na estrada do que com a bunda sentada na cadeia, onde eu não seria um benefício para ninguém. O promotor concordou e deferiu minha sentença até o final da turnê.

A sentença foi um enorme alívio, que dispersou uma nuvem negra que pairava sobre a minha cabeça. Porém, foi uma bênção ambígua, porque agora as pessoas me odiavam ainda mais do que antes. As manchetes de jornal que me chamavam de assassino ressurgiram, mas agora eram ainda mais cruéis: "Assassino Bêbado Vince Neil Sentenciado a Viajar em Turnê Pelo Mundo com Banda de Rock".

capítulo 8
NIKKI

UMA MENSAGEM DE ALERTA A LEITORES MAIS FACILMENTE INFLUENCIÁVEIS A RESPEITO DO CONSUMO NÃO CONTROLADO DE NARCÓTICOS, EM PARTICULAR NA PRESENÇA DE ARMAS DE FOGO, OFICIAIS DA LEI E CONTÊINERES DE LIXO GRANDES O BASTANTE PARA ACOMODAR CORPOS HUMANOS

No dia em que a sentença do Vince foi proferida, eu estava em casa com Nicole. Quando atendi o telefone, havia uma agulha espetada no meu braço. Tínhamos uma turnê europeia com o Cheap Trick agendada dali a uns dois meses, e eu me fechara tanto para o Vince que não me importava com quantos anos ele pegaria, desde que isso não fodesse com a turnê, porque o Cheap Trick sempre foi uma grande influência e, agora, seria nossa banda de abertura. No entanto, quando recebi a notícia de que seriam apenas trinta dias, meu coração descongelou e meus olhos marejaram, embora eu não esperasse. Ele ficaria bem e a banda continuaria incólume, mesmo se, na verdade, não merecêssemos. E então eu injetei e apaguei.

Como a heroína era o segredinho meu e de Nicole, ninguém na banda se deu conta do quão mal estávamos. Eu nunca falei nem para o nosso *road manager* ou para os nossos seguranças que estava injetando: sempre conseguia a heroína sozinho. E, embora ainda não estivesse num estado patético, estava chegando lá aos poucos. A ironia disso tudo é que, depois, descobri que nosso contador armou para que eu conhecesse Nicole porque achou que a influência dessa mulher limpa e de aparência deliciosa iria me manter na linha. Ele subestimou em grande medida meus poderes, ou a falta deles – e eu também. Descobri isso quando fomos para o Japão.

Não levei nenhuma droga, imaginando que esse seria um bom jeito de parar, mas no final da viagem de avião eu já estava passando mal. No hotel, eu estava suando, meu nariz escorrendo, minha temperatura subindo e meu corpo começando a tremer. Nunca tinha sentido nada disso antes por não ter usado drogas. Sempre pensei ser mais forte do que qualquer droga, esperto demais para virar dependente de qualquer coisa, que apenas idiotas sem força de vontade se tornavam adictos. Porém, naquele quarto de hotel, cheguei à conclusão de que ou eu estava errado, ou eu era um idiota. Tirei meu pequeno toca-fitas da mala, coloquei para tocar o primeiro álbum do Lone Justice, que tinha acabado de sair, e o ouvi repetidas vezes por quase 24 horas, acordado na cama, doente demais para dormir.

Depois de dois dias de uma crise de abstinência leve, me dei conta de que eu era de fato um viciado. A banda, antes um anão descontraído e divertido, se transformara numa criatura nômade amarga e casca grossa. Estávamos cansados, não parávamos há anos e eu me tornara grosseiro e cruel.

Porém, lá estava eu, num país onde os fãs me davam bonequinhos, faziam desenhos para mim, diziam que adoravam meu cabelo e me abordavam aos prantos. Ao longo da minha crise de abstinência, pude sentir que, pela primeira vez, estava recebendo um pouco do amor que eu sempre procurara por meio da música. E, em troca, aterrorizei o país, destruí tudo que passava pelo meu caminho e bebi o máximo que pude para tentar apagar tudo isso. Eu estava fraco por causa do amor, do vício e do nojo de mim mesmo.

Quando a turnê acabou, na Europa, eu já era um *junkie* vingativo que odiava a si mesmo. No Dia dos Namorados,[25] tocamos com o Cheap Trick em Londres e alguns caras do Hanoi Rocks foram ao show. Brian Connolly, do Sweet, estava no *backstage*, e eu sabia que ele não se lembrava de ter me dito que eu nunca "chegaria lá" quando lhe enviei as demos do London, quatro anos antes. Quando o vi, senti a raiva e a mágoa daquele telefonema retornarem. Encarei-o, na esperança de que ele de algum modo se lembrasse e se desculpasse, mas ele não me dirigiu a palavra. E eu não consegui tomar coragem para abordá-lo e me gabar, porque estava com uma aparência de merda por não ter injetado desde a manhã. Contentei-me com todo mundo da banda me dizendo que ele foi um babaca naquela noite; esse foi o meu presente de Dia dos Namorados.

Agarrei o Andy, do Hanoi Rocks, depois do show e nós pulamos pra dentro de um táxi preto inglês para sair em busca de heroína. Com a música do Clash "White Man in Hammersmith Palais" ressoando na minha cabeça, finalmente encontramos um traficante num cortiço ali perto.

– Esse negócio é bem forte – sorriu o traficante, com dentes grandes e podres.

– Tranquilo, sou velho de guerra – eu disse a ele.

– Você parece bem fodido, *brother*. Quer que eu faça pra você?

– Sim, seria ótimo.

25 Não se trata do Dia dos Namorados como estabelecido no Brasil, 12 de junho, mas do Valentine's Day, ou Dia de São Valentim, 14 de fevereiro, data semelhante comemorada em muitos outros países. (N. do T.)

Ele subiu minha manga e amarrou um garrote médico na parte superior do meu braço, que eu segurei firme enquanto ele enchia a seringa e injetava a agulha. A heroína correu pelas minhas veias e, assim que explodiu no meu coração, me dei conta de que tinha feito merda. Nunca deveria ter deixado outra pessoa me picar. Já era: eu ia passar dessa pra melhor. E não estava pronto. Ainda tinha coisas a fazer, embora não conseguisse me lembrar o que exatamente. Fazer o quê? Porra.

Tossi, engasguei, tossi de novo. Acordei, e a sala parecia de cabeça para baixo. Eu estava no ombro do traficante, que me carregava para fora como se eu fosse um saco de lixo velho. Engasguei de novo e o vômito veio com tudo pela minha boca. Fui jogado no chão. Meu corpo estava azul, havia gelo na minha calça, colocado pelo Andy na tentativa de me acordar, e grandes hematomas pelos meus braços e peito, causados por golpes de taco de beisebol. Essa era a ideia do traficante: me causar tanta dor que meu organismo voltaria a funcionar com o choque. Quando essa tática falhou, ele claramente decidiu me jogar na lixeira atrás do cortiço e me deixar ali para morrer, mas aí vomitei nos sapatos dele. Estava vivo. Considerei esse o meu segundo presente de Dia dos Namorados.

É claro que não aprendi a lição. Ninguém na banda parecia aprender a lição, não importava quantos sinais divinos recebêssemos. Duas noites depois, eu estaria nessas de novo.

Rick Nielsen, o guitarrista do Cheap Trick, queria nos apresentar a Roger Taylor, do Queen, que era um dos bateristas favoritos do Tommy. Roger nos levou a um restaurante russo que ele disse ser frequentado pelo Queen e pelos Rolling Stones. Tommy, Rick, Robin Zander, vocalista do Cheap Trick, e eu fomos conduzidos por ele até uma sala privada nos fundos, com guarnições de carvalho esculpidas à mão por todo o teto. Nós nos sentamos ao redor de uma enorme mesa antiga de madeira e bebemos shots de todo tipo de vodca existente – doces, picantes, de framboesa, com alho – antes de nos refestelarmos com um jantar russo. Rick estava usando uma jaqueta de borracha preta, e por algum motivo eu não parava de dizer a ele que queria mijar nela.

Estávamos enchendo a cara e a barriga, rindo do quão incrível era aquela noite, quando o maître anunciou que a sobremesa seria servida. Em seguida, uma equipe inteira de garçons adentrou a sala, um para cada um de nós, e cada um trazendo uma bandeja de prata coberta. Colocaram as bandejas à nossa frente e levantaram as tampas: em cada uma delas havia sete carreiras de coca tamanho *rock star*. Embora eu ainda estivesse fraco da noite anterior, cheirei todas e continuei a beber. Quando me dei conta, estávamos de volta ao bar do nosso hotel e Roger Taylor conversava com Rick Nielsen enquanto eu me sentava num banquinho atrás deles. Ajoelhei-me sobre o banquinho, abaixei minhas calças de couro e fiz o que vinha prometendo a noite toda: mijei na jaqueta do Rick. Ele nem percebeu o que estava acontecendo até começar a escorrer pela calça dele e pingar no chão. Na hora, achei bem engraçado, mas depois, quando subi para o quarto, me senti péssimo: tinha acabado de mijar no meu herói.

Eu quis fugir e procurar heroína naquela noite, mas me forcei a deitar na cama e esperar o sono chegar. Não ia largar a heroína, mas talvez fosse hora de maneirar. Comecei a tentar controlar meu consumo: injetava num dia, ficava limpo no outro. Às vezes, ficava até três dias sem injetar. Porém, só estava me enganando: descobri isso quando a heroína acabou, pouco antes de a turnê terminar.

Antes de embarcarmos de volta para casa, na França, liguei para o meu traficante em L.A. e disse a ele para me encontrar no aeroporto, depois contratei uma limusine para buscá-lo, para ter certeza de que ele chegaria na hora. Fiquei inquieto no meu assento durante toda a viagem, pensando no efeito daquele primeiro e doce pico de heroína nas minhas veias depois de tanto tempo. Nem ligava mais para transar. Vince podia ficar com todas as garotas – só deixe as drogas para mim.

Fui o primeiro a descer do avião.

– Tchau, caras, até mais – foi tudo o que eu disse para a banda com quem eu passara os últimos oito meses, para então ir embora com meu traficante. Entrei na limusine e já estava com uma agulha no braço antes de a porta fechar. Encontramos Nicole no Valley Vista Boulevard, em Sherman Oaks, onde ela me mostrou minha primeira casa de verdade, que escolheu para mim enquanto eu estava na turnê.

Sempre pensei que a idade e o sucesso tinham me permitido superar a timidez e a baixa autoestima que eu desenvolvera por mudar constantemente de casa e de escola na infância, mas, na verdade, eu ainda era o mesmo. Só tinha afogado aqueles sentimentos em heroína e álcool. Como ser humano, eu nunca aprendera de verdade como agir ou me comportar, ainda era o garoto que não sabia como fazer brincadeiras normais com os primos. À medida que fui ficando mais velho, só me coloquei em situações em que quem tocava o show era eu; não estava interessado em andar com outras pessoas no ambiente delas, onde eu não tinha controle. Assim, uma vez que botei os pés na casa, mal saía dela. Nicole e eu injetávamos o equivalente a quinhentos a mil dólares em drogas por dia. Consumíamos heroína, cocaína, metanfetamina e qualquer comprimido que conseguíssemos.

No início, era uma grande festa. Izzy Stradlin ficava encolhido em posição fetal diante da lareira, estrelas pornô desmaiavam na sala e Britt Ekland saía tropeçando do banheiro. Certa noite, duas garotas chegaram e disseram que estavam com um cara chamado Axl, que tinha uma banda chamada Guns N' Roses, e ele queria entrar, mas estava com vergonha de bater na porta e pedir se podia.

– Acho que já ouvi falar dele. Conheço o guitarrista dele ou alguma coisa assim – eu disse a elas.

– Então ele pode entrar?

– Não, mas vocês podem – e elas entraram.

À medida que fui usando cada vez mais cocaína, a paranoia se instalou e logo passei a dificilmente deixar alguém entrar na casa. Nicole e eu ficávamos nus sem fazer nada, dia e noite. Minhas veias estavam sucumbindo e eu vasculhava o corpo para encontrar veias intactas: nas pernas, pés, mãos, pescoço e, quando as veias de todo o resto estivessem secas, no pau. Quando não estava injetando, patrulhava a casa à procura de intrusos. Comecei a ver gente em árvores, ouvir a polícia no telhado, imaginar helicópteros sobrevoando a casa com equipes da S.W.A.T. no meu encalço. Eu tinha um Magnum .357 e constantemente caçava pessoas nos armários, debaixo da cama e dentro da máquina de lavar, porque tinha certeza de que havia gente escondida na minha casa. Ligava para a empresa responsável pela segurança, a West-Tech, com tanta frequência que colocaram um bilhete no escritório para avisar aos guardas que respondessem aos meus alarmes com cautela, porque eu tinha apontada uma arma carregada para muitos funcionários deles.

Apresentei-me para dezenas de milhares de pessoas nos palcos; agora, estava sozinho. Afundara numa condição sub-humana, passava semanas no closet com uma agulha, um violão e uma arma carregada. E ninguém da banda me visitou, ligou ou foi me resgatar. Afinal, Vince passou três semanas na cadeia e a ideia de ligar para ele ou visitá-lo não passou uma vez sequer pela minha cabeça.

capítulo 9
VINCE

MAIS ANEDOTAS, DIANTE DAS QUAIS O LEITOR ATENTO PODE SE PERGUNTAR COMO OS DEUSES DA FORTUNA SEXUAL CONSEGUIRAM SORRIR PARA VINCE MESMO DIANTE DOS APERTOS MAIS IMPROVÁVEIS

Duas semanas depois da turnê de *Theatre of Pain*, guardei com segurança numa gaveta meu novíssimo Rolex de ouro de doze mil dólares, cravejado de diamantes, peguei um táxi até a delegacia mais próxima e me entreguei à polícia. Queria que acabasse logo. Fui levado para um presídio tranquilo em Torrance para cumprir os trinta dias.

Meu companheiro de cela estava preso por roubar carros esportivos, e nós dois trabalhávamos na prisão, levando comida para os outros presos, limpando celas e lavando viaturas. Em troca, tínhamos privilégios: além de televisão e visitas, aos finais de semana os guardas nos traziam hambúrgueres e um fardo de cerveja. Eu passei quase um ano na estrada tentando me manter sóbrio para agradar a corte, e agora que estava na cadeia os guardas me encorajavam a beber. Embora o sargento do turno da madrugada me odiasse até o osso, todos os outros pediram autógrafos e fotos. De muitas formas, a reabilitação, a culpa, as manchetes de jornal e a sobriedade da turnê foram uma sentença pior do que a cadeia.

Certa tarde, uma fã loira que descobriu onde eu estava preso passou para me visitar. Estava usando shorts jeans curtíssimos e um top de lycra amarrado na frente, e o sargento do turno disse que eu poderia levá-la para minha cela por uma hora. Levei-a pelo corredor, observando todos os outros presos salivarem ao passarmos. Chegamos na cela, eu fechei a porta e trepei com ela na cama. Depois disso, ganhei o respeito dos colegas de prisão.

Um dia antes de eu começar a cumprir a pena, Beth e eu nos mudamos para uma casa de US$ 1,5 milhão em Northridge com nossa filha de dois anos,

Elizabeth. Beth me visitou na cadeia todos os dias na primeira semana, depois, de repente, parou de ir. Não dei muita bola: não estava apaixonado por ela quando nos casamos, e desde então foi daí pra baixo.

Depois de dezenove dias, o diretor da prisão me liberou por bom comportamento. Como eu não tinha notícias da Beth, pedi para um amigo me buscar; fomos até Northridge, mas eu não conseguia me lembrar onde ficava a casa. Depois de uma hora procurando, finalmente demos de cara com ela. Toquei a campainha, não tinha ninguém lá. Dei a volta na casa e olhei pelas janelas, mas todas as cortinas estavam fechadas. Talvez estivéssemos na casa errada.

Fui até os fundos e certamente reconheci a piscina e o pátio, então decidi invadir. Havia uma porta de vidro, e eu quebrei uma das placas perto da maçaneta, enfiei a mão por dentro e abri, rezando para não ir direto de volta para a cadeia por invasão de domicílio. Era a minha casa, mas havia algo de diferente: todos os móveis tinham sumido. Beth tinha levado tudo – até as formas de gelo do freezer. Tudo o que deixou para trás foi o meu Rolex e o meu Camaro Z28. O único problema era que ela tinha levado as chaves também.

Liguei para os pais, os avós e os amigos da Beth, e todos afirmaram não ter notícias dela. Eu não estava interessado em conversar com ela: só queria um divórcio, as chaves do meu carro e alguma forma de manter contato com minha filha. Fiquei quase dez anos sem ver Beth, até que ela foi a um show na Flórida com o marido e novos filhos. Nossa filha, Elizabeth, por fim se mudou para Nashville para tentar uma carreira como cantora country.

Quanto a mim, depois de um ano de sobriedade policiada, cadeia, terapia e arrependimento, era hora de me divertir um pouco, responsavelmente. Trouxe uns dois amigos para morar comigo e, ao invés de comprar móveis, instalei um ringue de lama ao lado da piscina, para luta livre de mulheres. Convidei todos os traficantes que eu conhecia para as festas em casa, porque onde havia drogas, havia garotas. Numa dessas festas, apareceu um bando de caras de terno, que eu não conhecia. Ao saírem, um deles me entregou uma pedra de cocaína do tamanho de uma bola de golfe, fez um sinal com o chapéu e disse, como se fosse o Poderoso Chefão ou alguma coisa assim:

– Obrigado pela hospitalidade.

Depois disso, aparecia em casa todas as noites. Seu nome era Whitey, um traficante que provavelmente usava mais cocaína do que vendia, o convidado que nunca ia embora. Passara um tempo no Novo México e logo começou a trazer seus amigos de lá, em particular um homem de aparência durona, mas de coração terno, e que precisava de um banho, chamado Randy Castillo. Algumas noites terminavam com muitas garotas de lingerie e Whitey, Randy e alguns outros amigos seletos de roupão; em outras, eu trazia umas doze garotas do Tropicana para lutar nuas para mim e meus amigos. Queria tanto esquecer o ano anterior que parei de ser o Vince Neil e passei a ser outra pessoa, tipo o Hugh Hefner.

fig. 5

capítulo 10
T O M M Y

UMA REMINISCÊNCIA TOLAMENTE PECULIAR CONCLUI COM UMA AVALIAÇÃO DAS MUDANÇAS DE ESPÍRITO E HUMOR DOS NOSSOS HERÓIS, À MEDIDA QUE ELES PROSSEGUEM EM SUA NOBRE AVENTURA

Nikki, nosso segurança Fred Saunders e eu estávamos bebendo, cheirando pó e comendo cogumelos havia dois dias. Estávamos em algum lugar do Texas. A janela estava aberta e o vento fazia a persiana bater na parede do quarto. De repente, surgiu um som. *Chugachugchugchug chugachugchugchug*. Era um trem passando, cara. E Nikki olhou pra mim, eu olhei pro Nikki. Nem precisamos falar nada: estávamos num estado mental drogado esquisito e nossas mentes, em sincronia total.

"Vamos", dissemos um ao outro – não em voz alta, mas telepaticamente.

Fred leu nossas mentes e berrou:

– Não, não, não!

Porém, nós o deixamos comendo poeira. Corremos pelo corredor até o elevador, tentando ao máximo dispersar o Fred, porque ele nunca deixaria aquilo acontecer. Disparamos pelo lobby e pelo gramado comprido e bem cuidado na frente do hotel. Corremos o mais rápido que conseguimos, até que nossos pulmões estivessem à beira da falência. Fred estava alguns metros pra trás, berrando:

– Não, seus filhos da puta! Não!

No entanto, continuamos a correr até vermos o trem, apitando pelos trilhos à nossa frente, rápido pra caralho. Alcancei-o até ficar lado a lado.

– Vem, Nikki! Vem! – gritei. Ele ainda estava pra trás, ofegante.

Agarrei uma pequena alça de metal no fim de um dos vagões e o trem me arrancou do chão. Girei até pousar com as botas num degrau, e lá fui eu.

Nikki estava quase lá.

– Vamos, cara, vamos! – berrei.

Ele se jogou e segurou o degrau sobre onde eu estava. O trem agora o arrastava, entortando seu corpo e fazendo seus pés baterem na terra. Agarrei os braços dele e o puxei para cima.

"Meu Deus, cara! Isso é demais", berramos telepaticamente um ao outro. "Acabamos de pegar nossa primeira carona de trem".

E então, ao vermos Fred e o hotel sumirem na distância, a animação foi embora. Não fazíamos a mínima ideia de onde estávamos, para onde íamos e não tínhamos dinheiro algum. A velocidade do trem aumentava e nós nos entreolhamos horrorizados. Tínhamos de descer daquela coisa, que não parecia ter a intenção de parar tão cedo. Não podíamos ficar lá: tínhamos um show no dia seguinte.

"OK. Um, dois, três", pensamos um para o outro. No três, pulamos, rolando contra as pedras no chão, o que nos rendeu hematomas, arranhões e vergões pelo corpo todo. Para voltar, seguimos os trilhos, e finalmente chegamos ao hotel ao nascer do sol.

Antes da turnê de *Theatre of Pain*, nós não teríamos saltado. Teríamos deixado o trem nos levar até o fim do mundo, se possível. Não pensávamos em nada antes de fazer, só quando (A) era tarde demais ou (B) alguém se machucava.

Porém, depois do acidente do Vince, isso não era mais assim, algo mudou. É claro que ainda curtíamos, ficávamos doidos e fodidos e enfiávamos o pau em qualquer coisa. Mas não era igual: a curtição levava ao vício, o vício levava à paranoia e a paranoia levava a todo tipo de erros idiotas com repercussões imensas. Até trepar não era mais a mesma coisa: trepar levava a casamento, casamento levava a divórcio, divórcio levava a pensão, pensão levava a pobreza. Tudo estava diferente depois do acidente: ganhamos consciência da nossa mortalidade – como seres humanos e como banda.

fig. 1

Festa de lançamento do álbum Girls, Girls, Girls
no Body Shop

PARTE SEIS

★GIRLS, GIRLS, GIRLS★

capítulo 1

TOMMY

LEMBRANÇAS DE COMO UM GRANDE AMOR FLORESCEU PARA UM NOIVADO, GRAÇAS, NÃO EM POUCA MEDIDA, A UM USO TEATRAL DO ANTIQUÍSSIMO TRUQUE DE FAZER O PRETENDENTE ESPERAR, ESPERAR E ESPERAR

— Oi.

– Oi – respondeu ela.
– Prazer em te conhecer.
– Bom, tchau.
– Tchau.

Foi isso, cara. Foi só essa a porra da nossa conversa. Foi breve, foi sem jeito, e mudou a porra da minha vida. O lugar era o Forum Club, o evento era um show do REO Speedwagon, a mina era a Heather Locklear, e o cara que nos apresentou era o meu contador, Chuck Shapiro. Ele me levou ao show por ser contador do REO Speedwagon também, e conhecia a Heather porque seu irmão era dentista dela. É assim que essas coisas funcionam, pelo alinhamento de um milhão de acontecimentos ao acaso. Alguns chamam de sorte, mas eu acredito em destino. Tenho de acreditar. Cometi um milhão de erros com essa mina, e ela ainda assim saiu comigo, caralho.

Pensei nela de novo na semana seguinte, quando estava zapeando pela TV e vi um capítulo da novela *Dynasty*, que ela fazia. Liguei pro Chuck no ato e implorei pelo telefone dela; ele ligou pro irmão dentista e fez a ponte, como um verdadeiro amigo.

Na tarde seguinte, respirei fundo, deitei no sofá e liguei pra ela. A conversa foi tão sem jeito quanto a primeira. Minha TV estava ligada no mudo, mas, enquanto batíamos um papo desconfortável, vi o rosto dela aparecer na tela no seriado *Duro na Queda*. Entendi como um sinal de que éramos feitos um para o outro.

– Ei, liga a TV, você tá no canal quatro.

Ela ligou e me informou:

– Uhm, na verdade, essa é a Heather Thomas.

Eu quis desligar na hora, pegar uma arma e dar uma porra de um tiro na cabeça. Deus sempre alinha as coisas perfeitamente pra mim, e eu sempre consigo foder tudo.

Ela ficou com pena e sugeriu que nos encontrássemos mesmo assim na noite de sexta. Eu nunca tinha saído com ninguém como a Heather; ela não era o tipo de mina que eu poderia levar pra van, como a Bullwinkle, ou fazer sexo grupal numa Jacuzzi, como a Honey. Era uma mulher de verdade, uma boa garota, mais famosa do que eu – três coisas que eu nunca tinha experimentado num encontro.

Fiquei cagando de nervoso por antecipação. Me arrumei no espelho por horas, estourando espinhas, penteando o cabelo, mexendo no colarinho, passando colônia estrategicamente pelo corpo e garantindo que todas as minhas tatuagens estivessem cobertas. Cheguei cedo na casa onde ela morava com a irmã e fiquei de bobeira até que fossem sete horas em ponto, me sentindo um macaco treinado de camisa de botão e calça preta. Toquei a campainha, inquieto e nervoso, e uma garota idêntica à Heather abriu a porta. Eu não soube o que dizer porque não tive certeza se era a Heather ou a irmã dela. Acenei timidamente, entrei e esperei que ela me desse algum tipo de sinal que revelasse sua identidade. Então, no alto da escada, vi um vestido branco: agora sim, era Heather. Ela desceu devagar, em silêncio, como em *...E o Vento Levou*.

Estava tão gostosa que eu quis correr até ela, derrubá-la e rasgar suas roupas.

– Você está linda – eu disse, ao pegar gentilmente o braço dela.

Sua irmã me observava com cuidado, e eu pude percebê-la me medir de cima a baixo, determinando se eu era certo para Heather ou só um palhaço.

Fomos a um restaurante italiano, depois assistimos a um show fraco de *stand-up comedy* tarde da noite, porque eu achei que era algo que pessoas normais faziam em encontros. Naquela noite, conversamos sobre tudo. Ela já tinha saído com muitos caras ricos certinhos e atores cafonas, tipo o Scott Baio, mas nunca com um roqueiro. Notei que isso seria um ponto a meu favor depois que ela pediu para ver minhas tatuagens. Era uma boa garota que fantasiava com um *bad boy*, e eu sabia que nem a gola alta, nem a colônia Drakkar Noir conseguiam esconder o fato de que eu era um *bad boy*.

Voltamos pra casa dela e bebemos champanhe, mas eu estava assustado demais pra agir. Não queria que ela pensasse que eu só estava atrás de uma noite e nada mais, ou só tentando pegar uma atriz famosa. Quando fui embora, já tínhamos feito um milhão de planos juntos.

Aos poucos, começamos a andar mais juntos – íamos jantar, ao cinema, a festas. Por fim, comecei a passar a noite na casa dela, mas ela não liberava, cara. Eu a deixava bêbada e tentei mandar ver nela de todo jeito que pude por semanas, mas ela nunca ia até o fim. Isso era outra coisa que eu nunca tinha vivenciado e, por causa disso, ficamos, na verdade, mais íntimos e nos tornamos amigos. Ela tinha uma personalidade efervescente, um ótimo senso de humor e adorava fazer pegadinhas, tanto quanto eu; me dava um banho de flores, que eu aprendi a adorar. Cheguei à conclusão de que todo cara que diz que não gosta de flores é inseguro com sua masculinidade.

Depois de um mês e meio, eu estava tão excitado que não aguentava mais. Finalmente trepamos, e ela me fez esperar tanto que eu degustei cada segundo, porque, acredite, só durou alguns segundos. Mas trepamos de novo e de novo e de novo naquela noite até que tivéssemos certeza de que estávamos apaixonados, pois quando você está com alguém por quem não está apaixonado, uma vez geralmente basta.

Na manhã seguinte, eu estava na beira da piscina dela só de cueca quando o pai dela apareceu na casa. Heather surtou: ela pode ter ficado famosa por interpretar papéis de vacas dominadoras e sexualmente agressivas na televisão, mas na vida real era puritana como ninguém. Ficou muito preocupada que o pai, que era o reitor da Escola de Engenharia da UCLA, se desapontasse se visse minhas tatuagens, então me cobri com toalhas, mas, embora algumas estivessem aparecendo, ele pareceu não se importar.

Depois que trepamos, nosso relacionamento atingiu um novo status. Certo dia, estávamos assistindo à corrida de motocross na TV e eu falei que adoraria experimentar aquilo. No dia seguinte, havia uma moto na porta da minha casa. Ninguém – homem ou mulher – tinha feito nada tão generoso assim pra mim. Aos poucos, íamos nos dando conta de que queríamos ficar juntos por muito, muito tempo, talvez até para sempre.

Quando a deixei para sair na turnê do *Theatre of Pain*, ao tocar "Home Sweet Home" todas as noites, eu sentia sinos tocarem na minha cabeça. Era aquilo que eu queria fazer por toda a vida, queria fazer um lar, como meus pais. Sempre fui o agregado das gangues, correndo por L.A. à procura de uma figura paterna ou materna. Talvez isso viesse do medo que o analista de sonhos disse que peguei da minha mãe: eu tinha medo de ficar sozinho, de não ter com quem me comunicar. Quanto mais a turnê do *Theatre* se arrastava, mais eu sabia o que queria fazer.

Quando fui pra casa numa pausa pro Natal, Heather e eu saímos de limusine pela estrada de Ventura. Levantei e coloquei a cabeça pra fora pelo teto solar.

– Ei, vem aqui ver isso — gritei pra Heather.

– O quê?

– Vem aqui!

– Preciso mesmo?

Devagar, relutantemente, ela se levantou. Assim que a cabeça dela apareceu pelo teto solar e seu corpo se apertou contra o meu, perguntei:

– Quer casar comigo?

– O quê? Tem muito barulho, não tô ouvindo.

– QUER CASAR COMIGO?

– Sério? – ela olhou cética pra mim.

Tirei um anel de diamantes do bolso.

– Sério.

– O quê?

– SÉRIO!

Quando a turnê terminou, nos casamos ao ar livre em Santa Barbara. Usei um smoking de couro branco e ela um vestido branco sem alças, com mangas brancas que começavam no meio do braço, deixando seus ombros bronzeados e suas clavículas magras e delicadas à mostra. Era o maior casamento que eu já tinha visto: quinhentos convidados, paraquedistas saltando com garrafas enormes de champanhe, e pombas brancas que levantaram voo depois que trocamos os votos. Rudy, um dos nossos *roadies*, fez o melhor brinde de todos os tempos:

– Ao Tommy e à Heather – disse, ao levantar uma taça de champanhe. – Que todos os seus altos e baixos sejam na cama – ele então levantou a taça e a quebrou na cabeça. Olhei para as mesas onde os familiares da Heather estavam, e todos eles pareciam se questionar a respeito daquela união.

Foi um dos dias mais felizes da minha vida, todos os meus amigos estavam lá, incluindo metade da cena da Sunset Strip. Parecia que todo mundo agora estava em bandas grandes: Ratt, Quiet Riot, Autograph, Night Ranger. O único problema naquela tarde foi o Nikki. Convidei-o para ser meu padrinho, e ele apareceu todo zoado. Estava emaciado; não parava de suar; e sua pele estava totalmente amarela, cara. Ele não parava de pedir licença para ir ao banheiro e, ao voltar, começava a pescar no meio da cerimônia. Estava tão fodido de heroína que foi inútil como padrinho. Não pude acreditar que estivesse se picando na porra do meu casamento.

fig. 2

Tommy com Heather Locklear

capítulo 2
N I K K I

RECORDAÇÕES DE COMO UM GRANDE AMOR FLORESCEU PARA UM NOIVADO, GRAÇAS, NÃO EM POUCA MEDIDA, AO USO MENESTREL DO ANTIQUÍSSIMO TRUQUE DE DAR DROGAS AO NIKKI

No dia seguinte ao casamento do Tommy, havia uma carta entregue pessoalmente pelo nosso contador, Chuck Shapiro, à minha espera na caixa do correio. "Você tem gastado cinco mil dólares por dia", a carta dizia. "Cinco mil dólares vezes sete dá trinta e cinco mil dólares por semana. Por mês, isso dá cento e quarenta mil dólares. Em exatamente onze meses, você estará completamente quebrado, se não estiver morto".

Antes do casamento do Tommy, eu conseguia manter meu vício em segredo, porque mal via o pessoal da banda. Nós estávamos divididos em diferentes casas, em partes diferentes da cidade. Ainda fazíamos basicamente as mesmas coisas do que quando morávamos na mesma casa: acordávamos, chapávamos, íamos dormir e começávamos de novo. A diferença é que não fazíamos isso juntos mais. Tommy estava na Heatherlândia, morando numa casa de muitos milhões de dólares num condomínio fechado; ficou muito animado por um de seus vizinhos ser um banqueiro que ganhava quarenta e cinco milhões de dólares por ano e outro, um advogado que trabalhava em casos de assassinatos célebres. Porém, a única coisa que eu conseguia pensar era que essas pessoas, antes, eram nossos inimigos. Vince estava ou na cadeia, ou em casa curtindo com donos de casas de strip, caras do esporte e homens de negócio suspeitos. Quanto ao Mick, ele é tão reservado que, até onde eu sei, poderia estar traficando armas para o Irã ou na passarela de desfiles de moda.

A força de uma banda está na solidariedade de seus membros. Quando eles se dividem em mundos diferentes, é aí que geralmente os problemas e rixas começam a conduzir para o rompimento. O que era legal a nosso respeito no início era que Vince e Tommy eram garotos de Covina, eu era de Idaho e Mick, de Indiana. Todos éramos *losers* disfuncionais de cidades pequenas que, de algum modo, se tornaram *rock stars*. Transformamos nossos sonhos em nossa realidade. Porém, nos envolvemos tanto com o sucesso que nos esquecemos das nossas identidades. Vince estava tentando ser Hugh Hefner, Tommy pensava ser a Lady Di com seu casamento de alta classe e seus novos amigos, e eu pensava ser algum tipo de *junkie* boêmio glamoroso, como William Burroughs ou Jim Carroll. Acho que o Mick sempre quis ser Robert Johnson ou Jimi Hendrix, embora estivesse bebendo tanto que começava a se parecer mais com o Meat Loaf.

A realidade se abateu sobre mim no casamento do Tommy. Tentei largar a heroína, sem sucesso, e estava fazendo papel de babaca porque não tinha desenvoltura social e não curtia dançar com milionários. Durante a recepção, disse ao nosso *tour manager*, Rich Fisher, que usei um pouco de heroína, como se não estivesse óbvio. E ele contou para todo mundo do escritório que nos empresariava. Quando não respondi à carta de alerta do Chuck, a companhia e um conselheiro chamado Bob Timmons (que ajudara Vince a ficar sóbrio) entraram na minha casa e fizeram uma intervenção. De primeira, fiquei puto, mas, depois de horas de conversa, fui vencido pelo cansaço. Nicole e eu concordamos em nos internar na reabilitação – na verdade, na mesma clínica no Van Nuys Boulevard onde Vince se internou.

Assim como ele, eu não estava pronto para a reabilitação. Porém, ao contrário dele, eu não tinha a ameaça da prisão para me segurar ali. No terceiro dia, uma mulher gorda e com o rosto cheio de verrugas insistia em tentar me convencer de que, para me limpar, eu tinha de acreditar numa força maior.

– Fodam-se você e Deus! – berrei para ela, enfim.

Saí furioso da sala e ela veio atrás de mim. Dei meia-volta, cuspi na cara dela e a mandei se foder de novo – desta vez ela vazou. Fui para o meu quarto, peguei o violão, pulei pela janela do segundo andar e saí andando pelo Van Nuys Boulevard só com o avental do hospital. Morava a 8 km dali, concluí que conseguiria ir a pé.

O hospital ligou para Bob Timmons e disse que eu tinha fugido; ele pegou o carro e me alcançou no boulevard.

– Nikki, entre no carro – disse, ao encostar do meu lado.

– Vai se foder!

– Nikki, está tudo bem. Só entre no carro. Não estamos bravos com você.

– Vai se foder! Não vou voltar praquele lugar!

– Não vou te levar de volta pra lá. Prometo.

– Quer saber de uma coisa? Vai se foder! Nunca vou voltar pra lá. Aquela gente é insana! Estão tentando me fazer uma lavagem cerebral falando de Deus e outras merdas!

– Nikki, estou do seu lado. Te dou uma carona pra casa, e aí nós podemos encontrar uma maneira melhor de você ficar sóbrio.

Cedi e aceitei a carona. Fomos para a minha casa e jogamos fora todas as agulhas, colheres e resíduos de droga. Implorei para que ele me ajudasse a me limpar sozinho, sem Deus. Depois, liguei para os meus avós em busca de apoio, porque o pouco que eu tinha de sanidade na vida adulta era devido a eles. Porém, minha avó estava doente demais para falar ao telefone. Naquela noite, escrevi "Dancing on Glass", remetendo a minha overdose no verso "*Valentine's in London / Found me in the trash*".[26]

Nicole ficou na reabilitação por mais duas semanas. Quando voltou para casa depois da alta, algo estava diferente. Estávamos sóbrios. E, na condição de sóbrios, descobrimos que na verdade não gostávamos tanto assim um do outro. Com a heroína fora da relação, não tínhamos nada em comum. Terminamos imediatamente.

Para permanecer limpo, contratei um assistente pessoal que morava na minha casa, um cara chamado Jesse James, que era uma versão de dois metros de altura do Keith Richards que sempre usava um quepe da SS para cobrir o que eu imagino que fosse seu cabelo. Porém, com o tempo, seu trabalho se metamorfoseou de babá em parceiro no crime. Ele saía para providenciar drogas e, como recompensa, usava comigo. Bebíamos e injetávamos cocaína, principalmente, mas de vez em quando eu injetava um pouco de heroína também, pelos velhos tempos.

Sem Nicole, passei a trocar de garotas como quem troca de meia. Jesse e eu ficávamos de bobeira assistindo TV o dia inteiro, eu tentava escrever músicas para um novo álbum e, quando isso não dava certo, ligávamos para qualquer garota de Hollywood com quem quiséssemos trepar naquela noite. No entanto, depois que comemos todas as strippers e estrelas pornô que nos interessavam, rapidamente nos entediamos. Saíamos pela vizinhança atirando tijolos nas janelas, mas isso também perdeu a graça bem rápido. Decidi que eu precisava de uma namorada, então começamos a escolher garotas na televisão com quem queríamos sair, imaginando todo tipo de cenário divertido para um encontro. Havia uma loira bonitinha que apresentava um jornal local, e eu ligava para ela na emissora durante os comerciais e falava safadezas. Depois, quando ela voltava ao ar, eu assistia para ver se ela parecia excitada, confusa ou aborrecida. Embora ela nunca tenha ido a minha casa, por algum motivo sempre atendia os telefonemas.

Certo dia, vi o clipe de "Nasty Girl", do Vanity 6, no qual as três garotas do grupo se esfregavam de maneira tão sugestiva quanto cantavam. Como protegida do Prince, a líder do trio, Vanity, parecia vir de um mundo muito diferente do meu.

– Seria meio maneiro trepar com ela – disse a Jesse.

– Vai nessa, cowboy.

Liguei para os nossos empresários e disse que queria conhecer Vanity. Eles ligaram para os dela e, dentro de uma semana, eu estava a caminho do apartamento dela, em Beverly Hills, para o nosso primeiro encontro. No segundo em que ela

---

26 "[O] Dia dos Namorados em Londres / me viu no lixo".

abriu a porta, me encarou fixamente com um olhar insano. Seus olhos pareciam que iam sair girando da cabeça, e antes que ela dissesse uma palavra, eu soube que ela era completamente psicótica – mas, até aí, eu também era. Fui convidado a entrar no apartamento, que na verdade eram apenas alguns cômodos abarrotados de lixo, roupas e obras de arte. Uma casa cheia de quadros esquisitos com recortes de revistas, caixas de ovos e folhas mortas coladas. Ela chamava esses quadros de sua arte, e cada um tinha uma história.

– Chamo essa de *O Redentor* – disse, apontando para uma colagem bagunçada. – Retrata a profecia do anjo descendo sobre a cidade, porque ele virá para redimir as almas aprisionadas nas lâmpadas dos postes e os porquinhos vão andar pelas ruas e as crianças vão rir.

Naquela noite, nem saímos do apartamento. Depois de ter corrompido tantas garotas, era hora de uma me corromper. Aquela obra de arte, ela por fim admitiu, foi algo que ela fez depois de ficar acordada por vários dias usando cocaína *freebase*.[27]

– *Freebase*? – perguntei. – Nunca usei do jeito certo.

E então caí diretamente na teia da aranha. Preso na *freebase*, perdi o pouco que restava do autocontrole que eu vinha praticando desde a reabilitação e me tornei um paranoico completamente disfuncional. Certa tarde, havia um pessoal curtindo na minha sala de estar e Vanity e eu estávamos entocados no quarto. Ligamos o rádio, que era conectado a alto-falantes distribuídos por toda a casa, e ouvimos música enquanto acendíamos a *freebase*. Enquanto fumávamos, a música parou e começou um *talk show* no rádio. Saquei meu Magnum .357 e dei mais um trago. Com a *freebase* nos pulmões, berrei para o rádio:

– Seus filhos da puta, vou atirar em vocês. Sumam daqui, porra.

Acho que, por alguma razão, pensei que as vozes que saíam do rádio eram, na verdade, das pessoas na sala, do outro lado da porta. É claro que as vozes não sumiram depois do meu berro, então, enquanto exalava a doce fumaça branca, descarreguei o .357 na porta.

Porém, as vozes continuaram.

– Porra! Eu vou matar vocês, porra!

Abri a porta com um chute e vi que elas saíam de um alto-falante de 1,2 m num canto da sala. Carreguei outro cartucho na arma e enchi o falante de balas de .357. O falante caiu de lado, mas as vozes continuaram:

– Olá, essa é a KLOS, e você está falando com Doug...

Tive uma porra de um surto, e todo mundo foi embora da sala enquanto eu destruía o pobre falante até que as vozes enfim parassem. Acho que a Vanity, num momento de lucidez, deve ter descoberto como desligar o rádio.

Nosso relacionamento foi um dos mais estranhos e autodestrutivos que tive. Usávamos compulsivamente por uma semana, depois não nos víamos por três semanas. Ou, enquanto fumávamos crack, ela me dava uma lição a respeito de

27 Forma pura de cocaína que só é possível consumir fumando, como crack, impossível de ser injetada ou inalada. (N. do T.)

como beber Coca-Cola fazia mal para o estômago. Certa tarde, eu estava na casa dela e chegou uma dúzia de rosas do Prince, com um bilhete que dizia: "Largue-o e me aceite de volta". Na época, eu caí, mas hoje acho que ela só estava me manipulando. O Prince provavelmente nunca enviou flor nenhuma.

Outras vezes, eu estava no apartamento e ela me mandava buscar suco de laranja. Quando eu voltava, o segurança não me deixava entrar.

– Mas eu estava aqui há pouco – eu dizia, completamente confuso.

– Desculpe, senhor, ordens diretas. Você não pode entrar.

– Mas que...

– Se eu fosse você, só iria embora, de qualquer jeito. Não sei tudo o que acontece naquele apartamento, mas nem quero saber.

Um dos vizinhos, por fim, me contou que ela deixava um traficante esperando na esquina, que trazia pedras de cocaína para queimar assim que eu saía. Ela fazia isso escondida de mim não por vergonha da extensão de seu vício, mas porque tinha medo de que eu fumasse tudo sozinho.

Certa noite, Vanity me pediu em casamento. Eu disse sim só porque estava fodido, a ideia era surreal, e era mais fácil do que dizer não. O relacionamento só envolvia drogas e entretenimento, não amor ou sexo ou mesmo amizade. Porém, quando ela deu uma entrevista toda fodida, disse à imprensa que estávamos noivos. Sempre achava um jeito de dificultar ao máximo a minha vida. Tommy tinha uma casa de muitos milhões de dólares em Hollywood, e cá estava eu, na cracolândia. Não surpreende a impressão de que ele estava sempre nos vendo de cima para baixo – porque nós merecemos.

Enquanto eu saía com Vanity, nossos empresários começaram a tentar retomar a comunicação entre a banda para que gravássemos um álbum. A essa altura, eu não só estava usando *freebase*, como caí na heroína de novo. Eu usava botas de cowboy, cujos lados estavam sempre cheios de seringas e pedras. Não queria mais injetar, e me esforcei muito para tentar me limpar, mas não conseguia evitar. Quando decidi usar metadona para a abstinência, a coisa só piorou e logo eu fiquei viciado em ambas. Toda manhã, antes de ir para o estúdio, dirigia até a clínica de metadona no meu Corvete novíssimo e entrava na fila com todos os outros *junkies* para pegar a minha dose. Depois, ia para o estúdio e passava metade do dia fazendo pausas para ir ao banheiro. Às vezes, Vanity aparecia e me envergonhava dando lições à banda a respeito dos perigos do consumo de refrigerantes e acendendo incensos que tinham cheiro de merda de cavalo.

Lita Ford estava trabalhando num disco no estúdio ao lado e, quando me viu, não conseguia acreditar no quanto eu tinha me deteriorado e me disse:

– Antes, você estava pronto pra dominar o mundo, mas, agora, parece que você deixou o mundo te dominar.

E embora eu não estivesse conseguindo escrever uma música sequer para o disco do Mötley, consegui compor uma com Lita para o álbum dela, apropriadamente intitulada "Falling In and Out of Love".[28]

Enquanto seguíamos lentamente rumo a lugar nenhum com o nosso disco, meu avô e minha tia Sharon não paravam de ligar. O estado de saúde da minha avó estava piorando, e eles queriam que eu a visitasse, porém, eu estava tão chapado que sempre ignorava as ligações – até que já era tarde demais. Meu avô me ligou chorando uma tarde e me deu o endereço do funeral, que aconteceria no sábado seguinte. Prometi que estaria lá. Quando o sábado chegou, eu não dormia havia dois dias. Injetei um pouco de cocaína para me dar energia o suficiente para colocar um pé na frente do outro, me arrastei do sofá, comecei a me vestir e fucei nas minhas coisas durante uma hora, na tentativa de encontrar o endereço. Depois, troquei de roupa três vezes, enrolei à procura das chaves do carro, preocupado com como eu encontraria a funerária, e então decidi que seria complicado demais e não consegui me compor. Sentei de novo no sofá, cozinhei *freebase* e liguei a TV.

Fiquei lá sentado, sabendo que, enquanto eu assistia à *Ilha dos Birutas*, o resto da minha família estava no funeral, e a culpa começou a bater. Minha avó foi a mulher que me aguentou quando minha mãe não pôde, a mulher que me arrastou do Texas a Idaho como se eu fosse seu próprio filho. Sem a disposição dela a sempre me acolher, estivesse ela morando num posto de gasolina ou numa fazenda de porcos, eu provavelmente jamais estaria instalado numa casa gigante de *rock star*, me picando. Estaria me picando debaixo da ponte em Seattle.

No dia seguinte, tomei a decisão de me limpar para então poder escrever músicas para o álbum, e talvez até ligar para o meu avô e implorar para que ele perdoasse meu egocentrismo. A primeira música que escrevi foi "Nona", que era o nome da minha avó. Tom Zutaut passou em casa e ouviu a música – "*Nona, I'm out of my head without you*"[29] – e seus olhos se encheram de lágrimas. Frequentemente tenho pesadelos com a doença e o funeral da minha avó, porque não ter ficado ao lado dela e do meu avô naquela época é uma das coisas das quais mais me arrependo na vida.

Tom não estava mais na Elektra, fora trabalhar na Geffen e assinara o Guns N' Roses. Queria que eu produzisse o disco e ver se eu poderia dar ao punk-metal que eles tocavam na época um contorno mais comercial e melódico, sem sacrificar a

28 Em tradução livre, "apaixonando e desapaixonando". (N. do T.)

29 "Nona, perco a cabeça sem você".

credibilidade. Segundo ele, eram só uma banda punk, mas seriam capazes de ser a maior banda de rock 'n' roll do mundo, se alguém fosse capaz de ajudá-los a encontrar as melodias que os levariam até lá. Eu estava agoniado demais na tentativa de reduzir meu consumo de drogas para considerar essa ideia, mas a confiança do Tom me motivou a escrever para o meu próprio álbum. Comprei um velho livro de Bernard Falk, de 1937, chamado *Five Years Dead*, que inspirou a música de mesmo nome, e me foquei em fazer meu cérebro arrancar. Sabia que a minha janela de sobriedade seria breve, então tinha de trabalhar com rapidez.

Assim como *Theatre of Pain*, *Girls, Girls, Girls* poderia ter sido um disco fenomenal, mas nós estávamos envolvidos demais com as nossas merdas pessoais para investir qualquer esforço nele. É possível de fato ouvir o distanciamento entre nós na nossa performance. Se não tivéssemos conseguido extrair duas músicas de nós à força (a faixa-título e "Wild Side"), esse álbum teria sido o fim das nossas carreiras.

No estúdio, misturávamos as drogas com alguma coisa que cada um de nós nunca tinha usado como combinação: culpa, negação e furtividade. E essas três palavras são a diferença entre um viciado e um hedonista. Tommy estava na Heatherlândia, que era não só um paraíso, como também um território de disciplina, onde ele tinha de esconder seu uso de drogas de Heather. Por conta disso, ele estava se tornando um desastre estressado. Vince tentava se manter sóbrio, mas falhava miseravelmente e se distraía da própria infelicidade com garotas e luta livre na lama, e Mick estava envolvido em alguma coisa pelas nossas costas, embora nenhum de nós fizesse a mínima ideia do que seria. Nos meses que antecederam nosso retorno ao estúdio, estávamos tão ocupados enfrentando nossos próprios demônios que nos esquecemos completamente do Mick. Quando voltamos a vê-lo, parecia que alguém tinha costurado sua cabeça no corpo de um lutador samoano: seus braços e seu pescoço estavam tão inchados que ficamos com medo de ele não conseguir segurar o braço da guitarra. Ele sempre fingia estar velho demais para farrear com a gente, dizia que já tinha usado drogas demais na adolescência, mas algo estava acontecendo. E ele não nos dizia o que era.

fig. 3

A avó de Nikki, Nona

fig. 1

PARTE SETE

ALGUNS DOS NOSSOS MELHORES AMIGOS SÃO TRAFICANTES

capítulo 1
MICK

NO QUAL AQUELE ANTERIORMENTE CONHECIDO COMO BOB ALAN DEAL RELATA AS TRAVESSURAS DE SUA JUVENTUDE, ERAS ATRÁS, QUANDO OS COWBOYS PERCORRIAM A TERRA E OS MÉTODOS CONTRACEPTIVOS AINDA NÃO HAVIAM SIDO INVENTADOS

Na minha época, as cordas de enfardamento não eram feitas de arame. Eram cordas mesmo, com uns 60 mm de largura se estendidas, mais parecidas com barbante, na verdade, e nós as usávamos para enfardar feno. Acho que também usamos para enforcar meu irmão mais velho.

Meu irmão mais novo, Tim, e eu fizemos uma volta de uns 45 cm numa corda e demos um nó corredio. Pendurei a corda no galho de um carvalho e amarrei a outra ponta no tronco. Tim achou um tambor de 18 litros no depósito da nossa avó e o posicionou debaixo da forca. Nós então fizemos nosso irmão mais velho, Frank, subir no tambor, colocamos a forca no pescoço dele e nos certificamos de que estava bem apertada. Chutei o tambor e ficamos vendo ele balançar.

Nós éramos os índios, ele era o cowboy. Frank gritava e se contorcia, pendurado, e tentava afrouxar a forca com as mãos. Quando ficamos entediados de correr ao redor dele com gritos de guerra, Tim e eu voltamos para a casa.

– Cadê o Frank? – perguntou a tia Thelma, que não tinha mais do que um metro e meio e era a filha mais leal da minha avó, com quem morou até finalmente se casar aos cinquenta e cinco anos.

– Lá fora – Tim apontou para o quintal.

– Minha nossa! – tia Thelma arfou e correu até a árvore, levantou Frank e soltou a forca.

Eu tinha cinco anos, e não estava para brincadeira. Nasci B.A.D. – Bob Alan Deal. Aqueles que passam por experiências de quase morte sempre dizem que entram num túnel, e que no fim do túnel há uma luz. Gosto de pensar que, quando morremos, atravessamos o túnel e, ao chegar do outro lado, renascemos. O túnel é o canal de parto, e a luz no final dele é a maternidade do hospital, onde sua nova vida o aguarda. Quando alguém tem uma experiência de quase morte, vê a luz mas não segue em direção a ela, em algum lugar há uma mulher dando à luz um bebê natimorto, que deveria ter a alma daquela pessoa.

Eu costumava dizer que, numa vida passada, fui o Buddy Holly, depois voltei como o Brian Jones, dos Rolling Stones, e finalmente retornei à Terra como Mick Mars, mas nunca levei a sério. Isso não quer dizer que eu tenha descartado a possibilidade de uma vida passada, mas, sim, me pergunto por que as pessoas sempre acreditam que foram alguém famoso ou alguma figura histórica. O que aconteceu com os limpadores de chaminé, os mendigos e as donas de casa? Eles não reencarnaram? Quanto a mim, fui informado a respeito das minhas vidas passadas por um velho hippie conhecido como Jardineiro da Meia-Noite, que costumava vir até a minha casa nas montanhas de Santa Monica e cortar a grama todas às noites, à 1h da madrugada. O Jardineiro da Meia-Noite me contou que fui o Rei de Bornéu, um canibal e um escravo que trabalhou nas Pirâmides do Egito. Acho que devo ter sido algum tipo de conquistador barato e ladrão, porque, nesta vida, estou sendo punido por isso: as mulheres e o dinheiro não gostam de mim. Na verdade, as primeiras parecem sempre sair da minha vida levando todo o segundo.

Desde que enforquei meu irmão, soube o que queria fazer da vida. Naquela semana, a tia Thelma levou Frank, Tim e eu à 4-H Fair, no Hiers Park, em Huntington, Indiana, onde vivíamos. Ela nos comprou picolés e nós nos sentamos na grama para comer e ver um show. Eu era muito novo, nem sabia o que era um show. Vi um cara alto e magrelo, vestindo um terno de cowboy laranja-claro cravejado de strass e um chapéu branco – muito mais elegante do que a fantasia de cowboy usada por Frank quando o linchamos. No palco, apresentou-se como Skeeter Bond e começou a cantar. Havia outros cowboys tocando guitarra e bateria atrás dele, fazendo muito barulho. Fiquei boquiaberto e me esqueci completamente do picolé, que derreteu sobre a minha roupa toda. Eu queria ser ele, queria fazer música no palco. Não importava que tipo de música, na verdade. Música era música: era tudo ótimo, fosse a música de cowboy do Skeeter Bond ou a dos discos de Elvis Presley da minha mãe.

Na manhã de Natal daquele ano, meus irmãos e eu corremos escada abaixo para abrir nossos presentes. Havia meias longas penduradas na lareira, e uma delas continha um violãozinho cujas cordas provavelmente eram de borracha.

– É meu! – berrei e agarrei o presente antes que alguém pudesse tomá-lo de mim.

No Natal do ano seguinte, quando eu tinha seis anos, minha mãe me deu um violão do Mickey Mouse, que tinha as orelhas do Mickey e uma pequena manivela que, quando girávamos, fazia o brinquedo tocar músicas dos Mouseketeers – porém, eu não estava interessado em músicas dos Mouseketeers. Aprendi a apertar as cordas de forma que elas soassem mais parecidas com o violão *twangy* de Skeeter Bond, e descobri como tocar melodias de verdade nelas.

Havia um preguiçoso maneiro de uns vinte e poucos anos que morava perto de casa, que eu chamava de Sundance. Ele tinha um violão velho chamado Blue Moon, e foi no Blue Moon que ele me ensinou minha primeira música de verdade: "My Dog Has Fleas". Às vezes, me pergunto se a música country seria minha real vocação.

Por fim, Sundance me ensinou a tocar melodias, como a da balada sangrenta "Hang Down Your Head Tom Dooley". Eu gostava da melodia porque elas saltavam do Blue Moon e, embora eu não conhecesse a terminologia na época, já estava favorecendo a guitarra solo em detrimento da base, que parecia mais algo que tocava de fundo.

Se não fosse pelo nascimento de Jesus, eu nunca teria chegado a lugar algum na música, porque foi num outro Natal, alguns anos depois, que meu primo mais velho me deu um violão Stella que ele encontrou numa loja de penhores por doze dólares.

Pouco depois, meus pais tiveram sua primeira menina, Susan (ou Bird, como a chamávamos). Bird nasceu com um problema no pulmão e, para aumentar suas chances de sobreviver, os médicos sugeriram que nos mudássemos para um lugar de clima mais árido, como o Arizona ou a Califórnia. Assim, nós dez – eu, meus irmãos, meus pais, minha irmã, minha tia, meu tio e meus primos – nos amontoamos num Ford 1959. Depois de três dias e meio de mau jeito nas costas e falta de oxigênio, chegamos em Garden Grove, Califórnia. Foi como *As Vinhas da Ira*, só que a Califórnia fazia jus à fantasia: havia laranjeiras por todo lado, e à noite nós conseguíamos ver os fogos de artifício da Disneylândia. Lá, porém, a música country e Skeeter Bond eram palavras estrangeiras desconhecidas. O que estava rolando era a surf music – Dick Dale, Ventures, Surfaris.

Meu pai trabalhava na Menasha Container (que fabricava caixas de papelão para uma das minhas companhias favoritas, a Fender) e minha mãe passava camisas para fora aos finais de semana como renda extra – dois dólares por dia, se ela tivesse sorte. Embora eu já tivesse outro irmão mais novo e uma irmã, ainda assim ela conseguiu economizar o bastante para comprar uma guitarra St. George de quarenta e nove dólares para mim. Agora eu podia tocar surf music, que soava como ondas girando e se quebrando, do jeito que o Dick Dale tocava. O volume também era importante para mim, mas meus pais não tinham dinheiro para comprar um amplificador ou um aparelho de som. Em vez disso, peguei o falante do toca-discos da minha irmãzinha, religuei a fiação do braço e fiz minha própria combinação de amplificador e toca-discos, de modo que podia tocar junto com as minhas músicas favoritas de surf.

Nesse ínterim, meu pai acordou certo dia e, de repente, decidiu se tornar pastor batista. Quando criança, ele sofreu de uma doença incapacitante que atacou suas pernas. Os médicos disseram que não podiam fazer nada por ele exceto pedir misericórdia a Deus. Quando ele melhorou, meu pai deve ter ficado com um gatilho divino na cabeça, que disparou naquela manhã, quando ele correu na cozinha bradando que vira os erros de seus caminhos e queria dedicar a vida ao ministério.

Apesar de ter encontrado a religião, meu pai nunca tentou me desencorajar de fazer música. Ele e minha mãe pensavam que o motivo pelo qual eu era tão obcecado era por meu cérebro ter fritado quando eu tinha três anos. Tive escarlatina e passei três dias com 41 graus de febre. Um médico veio até a casa da minha avó, onde eu estava de cama, quase morto, e tirou toda a minha roupa, me envolveu em toalhas frias e encheu a cama de gelo. Em seguida, abriu todas as portas e janelas da casa até que o ar de inverno tomou o quarto. Depois de uma hora, a febre baixou. Fiquei tão mal, disseram, que talvez nunca me recuperasse.

A surf music, para eles, era só mais uma doença. Porém, pouco depois, veio uma doença ainda mais contagiosa, os Beatles. Da noite para o dia, o surf rock ficou arcaico e o pop com vocais – melodias, harmonias e letras sobre as quais era possível balançar a cabeça – entrou na moda. Decidi que eu precisava cantar também. Pratiquei todos os dias por um ano até que estivesse pronto para mostrar à família. Reuni todo mundo na sala e cantei “Money”, dos Beatles. O primo que me dera meu primeiro violão de verdade teve uma crise de riso histérica. Disse que eu não conseguiria carregar uma música no gogó nem se ele embrulhasse e colocasse alças nela. Fiquei tão envergonhado que nunca mais tentei cantar – pelo resto da vida.

Aos quatorze anos, entrei na minha primeira banda, The Jades, um cover dos Beatles com algumas músicas autorais que poderiam muito bem ter sido dos Beatles. Comecei no baixo, mas logo substituí o guitarrista. Nosso primeiro show foi no American Legion Hall, em Westminster, e ganhamos doze dólares, que dividimos entre nós quatro. No entanto, nunca mais nos convidaram para tocar lá de novo: éramos pesados demais ou horríveis demais.

Eu tinha um amigo chamado Joe Abbey, um samoano que nunca abandonara a guitarra surf e tocava tão bem que te faria cair de joelhos. Quis pedir emprestados o amplificador e o pedal de reverb dele, mas ele disse que, na verdade, o equipamento era dos irmãos Garcia. Joe me deu o telefone deles, e foi aí que tudo realmente começou.

Cheguei na casa deles, que eram em três – Tony, Johnny e Paulie. Eram grandalhões e malvados e chefiavam uma gangue de rua, os Garcia Brothers. Tony era um guitarrista que mandaria os irmãos darem uma surra em quem dissesse ser melhor do que ele, Paulie era um baterista alto, aborrecido por achar que deveria tocar guitarra, e Johnny era um baixista que foi para o reformatório aos dezesseis anos por espancar dois policiais. Eles tocavam ainda com um não irmão, Paul, um gaitista cego que parecia Jesus. Eram durões e não tocavam surf music nem Beatles: tocavam blues. Blues elétrico e pesado.

Os vizinhos os detestavam, porque sabiam que os irmãos usavam drogas e brigavam. Por algum motivo, sempre havia pessoas cegas, surdas ou deficientes físicos perto deles, e concluí que isso era prova de que ou eles tinham um lado terno e empático, ou estavam tocando algum tipo de fraude misteriosa. Certa noite, às 21h, a polícia prendeu a todos nós por causa de reclamações de barulho, e eu recebi o que eles chamavam de liberdade condicional de verão basicamente só por tocar guitarra (talvez seja esse o motivo de eu, hoje, me irritar tanto com vizinhos que reclamam de barulho). Formamos uma banda pretensiosamente chamada Sounds of Soul, e tocávamos em todos os clubes de Orange County que permitiam a entrada de menores de idade, como o Sandbox.

Na escola, eu não ligava para nada, exceto para a música. Era um dos três melhores guitarristas dali: o melhor era Chuck Frayer, que solava como ninguém e cujos *bends* ficavam suspensos no ar por uma eternidade. Ele acabou convocado para as Forças Armadas durante a Guerra do Vietnã, e a última vez que o vi foi no show de talentos *The Gong Show*. Estava tocando gaita num terno que fazia parecer que ele tinha duas cabeças e você pode apostar todas as economias da sua mãe que ele foi gongado.

O outro grande guitarrista era Larry Hansen, que foi tocar com os Gatlin Brothers; e o terceiro era eu. A escola era pura tortura, e eu só conseguia pensar em chegar em casa para praticar. Na aula de inglês, nosso professor, o sr. Hickock, pediu que escrevêssemos um ensaio a respeito de um poema. Todos os outros alunos escreveram sobre Robert Frost ou Ralph Waldo Emerson, mas eu cheguei com "Pressed Rat and Warthog", do Cream. Quando o sr. Hickock devolveu os trabalhos, escreveu no meu: "F – o que é uma grande generosidade". No dia seguinte, tivemos prova, e numa das respostas escrevi que o professor era um esnobe quadrado e que odiava música, acrescentando embaixo que isso era "uma grande generosidade". Entreguei a prova e, quando ele leu, me mandou para a diretoria, onde fui suspenso – o que foi uma grande generosidade, disse ele, pois eu deveria ter sido expulso. Não me importei. Só queria ser aluno de gente que soubesse alguma coisa de música. Porém, hoje, gostaria de ter prestado mais atenção nas aulas de inglês, porque, quando converso com alguém, fico com medo de parecer sem instrução ou de usar as palavras erradas.

Quando voltei à escola, um professor substituto de ciências me expulsou da sala porque eu estava anotando acordes de guitarra no caderno, no lugar de prestar atenção. Ao sair, virei-me para ele e berrei:

– Sei onde você estaciona o carro! Sei onde você mora! É melhor você ficar esperto!

Não acho que eu era um cara intimidador – parecia um Duane Allman ruivo com uma penugem como bigode, mas o professor ficou tão assustado que mandou a polícia na minha casa.

A essa altura, eu estava morando num pequeno galpão no jardim nos fundos da casa dos meus pais, que ficava ao lado de um riacho. Ali, eu podia tocar guitarra a qualquer hora, ficar acordado até a hora que quisesse, receber os amigos e tomar um pouco de *vino*. Quando a polícia viu o lugar, disse que aquilo ali não era adequado nem para um cachorro viver. Passaram um sermão nos meus pais e, embora eu pudesse retornar à escola, depois disso acho que simplesmente parei de ir. Se a escola naquela época fosse como as de hoje – com aulas de arte, apreciação musical e computação – eu teria ficado. Mas nada lá me interessava então.

Nunca prestei muita atenção em garotas. Conheci meu primeiro amor na casa dos irmãos Garcia. Ela tinha quatorze anos e um dos Garcia mais novos – devia ter pelo menos uns doze irmãos Garcia correndo por aquela casa – a trouxe do colégio. Começamos a andar juntos e, depois de um tempo, deduzi que estávamos namorando.

Certa noite, chamei-a para sair, e ela disse que os pais a tinham obrigado a ficar em casa com eles. Assim, fui jogar boliche com Joe Abbey – e ela apareceu no boliche com outro garoto. Fiquei devastado. Perguntei o que estava acontecendo e ela balbuciou qualquer coisa, porque estava bêbada. Enquanto eu sentia a testosterona correr para o meu coração, fazendo meu sangue ferver, meus amigos me arrastaram para fora do boliche e me levaram embora no carro deles. Naquele dia, desisti das mulheres. Todos os pensamentos em garotas, namoros e transas foram pelo ralo, o que me permitiu passar ainda mais tempo praticando. No Natal daquele ano, minha tia Annie, que sempre acreditou em mim, mesmo quando os amigos e a família não acreditavam, me comprou uma Les Paul surradíssima por noventa e oito dólares. Depois, em maio, um moleque me deu uma Stratocaster 1954 depois de se formar, porque nunca tocava. A essa altura, eu já não era mais um dos três melhores guitarristas na minha faixa etária. Era o melhor.

Logo parei de tocar com os irmãos Garcia: ficou muito assustador. As atividades da gangue sempre se misturavam com as da banda, e gangues rivais sempre vinham começar brigas. Posteriormente, um dos irmãos acabou na cadeia por matar acidentalmente uma garotinha num tiroteio de carro, e outro foi tocar na banda do Richard Marx. Eu disse que eles eram do mal.

Os irmãos costumavam trabalhar com um cantor chamado Antone, provavelmente um dos melhores gogós negros que já ouvi. Ele cantou a minha bola para uma banda de blues de Fresno, com quem ele trabalhava, e que precisava de um guitarrista. Assim, com minhas duas guitarras na bagagem e um tanque de reverb emprestado de um amigo, eles me buscaram e me levaram para Fresno.

Foi empolgante de início, pois era uma banda só de negros e eles queriam que eu lhes ensinasse ritmo e soul. Passava o dia inteiro com eles, mostrando tudo o que eu sabia, e à noite dormia numa mesa de sinuca no salão de jogos deles. Porém,

eles se frustraram por não soarem como o John Lee Hooker depois de uma semana, embora eu insistisse em dizer que manter a calma e relaxar e ter paciência é parte de onde vem o soul. Enquanto eu ensinava uma escala de blues para eles na varanda, um senhor negro passou num Cadillac 1960 com um violão vagabundo no banco do passageiro. O sujeito era tão grande que seus braços praticamente se arrastaram pelo chão quando ele abriu a porta e saiu do carro.

– Isso é o blues – eu disse aos caras da banda. – Vocês estão vivendo o blues.

Mas eles simplesmente não conseguiam tocar, por mais intensamente que quisessem. Fiquei muito decepcionado e me senti velho demais para perder meu tempo daquele jeito. Acho que sempre me senti velho demais, mesmo aos dezessete anos.

Fui para Fresno sem dinheiro, presumindo que logo estaríamos ganhando pelos shows. Mas não havia shows, e eu não tinha um tostão. Assim, pedi dez dólares emprestados ao baterista para comprar comida. Depois de alguns dias, tudo o que eu ouvia era "você me deve dez dólares". Eles estavam tendo aulas de graça, e só conseguiam pensar em dinheiro e ganância. No meu tempo livre, eu colhia melancias para tirar um troco para a comida, mas não ganhava o suficiente para pagar a dívida. Assim, a banda acabou antes mesmo de começar. Levaram-me de volta para casa, só para que pudessem chegar na minha tia Thelma e cobrar dela os dez mangos quando ela abrisse a porta. A ganância é geralmente o maior obstáculo para o sucesso, logo depois do egoísmo.

(Posteriormente, consegui pagar a tia Telma, que viria a se tornar a maior fã do Mötley Crüe. Ela guardava toda notícia de jornal, assinava todas as revistas de metal e, apesar de ser parcialmente surda, ia a todos os shows nossos que podia. Porém, quando seu marido morreu, ela desapareceu. Por fim, encontrei-a morando numa casa sem aquecimento, sem encanamento, sem carpete, com a pintura descascando e o teto caído. Mandei dinheiro para que ela pudesse arrumar o lugar, e sempre que a via depois disso deixava algumas centenas de dólares para a gasolina e a conta de água. Ela sempre dizia que não conseguia entender como alguém teria tanto dinheiro quanto eu dava a ela. Assim como meu pai, ela não chegou a perder parte da inocência da infância.)

Quando retornei para casa, depois de Fresno, meu amigo Ron estava morando no galpão no fundo da casa dos meus pais, que, a essa altura, eu tinha incrementado bastante. Havia uma luz negra que iluminava os pôsteres psicodélicos vermelhos e verdes nas paredes, uma TV, que eu encontrara largada numa esquina, e eu ainda usava o aparelho de som caseiro que há muito tempo montara com o toca-discos da minha irmã. Ron e eu adorávamos *crosstops*, que eram basicamente anfetaminas de caminhoneiro que você podia comprar por dez dólares o cento em qualquer farmácia. Engolíamos um monte delas e pedíamos carona até o lugar mais distante que podíamos, depois voltávamos para casa de Whittier, ou de onde quer que fosse, quando o efeito das anfetaminas passava, ao amanhecer.

Depois da anfetamina, comecei a usar Seconal, que era um analgésico pesado que eu tomava com gim. Fiquei tão viciado que meu médico me disse que eu morreria se não parasse de usar, então parei de uma vez, de supetão, o que foi a coisa mais estúpida que eu poderia fazer, já que parar com analgésicos assim, bruscamente, poderia ter me deixado em coma. À medida que você fica mais velho, passa a se preocupar com a morte e sua própria mortalidade muito mais do que quando jovem. Porém, com a clonagem (que eu tenho certeza de que já foi feita com humanos, em segredo), estamos a apenas um passo da ressurreição científica para os escolhidos (isto é, os ricos).

Nunca curti psicodélicos. Quando eu pedia carona, alguém que conheci me ofereceu um tablete de mescalina. Tomei mais ou menos metade do tablete, que era um pouco maior que uma aspirina. Como nada aconteceu, tomei a outra metade. E aí a mescalina bateu feito um cassetete. Fiquei fodido por três dias, via pessoas encolherem, atravessarem paredes e flutuarem no ar, e nada fazia sentido. Eu só conseguia pensar: "Quando esse efeito vai passar?". Experimentei um ácido laranja uma vez e aconteceu a mesma coisa.

Eu estava ficando tão insano e recebendo olhares tão reprovadores da minha família que concluí que era hora de achar meu próprio lugar. Não tinha dinheiro, então fui morar com uns motoqueiros em Orange County. Foi como estar com os irmãos Garcia de novo, porque eu era franzino e inocente demais. Quando derramavam cerveja no chão, me pegavam e usavam meu cabelo comprido como esfregão. Explicavam que não queriam sujar suas calças Levi's, e eu não discutia. Todos portavam armas, porque outros clubes de motoqueiros roubavam as motos, raspavam o chassi e pegavam para si ou revendiam.

Hoje, tenho um bom radar de encrenca. Já passei por muita coisa e, quando vejo a encrenca chegando, desvio, porque sei o que acontece quando ela te pega. Porém, naquela época, esse radar ainda não funcionava, então não desviei quando um amigo meu, Mike Collins, trouxe sua ex-namorada, Sharon, para uma festa nossa. Era uma morena pé no chão de 1m60cm com mechas castanho-avermelhadas no cabelo e um rosto como o da Ali McGraw.

Começamos a namorar logo de cara, mas ela era muito mais séria do que eu. Seus pais tinham se separado quando ela era muito pequena e, embora tivesse apenas dezesseis anos, ansiava pela estabilidade que faltara na sua infância. Apesar de ela estar interessada em casamento desde o primeiro dia, eu sabia que não poderia ser um marido. Queria ser guitarrista, e ponto final. Eu tinha apenas dezenove anos e absolutamente nenhum plano de arrumar emprego ou me estabilizar. Sabia que demoraria um tempo até chegar a algum lugar no rock 'n' roll, e estava preparado para me dedicar a isso. Apesar disso, uma noite ela chegou do trabalho e, com um sorriso vago no rosto, me deu a notícia:

– Estou grávida.

– Não – eu disse a ela –, não vou parar. Isso é o que eu quero fazer.

Ela disse que teria o bebê e arrumou um emprego para mim na lavanderia onde trabalhava na época. Eu tocava na madrugada com uma banda chamada Wahtoshi (que nós pensávamos significar "número um" em chinês). Tocávamos até as 6 da manhã, e então eu dormia por duas horas, ia para a lavanderia às 8h e trabalhava até que chegasse a hora de tocar de novo. Alguns meses depois que meu filho, Les Paul (adivinha quem deu o nome), nasceu, Sharon engravidou de novo. Parecia que não dava para o meu sonho ficar mais distante.

Estava preso a tudo o que passei a vida inteira tentando evitar: uma esposa, dois filhos, um trabalho comum numa lavanderia ridícula. Toda essa responsabilidade recaiu sobre mim quando eu não estava pronto, e não aguentei esse peso. Comecei a ter ondas de calor horrendas; de repente, meu corpo ficava febril e eu entrava num mundo que parecia e dava a sensação do inferno. Em outras ocasiões, eu desmaiava e apagava por horas: acordava na cama, no palco ou na rua e não fazia ideia de como tinha ido parar lá. Estava passando por algum tipo de transformação: ou estava ficando louco, ou me encontrava numa espécie de casulo mental estranho que era parte do processo da transição de menino para homem.

Eu não sabia para onde ir. Não podia abandonar minha esposa grávida, e nem a pau desistiria de me tornar um grande guitarrista de blues ou de rock 'n' roll. Assim, me voltei para a única pessoa que achei que pudesse ajudar: Deus. Comecei a falar com Ele, rezando, pedindo misericórdia, ajuda e orientação. Posso não saber como chegamos aqui – talvez sejamos rejeitados de sociedades alienígenas, ou apenas um experimento de uma raça superior numa placa de Petri chamada mundo –, mas alguém ou alguma coisa colocou isso tudo aqui para funcionar, e, na época, eu tinha de acreditar que era Deus, porque, se eu não conseguisse acreditar em Deus, não conseguiria acreditar em coisa alguma. E se eu não conseguisse acreditar em coisa alguma, que sentido faria continuar vivendo?

No meio disso tudo, um amigo do meu pai calhou de nos visitar. Era um diácono mais velho que deixara a barba crescer para parecer mais sofisticado, embora ela só servisse para fazer ele parecer ainda mais velho (a única coisa pior que isso são barbas em carecas, porque assim eles parecem ter o cabelo invertido na cabeça). O diácono rapidamente percebeu que eu estava à beira de um colapso nervoso sério.

– Você quer se batizar? – perguntou, alisando a velha barba grisalha. Eu respondi que sim, queria.

Ele me levou à igreja, onde entrei em 90 cm de água.

– Te batizo em nome do Pai, do Filho e do Espírito Santo – recitou ao prender meu nariz e me mergulhar de costas na água.

"Espero que isso ajude", pensei quando emergi batizado.

Hoje, não acredito no conceito cristão de um Deus que criou as pessoas com o único propósito de julgá-las e puni-las. Afinal, se um dos mandamentos é "não matarás", isso torna Deus um hipócrita quando ele faz coisas como inundar o mundo ou destruir Sodoma e Gomorra? Mas, na época, eu precisava do perdão. Precisava de alguém para purificar meu passado e me recompor do zero. Por um tempo, funcionou, até formei uma banda gospel, mas foi só um alívio temporário, como o Seconal. Parou com a dor por um momento, mas a dor voltou com uma nova intensidade. Toda vez que entrava na igreja, sentia um mal-estar que me dizia que eu não estava onde deveria estar, que talvez eu estivesse ainda mais aprisiona-

fig. 3

do pela normalidade: agora eu tinha uma esposa, dois filhos, um trabalho de merda e, além disso tudo, precisava frequentar cultos semanais e eventos da igreja.

Certa tarde, eu estava trabalhando na lavanderia exausto por conta da falta de sono, transferindo uma banheira de quase trezentos quilos de roupa da lavadora para a secadora. A banheira ficava presa a um gancho pendurado numa esteira no teto, mais ou menos como num frigorífico. Quando empurrei a banheira na direção da secadora, deixei-a escapar e ela voltou com tudo, esmagando a minha mão esquerda. Um flash de pânico passou pela minha cabeça: e se eu nunca mais pudesse tocar guitarra?

Fiz um curativo e fui dispensado pelo resto do dia. Nunca mais voltei. E, embora minha mão tenha depois melhorado, o Wahtoshi me substituiu no período em que precisei me ausentar.

Disse a Sharon que nunca mais teria um emprego regular, e a expressão dela passou por tantos tons diferentes de raiva, enjoo e desgosto que ela parecia um teste de cores de TV. Ela conseguira o emprego para mim na lavanderia e agora eu estava jogando esse emprego fora. Estava cansada de desempenhar o papel de mãe e pai ao mesmo tempo, e era claro que eu era incapaz de fazer qualquer coisa por mim mesmo. Assim, no Natal, a data em que tudo parece acontecer na minha vida, ela pegou Les Paul e nossa filha de cinco meses, Stormy (uma garota que me tornaria avô três vezes antes de eu completar quarenta anos), e me deixou.

Agora, em cima disso tudo, eu teria de pagar pensão: duzentos dólares por mês. Sem ganhar um tostão com música. Duro e com dívidas, implorei aos meus pais para que me deixassem voltar a morar na casa deles. Eles deixaram, e lá estava eu no mesmo galpão onde comecei. Demorei muito para chegar a lugar nenhum. Além disso, a polícia veio bater na minha porta de novo, como nos tempos de escola. Só que, agora, me levaram para a cadeia por não pagar a pensão, e eu passei duas noites tentando impedir que os caras comessem meu rabo e ateassem fogo no meu colchão. Depois, justo quando eu achava que não poderia descer ainda mais fundo, veio a notícia que me lançaria num poço do inferno para o resto da vida.

capítulo 2
MICK

UM GRANDE SEGREDO É COMPARTILHADO, A PARTIR DO QUAL O LEITOR DOTADO DE DISCERNIMENTO PODE VIR A ENCONTRAR UMA EMPATIA MAIS PROFUNDA POR UM HERÓI SILENCIOSO ISOLADO NUM CAMPO DE BATALHA INCOMUM

A primeira vez que notei foi aos dezenove anos. Meus quadris começaram a doer tanto toda vez que eu virava o corpo que parecia que havia fogos de artifício explodindo nos meus ossos. Eu não tinha dinheiro para ir ao médico, então só esperei poder fazer o que eu normalmente fazia: espantar a dor por meio do poder da mente. Porém, a dor só piorava.

Quando eu estava casado com Sharon, ela me incentivou a ir ao médico, que me disse que eu não tinha um bom estilo de vida e que, se eu me exercitasse, a dor iria embora. Fui embora do consultório cinquenta dólares mais pobre. Eu sabia que a dor era um sintoma de algo mais do que apenas preguiça, só não sabia o que exatamente: era a forma como eu pendurava a guitarra no corpo? Todos aqueles *crosstops* e anfetaminas estavam, de algum modo, destruindo meus ossos?

Então, certa tarde, enquanto eu lavava roupa, comecei a sentir dificuldade de respirar. Primeiro, parecia que alguém tinha cravado uma faca nas minhas costas. Porém, à medida que as semanas foram passando, a dor não parava de andar pelas minhas costas. Depois, meu estômago começou a queimar e fiquei com medo de que meu corpo todo estivesse prestes a falhar. Pensei que houvesse um buraco no meu estômago, por onde os ácidos estavam vazando e destruindo meus ossos e órgãos. Eu segurava maçanetas, ancorava as pernas no chão e puxava para alongar as costas e aliviar a pressão. Nos shows, eu nem conseguia mais pegar meu cabeçote Marshall de cima da caixa, porque minhas costas doíam tanto que eu não podia levantar os braços acima dos ombros. Parecia que minha espinha tinha sido substituída por um cacto petrificado.

Quando saí da cadeia, a tia Thelma me levou a um médico especialista em dores nas costas, e foi aí que ouvi pela primeira vez as duas palavras que me tornariam uma aberração e um desajustado para o resto da vida: *espondilite anquilosante*. O que me impressionou mais nesse diagnóstico foi que o nome da doença trazia um quase derivado de *loser*.[30] Eu tinha perdido.

Espondilite anquilosante é uma doença degenerativa óssea que me disseram ser genética, embora eu não saiba de nenhum parente que tenha. Ela geralmente afeta as juntas e ligamentos que permitem que a espinha se mova, inflamando-os e enrijecendo-os. É como se houvesse cimento quente e de secagem rápida no interior da sua espinha, que se torna tão pesada com o passar dos anos que começa a te puxar para baixo. As pessoas pensam que eu ando curvado porque sou tímido, mas é porque minha espinha está lentamente me forçando para baixo.

O médico disse que eu tinha uma forma extremamente rara da doença, que começa na adolescência, mas que pararia quando eu estivesse em meados dos meus trinta anos. Alguns dizem que o tempo cura todas as feridas, mas penso que o tempo é que é a ferida.

Até os médicos me receitarem analgésicos, eu costumava engolir uns quinze Advils de uma vez para melhorar a dor, mas nunca era o bastante. Eu precisava estar alerta para tocar guitarra, então não poderia apagar como eu precisava. Colocar minha carreira de volta nos trilhos se tornou mais urgente do que nunca, antes que a doença se instalasse nas juntas da minha mão e me privasse da única coisa com que eu me importava no mundo: tocar guitarra.

Comecei a pedir carona de novo. Meu amigo Ron se casara e estava preso numa vida como a que eu tentava evitar. Assim, parti feito um andarilho com Mike Collins. Na maioria dos finais de semana, Mike e eu pegávamos carona até os clubes de Orange County, à procura de bandas com quem fazer *jams*. No Pier 11, encontrei a White Horse, que tocava covers – como "Free Ride" e "Rock and Roll, Hoochie Koo" –, mas os tocava melhor do que qualquer banda da qual eu fizera parte.

Quando ouvi falar que eles estavam pensando em dispensar o guitarrista, comecei a ir em todos os shows. Chegava cedo e ficava até depois do show, embora minhas costas estivessem tão ruins que eu não conseguia ajudá-los a guardar o equipamento. Depois de seis meses de completa devoção, eles finalmente disseram:

– OK, você conseguiu. Está na banda.

Saí do galpão dos meus pais e fui morar num apartamento infestado de baratas em Hollywood com o baterista e o tecladista do White Horse. Eu dormia no chão, no meu saco de dormir, o que assassinava minhas costas, e construí um

30 O nome da doença em inglês é *ankylosing spondylitis*, e Mick faz um trocadilho com o final da primeira palavra, *-losing*, gerúndio do verbo *to lose*, "perder". (N. do T.)

muro de equipamentos musicais ao meu redor para impedir que as baratas e ratos subissem em mim. Passei sete anos tocando aqui e ali com o White Horse e, nesse tempo, a dor se espalhou: primeiro, para os meus joelhos, tornozelos e pulsos; depois, chegou aos meus ombros e no meio das escápulas, até que cada junta estivesse doída e eu não pudesse mais dormir reto, de costas ou de bruços. Tinha de dormir meio sentado.

Tentei usar minha influência no White Horse para convencê-los a finalmente tocar músicas autorais, mas os caras estavam sempre à procura de um trocado fácil. Por fim, o vocalista me disse que eu deveria sair da banda, porque os demais estavam prestes a me mandar embora. Decidi esperar e, dois dias depois, o tecladista fez um motim. Dispensou o cantor, o baixista e eu e transformou o White Horse numa banda de disco music. Como eu não tinha dinheiro para pagar o aluguel, fui expulso da casa também e voltei a ser um andarilho: dormi em ocupações em North Hollywood, bancos de parques e até na casa da minha ex-cunhada. Arrumei emprego numa fábrica de motos, porém, tinha tanta dor com tanta frequência que era inútil no trabalho.

E então, certa noite, minha nova namorada, Marcia (que conheci depois de um show do White Horse no Pier 11), chegou com o sorriso vago que eu já tinha visto antes no rosto de outra mulher e me deu a notícia que já me havia sido dada tantas vezes antes:

– Estou grávida.

É claro que ela queria ter o bebê. A vida deu uma volta completa e me jogou de volta na areia movediça. Parecia que meu sonho estava escapando das minhas mãos de novo, embora eu estivesse mais próximo dele do que eu imaginava.

Dei o primeiro passo na direção certa ao não me casar de novo. Depois, passei por bandas como Vendetta, que incluía dois ex-integrantes do White Horse, e me mudei para o Alasca para tocar os sucessos do rádio e, assim, ganhar dinheiro fácil. Quando coloquei o anúncio no *The Recycler* que foi respondido por Tommy e Nikki, eu esperava me ver em apenas mais uma banda cover que brigava por ego e dinheiro. Porém, quando Vince entrou, eu soube que minha busca – quase três décadas depois que vi Skeeter Bond, três décadas pegando carona de banda em banda, sofá em sofá, relacionamento em relacionamento – havia terminado. Ali era onde eu deveria estar.

No entanto, quanto mais sucesso fazíamos, mais difícil era desfrutar das recompensas. Não paravam de aparecer novos sintomas da espondilite anquilosante: algo chamado "irite" apareceu, produzindo rajadas de dor nos meus olhos sempre que eu olhava para luzes fortes, como acontecia no palco todas as noites. E a parte inferior da minha espinha dorsal foi tomada e ficou completamente solidificada, o que me causou escoliose e me deixou ainda mais curvado, até que eu ficasse 7 cm mais baixo do que era na adolescência. É por isso que nunca tiro minhas botas de plataforma; não quero ser um pigmeu.

A doença encontra todo ponto aberto entre os ossos ou no interior deles – costelas, juntas, ligamentos – e cresce ali. Se você tenta operar e removê-la, ela simplesmente brota de novo, como unhas cortadas. Quando eu morrer, imagino que meu esqueleto estará duro como pedra. Se for exposto numa aula de medicina, nem vai ser preciso pendurá-lo em pé com fios.

A pior parte da doença, porém, não é a dor ou a corcunda. É subir no palco, ver toda aquela gente animada e não poder fazer nada. Tantas vezes eu quis descer até a altura do público, mas sei que, se eu chegasse lá, só conseguiria voltar ao palco se Vince ou Nikki me puxassem. E se, Deus me livre, os fãs me arrastassem para o meio do público, eu teria de ser hospitalizado. Fico muito aborrecido todas as noites quando vejo a forma como Nikki e Vince correm pelo palco todo. Tudo o que consigo fazer é me arrastar penosamente e, quando um fã se empolga na minha frente, demonstrar um sorriso, dar oi ou tentar jogar uma palheta.

Outro dia, me assisti em vídeo, e eu parecia uma estátua cujas mãos de alguma forma ganharam vida. Quando eu tentava me mover, parecia estúpido pra caralho. É melhor se eu só ficar parado. Às vezes, quando estou tocando, a correia da guitarra incomoda o meu pescoço até parecer uma cãibra e eu começar a sentir espasmos musculares do fim da coluna até o meio das costas. Quando isso acontece, pelo resto do show não consigo nem virar a cabeça para acenar para um fã. É muito fodido. As pessoas pensam que eu sou tímido, estranho ou rude ao me verem assim no palco. Pensam que eu cultivei de propósito essa imagem de distanciamento e desinteresse, porém, a verdade é que eu sou um prisioneiro no meu próprio corpo.

No fim das contas, durante a turnê de *Girls, Girls, Girls*, fiquei tão frustrado e cansado com a dor que uma depressão crônica se instalou. Psicólogos me davam antidepressivos e aconselhadores de administração de dor me forneciam analgésicos, mas nada funcionava. Assim, decidi tentar minha própria medicação: álcool. Nikki estava viciado em heroína de novo, Tommy passou metade da turnê inconsciente e Vince estava bebendo até um estado de letargia e todo mundo sabia. Já eu, eu preferia manter meus problemas em segredo. Porém, o problema dos segredos é que ninguém pode te ajudar sem saber o que há de errado. E havia muito de errado naquela turnê.

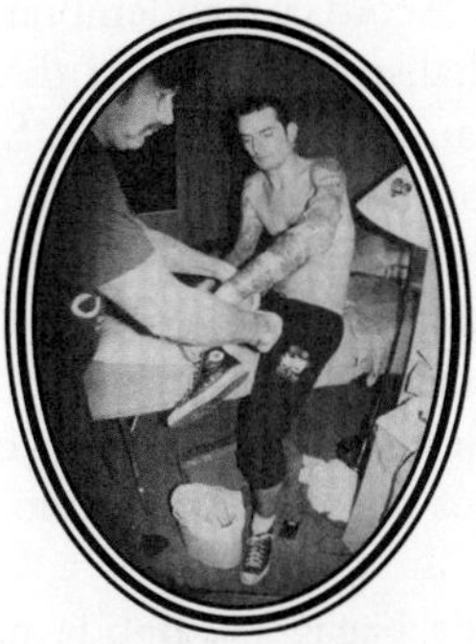

capítulo 3
T O M M Y

UM ITINERÁRIO COMPLETO DAS PERAMBULAÇÕES COTIDIANAS DOS NOSSOS HERÓIS EM SUA JORNADA SEGUINTE, DESCRITA EM DETALHES PLENOS E EXCRUCIANTES

A gente tinha um avião grande pra caralho, dinheiro infinito e podia fazer a porra que quisesse. A turnê do *Girls, Girls, Girls* foi a época mais irada que vivi, ou pelo menos acho que foi, porque a única coisa que se destaca é um borrão de insanidade da porra. Festejávamos de forma mecânica, mano. Era só olhar o relógio do fuso horário em que estivéssemos para saber exatamente em que tipo de merda tínhamos nos metido.

Por um tempo, nós contávamos até com um chefão das drogas que seguia o nosso ônibus num Excalibur exótico cuja placa dizia TRAFICANTE. Toda vez que saíamos do ônibus, ele aparecia de repente com um Rolex cheio de diamantes, correntes de ouro e umas duas piranhas em cada braço, atirando papelotes de cocaína para todo mundo da banda e da equipe. Era a porra do traficante com mais pinta de cafetão de todos os tempos e estava sempre de barraca armada. Porém, a gravadora surtou e nos disse para dispensá-lo, porque ele era um ímã de polícia e encrenca. Sentimos muito por mandar ele embora, mas, porra, traficantes, cafetões e doidões bizarros eram carne de vaca naquela turnê.

Todo dia era uma batalha entre uma banda propensa à destruição e uma gravadora determinada a manter a gente na linha. E a gente pode ter ganhado a batalha, mas perdeu a guerra. Foi a nossa última turnê desse tipo e, para parafrasear o Stephen Wright, não foi mais ou menos assim. Foi exatamente assim:

17h–18h30: Telefone toca. Acordar. Não lembrar de nada. Atender o telefone. Aguentar entrevista com radialista ou repórter de jornal. Se sozinho na cama, beleza. Se acompanhado na cama, beleza também. Se necessário vomitar no meio da entrevista, cobrir o fone com uma mão e vomitar no chão. Se tiver gente desmaiada no chão, tentar não vomitar neles.

Se a entrevista durar mais de 15 minutos, rolar na cama e mijar na beirada mais perto do canto do quarto. Continuar a entrevista.

Na segunda entrevista, abrir a porta para o serviço de quarto (pedido feito pelo *road manager*). Comer, a menos que esteja passando muito mal. Vomitar de novo. Terminar a entrevista.

18h30–18h45: Chamada de bagagens. Batida na porta. Mensageiro busca a mala, que não foi aberta desde quando o mensageiro a trouxe para o quarto. Vestir as roupas da noite anterior. Passar dez minutos procurando óculos escuros.

18h45–19h: Vagar para fora do quarto. Achar o lobby. Ver a banda. Dizer: "E aí, cara, que noite, hein?". "Legal pra caralho". "É". Achar a van ou a limo para o transporte até o show.

19h–20h: Chegar na casa. Passagem de som. Cuidar da ressaca no *backstage*. Fazer o pedido do jantar. Massagem para remover algumas das toxinas do organismo. Beber. Ouvir música. Ficar de boa. Voltar à vida. Encontro com malas da indústria fonográfica e do rádio. Ouvi-los perguntar: "Você não lembra de ter mijado naquela viatura?". Responder honestamente: "Uhm, não".

20h–21h: Banda de abertura toca. Achar a arara do figurino. Tirar as roupas de rua: calça de couro preta e camiseta preta. Vestir as roupas de palco: calça de couro preta e camiseta preta. Zoar o Vince por ser o único da banda a tomar banho. Sentar na banqueta na frente do espelho e abrir a caixa de cosméticos. Passar lápis de olho, blush e maquiagem. Considerar se barbear.

21h–21h15: Beber ou cheirar cocaína com a banda de abertura depois que ela sair do palco.

21h15–21h20: Produtor avisa que faltam cinco minutos. Levantar pesos no *backstage* para ficar pilhado e suar as toxinas. Produtor berra: "Hora do show!".

21h20–22h: Tentar entrar no *groove* no palco. Tocar "All in the Name of", "Live Wire" e "Dancing on Glass".

22h–23h: Sangue começa a correr. Adrenalina bate. Tocar "Looks That Kill", "Ten Seconds to Love", "Red Hot", "Home Sweet Home" e "Wild Side", e tocá-las bem. Dividir garrafa de uísque com Nikki durante o solo de baixo e bateria. No *backstage*, Vince engole uns soníferos com cerveja; Mick bebe um copo cheio de vodca e sorri porque acha que fez o resto da banda acreditar que é água mineral.

23h–23h15: Terminar o show com "Helter Skelter" e "Girls, Girls, Girls". Sair do palco em coma e ofegante. Pegar máscara de oxigênio. Ficar olhando para o jantar intocado.

23h15–23h45: Esperar alguém perguntar: "Alguém tem uma carreira?". Fazer as carreiras. Cheirar. Trocar a roupa de palco suada pela roupa de rua suada. Achar a sala do *meet and greet*. Conhecer os fãs. Observar o resto da banda caçar entretenimento humano. Considerar compartilhar disso. Ir para o escritório da produção. Ligar para Heather.

23h45–0h: Pedir à produção permissão para ficar na cidade. Implorar à produção por permissão para ficar na cidade. Acusar a produção de fazer a banda viajar para a próxima cidade no único período em que os bares e casas de strip estão abertos. Tentar socar o pessoal da produção quando a acusação é confirmada. Entrar numa van ou numa limo rumo ao aeroporto.

0h–3h: Chegar no aeroporto. Esperar o Vince terminar de comer uma garota no banheiro do aeroporto. Encontrar traficantes na pista. Embarcar no Gulfstream One com bancos de couro. Achar o assento designado. Certificar-se de que a comissária distribuiu as drogas e bebidas corretas em cada mesinha com antecedência. Para Nikki, vinho branco e *zombie dust.*[31] Para Vince, sonífero. Para Mick, vodca. Para mim, um drink e *zombie dust*.

3h–4h: Chegar na próxima cidade. Se as leis municipais permitirem aos estabelecimentos vender álcool até as 4h da manhã, perguntar aos representantes locais da gravadora qual a distância até a casa de strip mais próxima. Resmungar quando a resposta for: "Quarenta e cinco minutos". Perguntar se a gravadora planejou isso. Ameaçar violência se a resposta for afirmativa. Dizer ao motorista da limo para levar a banda até lá mesmo assim.

4h–9h: Chegar ao hotel. Procurar drogas e álcool no lobby. Se não houver, pedir ao *road manager* para levar drogas e álcool ao quarto. Beber. Usar drogas. Ir à loucura no quarto, no terraço ou no estacionamento. Ser pego. Ser trancado no quarto ou algemado à cama pelo *road manager*. Berrar. Gritar. Ameaçar demissão. Injetar heroína sozinho.*

9h–17h: Apagar.

17h–18h30: Telefone toca. Acordar. Não lembrar de nada. Repetir o ciclo.

---

31 *Zombie dust*: mistura de Halcion, um sedativo, e cocaína, um estimulante. Triturados e armazenados num frasco. Quando do consumo, mantém o corpo acordado, mas desliga o cérebro.

* Se Heather estivesse me visitando, o que era raro devido à agenda cheia dela, o ritual no hotel era um pouco diferente. Nesse caso, o cenário era exatamente este: Encontrar Heather no lobby. Trepar. Ficar abraçado. Conversar. Ignorar batidas na porta. Ouvir Nikki berrar pela porta: "Tommy, tô com *speedball* aqui". Ignorar. Ouvir Nikki berrar: "Só porque ela está aqui não significa que a gente não possa curtir". Continuar a ignorar. Depois de mais dez minutos de batidas na porta e berros, abrir a porta exasperadamente. Ouvir Heather reclamar: "Só vou ficar um dia aqui. Por que nós temos que passar esse dia com ele?". Brigar. Ficar puto com Heather. Ficar puto com Nikki. Ficar puto comigo.

fig. 4

capítulo 4
MICK

ENQUANTO SEUS CORRELIGIONÁRIOS MUSICAIS CAEM DA DECADÊNCIA AO VÍCIO, MICK SE VÊ INCAPAZ DE RESISTIR E SE JUNTA A ELES NESSA FAÇANHA MAL-AVENTURADA

Um dos meus filmes favoritos é *A Encruzilhada*, que menciona a lenda de que Robert Johnson teria vendido a alma ao diabo certa noite numa encruzilhada do Mississippi para que pudesse tocar violão como ninguém jamais tocou. No fim dessa história, o diabo vem a Robert Johnson no fundo de sua infelicidade e se regozija: "Você conseguiu o que queria, que era ser um *bluesman*".

Eu dizia a mesma coisa a mim mesmo: "Você conseguiu o que queria. Queria ser uma estrela do rock 'n' roll, agora lide com isso". Meus sonhos se tornaram realidade, mas não eram o que eu pensava.

Quando estávamos gravando *Girls, Girls, Girls*, Tom Zutaut passava no estúdio e me via bêbado, curvado e dopado de analgésicos. Na época em que ele assinou contrato conosco, me chamava de comedor de gente roxo, pois dizia que minha aura era roxa. Agora, porém, ele olhava para mim perturbado:

– Sua aura roxa de comedor de gente está sumindo – dizia, triste. – Está se desbotando num negócio estranho alcoólatra.

– Não está, não – eu balbuciava de volta. Mas estava, sim. Durante a gravação da linha de guitarra em *staccato* do final da música "Girls, Girls, Girls", eu caí da cadeira, de tão bêbado que estava (porém, usamos o *take* mesmo assim, porque gostamos de como soava e eu estava com dor demais para continuar tocando).

Havíamos vendido milhões de discos e eu ainda estava duro. Os outros caras festejavam e gastavam todo aquele dinheiro com drogas, mas eu estava preso a advogados, contadores e ex-mulheres gananciosas que caíam em cima de mim por conta das pensões. Quando saí em turnê, deixei meu carro na casa de um amigo, que não só destruiu completamente o lado direito, como teve a coragem de pedir quinhentos dólares para "cuidar" do veículo. Uma vez que você faz sucesso, todo mundo pensa que você está rico. Já eu, eu não tinha dinheiro o suficiente nem para comprar outro carro e, além disso, perdi o último cara que eu considerara um amigo de verdade. Não tive mais nenhum desde então.

Antes de entrar no palco, eu enfileirava seis shots de vodca ao lado de uma lata aberta de Coca e virava todos. Durante o show, deixava um copo de vodca pura ao meu lado, que os outros caras pensavam ser água. Depois, eu providenciava uma jarra de "Mars-ada" – uma mistura de tequila, suco de laranja e granadina – e a enxugava também.

O álcool revelava lados da minha personalidade que eu nunca soube que existiam. Certa noite, no Lexington Queen, no Japão, eu estava mamado e o dono do lugar calhava de ter uma máscara do Godzilla. Coloquei a máscara, pulei para a pista de dança e comecei a fazer o que nós chamamos de dança do cofrinho – rebolar com o cofrinho aparecendo (fazíamos muito boliche de cofrinho também). De repente, me inspirei a sair do bar com a máscara do Godzilla e aterrorizar civis japoneses inocentes, e talvez arrebentar alguns prédios de escritório também. Abaixei as calças até os tornozelos e saí pela rua de cima a baixo, grunhindo e avançando nas pessoas com a máscara do Godzilla. Os outros caras vinham atrás de mim rindo, porque nunca tinham me visto me comportar daquele jeito. Alguém me disse que, no Japão, era legalmente permitido parar em qualquer lugar e mijar no meio-fio, então decidi ver se isso era mesmo verdade.

Achei tudo muito engraçado, mas, quando voltei para o quarto do hotel, me vi no espelho e só enxerguei um cara feio e sujo com uma barriga gigante. Desde que comecei a beber excessivamente depois do acidente do Vince, fui inchando aos poucos feito um balão. Fiquei surpreso que ninguém tenha me empalado num espeto e colocado uma maçã na minha boca, já que eu estava um porco.

Por isso que eu deveria ter suspeitado quando Emi Canyn, uma das duas backing vocals que contratamos (emulando os Rolling Stones com Merry Clayton ou o Humble Pie com Madeline Bell e Doris Troy) começou a ficar muito simpática comigo. Ela era magra, atlética e linda, e eu era velho, feio e doente. Nenhuma mulher em sã consciência ficaria atraída por mim.

Os caras tinham uma regra: "Não se caga no próprio jardim, nem se dorme com quem se trabalha", era como Nikki explicava.

Então, quando eles começaram a ouvir a voz de Emi vindo do meu quarto a toda hora, surtaram. O Jack Daniel's e o Halcion os deixavam cegos de raiva e eles nos puniram mais do que merecíamos. Pararam de falar conosco, olhavam feio, derramavam drinks em nós e esparramavam comida pela nossa bagagem. Emi era muito religiosa, e eles não tiveram misericórdia alguma: sempre que o avião pegava turbulência, eles abaixavam a calça até os tornozelos e começavam a entoar, "Foda-se Deus! Vamos cair!", só para dar nos nervos dela e fazê-la agarrar o crucifixo que levava no pescoço e começar a fazer o sinal da cruz e a rezar. Se eu tentasse impedi-los, jogavam uma garrafa de Jack em mim.

Era muito hipócrita da parte deles, porque antes de contratarmos Emi (que formava as Nasty Habits com Donna McDaniel), trabalhamos com uma cantora chamada Brie Howard, que tinha uma voz rasgada, *bluesy*, como a Tina Turner, cantara com Robbie Nevil e saíra em turnê com Jimmy Buffett. No entanto, quando estava prestes a se juntar à banda, Nikki começou a sair com ela.

Fiquei desiludido e enojado com o fato de Nikki e os caras terem caído de pau em cima de mim depois disso. Acho que eles perderam toda a fé e confiança que tinham em mim, e eu definitivamente perdi qualquer fé e confiança que tinha neles como amigos e colegas de banda. Se eu não amasse tanto tocar guitarra, teria os abandonado.

Sempre estive pronto para me recolher de volta às origens. A maioria das pessoas não está: pensam que coisas ruins só acontecem com outras pessoas. É por isso que tento contar só comigo mesmo. Qualquer coisa pode acontecer com a nossa sociedade, e provavelmente vai, pode ser um terremoto gigantesco, um ataque nuclear ou uma quebra da bolsa de valores. A maioria das pessoas diz: "Ah, eu tenho um emprego ótimo, dinheiro de sobra, benefícios e plano de saúde. Me sinto ótimo e seguro". Mas e se uma grande depressão ou uma falta de comida subir o preço do pão para cinquenta dólares? Como você alimentaria sua família? Você conseguiria sobreviver como seus antepassados sobreviveram? Provavelmente não!

Quando se está correndo por aí atrás de restos de comida, drogas e garotas de repente não parecem mais tão importantes. Nunca fui de curtir de verdade a decadência ou os luxos ou as drogas pesadas como o resto da banda curtia. Costumavam me chamar de Eightball Mars, porque eu dizia, "Me dá um *eightball*[32] e não me pergunte o porquê". Cocaína era algo novo para mim e, quando se tornou um problema, parei. Ao contrário do Nikki.

Fiquei furioso pra diabo na primeira vez que o vi usar heroína. Íamos tocar na Long Beach Arena, na turnê de *Shout at the Devil*, e ele ficava cheirando um saquinho.

– Que porra é essa? – perguntei.

Ele disse que era heroína.

– Você começou a injetar essa merda?

Ele disse que nunca faria isso, mas o sangue me subiu. Eu sabia exatamente o que ia acontecer com ele, e foi o que aconteceu durante a turnê do *Girls*.

Porém, como seria possível salvar alguém assim de si mesmo? Ninguém pôde me fazer parar de beber e inchar; ninguém pôde fazer Elvis parar com os comprimidos que o mataram.

Foi nisso que pensei quando recebi o telefonema entre um braço e outro da turnê, com a notícia que eu já temia receber. Nosso *tour manager* estava chumbado

32 Gíria que se refere a uma dose de 3,5 g de cocaína. (N. do T.)

e chorando ao me contar. Me pediu para ligar para a Inglaterra e cancelar o braço europeu da turnê para ele. Por que eu?

Eu estava de ressaca, confuso, aborrecido e furioso – com o Nikki e comigo mesmo por não ter feito mais para impedi-lo. Liguei para a revista *Kerrang* e falei a primeira coisa que me veio à cabeça:

– Não podemos mais ir porque ouvimos que vocês estão tendo uns temporais sérios aí e, uhm, nós temos muitos equipamentos e tememos que eles possam causar um desmoronamento. Porque, uhm, tem neve no teto ou alguma coisa assim.

Nem sabia o que estava falando. Só sabia que não podia dizer à revista o que Rich tinha me contado de fato: Nikki estava morto.

fig. 5

capítulo 5
N I K K I

COMO O DESTINO CHEGOU ATÉ NIKKI NA FORMA DE UM EXECUTIVO JAPONÊS, UM VELHO ADIVINHO, UM TRAFICANTE RECEPTIVO, UMA DUPLA DE GAROTAS FÃS E OITOCENTAS PROSTITUTAS

Bem no início da turnê de *Girls, Girls, Girls*, parei de sair com a Vanity. Toda vez que ela nos visitava, incomodava a mim, ao resto da banda e à equipe ao andar de bicicleta pelo palco no meio dos ensaios, ou com alguma outra coisa insuportável. De qualquer forma, não era muito bem um relacionamento, e as drogas fizeram com que ela perdesse um rim; depois, ela começou a perder a visão e a audição. Anos depois, porém, descobri que ela deu a volta por cima: se limpou, encontrou Deus, se tornou pastora e mudou o nome de volta para o que sua mãe lhe dera, Denise Williams.

Agora eu estava sozinho de verdade. Não tinha namorada, minha avó morrera, meu pai provavelmente estava morto e eu não falava com a minha mãe. Assim, era o único na banda sem família, namorada, esposa, ou mesmo perspectiva alguma, e estava drogado demais para me importar. Quanto à música, eu mal suportava os dois últimos álbuns que escrevera. E a consagração? Não havia nenhuma. A crítica nos desprezava. Eu me sentia o McDonald's do rock 'n' roll: minha vida era descartável; consuma-me e jogue fora.

Depois de seis meses de turnê de *Girls, Girls, Girls*, minha existência se desintegrara ao ponto de todo momento em que eu estava acordado envolver drogas: eu subia no palco para conseguir drogas, descia do palco atrás de mais drogas, usava meu dinheiro para comprar drogas e só ia de cidade em cidade para ver se alguém tinha drogas novas. Heroína, coca, *freebase*, Jack, *zombie dust*: todas elas vinham controlando minha vida havia um ano inteiro. E, como num relacionamento ruim, quanto mais elas permaneciam na minha vida, mais miserável e fora de controle minha vida se tornava.

Logo, todo mundo soube o que estava rolando: certa noite, depois de um show, retornamos para o avião e encontramos um bilhete de Steven Tyler e Joe Perry, do Aerosmith, no para-brisa, dizendo que nós estávamos rumando para a destruição, que eles passaram pela mesma situação e poderiam ajudar. Embora tivessem sido nossos ídolos, naquele momento nós só rimos deles, ignoramos o aviso e seguimos rumo à destruição.

Pouco antes de partirmos para o Japão, um terremoto atingiu Los Angeles. Eu estava acordado havia três dias e, quando saí correndo da casa, a única coisa que peguei foi meu cachimbo de *freebase*. Era o quão importante esse negócio era para mim. Não peguei nem as chaves de casa, e precisei arrombar a porta lateral para entrar depois. Sabia que estava numa espiral para baixo, mas só fui me dar conta do quão fundo de fato estava quando começamos nossa segunda turnê no educado e civilizado Japão, onde nossas estripulias nos faziam nos destacar feito palhaços num funeral.

A caminho de Tóquio num trem-bala vindo de Osaka, Tommy e eu nos transformamos em nossos superpoderosos *alter ego*, os Terror Twins. Graças à *zombie dust* mágica, ficamos mais poderosos que um trem-bala, capazes de inalar carreiras longas numa única cheirada e fomos agraciados com poderes de raio-X que nos permitiam encontrar e consumir todas as garrafas de saquê que havia no trem. Percorremos todos os corredores, salvando o mundo ao derramar arroz e donuts granulados em nossos arqui-inimigos, aquele par de supervilões transões, Emi e Mick (ou, como nós preferíamos chamá-los, Jonas e a Baleia).

– A gente devia ter matado todos vocês na guerra – Tommy urrou de repente. Então nós dois começamos a pegar garrafas de saquê e a dar um banho purificante em alguns passageiros seletos. Tommy estava na sua fase Indiana-Jones-nos-braços-de-uma-dominatrix de figurino e, enquanto corria pelo trem, ninguém conseguia ver seu corpo, só um chapéu baixo, luvas apertadas e um casaco em seu rastro, como a capa de algum anjo vingador moldado em jeans, couro e cocaína.

Nosso produtor japonês, o sr. Udo, ficou horrorizado.

– Vocês têm de sossegar.

– Vai se foder – berrei, e então peguei uma garrafa de Jack e arremessei contra ele. O projétil não chegou nem perto do alvo pretendido, atingindo, na verdade, um passageiro também horrorizado, que caiu no chão com sangue jorrando da cabeça.

O sr. Udo sequer piscou e disse calmamente:

– Quero fazer algo para você, mas primeiro você deve se sentar.

Voltei para o meu assento e ele pressionou o polegar na minha nuca. Senti algum tipo de fluido ou sangue percorrer todo o meu corpo, e afundei no assento, completamente relaxado. Meus superpoderes sumiram. O sr. Udo então foi até o Tommy e fez a mesma coisa. Lá sentados, percebemos que não fora nada engraçado. Aborrecêramos muito a todos, especialmente Mick, que parecia pronto para nos deixar a qualquer momento. Estávamos perto do fim da turnê, e todo mundo estava farto desse show. Não os shows da banda, mas o show particular meu e do Tommy, os Terror Twins, uma dupla tão estúpida que só divertia a si mesma.

Quando desembarcamos em Tóquio, havia milhares de fãs à nossa espera. Tentei me aproximar para saudá-los, mas um esquadrão policial se materializou e veio até mim.

– Nikki-san, você precisa ir para a cadeia. Você entende, não? – disse o sr. Udo.

– Vai se foder!

– Não, Nikki-san, isso é sério. Você precisa ir para a cadeia.

Doc McGhee tentou interceder:

– Sou o empresário dele – disse aos policiais, que o jogaram no chão e o algemaram.

Em seguida, marcharam na minha direção e, na frente de todos os fãs, me derrubaram, me algemaram e me conduziram até uma viatura. Tommy correu atrás de nós, berrando e provocando a polícia.

– Me levem também! Se ele vai preso, eu também vou, caralho!

– Não, não, não – Doc latiu, tentando soar como se estivesse no comando, sentado algemado no banco traseiro da viatura. – Vai com calma. Vamos soltá-lo em uma hora.

Depois de algumas horas, Doc e eu fomos levados ao gabinete do sargento na delegacia. Eu vestia calça de couro, salto alto e uma camiseta rasgada, e estava de maquiagem, suando e ainda completamente chapado. Já passava da meia-noite e a delegacia era escura, então tirei meus óculos de sol.

– Eu ficaria de óculos – disse Doc –, seus olhos estão vermelhos e tem maquiagem por todo o seu rosto.

Coloquei os óculos de volta e pus os pés na mesa do sargento. Estava cagando e andando para o que aconteceria comigo. O sargento entrou e disse algo em japonês. Um intérprete enviado pelo sr. Udo traduziu:

– Ele disse para, por favor, tirar os pés da mesa.

– Ei, posso te fazer uma pergunta? – lancei para o sargento.

O intérprete se dirigiu a ele e, em seguida, me disse que eu poderia perguntar o que quisesse.

– OK. Se o meu saco fosse no queixo, onde você acha que meu pau seria?

O sargento olhou curioso para o intérprete, que respirou fundo e começou a falar em japonês.

– *Arigato gozaimasu* – disse o sargento. – Muito obrigado.

– Não há de quê – assenti.

Os dois conversaram mais um pouco, e o intérprete então me pegou pelo braço e me conduziu para fora da delegacia.

– Que porra foi essa? – perguntei a ele a caminho do hotel.

– Eu disse a ele que a garrafa escorregou acidentalmente da sua mão e quebrou. E que você sente muito pelo mal-entendido, porque adora o Japão e os japoneses, e está ansioso para voltar para casa e dizer à imprensa americana o quão receptivo são os japoneses.

– Então você não disse nada sobre o meu saco?

– Não.

– Você não é um intérprete muito bom, né?

Na noite seguinte, foi a vez do Vince nos desgraçar. Ele tinha enxugado uma jarra de kamikaze (o drink) num restaurante no bairro de Roppongi e estava tão mamado que não calava a boca. O único problema era que ninguém entendia o que ele falava. Na mesa ao lado da nossa havia quatro gângsteres da Yakuza, de terno. De repente, Vince deu um pulo e balbuciou:

– É isszzo!

Foi até a mesa da Yakuza e a virou nos caras, que saltaram no chão, sacaram armas e as apontaram diretamente para o Vince por cima da mesa virada. Fred Saunders, nosso segurança e ama de leite, pulou no Vince como se ele fosse uma granada prestes a explodir e o conduziu para fora do restaurante.

– Por que caralho você fez aquilo? – perguntou ao Vince.

– Aquelesszz carasszz tchavam falllandj merrrda dj mmmiiimm.

– Como assim, tavam falando merda de você? Estavam falando em japonês.

– Jjjaponêsszz? – Vince olhou para o Fred sem entender.

– Sim, a gente tá no Japão.

– Ah – Vince ergueu as sobrancelhas e, de repente, ficou quieto. Acho que ele nem sabia onde estava – e supostamente ainda estava na condicional.

Mais tarde naquela noite, fomos para o Lexington Queen, onde até o calado Mick ficou fora de controle, correndo para todo lado de calça arriada e com uma máscara do Godzilla, pisando em copos e tentando soprar fogo pela bunda. Vince voltou para o hotel com a namorada de algum cara da Yakuza e eu fiquei no bar arrumando briga: primeiro com o Tommy (até hoje ele insiste que eu dei um soco na boca dele, embora ele estivesse tão bêbado que caiu para trás antes que eu tivesse chance de atingi-lo), e depois com um turista americano cuja cabeça acabou rachada numa barra de metal. Na manhã seguinte, acordei e, de repente, me dei conta de que ficara tão ocupado brigando e saindo da cadeia no dia anterior que me esqueci completamente de comemorar meu aniversário. Vince acordou nu no chão do quarto, e seu estimado Rolex tinha sumido. Vingança da Yakuza.

Depois de três shows na arena Budokan, íamos todos voltar para casa para o Natal, antes do braço europeu da turnê. Tommy mal podia esperar pelo primeiro Natal na mansão milionária com a Heather. Mick e Emi estavam empolgados em finalmente começar um relacionamento normal em casa. Vince só falava em meter com Sharise, uma lutadora de lama do Tropicana com quem começara a sair. Quanto a mim, eu não tinha ninguém. Nenhuma garota, nenhuma família e nenhum amigo além de traficantes. Então que sentido fazia voltar para casa e passar o Natal usando drogas sozinho?

Anunciei para todo mundo que embarcaria numa turnê solo; não uma turnê musical, e sim uma turnê de drogas e prostitutas. Iria para Hong Kong, Malásia, Pequim e enfim terminaria numa porra de um grande estilo em Bangkok. Disse a Doc para mandar minha mala de volta para Los Angeles, pois tudo o que precisava era de um par de calças de couro pretas, uma camiseta e minha carteira. Se sentisse vontade de trocar de roupa, poderia simplesmente comprar roupas novas, usá-las e jogá-las fora e pronto. Foda-se. Não precisava de nada.

– De forma alguma você vai fazer isso – disse Doc.

– Só observe então, porra – cuspi de volta. – E se você ficar no meu caminho, vou te demitir pra caralho.

Discutimos por meia hora até quase sairmos no braço. Por fim, o sr. Udo interveio:

– Eu vou com você.

– O quê?! – Doc e eu olhamos ambos para ele, incrédulos.

– Nós vamos juntos nessa sua turnê.

– OK – Doc ergueu suas mãozinhas gordas. – Eu vou também – e então saiu furioso da sala, resmungando alguma coisa sobre não ter nem o Natal de folga.

No dia seguinte, nós três embarcamos num avião para Hong Kong. Eu estava tão sujo que ninguém queria se sentar na mesma fileira que eu, até que o sr. Udo, de terno, ocupou o assento ao meu lado e disse gentilmente:

– Nikki-san, preciso conversar com você. Da última vez que um amigo meu esteve nesse estado, ele morreu.

– Sinto muito – eu disse a ele, sem me importar de verdade.

– Meu amigo era Tommy Bolin.

– Sério? – de repente, fiquei interessado.

– Você é muito parecido com Tommy-san. Carrega muita dor do passado. E quando se carrega uma dor assim, por dentro, às vezes ela machuca e te faz machucar a si mesmo. Consigo ver que você é muito criativo, assim como Tommy-san, mas você está matando sua criatividade. Passei muito tempo com Tommy-san, e lhe disse que era um amigo e que ele precisava parar. Ele me disse que não conseguia parar e morreu antes de o ano acabar. Então estou te dizendo agora que você precisa parar. Você vai morrer. Eu sou seu amigo. Você é como Tommy, e eu não quero perder você também.

– Ah, sr. Udo. Só estou me divertindo.

Ele fez uma carranca. Pude perceber que, embora eu só tivesse causado pesar a ele, aquele executivo japonês muito profissional tinha, de algum modo, se afeiçoado a mim e estava determinado a me salvar da cova para onde eu corria determinadamente. Ele via essa cova aberta em algum lugar no chão diretamente à minha frente, e sabia que eu rumava direto para ela. No entanto, a estrada era escura e só o criador sabia quando a terra desapareceria de repente sob os meus pés e eu cairia tão rápido que nem teria tempo de me arrepender de ter escolhido um caminho tão perigoso sem uma única luz para me guiar.

NAQUELA NOITE, EM HONG KONG, saí do hotel sozinho e fui até uma casa de strip que o recepcionista do hotel me disse ser, na verdade, um bordel. Lá dentro havia quatro salas diferentes: uma com uma banda chinesa tocando sucessos americanos do momento, outra cheia de gângsteres chineses, outra com dançarinas num palco. Sentei-me na quarta sala, onde mulheres desfilavam pela pista, numeradas de 1 a 800. Todo tipo de garota asiática para todo tipo de fetiche que você pudesse imaginar, de ninfetas de touca de bebê chupando pirulito até mulheres com chicotes e trajes de couro de S&M. Gesticulei para a *hostess* e fiz o pedido como se fosse comida:

– Vou ficar com a 14, a 7 e a 8. Pode mandar para o meu quarto.

Depois, pedi dez para Doc e uma dúzia para o sr. Udo. Realmente acreditei que estava fazendo um favor a eles, retribuindo a bondade deles em me acompanharem na minha turnê solo.

Paguei pelas garotas, voltei para o quarto e apaguei. Se alguém bateu na porta naquela noite, não ouvi. Ou talvez ouvi, abri a porta e fui espancado por um coreano gordo. Não consigo me lembrar, mas sexo era a última coisa que eu tinha na cabeça. Quando acordei, na tarde seguinte, vomitei, injetei o final do meu estoque de cocaína, vesti as calças de couro e encontrei Doc e o sr. Udo no lobby.

– Vocês receberam meus presentes? – perguntei.

– Nikki... – Doc fez uma careta. – Você tá passando mal. Abri a porta e havia duas garotas de uniforme nazista e uma freira. Qual é o seu problema?

– Porra, Doc, eu só estava me divertindo. E você, sr. Udo? Gostou dos presentes?

– Minha esposa é como o ar que eu respiro.

– Hein?

– Sem ela, não posso viver. Ela é meu ar.

Fiquei me sentindo um grandíssimo babaca. Tentei contaminar o ar que ele respirava.

– Vá para casa agora – disse o sr. Udo. – Não vá para Bangkok. Chega. OK?

– OK – chiei.

Finalmente encontrara alguém disposto a ser uma figura paterna, e no espaço de vinte e quatro horas já o decepcionara e enojara. Eu merecia ser abandonado de novo.

O sr. Udo voltou para Tóquio naquele dia e Doc comprou uma passagem para Nova York, para ele, e uma para Los Angeles, para mim, pro dia seguinte. Naquela noite, perambulei pelas ruas movimentadas e compactas de Hong Kong com minha intérprete, à procura de drogas. Viramos numa longa viela que cruzava a Wanchai Road, em cujo fim havia um lampião solitário balançando ao vento. Diante do lampião havia uma tampa de bueiro que soltava vapor no ar. Parecia um cenário de filme de terror, então é claro que eu disse à intérprete que queria seguir por aquela viela.

No final, sob o lampião, só havia um velhinho chinês num robe marrom.

– Quem é ele? – perguntei à intérprete.

– É um adivinho.

– Ah, legal. Ele pode ler a minha sorte?

A intérprete conversou com o adivinho, e então me disse para dar a ele quatro dólares de Hong Kong e mostrar-lhe minha mão. Ele correu a mão pela minha, e então, de súbito, fechou meus dedos e afastou minha mão para longe. Seu rosto se contorceu como se ele tivesse acabado de beber leite azedo. Disse algo à intérprete e nos mandou embora.

– O que ele disse? – perguntei.

– Você não quer saber – respondeu ela, virando-se e andando apressada.

Corri atrás dela:

– Não! O que ele falou?!

– Ele disse que você vai morrer antes do final do ano se não mudar seus hábitos – era dia 21 de dezembro – e disse também que você é incapaz de mudar esses hábitos.

Não acho que Deus poderia ter me dado mais alertas do que dera naquelas últimas semanas. Minha vida tinha se reduzido a um vício triste e solitário e todo mundo, de executivos caretas como o sr. Udo a videntes velhos e loucos, via o que ia acontecer. Todo mundo, menos eu.

– Pelo amor de Deus – gritei para a intérprete –, desperdicei dez dólares nisso!

Quando retornamos ao hotel, liguei para o meu traficante em L.A. para fazer o pedido de costume.

– Chego amanhã. Me encontra com mil dólares em heroína e um pouco de coca, seringas e umas garrafas de Cristal. Tenho um tempo livre antes de partir para a Europa e quero aproveitar ao máximo.

Desembarquei no LAX, chapei na limusine prateada que foi me buscar e voltei para casa. Às vezes você só consegue ver o quanto mudou depois de se ver no seu próprio espelho. Assim, você pode comparar sua aparência com a da última vez que se viu nesse mesmo espelho. Eu quis chorar. Estava começando a ficar com a cara inchada de alcoólatra, como Jimmy Page ou Mick Mars. Meus braços estavam esqueléticos e cobertos por cicatrizes longas e descoloridas, e o resto do meu corpo, flácido. Meu rosto parecia aqueles bonecos que têm uma camada de fluido debaixo da pele, embora o boneco com o qual eu me assemelhava claramente pertencera a uma criança abusiva pra diabo com os próprios brinquedos. Até o meu cabelo estava caindo em chumaços, e as pontas pareciam duplas e ressecadas. Eu estava desintegrando.

Precisava circular pela cena para fugir do meu próprio declínio e solidão. Folheei a agenda à procura de velhos amigos e liguei para Robbin Crosby e, depois, para o Slash, porque o Guns N' Roses ia abrir para nós nos EUA depois da turnê na Europa. Busquei Robbin em sua casa na limo prateada que eu gostava de alugar e dei a ele um pouco de pó. A caminho do Franklin Plaza Hotel, onde o Guns N' Roses estava morando porque nenhum deles tinha casa, vomitei por toda a limo. Limpei os nacos de vômito de uma cartola antiga de pelo de castor que comprara de presente para Slash e dei a ele na porta do hotel, junto com uma garrafa de uísque. Uns caras do Megadeth estavam hospedados nesse mesmo hotel, então foi todo mundo para a limo. Robbin conseguiu algumas drogas com seu traficante, que não ficou muito contente com aquela limusine gritante na frente de sua casa, e todos nós usamos até ficar com a mente vazia.

Fomos para o Cathouse, tocamos o terror e cambaleamos de volta para a limo, com hordas de fãs no nosso encalço. Chegando no Franklin, o traficante do Robbin estava a nossa espera, disse que conseguira heroína persa da boa no tempo em que ficamos fora e perguntou se eu queria um pouco.

– Sim. Mas você injeta.

Àquela altura da noite, eu estava fodido e largado demais para injetar sozinho. A única vez que eu deixei outra pessoa me picar antes disso foi no cortiço em Hammersmith, onde quase fui jogado fora com o lixo.

Ele subiu minha manga, amarrou meu braço com um tubo de borracha e introduziu a persa nas minhas veias. A heroína correu até meu coração, explodiu por meu corpo inteiro e, num instante, fiquei azul.

Perdi a consciência e, quando abri os olhos, tudo era um borrão de luz, cores e movimentos. Estava deitado de costas, passando por algum tipo de corredor. Sons zuniam pelos meus ouvidos, a princípio indistinguíveis, até que, aos poucos, uma voz emergiu daquela estática.

– Estamos perdendo o paciente, estamos perdendo o paciente.

Tentei me sentar para entender o que estava acontecendo, pensando que seria difícil erguer o corpo. Porém, para minha surpresa, levantei num tiro, como se não tivesse peso algum, e então me senti como se algo muito suave estivesse segurando minha cabeça e me puxando para cima. Acima de mim, tudo era uma luz branca. Olhei para baixo e percebi que havia deixado meu corpo. Nikki Sixx – ou o receptáculo imundo e tatuado que outrora o abrigara – estava deitado numa maca, completamente coberto por um lençol, e sendo colocado numa ambulância por paramédicos. Os fãs que nos seguiram a noite toda estavam amontoados na rua, erguendo o pescoço para ver o que estava acontecendo. Vi então, estacionada ali perto, a limusine prateada que nos transportara a noite inteira, que me transportara até minha...

Algo não tão suave quanto a mão na minha cabeça, e sim rude e impaciente, agarrou meu pé e, num instante, disparei pelo ar, atravessei o teto da ambulância e pousei de volta no meu corpo com um tranco doído. Abri os olhos com dificuldade e vi seringas de adrenalina – não uma, como em *Pulp Fiction*, mas duas: uma enfiada no lado esquerdo do meu peito, e outra no direito.

– Ninguém vai morrer na porra da minha ambulância – ouvi a voz de um homem dizer, e então desmaiei.

Quando acordei, havia uma lanterna acesa diretamente nos meus olhos.

– Onde você arrumou as drogas? – uma voz latiu.

Gemi e tentei clarear a confusão e a dor da minha cabeça.

– Você é um viciado em heroína!

Tentei mexer a cabeça para evitar o raio de luz da lanterna que queimava meu crânio.

– Onde você arrumou as drogas?

Não conseguia enxergar nada, mas podia sentir os tubos que entravam pelo meu nariz e as agulhas presas aos meus braços. Se havia uma sensação que eu era capaz de reconhecer num estado delirante, era a de uma agulha no braço. E a polícia.

– Responde, seu drogado imundo!

Abri a boca e inspirei o que pareceu ser o primeiro respiro de toda a minha vida. Quase engasguei. Tossi e me perguntei por que recebera uma segunda chance. Estava vivo. O que eu poderia fazer para comemorar esse precioso milagre de uma segunda vida? O que poderia dizer para mostrar meu agradecimento?

– Vai se foder!

– Ora, seu filho da puta drogado de merda! – o policial berrou de volta para mim. – Quem te deu aquelas drogas!

– Vai se foder!

– Chega. Se você não contar...

– Estou detido por alguma coisa?

– Ah, não.

Por sorte, eu não tinha droga nenhuma comigo quando apaguei. Robbin ou alguém deve ter mandado pela descarga tudo o que havia no recinto.

– Então vai se foder – desmaiei de novo.

A próxima coisa que me lembro é de estar sem camisa no estacionamento do hospital. Havia duas garotas sentadas na guia, chorando. Fui até elas e perguntei:

– O que tá rolando?

As duas empalideceram e uma delas balbuciou:

– Você tá vivo!

– Como assim? É claro que tô vivo.

Elas enxugaram os olhos e me encararam, boquiabertas. Eram fãs de verdade.

– Viu, vocês poderiam me dar uma carona pra casa?

Um suor animado surgiu nos rostos delas, que, nervosas, me conduziram ao banco do passageiro de um Mazda.

capítulo 6
V I N C E

UM TELEFONEMA TARDE DA NOITE AFLIGE COM TERROR OS CORAÇÕES DOS NOSSOS PROTAGONISTAS VIVOS

Rolei na cama e atendi o telefone, meio dormindo. Fui o primeiro a receber o telefonema.

– Nikki está no hospital, ele teve uma overdose – era o nosso *tour manager*, Rich Fisher.

– Jesus. O quê? Ele está vivo ou morto?

– Não tenho certeza.

– Me liga de volta logo e me avisa, certo?

Comecei a me vestir para poder visitá-lo no hospital – se ele estivesse vivo. O telefone tocou novamente; era Boris, o motorista de limusine que sempre trabalhava pro Nikki. Disse que viu o traficante do Nikki pular da janela de um quarto de hotel e correr pela rua berrando: "Eu acabei de matar o Nikki Sixx!". Depois, viu uma ambulância estacionar e os paramédicos levarem o Nikki numa maca com um lençol cobrindo seu rosto.

Eu nunca choro, mas, naquela noite, chorei. As lágrimas caíram pelo meu rosto e, pela primeira vez em nem sei quanto tempo, não pensei em mim mesmo. Mesmo com toda a merda que ele me fez passar, eu amava de verdade aquele filho da puta arrogante. Fiquei encarando o telefone, sem saber para quem ligar ou o que fazer, e então ele tocou mais uma vez. Era Chuck Shapiro. Um repórter o acordara, pedindo aspas para um obituário para o Nikki. Então era verdade.

Em pânico, mas sempre com a cabeça no lugar, Chuck me deixou esperando na linha enquanto ligava para o Cedars-Sinai, o hospital para onde a ambulância levou Nikki.

– Estou ligando para saber do Nikki Sixx – disse Chuck assim que a recepcionista atendeu.

– Ele acabou de ir embora.

– Acabou de ir embora? Como assim? Pensei que ele tivesse morrido.

– Sim, acabou de ir embora. Puxou os tubos do nariz, arrancou o acesso do braço e mandou todo mundo se foder. Saiu do hospital só de calça de couro.

capítulo 7
NIKKI

NUMA CONCLUSÃO QUE CERTAMENTE VAI APERTAR OS CORAÇÕES DOS LEITORES MAIS ANÊMICOS, NIKKI DESCOBRE QUE O DESTINO, UM PERSEGUIDOR INCANSÁVEL, AINDA ESTÁ EM SEU ENCALÇO, COM A FOICE EM PUNHO E PREPARADA

No caminho para casa, as estações de rádio noticiavam minha morte. As garotas olharam para mim com os olhos arregalados e marejados e perguntaram com preocupação genuína:

– Você não vai mais usar drogas, né, Nikki?

Na turnê, eu me sentira tão sozinho e monstruoso, como se não tivesse ninguém que se importasse comigo e ninguém com quem me importar. Naquele carro, me dei conta de que era um dos caras mais sortudos do mundo. Havia milhões de pessoas que se importavam comigo e milhões de pessoas com quem eu me importava.

– De jeito nenhum – respondi, do fundo do coração.

Para mim, era tão engraçado que todo mundo pensasse que eu estava morto que, assim que cheguei em casa, troquei o recado da secretária eletrônica.

– Oi, é o Nikki. Não estou em casa porque estou morto.

Em seguida, fui até o banheiro, peguei uma pedra de heroína da gaveta de remédios, amarrei o braço e, na primeira picada da seringa, me dei conta de que todo o amor e preocupação daqueles milhões de fãs ainda não eram tão satisfatórios quanto um bom pico de heroína.

Acordei na tarde do dia seguinte estatelado no chão do banheiro, com a seringa ainda pendurada no braço. Os azulejos estavam cobertos de sangue, meu sangue. Desmaiei de novo.

Em algum lugar, bem longe, um telefone tocou.

"Oi, é o Nikki. Não estou em casa porque estou morto".

fig. 1

Doc McGhee (ao centro) e Doug Thaler (à direita) com um produtor de show

PARTE OITO

ALGUNS DOS NOSSOS MELHORES AMIGOS ERAM TRAFICANTES

capítulo 1

DOC MCGHEE

NO QUAL UM DOS PRINCIPAIS CUIDADORES DO MÖTLEY CRÜE DISCUTE OS PONTOS MAIS REFINADOS DE SER UM EMPRESÁRIO *FULL-CONTACT*

Meu maior arrependimento como empresário é ter deixado Vince pensar que poderia se safar de um assassinato. Lembro-me de me sentar com ele depois do acidente com Razzle, e dos advogados dizerem:

– O juiz quer que você cumpra pena.

Vince olhou para eles e – eu nunca vou me esquecer dessas palavras – disse:

– Não posso.

– Como assim, não pode? – perguntei.

– Tenho uma turnê pra fazer.

– Ah, caralho! – dei um tapa na cabeça. – Por que não pensei em usar isso na sua defesa? Meu cliente, Vince Neil, é inocente da acusação de homicídio culposo e não pode cumprir pena porque tem uns shows pra fazer. Caso encerrado.

Na cabeça do Vince, ele estava acima da lei, e sair daquele desastre com algumas semanas numa cadeia de luxo e um Rolex de doze mil dólares certamente não provou o contrário para ele. Agora ele tinha todas as desculpas do mundo para fazer o que quisesse, porque nada o impediria. Caras como Mick, que nunca dirigiu mais do que sete palavras para mim nos meus primeiros cinco anos com a banda, engoliam sapos há tanto tempo que sabiam como era não ser nada (é claro, Mick se tornou um cara bastante deprimido depois disso tudo, e tão subjugável que sempre achei que ele deveria ter seu próprio programa de TV: *Você Quer Tirar Vantagem de Mim?*).

Meu real pesadelo como empresário da banda começou quando tentei manter Vince sóbrio durante a condicional. Em Orlando, Flórida, na turnê de *Theatre of Pain*, ficamos tão fartos das bizarrices dele que o deixamos num quarto de hotel com dois seguranças, a quem orientamos que dessem uma surra nele. O pior inimigo do cara sempre foi ele mesmo. Durante a turnê do *Girls*, no *backstage* em Rochester, ele foi fazer um sanduíche e fez um escândalo quando viu que a mostarda era da marca Gulden's, e não da French's, então arrebentou a jarra de mostarda contra a parede e rompeu os tendões de vários dedos da mão direita. Tivemos de cancelar o show e levá-lo de avião até um médico especialista em mãos em Baltimore.

É claro que Vince não pode ser culpado integralmente por seu comportamento. Como empresários dele, Doug e eu fomos coniventes em certa medida, por deixar isso continuar, talvez por causa da grande popularidade da banda. Porém, enfim tivemos de colocar um freio, e o que nos chocou mais foi o fato de que não foi por causa do Vince, e sim por causa do Nikki.

Nikki, o rei dos *losers*, por sua vez, começara a se desfazer na turnê do *Girls*. Nem Doug nem eu queríamos ficar perto dele, então tiramos no palitinho quem acompanharia a banda no Japão. Tirei o palito mais curto: o sr. Udo, o produtor japonês, é um dos meus melhores amigos e, sempre que leva uma banda ao Japão, coloca a reputação em risco por ela, e não foi diferente com o Mötley Crüe. Só que o Mötley Crüe estava cagando e andando, são selvagens com dinheiro que não se preocupam com nada, nem com eles mesmos.

A primeira coisa que aconteceu quando chegamos ao Japão foi Tommy ser pego com maconha na bateria. O sr. Udo nos livrou dessa e, alguns dias depois, fomos embora de Osaka de trem-bala depois do show. Aqueles palhaços estavam com o figurino completo, com maquiagem correndo pela cara, correntes por todo lado e todas as tatuagens à mostra. Nikki e Tommy estavam completamente fora de controle: se você sobrevoasse o trem de helicóptero, veria um monte de japoneses debandando feito baratas do vagão em que estávamos. Se desse um zoom, veria Nikki atirar uma garrafa de Jack Daniel's e atingir um executivo japonês na cabeça. Com um microfone, ouviria o cara gritando e o sangue jorrando da cabeça dele. Foi uma merda brutal. Brutal.

Quando chegamos na estação em Tóquio, havia centenas de policiais acompanhando o vagão.

– Ei, Nikki, seu fã-clube está aqui – eu disse.

E ele estava tão chumbado que não percebeu que o esquadrão de choque fora enviado atrás dele. Achou que fosse o público adorador japonês.

Arrastaram Nikki e eu para a cadeia. Enquanto aguardávamos sentados lá, ele me perguntou:

– Então, cara, o que você acha dessas *tattoos*? O que será que os policiais vão pensar?

Pensei na minha vida em Miami: meus negócios iam muito bem antes de eu me mudar para a Costa Oeste para ser empresário daqueles caras. Tocava guitarra, produzi álbuns do Styx, dos Ohio Players e da Average White Band, fui empresário de caras legais, como o Pat Travers. A vida era tão tranquila e fácil naquela época.

– Não sei – respondi. – Mas te digo o seguinte: se eles me soltarem, vou te dar a surra da sua vida.

Por fim, mesmo com Nikki bancando o espertalhão o tempo todo, ele foi solto às cinco da manhã. Fiquei na delegacia cuidando da papelada o dia todo e, quando finalmente voltei para o meu quarto de hotel naquela noite, pronto para capotar, quem mais viria bater à minha porta senão o Vince? Estava mamado e tentando trepar com a namorada de um gângster da Yakuza, mas, ao mesmo tempo, sua namorada desmiolada de L.A. acabara de chegar ao Japão e estava no quarto dele. Então ele estava puto porque não queria lidar com essa última bagunça que seu pau fez.

– Demite o agente de viagem – balbuciou.

– O quê?

– Demite a porra do agente de viagem!

Naquele dia, eu tinha aguentado o máximo que podia. Meti um soco na cara dele, fechei a porta e mergulhei num sono profundo e tranquilo. Com aqueles caras, era assim: trocávamos socos o tempo todo. Por isso eu me considerava um empresário *full-contact*.

Quando, alguns dias depois, Nikki disse que viajaria para Hong Kong, Tailândia e Malásia levando só um pacote de camisinhas, considerei apelar para mais violência. Eu sabia que teria de ir junto e bancar a babá, porque, se não o fizesse, ele acabaria morto, perdido ou vendido como escravo. Por sorte, ele não passou de Hong Kong, onde contratou tipo 150 prostitutas em dois dias. Eu poderia tê-lo matado quando ele mandou uma dúzia de prostitutas risonhas baterem na minha porta enquanto eu falava com minha família ao telefone.

É claro que Nikki não era sexualmente ativo na época. Provavelmente ele só falava e falava e falava com as pobres putas até que elas chegassem à conclusão de que dinheiro nenhum pagaria aquela tortura. Era um *junkie*, pura e simplesmente, e estava num estado péssimo. Quando retornamos à Califórnia em dezembro, comecei a receber telefonemas no meio da noite da companhia de segurança que protegia a casa dele, porque eles atendiam alarmes e acabavam só encontrando o próprio Nikki rastejando pelo quintal com uma espingarda.

Alguns dias antes do Natal, fui jantar com Bob Krasnow, da Elektra, que me perguntou:

– E então, como estão os caras?

– Vão ficar bem, se conseguirem se manter vivos.

E então, logo após o jantar, Doug me ligou. Nikki tivera uma overdose num quarto de hotel, e achavam que ele estava morto. Eu não deveria ter ficado surpreso, mas fiquei. Depois do choque, veio o desgosto e, em seguida, a decepção. Fiquei desapontado comigo mesmo por ter me envolvido com uma banda como aquela e, de alguma maneira, por ter permitido que aqueles caras se safassem com aquele comportamento animal, ainda mais agora que um dos animais tinha se matado.

Quando descobri que, na verdade, Nikki estava vivo e fugira do hospital, sabia o que precisava fazer. Fui até o escritório, chamei Doug à minha mesa e disse:

– Não vou fazer isso. Não vou assistir gente morrer.

Havia uma turnê europeia marcada, com mais chances de os caras voltarem para casa em sacos de cadáver do que no Concorde. Cancelamos a turnê e fomos em busca de Nikki. Ninguém atendia o telefone, mas ele mudara o recado da secretária eletrônica, então sabíamos que estivera em casa. Fomos até lá e o encontramos apagado no banheiro com sangue por todas as paredes. Estava lá deitado, de calça de couro e sem camisa, chapado de heroína e incoerente. Convenci-o a ir para a minha casa para se desintoxicar. O problema do Nikki é que, no que depender dele, nada o controla. Ele controla tudo. Porém, nesse caso, a heroína tinha um poder muito maior do que ele poderia conceber.

Nikki ficou na minha casa, em Tarzana, por quase uma semana. Bob Timmons vinha todos os dias para tentar mantê-lo sóbrio e Steven Tyler, do Aerosmith, que passara a se interessar pelo caso do Nikki, ligava para ele todos os dias para provocá-lo a se ajeitar.

– Você vai morrer, você vai ver – Tyler dizia.

Por fim, Nikki desabou. Pela primeira vez, admitiu para nós que não tinha controle sobre o vício. Chamamos o resto da banda e fizemos uma grande reunião na minha sala. Estavam patéticos. Nikki estava morrendo; Tommy enchia a cara e brigava com a esposa; Vince estava completamente fora de controle; e Mick, basicamente, acordava e passava o dia bebendo e chorando até apagar. E essa era para ser uma das maiores e melhores bandas de rock do mundo.

Primeiro, Doug e eu dissemos a eles que pagariam do próprio bolso os produtores europeus pela turnê cancelada. Depois, que teriam de se ajeitar, ou encontrar novos empresários. Apresentamos uma frente unida. Nikki admitiu que precisava se internar, algo com que nunca havia concordado antes. Tommy, que é tão influenciável que beberia veneno se Jim Jones pedisse, estava dentro, é claro. Vince, teimoso e em negação, demonstrou má vontade e relutou. E Mick só fez uma careta engraçada.

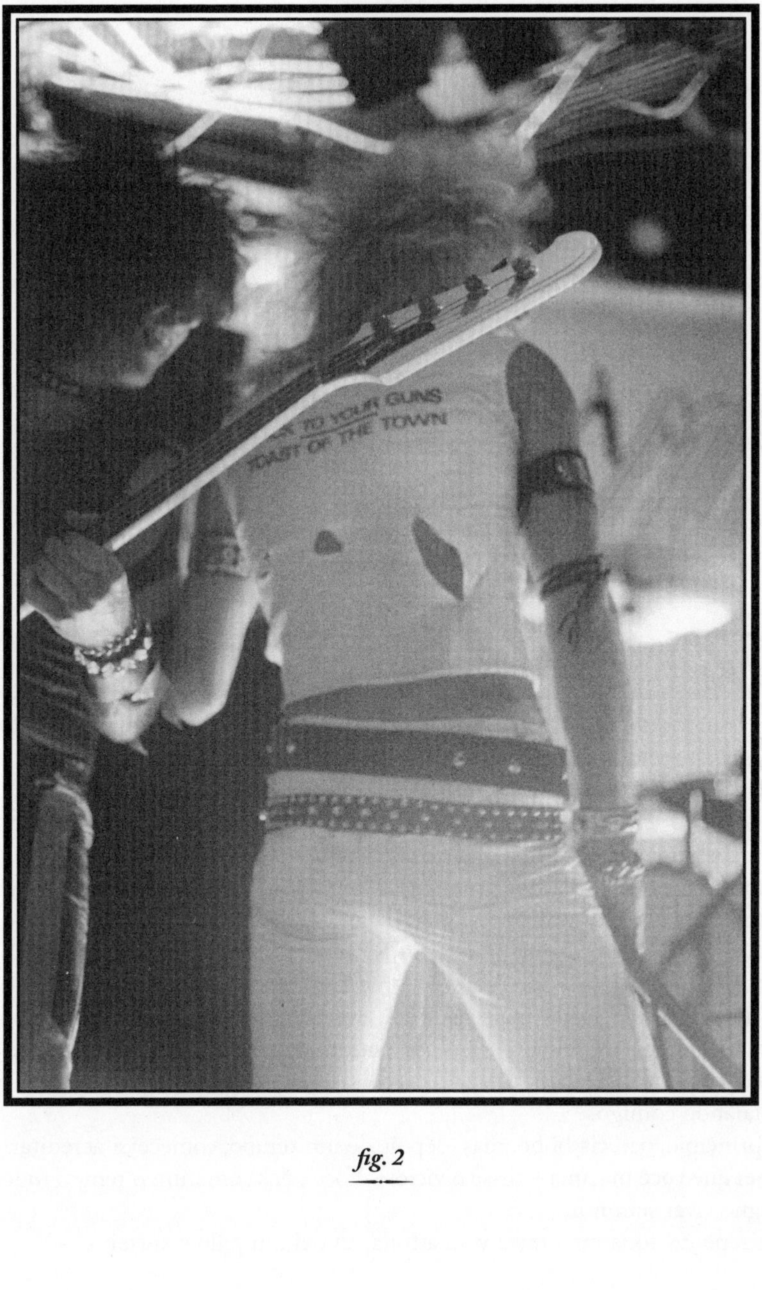

fig. 2

capítulo 2
TOMMY

DE UMA BRIGA COM UM SACO DE LONA E OUTROS ASSUNTOS REFERENTES À RETALIAÇÃO POR AVENTURAS NUMEROSAS DEMAIS PARA SEREM CITADAS

Fui o primeiro a ir. Parte de mim não queria, mas todos nós estávamos ficando doidos demais, então fizemos um pacto e, como eu sou de jogar pelo time e tal, essas merdas, me internei na reabilitação primeiro.

Eu não estava tão mal quanto Nikki ou Vince, mas bebia feito louco, fumava maconha e de vez em quando tocava o foda-se e injetava heroína com o Sixx. Essa porra dessa droga era tão boa que me assustava.

Não achava que tinha um problema, porém, até me internar numa clínica em Tucson chamada Cottonwood. Lá havia um médico que trouxe um monte de merda à tona, sobre o que eu nunca tinha sequer pensado de verdade.

No meu segundo dia internado, ele me fez sentar num quarto e ficou em pé atrás de mim. Não havia mais nada ali, exceto por uma cadeira vazia à minha frente. O médico me disse para olhar para a cadeira e imaginar que meu vício estava sentado nela. Depois, disse certas coisas e eu deveria imaginar que era o meu vício falando comigo.

A princípio, parecia bobo, mas, depois de um tempo, comecei a acreditar.

– Sei que você me ama – disse o vício. – Você pensa em mim o tempo todo. Não consegue viver sem mim.

De repente, toda uma raiva veio à tona, eu dei um pulo e surtei:

– Espera aí – berrei para a cadeira vazia –, vai se foder. Posso viver pra caralho sem você.

– Isso é bom. Quero que você responda ao seu vício – disse o médico. – Quero que você fique furioso com ele. Quero que você o destrua. Ele não é seu amigo, é seu inimigo.

Depois, ele trocou a cadeira por um saco de lona pesado e me deu um taco de beisebol. Corri e comecei a surrar pra caralho aquela porra daquele saco de vício, cara, e as lágrimas voavam do meu rosto.

– Demonstre como você está se sentindo – o médico insistia. – Ele quer te machucar. Tire-o da sua vida.

Fui à loucura com aquele saco enquanto abria o berreiro feito um bebê. Foi como um exorcismo, mano. Nunca vou esquecer daquela porra daquela experiência, porque percebi que havia uma outra força me controlando há anos, e aquela foi a primeira vez que me comuniquei com ela. Até então, eu não sabia o quão poderosa essa força era, e o quão poderosa não era. O vício só é tão forte quanto você permite que ele seja, e eu tinha deixado o meu se tornar poderoso demais.

Havia uma placa na parede da Cottonwood que dizia “Silêncio = Morte”, e eu nunca vou me esquecer desses dizeres, porque me faziam pensar na minha infância. Meus pais sempre foram legais, mas, sempre que eu fazia algo errado, era punido com silêncio. Eles me mandavam pro meu quarto e, quando eu perguntava o que tinha feito de errado, não falavam comigo. Então eu ficava sentado sozinho no quarto, me perguntando que porra eu tinha feito e por que ninguém falava comigo. Meus pais achavam que era assim que deveriam me ensinar uma lição. Assim, desde muito cedo equiparei silêncio e punição. Quando fiquei mais velho, nada me deixava mais puto do que alguém não falar comigo. Ainda me dá na porra dos nervos se uma garota não me liga de volta ou se faço algo errado e, em troca, recebo o silêncio de um amigo. Cara, toda vez quero entrar num buraco e morrer. Então, quando vi aquela placa na reabilitação, “Silêncio = Morte”, disse a mim mesmo: “Quer saber? Era exatamente assim que eu me sentia quando criança, caralho”.

Cada um na banda entrou num programa diferente, mas, depois de mais ou menos uma semana, Bob Timmons achou que deveríamos ficar juntos num grupo, então todos vieram me encontrar. Fizemos um círculo com algumas outras pessoas da clínica, nos abraçamos e cantamos “You Can’t Always Get What You Want”, que provavelmente era a mensagem perfeita pra uma banda como a gente, tão acostumada a conseguir exatamente o que queria, quando queria.

Ciscos entraram no meu olho de novo, e eu me virei pro Nikki e choraminguei:

– Cara, essa não é a música mais linda?

Ele me olhou como se eu fosse louco, e então olhou pro Mick e sussurrou alguma coisa sobre eu ter caído naquela merda tipo Jim Jones. Acho que ninguém na banda me levava a sério. Eu era visto como um filhote cujas patas eram muito grandes e que sempre tropeçava em tudo.

Mas aí, depois de cantar, todos nos sentamos. O conselheiro pediu que nos visualizássemos como crianças, e de repente Nikki desabou. Seu rosto ficou vermelho e ele engasgou tanto com o choro que não conseguiu falar uma palavra. Mais tarde, disse que tinha visualizado a si mesmo no fim de uma rua e a mãe na outra ponta dessa rua, e percebeu que toda aquela amargura e ressentimento mal resolvidos para com o pai e a mãe ainda o assombravam. Se eu era o palhaço que eles estavam descobrindo ter uma tristeza genuína por trás da máscara, Nikki era o carneiro furioso que descobrimos ter um lado terno, onde havia sentimentos e emoções verdadeiros.

Até mesmo Vince, o mais impenetrável de nós, começou a se abrir e chorar. Pela primeira vez, vi uma tristeza no Mötley Crüe que nunca havia notado. Nós todos nos tornamos criancinhas tristes, exceto pelo Mick, que estava sendo estranhamente teimoso e se recusava a se abrir. Sempre que cantávamos juntos, ou meditávamos, ou fazíamos algum exercício para entrar em contato com as próprias emoções, eu olhava pra ele e ele tinha uma expressão no rosto como se estivesse prestes a vomitar por todo o chão.

capítulo 3
MICK

NO QUAL MICK OBTÉM SUCESSO AO AFRONTAR OS INUMERÁVEIS MEMBROS DE LIGAS DE TEMPERANÇA, SEITAS E ALOJAMENTOS CAROS

Foi muito simples: eu vi como estava feio e inchado. Vi o quão perto Nikki chegara da morte. E vi como os nossos empresários estavam tão fartos de nós que iam pedir demissão. Na verdade, eu estava tão farto de nós que estava pronto para me demitir se algo não mudasse.

Então parei de beber. Você só consegue parar quando quer parar, e eu estava pronto para parar. Não gostava da sensação de vulnerabilidade quando estava bêbado, porque nesse estado é fácil tirarem vantagem de você. E eu estava prejudicando feio os meus ossos, porque ficava tão mamado que fazia um movimento de mau jeito e acordava na manhã seguinte com uma dor incapacitante, que eu anestesiava com mais bebida até ficar bêbado o bastante para fazer algo estúpido de novo.

Sóbrio, perdi dez quilos e umas cem rugas em algumas semanas. Sempre que sentia vontade de beber ou frustração, fazia um círculo com os dedos, como se estivesse segurando um shot, berrava "*boom!*" e levava a mão à boca, como se estivesse virando um shot de tequila. Esse era o meu "*boom*", a minha terapia. Assustava muita gente, mas me deixava satisfeito. E era muito mais barato do que a reabilitação.

Nikki, Tommy e Vince, enquanto isso, entravam e saíam das clínicas tantas vezes que eu nunca conseguia guardar quem estava onde. Nikki acha que a reabilitação fez muito bem à banda, mas eu não acredito. Quando os visitava, via aqueles terapeutas arrasarem aqueles caras até que eles se sentissem zeros à esquerda. Eram humilhados e degradados e ficavam presos em quartos com gente que tinha problemas reais, gente que foi estuprada pelo pai ou viu a mãe ser assassinada. Tommy, Vince e Nikki não tinham problemas como esses: eram tão jovens que nem tinham começado a viver. O processo todo foi mais duro com Tommy, acho, pois ele chegara ao ponto de ficar ultratemperamental quando mamado e, depois de explodir em casa na véspera de Natal, precisava ficar sóbrio para salvar seu casamento. Quando a banda decolou, ele era apenas um bebê, e acho que você perde o senso de perspectiva quando é um milionário adolescente.

O acordo feito foi que, antes que começássemos a gravar o novo álbum, todos nós teríamos de estar sóbrios. Então os caras se internavam, depois caíam no excesso, depois se internavam de novo para se limpar por uma semana. Era como férias caras, porque tudo o que os terapeutas e donos das clínicas faziam era pegar o máximo de dinheiro dos caras, ficassem eles sóbrios ou não. Talvez, se você tivesse sorte, eles usariam suas dezenas de milhares de dólares para te dar de brinde um chaveiro depois de noventa dias de sobriedade. Ao meu ver, você só consegue parar quando quer, e todas as clínicas de reabilitação do mundo não vão te ajudar. Essa é a minha opinião – porque não ir para a reabilitação funcionou muito bem para mim. Meu único vício agora é colecionar guitarras velhas. Talvez por isso eu seja o cara chato da banda.

Embora tivesse parado por conta própria, ainda precisava ir às reuniões do grupo e à terapia. Nossos empresários estavam tentando fazer um tipo de cirurgia plástica extensa na banda, e nós tínhamos de ver todos aqueles médicos que tentavam nos dar uma lavagem cerebral para que nos comportássemos de maneira diferente. Uma vez por semana, precisávamos ir ao aconselhamento de relacionamento, como um casal velho e amargurado. Lá, aprendíamos a conversar uns com os outros ao invés de brigar, ou discutíamos nossos sentimentos e o que estivesse acontecendo na semana.

Isso me desanimava. Primeiro de tudo, ter de ir lá e aguentar algo que eu não curtia e em que não acreditava estragava o meu dia. Em segundo lugar, machucava meus sentimentos o fato de que o resto da banda não era forte o bastante para ver além daquela bobagem superficial da terapia e se dar bem por conta própria. Todo terapeuta queria que nós nos soltássemos e chorássemos, e eu detesto chorões. Homens crescidos que choram no meio de uma crise vão morrer, porque você pode apostar que o inimigo não estará chorando, e sim matando a sua bunda mole enquanto você chora! Meu pai me ensinou que "quando você é uma criança, você é uma criança; quando você é um homem, você é um homem". Fiquei farto de ver todo mundo na banda chorar até os olhos incharem. Volte para a segunda série se quiser chorar, bunda mole.

As ideias por trás de toda aquela terapia cara eram bem simples: fique longe de álcool e drogas e coisas que te fazem se comportar mal; pense antes de agir num impulso negativo; e compartilhe seus sentimentos em vez de mantê-los guardados, de forma a destruir você e todos a seu redor. Nós todos sabíamos disso de antemão. O único hábito ruim que tínhamos era a terapia. Mas eu ia toda semana mesmo assim, sem reclamar, porque não precisava de um terapeuta para me dizer que, se quiséssemos ser uma grande banda de novo, precisávamos nos manter unidos.

Fomos para o Canadá para gravar nosso álbum seguinte, e os terapeutas de abuso de substâncias foram junto – por nossa conta. Depois que terminamos as gravações e retornamos para L.A., eu estava num shopping em Beverly Hills comprando móveis para a nova casa para onde eu me mudara com Emi e a qual eu na verdade não tinha dinheiro para manter. Do outro lado da rua, uma mulher gritou:

– Mick!

Parecia uma mendiga e fedia a álcool. Estava tão mamada que mal conseguia andar. Disse oi para ela e segui em frente.

– Quem era aquela doida? – perguntou Emi.

– Ela? Era a nossa terapeuta.

fig. 3

Da esquerda para a direita: Bob Timmons, Vince, Mick e Rich Fisher

capítulo 4
NIKKI

O AMOR PEGA NOSSO HERÓI DESAVISADO ENQUANTO ELE SUPLICA A SUA MUSA QUE O GUIE NA BUSCA POR UM TALENTO QUE HÁ MUITO ABANDONARA, O DE ESCREVER UMA CANÇÃO

Assim que emergi limpo dos meses de tortura num entra-e-sai da reabilitação, uma das primeiras pessoas que vi foi Demi Moore, exatamente a mesma que falou as letras "A.A." no meu ouvido pela primeira vez. Ela estava em Vancouver fazendo um filme enquanto nós começávamos a trabalhar em *Dr. Feelgood*. E o boato que corria era que Demi e Bruce Willis tinham se separado. Jantamos na casa do nosso produtor, Bob Rock, e, depois, ela perguntou se eu queria voltar com ela para o hotel. Às vezes, uma carona para casa é só uma carona para casa, mas, como *rock star*, eu naturalmente presumi que a oferta se referia a outro tipo de carona.

Eu soube que estava sóbrio pra valer quando, dessa vez, recusei a carona. O motivo era Brandi Brandt. Desde os sete anos de idade, quando comecei a fumar maconha no México, dificilmente um dia se passava sem que eu ficasse fodido. Eu vinha evitando a realidade com sucesso havia uns bons vinte anos. Então, quando finalmente larguei a heroína, não sabia o que fazer comigo. A sobriedade era assustadora. Eu tinha que me atualizar de uma vida inteira e não sabia por onde começar ou o que fazer.

Não ia mais a clubes e não transava há tanto tempo que eu e minha mão direita estávamos basicamente noivos. Fiquei tão confuso e agorafóbico que fui me consultar com um psiquiatra. Todo aquele processo de reabilitação e terapia descascara tantas camadas tão profundas que eu não me sentia mais como Nikki Sixx, e sim como aquele garotinho de Idaho, supernerd e amigo de Allan Weeks. Precisava aprender tudo de novo sobre como ser um homem, porque me dei conta de que o tempo todo fora apenas um garotinho: imaturo, impulsivo e altamente suscetível aos males do mundo.

O terapeuta sugeriu que eu experimentasse uma nova droga chamada Prozac. Embora eu não quisesse usar droga alguma, mesmo as legais, ele disse que a química do meu organismo se tornara desequilibrada. Meu abuso de drogas, explicou, abalou a produção de uma coisa chamada serotonina no meu cérebro. Ele me deu duas caixas, cada uma com dez amostras daquela nova droga milagrosa. Ao sair do consultório, tomei dois comprimidos e, quando cheguei em casa, já me sentia calmo.

Talvez fosse um efeito placebo, mas em questão de dois dias fui capaz de sair de casa e até socializar um pouco. Fui num encontro com Lisa Hartman, mas ela era ocupada demais para mim (embora evidentemente não estivesse ocupada demais para o Clint Black). Na verdade, a maioria dos meus supostos amigos não tinha mais tempo para mim. Uns caras do Metallica me abordaram no Cathouse e me ofereceram um drink, mas, quando eu disse que estava sóbrio, foram embora e não falaram mais comigo. O mesmo aconteceu com o Slash e com todo mundo.

Felizmente, um velho amigo, Eric Stacy, que tocava baixo no Faster Pussycat, também tinha acabado de sair da reabilitação. Convidei-o para morar comigo para que pudéssemos nos sentir feito dois bananas juntos. De vez em quando, nos aventurávamos até algum clube e tentávamos pegar umas minas, mas ou tínhamos esquecido como se fazia isso, ou nunca soubemos. Dizíamos "oi", elas diziam "oi", e então ficava um silêncio desconfortável e nós dizíamos "deixa pra lá".

No fim das contas, Rikki Rachtman, gerente do Cathouse, ficou com tanta pena de mim e da minha mão direita que me arrumou um encontro às cegas com a Miss Outubro (embora um encontro não seja tão às cegas assim quando você sabe que é com uma coelhinha da *Playboy*). Eu era um *rock star* vulnerável sob o efeito de Prozac, explorando um novo mundo de sobriedade, e ela era uma *Playmate* no rebote; essa era uma má combinação. Brandi, uma morena voluptuosa com olhos inocentes e brilhantes, acabara de terminar com o Taime Downe, do Faster Pussycat, depois de achar uma camisinha usada no lixo dele.

Na primeira noite em que dormimos juntos na casa dela, o telefone tocou. Era a mãe dela e, pelo fone, pude ouvi-la contar para a filha sobre um cara que conhecera um tempo atrás chamado Nikki, sobre como andava pensando em ligar para ele porque tinha gostado muito dele.

Reconheci a voz: era Brie Howard, uma das garotas que testamos para ser backing vocal na turnê do *Girls*. Tinha me esquecido completamente dela; tivemos umas duas noites de diversão nos enroscando. Mas eu não fazia ideia de que ela era a...

– Então, mãe – disse Brandi –, eu te aconselharia a não ligar pro Nikki. Talvez fosse melhor ligar praquele produtor que eu vi com você outro dia.

Minha vida ficava tão vazia sem as drogas que deixei a Brandi preencher esse vazio. Era tão empolgante de fato conviver com alguém do sexo oposto e gostar disso que me joguei num relacionamento. Porém, eu era uma criança: precisava estar apaixonado por alguém e precisava sentir que alguém me amava. A sobriedade me permitia sentir emoções de novo, mas não me ensinava a interpretá-las.

Apenas umas duas semanas depois de Brandi e eu nos conhecermos, precisei me mudar para Vancouver para gravar o álbum *Dr. Feelgood* e a distância colocou mais lenha na fogueira da ilusão de se estar apaixonado. Embora eu me sentisse solitário e deprimido sem ela, por outro lado, sem a necessidade de usar drogas ou de caçar boceta toda noite, me vi de fato fazendo algo produtivo com meu tempo e voltei a escrever músicas. As experiências do ano anterior me deram material mais do que suficiente, com a overdose que quase me levou à morte servindo de inspiração para a primeira música do álbum, "Kickstart My Heart" (sempre consegui tirar uma música de cada overdose). Não foi como no *Girls, Girls, Girls*, em que eu largava o vício só pelo tempo suficiente para escrever alguma coisa para encher linguiça. Eu tinha tempo e lucidez para cortar os excessos da minha escrita, me reunir com a banda e passar as músicas pela máquina Mötley, discutindo e mudando cada uma delas até que todos nós gostássemos.

Passamos por meses de reuniões onde a banda me acusava de ser fascista em relação às minhas músicas e à minha visão, então, pela primeira vez, ouvi o que eles tinham a dizer e aceitei as contribuições deles. Minha amizade com Tommy se aprofundou à medida que ele imergiu no processo de composição e passou a me acordar toda manhã para debatermos novas ideias. Talvez porque meus problemas com meu pai tenham me impedido de formar amizades reais, o Tommy se tornou meu primeiro e único amigo naquela época. De cabeça limpa, agora tínhamos a paciência para ouvir bandas além de Sweet, Slade, T. Rex, Aerosmith e New York Dolls: abri a mente para tudo, de Miles Davis a Whitney Houston, e tomei consciência de todo um universo de sonoridades e emoções, de melodias, linhas de baixo e ritmos intrincados que perdera a vida inteira.

Juntos, escrevemos o que considerávamos nosso melhor álbum até então. Para começar, o estúdio não era mais um lugar para farrear e trazer minas, e sim um lugar para trabalhar. E trabalho foi feito. Trouxemos Bob Rock para produzir, porque gostávamos dos álbuns que ele fez com o Kingdom Come, o The Cult e o Ted Nugent. A função dele era nos levar a ser o Mötley Crüe de novo, depois de termos sido dizimados por uma década de drogas, mortes, casamentos e reabilitações.

Quando Tom Werman só disse que, OK, estava bom o bastante, Bob nos açoitou feito escravos.

– Isso simplesmente não é o melhor de vocês – era o bordão dele.

Nada era bom o bastante. Mick gravou todas as guitarras de *Shout at the Devil* em duas semanas, mas agora Bob Rock o fazia gastar duas semanas dobrando uma única linha de guitarra repetidas vezes até que estivesse em perfeita sincronia. E embora o processo irritasse e frustrasse o Mick, foi muito mais fácil para ele do que para o Vince, que, em alguns dias, só saía com uma única palavra gravada que fosse do agrado do Bob. Bob era crítico, exigente e rigoroso quanto à pontualidade. Seis meses de rigor somados a seis meses de sobriedade nos esgotaram, e tivemos de aguentar as mudanças de humor violentas e súbitas uns dos outros. Antes de entrarmos no estúdio a cada dia, não sabíamos se à noite sairíamos nos sentindo a melhor banda do mundo ou como quatro palhaços raivosos que nem conseguiam tocar seus instrumentos.

Em oito anos juntos e milhões de álbuns vendidos, nunca tínhamos gravado direito. Ninguém havia nos pressionado até os limites das nossas habilidades ou exigido de nós mais do que achávamos que poderíamos dar, até que descobríssemos que de fato tínhamos mais a dar. Simplesmente nunca tentamos. O Aerosmith estava gravando *Pump* no estúdio ao lado e consultando o mesmo conselheiro que nós, Bob Timmons. Então, depois do trabalho, fazíamos o tipo de coisa ridícula que *rock stars* sóbrios fazem juntos, tipo beber água Perrier ou fazer cooper ao redor de um lago.

É claro que o processo todo foi a antítese de todos os princípios punk a que eu me agarrava na adolescência. Eu ainda amava rock 'n' roll barulhento, visceral, desleixado e cheio de erros. Queria que "Same Ol' Situation" transbordasse de sujeira, que "Dr. Feelgood" tivesse um *groove* de explodir cabeças, que "Kickstart My Heart" soasse frenética como *speedball*, e que "Don't Go Away Mad (Just Go Away)" tivesse um refrão para você ouvir enquanto destrói seu quarto. Porém, ao mesmo tempo, queria um álbum do qual eu finalmente me orgulhasse.

Na reabilitação, me disseram que a única maneira de se limpar era acreditar e buscar a ajuda de uma força maior que pudesse trazer a sanidade de volta à minha vida. A maioria das pessoas escolhe Deus ou o amor. Eu escolhi a única mulher que, em toda a minha vida, nunca me abandonou: a música. E era hora de retribuir sua fé e perseverança.

Minha fé, porém, era cega. Totalmente imersos na empolgação com o novo material em que estávamos trabalhando com tanto afinco, não fazíamos ideia de que a indústria musical dizia, basicamente, que *Girls, Girls, Girls* foi o nosso fim. Estávamos na cena havia uma década inteira e, no que dizia respeito à indústria, isso era tempo o bastante. Os anos 1980 estavam quase acabando, as coisas estavam fermentando em Seattle e nós éramos apenas uma banda de *hair metal* que teve sorte com alguns singles. Na cabeça da indústria, nós estávamos mortos e enterrados.

Nosso obituário foi precoce.

capítulo 5
T O M M Y

UMA AVENTURA INICIADA COM UM SENSO DE DEVER CÍVICO E OBRIGAÇÃO PROFISSIONAL TERMINA COM O GOSTO AMARGO DO ABANDONO, DA DESLEALDADE E DE AMENDOINS SALGADOS DE COMPANHIA AÉREA

Pouco antes da turnê do *Girls, Girls, Girls*, Heather e eu causamos a porra da queda de um dos maiores traficantes de coca do país. Tudo porque não quisemos ir para a Jamaica sozinhos.

Nosso empresário, Doc McGhee, tinha muitos amigos suspeitos que moravam nas Ilhas Cayman. Eram uns doidos mamadíssimos que só tinham primeiros nomes – Jerry, Leigh, Tony – e traziam umas porras de umas malas gigantes cheias de pó e grana para a ilha, onde lavavam dinheiro sem que a Receita Federal se metesse nas merdas deles.

Leigh, um sulista bronzeado, charmoso e podre de rico, era um dos amigos mais legais do Doc. Eu o conheci com o Vince, quando estávamos relaxando nas Caymans. Leigh chegou na casa alugada do Doc com uma valise e as primeiras palavras que dissemos a ele foi "me dá, me dá, me dá", porque sabíamos o que havia dentro daquela porra: montanhas de pó branco pra gente mandar pra dentro do nariz.

Leigh abriu a valise e nos deu uma pedrinha.

– Você só vai dar isso pra gente? – Vince berrou pra ele.

– Vou te dizer o seguinte – disse Leigh. – Se vocês conseguirem abrir a valise, podem pegar mais.

Em seguida, deu uma piscada de espertalhão, fechou a valise e girou os números da fechadura, para que não pudéssemos abri-la.

Aquela pedrinha inteira estava no nosso organismo em questão de dez minutos, e então, como sempre acontece quando se está louco de pó, começamos a ter uma vontade *hardcore* de usar mais.

Vince e eu pegamos a valise e tentamos todas as combinações de números, tão doidos de pó que pensamos estar de verdade bolando cada combinação possível entre três números.

– Pera aí – Vince berrava num lampejo de inspiração –, a gente já tentou meia-meia-meia?

Por fim, fui até a cozinha, peguei uma faca de açougueiro e cortei o tampo da valise de milhares de dólares do Leigh. Lá dentro, brilhando como ouro branco, havia dezenas de sacos plásticos enormes cheios de pó. Rasgamos todos e caímos de cara naquilo.

Depois de uma hora daquele paraíso branco, Doc apareceu.

– Que porra vocês estão fazendo?

Vince se levantou e olhou pra ele com a cara toda cheia de pó e baba.

– Bom, o Leigh disse que a gente podia ficar com o pó se conseguisse abrir a mala. E a gente abriu.

Doc ficou puto pra caralho e nos chutou do apartamento. Acho que acabamos pagando por toda a droga que destruímos com nossos royalties.

Pouco depois disso, Leigh foi preso. Ele costumava levar umas supergostosas de avião pras Caymans por alguns dias – sempre garotas diferentes, duas de cada vez – e a gente só achava que ele era um *sugar daddy* bêbado. Mas a verdade era que ele as usava como mulas pra levar drogas pros EUA. Uma vez, umas dessas loironas veio de New Orleans pra curtir com Doc, Leigh e os caras do Bon Jovi, de quem o Doc também era empresário. Quando chegou a hora das garotas irem embora, Leigh colou drogas pelo corpo todo delas e as deixou no aeroporto. Era a primeira vez delas, então uma teve a brilhante ideia de colar uma tesoura no corpo também. Assim, se houvesse o risco de ser pega, poderia simplesmente cortar as drogas.

Bem, essa "gênia" e sua amiga passaram pelo detector de metais, que obviamente disparou por causa da tesoura. Ela foi revistada, encontraram a coca e depois revistaram a amiga. É uma ilha pequena, e sabiam que as garotas estavam com o Leigh e os caras do Bon Jovi, que tinham ido embora no voo anterior, então fizeram o avião em que eles estavam voltar para que pudessem revistar a bagagem de todo mundo à procura de drogas. Mandaram a polícia atrás do Leigh, que se mandou de jatinho e se escondeu em outra ilha antes que pudessem pegá-lo.

Foi aí que Heather e eu entramos na história. A gente queria ir pra Jamaica, mas não conhecia ninguém lá, e é claro que o Leigh tinha contatos na porra do Caribe inteiro. Então pedimos pro Doc entrar em contato com ele, e ele disse que nos encontraria na Jamaica para nos mostrar o lugar. No entanto, o que ele não sabia era que os agentes federais tinham feito um acordo com o governo jamaicano e o avião foi cercado assim que pousou em Kingston e Leigh foi colocado num voo para Tampa, onde foi preso. Heather e eu nos sentimos péssimos: não tínhamos mais ninguém para nos guiar pela Jamaica.

Porém, a merda toda acabou bem pro Leigh. Ele pegou prisão perpétua, nos mandou umas cartas e não ouvimos mais falar dele. Depois, quando passamos por Tampa na turnê de *Decade of Decadence*, Leigh estava no show, vestido na porra de um Armani. Ele não me disse como caiu fora de uma sentença de prisão perpétua em menos de dez anos, mas alegou que estava de nariz limpo. Àquela altura, o meu também estava.

Bem como o do Doc McGhee. Antes de nos conhecer, ele vivia uma vida secreta que explodiu quando ele foi pego por ajudar a transportar dezoito toneladas de maconha da Colômbia para a Carolina do Norte. Não foi sua única prisão, porque ele também estava sendo acusado de associações com uns doidos com bons contatos que haviam conspirado para trazer 250 toneladas de pó e maconha para os EUA no início dos anos 1980. Assim, bem quando estávamos passando pela reabilitação, a lei estapeou Doc com uma multa de quinze mil dólares e uma sentença de cinco anos de prisão, e o fez criar uma organização antidrogas, a Make a Difference Foundation, depois que ele se declarou culpado no caso da Carolina do Norte.

Doc sabia que qualquer outra pessoa provavelmente ficaria na cadeia por pelo menos dez anos por uma merda daquelas, então ele precisava fazer alguma coisa de alto nível para mostrar ao tribunal que contribuía para o bem do mundo como um homem livre. Sua ideia foi comemorar o vigésimo aniversário de Woodstock com o Moscow Music Peace Festival, um espetáculo gigantesco de sobriedade e amor internacional que incluía a gente, o Ozzy, os Scorpions e o Bon Jovi. Todo o dinheiro deveria ir para associações de caridade antidrogas e antialcoolismo, incluindo a Make a Difference Foundation.

Porém, deu tudo errado desde o momento em que entramos no avião. Fizemos um pacto na banda de que permaneceríamos sóbrios e, como uma banda sóbria, levaríamos nossa música pra porra do topo. *Dr. Feelgood* sairia em umas duas semanas, e Doc nos disse que o show de aquecimento em Moscou seria uma ótima maneira de abrir os trabalhos. Explicou que todas as atrações seriam equivalentes, não haveria *headliner*, e todo mundo ia fazer um show reduzido, de cinquenta minutos, sem cenários ou efeitos especiais. A ordem seria Scorpions, Ozzy, nós e Bon Jovi.

Mas, assim que pisamos no avião do Doc, coberto de pinturas hippies psicodélicas idiotas do Peter Max, as lembranças das turnês do *Theatre* e do *Girls* vieram como uma enchente. Estávamos diante de uma viagem de avião que duraria um dia inteiro, sem absolutamente nada pra fazer. Além disso, havia um suposto médico a bordo, que forneceria às bandas que não estavam sóbrias as substâncias de que elas precisassem. Ficou claro que aquele seria um festival monumental de hipocrisia. Até o Mick ficou num humor de merda o voo inteiro: ele ajudou a pagar por todos os nossos problemas com drogas por um ano, e agora estava voando para Moscou para ajudar a pagar seu empresário – o cara que deveria estar cuidando de nós – pelos problemas com drogas dele.

Quando chegamos ao festival, começou a ficar claro que aquilo era uma completa lambança e que Doc tinha dito coisas distintas para cada banda para convencê-las a fazer o show. Jon Bon Jovi achava que seria só mais uma parada da sua turnê mundial como *headliner*, ao passo que nós pensamos que seria um set reduzido, um show de escala menor. E então o produtor revelou que nós seríamos adiantados. Entraríamos antes do Ozzy e dos Scorpions. Fiquei puto pra caralho. O Doc deveria ser nosso empresário, cuidar dos nossos interesses, e estava favorecendo um de seus clientes mais novos, o Bon Jovi, em detrimento da gente e dos Scorpions, que, na Rússia, eram enormes.

– Vai se foder, Doc – Nikki disse a ele. – A gente não veio até a Rússia pra ser uma banda de abertura enquanto a porra do Bon Jovi fica de atração principal com um set de uma hora e meia. Que porra é essa?

– Cara, a gente vai pra casa! – gritei pro Doc. Estava puto. – Esse show nem diz respeito à gente, e sim ao Bon Jovi.

– Vocês não podem fazer isso, seria foda – Doc suplicou.

– Ei – disse Nikki. – A gente não tá fazendo nada errado. Você nos disse algo que não era verdade. Disse que todo mundo seria equivalente nesse show, e agora todas as bandas estão com mais tempo de palco que a gente. Isso está virando uma porra de uma piada.

Por fim, Doc nos apaziguou e, mais por respeito ao Ozzy (que nos levou em turnê com ele quando ninguém sabia merda nenhuma da gente e agora tinha como baterista nosso amigo Randy Castillo), concordamos em tocar.

Fizemos um show decente na primeira noite, e foi divertido mandar ver "Dr. Feelgood" e "Same Ol' Situation" ao vivo pela primeira vez. Ozzy foi doido pra caralho e ótimo, como de costume, e os russos foram à loucura com os Scorpions. O público de cerca de 125 mil pessoas começou a ir embora do teatro depois deles, mas aí o bom e velho Jon fez sua entrada triunfal, atravessando o público, com filas de policiais russos abrindo a multidão diante dele como o Mar Vermelho. Assim que ele chegou lá na frente, o palco todo fez *BOOM* – fogos de artifício, flashes e efeitos pirotécnicos explodiram no ar. A multidão ficou ensandecida e eu quase caguei na porra das calças.

É preciso obter autorização pra usar esse tipo de pirotecnia na Rússia, e é claro que Doc sabia o tempo todo o que o Bon Jovi planejava para o show. Então, assim que as explosões dispararam, todo mundo da equipe e das outras bandas olhou pra nós. Eles sabiam que alguém ia se machucar. Saí à caça do Doc e o encontrei no *backstage*. Empurrei-o naquele peitoralzinho gordo e o derrubei feito um Kinder Ovo. Com ele no chão, Nikki deu a notícia:

– Doc, você mentiu pra gente de novo, caralho. Dessa vez, você tá demitido.

Optamos pela atitude honrável e tocamos no dia seguinte, e então pedimos ao *tour manager* que reservasse passagens de volta para casa para nós pela Air France. Não queríamos mais envolvimento nenhum em ajudar o Doc a pagar suas contas legais.

Voltamos via Paris e Nova York, e conversamos com Doug Thaler sobre dispensar Doc e ajudá-lo a começar sua própria firma para cuidar de nós. Durante toda a viagem, nos sentimos trouxas só por ter ido à Rússia, mas também como uns idiotas da porra por dispensarmos nosso empresário às vésperas do lançamento do primeiro disco que estava realmente nos empolgando. Me entoquei com a Heather, deprimido e lutando contra o impulso diário de fazer um pedido grande na loja de bebidas. Dei entrevistas, ouvi um pouco de rádio e pude sentir uma certa antecipação crescendo, talvez, mas não fazia ideia. E então, no dia 3 de outubro, meu vigésimo sétimo aniversário, recebi um fax do Nikki.

Se no seu aniversário você pudesse uma só coisa receber,
Alguma maneira de o mundo dizer
Que bem tudo vai ficar,
Então eu te desejaria com uma afeição escancarada,
Na Billboard, *um álbum no topo da parada*
FELIZ ANIVERSÁRIO, TOMMY. VOCÊ TEM UM ÁLBUM EM PRIMEIRO LUGAR.

Dirigi até a banca de jornais, comprei a *Billboard* e mandei emoldurar a página com a parada. E então liguei para todo mundo que eu conhecia.

capítulo 6

DOC MCGHEE

UM EMPRESÁRIO DÁ UM ADEUS AGRIDOCE A SUAS CRIAS INCORRIGÍVEIS

Foi um período negro na minha vida, e eu estava tentando fazer algo a respeito disso, tentando fazer algo por todo mundo: pelo mundo, pelas bandas e para mim mesmo. O Moscow Music Peace Festival não foi como produzir um festival em Poughkeepsie ou em Woodstock, foi algo completamente novo. E ninguém entendeu. Para as bandas, era tudo sobre elas e o que importava era quem tocaria em que ordem, quem teria o maior camarim e como conseguiriam disparar fogos de artifício.

Quando o show começou, eu já estava cansado de ouvir os caprichos daquelas princesas. Desde a overdose do Nikki, eu sabia que o Mötley e eu deveríamos nos separar por um único e simples motivo: eu não gostava deles. Não havia nada neles que eu gostasse. Precisava começar a lidar com a minha vida e com as bandas na minha vida que estavam dispostas a me deixar ajudá-las. O Mötley nunca me deixou ajudar: em vez disso, nós só espancávamos uns aos outros.

Levou uma década até que eu chegasse a esse ponto com o Mötley Crüe. Do momento em que vi o show deles pela primeira vez, no Santa Monica Civic Center, e voltei para casa numa van vazia porque os caras venderam absolutamente todos os itens de *merchandise*, eu soube que eles estavam começando uma carreira que só poderia ascender. Porém, não fazia ideia de que, como seres humanos, eles estivessem por completo numa espiral para baixo. Trabalhei com o Mink DeVille, James Brown, os Scorpions, Skid Row, Bon Jovi e o Kiss. Fui arrastado pelas merdas mais pesadas por todo tipo de gente mentalmente doente. Mas nunca passei pelo que o Mötley Crüe me fez passar. Num dia, Mick tentava pular de uma janela.

– Por que você faria isso? – eu perguntava.

– Sei lá.

No dia seguinte, Nikki socava um cara engravatado num banco de bar.

– Por que você fez isso?

– Sei lá.

No outro dia, Tommy, o moleque mais alegre da segunda série, me derrubava com um chute na bunda.

– Por que você fez isso?

– Sei lá.

Todo dia era isso, era constante. Éramos expulsos de hotéis em todas as cidades. Essa é a diferença entre merda de frango e salada de frango. Eles não eram como o Poison, que tocava o terror porque achava que era isso que *rock stars* deveriam fazer. O Mötley Crüe fazia coisas estúpidas porque era o Mötley Crüe. Não havia razão para nada, só a razão do Mötley. Não precisavam nem se esforçar: a vida deles era a vida rock 'n' roll.

Aquela banda estava pronta para ser o Zeppelin de sua época, mas nunca conseguiu se alinhar. Até hoje, ainda acredito que eles poderiam voltar a rugir com algo novo, significativo e verdadeiro sobre o momento em que se encontram na vida. Porém, se chegarem a realizar isso, não vai ser comigo. Já passei dez anos da minha vida pedindo desculpas por aquela banda. Como empresário deles, era tudo o que eu fazia de fato: me desculpar. Durante anos depois daquilo tudo, eu entrava no lobby de algum hotel e os recepcionistas me chamavam:

– Sr. McGhee...

E eu imediatamente caía de joelhos e dizia:

– Ai, meu Deus, eu sinto muito.

Então me olhavam com estranhamento e diziam:

– Não, não tem nada errado. Tem um telefonema para o senhor.

E aí eu suspirava de alívio e agradecia ao bom Deus por não ser mais empresário do Mötley Crüe.

fig. 4

capítulo 7
V I N C E

SOBRE UM DUELO MUITO POUCO CAVALHEIRESCO COM AXL ROSE, QUE, COM QUALQUER OUTRO NOME, AINDA SERIA UMA FLOR

Sharise era uma lutadora na lama padrão: loira, peitos grandes e um corpo torneado matador. Quando as garotas do Tropicana iam até a minha casa para lutar pros meus amigos, ela sempre era a lutadora mais viciosa. Ganhava toda vez, e ficava bonita de vencedora. Era exatamente o meu tipo.

Quando começamos a sair, ela parou de dançar e, ao invés disso, desenvolveu o hábito de gastar vinte mil dólares por mês. E, ao invés de brigar com outras minas, brigava comigo o tempo todo. A sobriedade pode ter sido fácil pros outros caras, mas eu era levado a beber todas as noites.

Antes do *Dr. Feelgood* sair, liguei para alguns amigos e fomos fazer rafting no rio Snake, em Idaho, por dez dias. Foi a melhor solução que imaginei para me manter sóbrio: ficar longe da Sharise, dos telefones, da banda, dos bares. Era só sol, corredeiras e exercícios.

Assim que retornamos para a civilização, liguei pra Sharise e ela estava aos prantos.

– Eu estava no Cathouse – choramingou – e o Izzy deu em cima de mim.

– O Izzy Stradlin?

– Sim, e ele estava todo fodido. Eu disse pra ele tirar a mão de mim, porque eu era sua esposa. Aí ele puxou e arrancou a minha camiseta.

– Que cuzão do caralho!

– Mas essa nem é a pior parte. Dei um tapa na cara dele, é claro. E aí ele me deu um chute de karatê com toda força. Na barriga, me deixou sem ar. Doeu muito, e todo mundo viu.

– Aquele merda! Da próxima vez que eu vir aquele filho da puta, ele vai morrer!

– Ah, sim, eu quase esqueci – ela acrescentou. – Seu álbum está em primeiro lugar.

Não acho que ninguém tenha me desrespeitado desse jeito desde que os motoqueiros deram em cima da Beth e da Lita na frente do Whisky. Mas o Izzy não era um motoqueiro, era o guitarrista do Guns N' Roses. Eu levei essa porra dessa banda em turnê para abrir alguns shows do *Girls, Girls, Girls*, quando ninguém acreditava nela. E eles foram legais: Axl era um cara tímido e humilde e uma companhia muito divertida. Porém, agora eles estavam começando a acreditar na própria fama, e um cara que deveria ser meu amigo estava desrespeitando a minha esposa.

– Você me ouviu? O disco está em primeiro lugar.

Izzy escolheu a hora errada de me sacanear, porque o MTV Video Music Awards, no Universal Amphitheater, seria dali a poucas semanas. Na premiação, deixei a banda esperando nas limos e fiquei no *backstage* enquanto o Guns N' Roses tocava com o Tom Petty.

Quando Izzy saiu do palco, parecendo um cruzamento do Eric Stoltz em *Marcas do Destino* com o Neil Young, eu estava à espera dele.

– Você deu em cima da minha mulher, porra!

– E daí, caralho? – ele cuspiu.

Todo meu sangue correu para o meu punho, e eu acertei em cheio a cara dele e ele caiu feito uma vaca velha num penhasco. Fred Saunders me imobilizou pelos braços.

– Da próxima vez que você tocar nela, vou te matar, caralho! – berrei para o corpo caído do Izzy enquanto Fred me tirava dali.

Soltei-me e fomos em direção à porta para fugir. Antes de chegarmos à saída, Axl veio espumando atrás de nós feito um dobermann em trajes exagerados:

– Vem aqui, seu filho da puta, vou te matar, porra!

Quando me virei, o rosto dele estava suado e contorcido.

– Então vem, porra! – eu disse, e falei sério.

O sangue ainda estava fervendo nos meus punhos. Ele olhou para mim e grasnou como um frango:

– Só não fode com a minha banda de novo, OK? – e foi embora.

Depois disso, Axl lançou uma campanha contra mim na imprensa. Se eu fosse um disco, ele teria vendido milhões de cópias minhas. Em cada matéria que eu lia e toda vez que eu ligava a TV, ele alegava que eu tinha socado Izzy inesperadamente e que eu vinha insultando o Guns N' Roses há anos, e fez um voto de me colocar no meu lugar, que era sete palmos debaixo da terra. Era como se de repente o rock 'n' roll tivesse se transformado numa associação de luta-livre.

Foi uma baita traição. Eu tinha todo o direito de nocautear o Izzy, e isso não era da conta do Axl. Durante a turnê do *Girls*, Axl vinha falar comigo quando sua garganta doía e eu mostrava os truques que desenvolvera para cantar depois de uma noite destruindo as cordas vocais. Agora ele ficava me mandando mensagenzinhas com instruções para encontrá-lo no estacionamento da Tower Records, no Sunset Boulevard, ou no calçadão de Venice Beach. Embora essa fosse uma maneira muito juvenil de resolver nossas desavenças, eu ia toda vez, porque a única coisa que me daria mais prazer do que um álbum em primeiro lugar nas paradas pop seria quebrar o nariz do Axl Rose.

Porém, ele nunca aparecia, até que chegou a um ponto em que, sempre que ele marcava uma briga em algum lugar, eu só mandava alguém até lá e pedia para me ligar quando e se ele aparecesse. Outra pessoa provavelmente teria desencanado depois de o Axl amarelar uma boa meia dúzia de vezes, mas eu estava puto: na imprensa, ele agia como se fosse o rei do mundo, dizia que eu não sabia brigar e que ele era faixa vermelha nisso e naquilo. Mas, na vida real, ele era um frango covarde demais para fazer jus a essas palavras. Então, por fim, apareci na MTV com uma mensagem para ele: disse que, se ele quisesse brigar comigo, então deveria fazer isso na frente do mundo todo. Propus uma noite de segunda – a noite das lutas – no Forum. Faríamos três rounds, e então o mundo veria quem era o maricas.

Eu estava pronto. Nem queria mais saber do Izzy, já tinha lidado com ele. Ele até me ligou e pediu desculpas pelo que fez com a Sharise. Quanto ao Slash e ao Duff McKagan, permanecemos amigos esse tempo todo – eles sabiam como o Axl era babaca. Eu queria dar uma surra naquele marginalzinho de merda e calar a boca dele definitivamente. Nunca tive resposta dele: nem naquele dia, nem naquele mês, nem naquele ano, nem naquele século. Mas a proposta continua de pé.

capítulo 8
TOMMY

COMO O CORAJOSO ULISSES VELEJANDO PARA CASA, DE VOLTA DA BATALHA, NOSSOS HERÓIS DESCOBREM QUE FORÇAS SUPERIORES CONSPIRARAM PARA MANTÊ-LOS PERDIDOS NO MAR

A gente não curtiu, não fez festa, não enfiou o pau onde não devia. A gente só chegava nas cidades, tocava bem pra caralho e dava o fora. Pela primeira vez, estávamos operando como uma máquina, e não como quatro animais selvagens. Só que aí começamos a ser tratados como uma máquina.

A turnê começou como um sonho maravilhoso: tínhamos nosso primeiro álbum em primeiro lugar, que ficou tão popular que cada uma daquelas músicas acabou como single. Estávamos na capa de todas as revistas, e o nosso show era gigantesco, com um equipamento que enchia dezenas de caminhões e que ia além de tudo que poderíamos ter imaginado quando ateávamos fogo no Nikki na Mötley House. Eram trinta e seis amplificadores de guitarra Marshall, trinta e seis amplificadores de baixo Ampeg SVT e uma bateria voadora foda, com a qual eu fantasiei a vida inteira.

As multidões eram insanas, sabiam cada verso, cada acorde, cada batida de cada álbum. E, pela primeira vez, estávamos sóbrios o suficiente para apreciar isso. E casados o suficiente. Todos tínhamos novas esposas ou noivas a quem queríamos nos manter fiéis: eu estava com Heather, Mick estava noivo de Emi, Vince tinha Sharise e Nikki tinha pedido Brandi em casamento (embora ele provavelmente não estivesse muito animado para passar o Dia de Ação de Graças na casa da mãe dela). O Mötley Crüe agora era composto por quatro caras na melhor forma física desde que nasceram.

Porém, o outono virou inverno, que virou primavera, que virou verão e nós ainda estávamos na estrada sem previsão de parar. A Elektra ainda estava lançando singles do álbum e Doug Thaler, que agora nos empresariava sozinho, tinha nos colocado em turnês e festivais por mais um ano inteiro.

Depois de um tempo, não importava mais quanto dinheiro ganhávamos ou por quantas semanas o álbum ficou no Top 40, nós simplesmente não aguentávamos mais vestir aquelas calças de couro de novo noite após noite. Talvez, se tivessem nos deixado viajar com artistas de abertura mais *cool*, como o Iggy Pop ou o Hüsker Dü, ao invés de nos forçarem a levar *posers* cafonas do pop metal como o Warrant e o Whitesnake, nossa moral seria melhor. Talvez, se tivéssemos tirado uma semana de folga de vez em quando, um tempinho nas Bahamas para desopilar, poderíamos ter terminado a turnê sãos. Mas a gravadora achava que perderíamos o momento. Éramos uma máquina de dinheiro, e iam nos operar até que essa máquina quebrasse. E, rapaz, ela quebrou mesmo.

O começo do fim foi um solo de bateria voador em New Haven, Connecticut. Para mim, sempre foi muito crucial que as pessoas vissem o que eu estava fazendo ao tocar. No início do Mötley, eu tentei usar espelhos, mas isso nunca funcionou direito. Depois, antes da turnê do *Girls, Girls, Girls*, tive um sonho maluco em que eu tocava bateria numa gaiola que rodava e girava. Então montamos uma engenhoca improvisada em que uma empilhadeira levava a bateria até a frente do palco e um motor a girava, enquanto eu tocava de cabeça pra baixo e umas merdas assim. De primeira, eu ficava muito zonzo, mas depois me lembrei de algo que aprendi nas aulas de balé na infância e comecei a pegar um ponto na parede para encarar enquanto girava.

Na turnê do *Feelgood*, eu quis ficar ainda mais perto dos manos no público, então montamos a bateria voadora. E sempre funcionou bem – até chegarmos a New Haven. Até hoje não sei o que aconteceu. Começou como de costume: durante o solo do Mick, me esgueirei num tubo longo, prendi os pés numa correia e enrolei uma corda nas mãos, que estava ligada a um motor que lentamente me puxou para o teto do New Haven Coliseum. Fiquei lá de boa por um tempo, a 24 metros de altura, observando o solo do Mick e o público, que ainda não estava me vendo. Com um operador chamado Norman me segurando, dei um salto, agarrei na bateria e manobrei meu corpo para me sentar na banqueta. Lá embaixo, Mick fazia umas merdas doidas com a guitarra e seus amplificadores pareciam prestes a explodir – *ggttccchhhggtttccchhh* – e então a bateria apareceu – *vuuuuuuummm* – por cima do público no meio daquela música bem dramática.

Com o público indo à loucura, comecei a bater nuns *pads* eletrônicos – *blaowww, blammm, blammm, blaowww* – enquanto a bateria voava em direção a ele nuns trinta metros de trilhos invisíveis. Passei correndo pelas cabeças do pessoal na pista, e então disparei para o fundo da arena, de forma que os caras que estavam no setor com a vista do Stevie Wonder pudessem ter uma vista como a da primeira fila. Teve um cara de jaqueta jeans que, eu juro por Deus, mijou nas calças quando, de repente, fiquei a centímetros da cara dele, tocando bateria no ar. Em seguida, girei, e os trilhos se ajustaram para que eu pudesse voltar para o topo da arena. Disparei um *sample* de um som longo de descida, como alguém saltando de uma ponte – *aaaaaaaaaahhhhhh* – e então pisei de volta na correia, agarrei a corda que me levara pra cima e me preparei para pular. A função do Norman era puxar o freio no último segundo, de forma que eu parasse no susto, a tipo um metro e meio da cabeça do público e então só ficasse pendurado por uma corda elástica. Era pra ser insano, nada daquelas merdas do Gene Simmons de voar por cima do público como se fosse a porra do Peter Pan. Eu queria ser jogado por completo, estilo queda livre.

Assim, saltei da viga – *aaaahhhhhhhhhhhhhhhhhhhh*. O ar passou voando pelo meu rosto – *vushhhhhhhhhhhh*. Em seguida, me preparei mentalmente para a puxada de freio do Norman. Porém, à medida que eu me aproximava do chão, por alguma razão, eu inexplicavelmente perdi a confiança nele. Achei que ele não fosse me parar a tempo, então entrei em pânico e tentei desistir. Soltei a corda e tentei soltar os pés da correia. Acho que a pura exaustão de tantos shows seguidos anestesiou meus sentidos. Assim que Norman me viu me esforçando para me soltar, acionou o freio. Instantaneamente, meu pé, que ainda estava na correia, parou no ar, enquanto o resto do meu corpo continuou a cair. Eu estava a poucos metros do público e *ccrraacckk*. A porra do meu crânio deu com tudo na cabeça de um cara da plateia. E então, como a corda tinha muita elasticidade, dei de cabeça no chão e apaguei. O que ouvi em seguida foi uma sirene. Não lembrava de nada, a não ser que algo tinha dado errado.

– O que aconteceu comigo? – perguntei.

– Você acabou de cair, parceiro.

– Caí?

– Você caiu de cabeça.

– Onde?

– No show.

– O show. Preciso voltar pro show – entrei em pânico. Aquilo não fazia sentido. Eu não me lembrava de ter caído. Só sabia que deveria estar num palco. Não em...

– Onde estou?

– Numa ambulância. Estamos te levando para o hospital.

– Mas...

– O show acabou, parceiro. Agora relaxa.

Acabamos cancelando uns dois shows enquanto eu me recuperava da concussão. Três dias depois, me vi encarando as vigas de uma arena e a corda elástica de novo. Norman acionou o freio de forma que desci bem devagar, mais como uma fada madrinha do que como um roqueiro alucinado, e me parou a seis metros do público, ao invés de um metro e meio. Levou um tempo até que eu superasse o medo.

O resto da banda ficou grato pelos dias de folga, mas, depois, voltamos para o circo itinerante infinito. À medida que a exaustão e a insanidade batiam, nossas vidas começavam a se desfazer. Primeiro, as garotas chegaram em bandos. Antes do bis, relaxávamos numa pequena tenda atrás do palco e bebíamos água mineral gelada. Certo dia, estávamos lá e o Nikki apontou para uma caixa de areia de gato misteriosamente localizada no meio da tenda. Enquanto tentávamos entender quem era estúpido o bastante pra levar um gato pro *backstage*, ouvimos um miado alto. Uma garota veio engatinhando em direção à caixa, usando uma gargantilha e uma coleira, conduzida por um *roadie*. Vince olhou pra mim em busca de explicações, eu olhei pro Nikki, Nikki olhou pro Mick e Mick olhou de volta pro Vince. Ninguém sabia o que estava acontecendo. A garota se arrastou pra dentro da caixa, levantando o vestido, mijou ali mesmo e cobriu a sujeira com a areia.

Logo passamos a encontrar novas maneiras de escapar da labuta nos divertindo com truques humanos estúpidos e observando nossa equipe chegar a novos níveis de decadência. Um tema de gatos começou a se desenvolver, baseado no verso "*here kitty, kitty*",[33] de "Same Ol' Situation". Os *roadies* formavam um círculo e se masturbavam até ejacular na mão, enquanto uma pobre mas disposta garota engatinhava pela roda miando e lambendo as mãos deles como se aquilo fosse leite. Nikki achava isso engraçado, mas também, ele tem problemas com a mãe.

O que começou como uma turnê limpa e saudável se tornou, perto do final, um circo sexual doentio. Estávamos sóbrios e não tínhamos mais nada pra fazer, então as garotas se tornaram nosso único entretenimento. Uma vez que começamos a olhar para as garotas, notamos que elas faziam de tudo para chamar nossa atenção, usavam máscaras de couro com mordaças, hábitos de freira cortados de forma a expor os peitos, uniformes de enfermeira com bolsas de enema, fantasias apertadas de diaba com consolos no lugar dos chifres e trajes de cowboy com latas de creme de barbear nos coldres. Os fracos entre nós racharam sob essa pressão e, no *backstage*, escolhiam as garotas que ofereciam algo que nunca haviam experimentado antes.

No show, entrávamos no palco por meio de um mecanismo debaixo do palco que nos atirava pra cima diante de 25 mil a 100 mil pessoas, como se fôssemos quatro Pula Piratas gigantes. Esse mecanismo, no fim, virou uma metáfora da turnê. Sempre que queríamos descansar ou dormir, alguém de repente puxava uma alavanca e – *pop* – lá estávamos, diante de um estádio cheio de gente clamando por nós e pronta para ver o mesmo espetáculo pelo qual passamos centenas de vezes. Por toda a vida, cada um de nós sonhou estar exatamente onde estávamos naquela porra daquela turnê; porém, depois de dois anos, passamos a detestar e ter pavor dos nossos trabalhos. Nikki gostava de compará-lo a uma ereção: é ótimo por alguns minutos, mas quando não abaixa depois de horas de punheta, começa a doer como nenhuma outra dor conhecida pelo homem.

Então nós aplacamos a dor como sempre fizemos. Na Austrália, Vince saiu dos trilhos. Depois que nos varreram do chão na Austrália e nos esparramaram no Japão, Nikki sucumbiu. E quando nos arrastaram para o Havaí, fui para uma casa

33 "aqui, gatinha, gatinha"

de strip com Vince e caí vítima de uma garçonete peituda com uma bandeja de shots alcoólicos fluorescentes em tubos de ensaio. Logo, com os nossos relacionamentos em casa sofrendo com a negligência, todos estávamos bebendo escondidos, comprando drogas e voltando aos velhos hábitos autodestrutivos, com a possível exceção de Mick, cuja noiva calhava de estar na estrada conosco como backing vocal.

Perto do fim da turnê, a Elektra mandou uma equipe de filmagem até nós. Haveria uma enorme conferência de vendas com os compradores de todas as redes de lojas de discos e a gravadora pensou que seria uma boa ideia se nós gravássemos uma mensagem em vídeo puxando o saco dos lojistas e agradecendo o apoio deles. Assim, nos reunimos no *backstage* diante das câmeras e nos comportamos como boas marionetes:

– E aí, caras, nós somos o Mötley Crüe, e gostaríamos de agradecer-lhes por levar o nosso disco ao primeiro lugar.

Mas então, de repente, as cordas das marionetes arrebentaram:

– E queremos informar que detestamos vocês e detestamos a Elektra. Vocês não dão descanso pra gente. São um bando de babacas gananciosos do caralho, e nós sabemos onde vocês moram e vamos cortar as suas gargantas se vocês não nos deixarem ver as nossas famílias.

Quando desligaram as câmeras, a gente desabou no chão e chorou largado. Não conseguíamos nem falar. Estávamos tão exaustos, tão esgotados, tão exauridos de todo pensamento e emoção.

Doug Thaler olhou pra nós, balançou a cabeça e disse:

– Talvez seja hora de tirar vocês da estrada por um tempinho.

Cara, você nunca viu quatro filhos da mãe vazarem cada um pro seu canto mais rápido do que nós naquele momento.

⚜

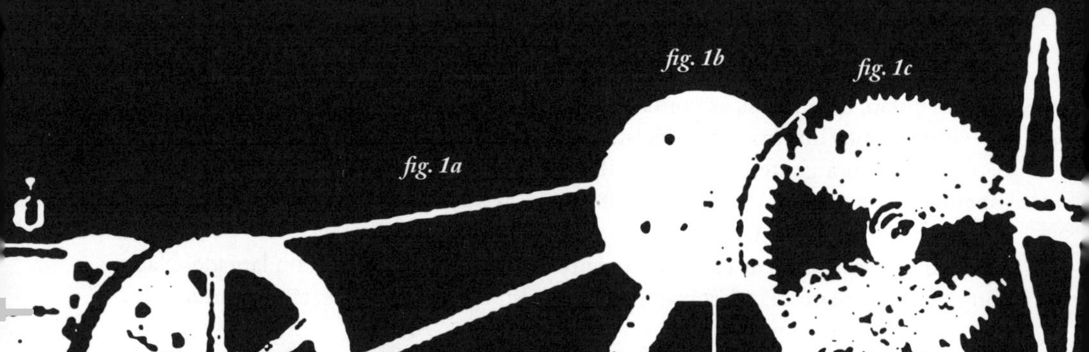

fig. 1

PARTE NOVE

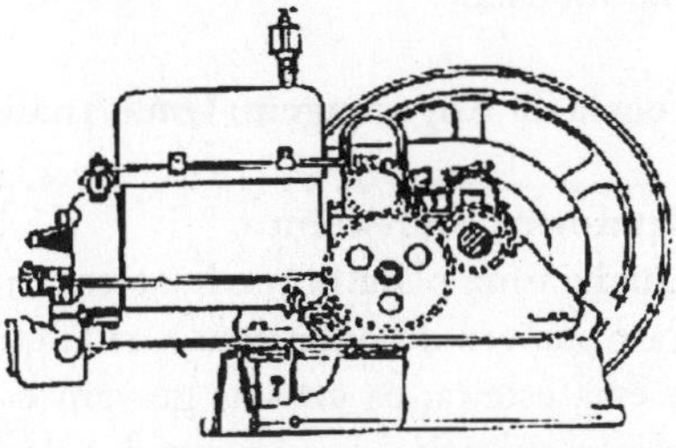

DON'T GO AWAY MAD

capítulo 1

NO QUAL OS PROFESSORES EMÉRITOS DO ROCK 'N' ROLL OFERECEM UMA DISSERTAÇÃO DESENVOLVIDA DURANTE UM DOS MUITOS PERÍODOS DE VIAGEM DURANTE OS QUAIS O ESTILO DE VIDA ROCK 'N' ROLL É REDUZIDO À MALDIÇÃO DO TEMPO LIVRE

A APLICAÇÃO DA TEORIA DA ENGRENAGEM AO DESENVOLVIMENTO E MATURAÇÃO DE UM GRUPO DE ROCK COMUM

por Tommy Lee, Mick Mars, Vince Neil & Nikki Sixx, Ph.D.s
Centro de Estudos de Acústica Popular, Discordia University, Los Angeles, CA

Resumo: Uma Introdução à Teoria da Engrenagem

A teoria da engrenagem é uma tentativa de descortinar a indústria da música popular e examinar a mecânica do sucesso.

Há uma máquina pela qual todos os artistas musicais são processados, doravante referida como "A Máquina" (ver a fig. 1). O sucesso dos artistas em navegar pelas intrincadas rodas, engrenagens, martelos e trituradores d'A Máquina determina o arco, o escopo e o rumo de suas carreiras. Tal navegação requer talento, tino, sorte e uma constituição pessoal robusta.

O Mötley Crüe e a Teoria da Engrenagem: Uma Análise Passo a Passo

A) Estágio Um: A Plataforma e a Esteira

No fundo d'A Máquina há uma plataforma. E nessa plataforma há uma longa fila de artistas, que esperam sua vez de subir uma escada que conduz a uma esteira. Enquanto percorrem essa esteira, os artistas gravam e lançam um disco. No final da esteira se encontra a primeira de várias rodas dentadas interconectadas, cada uma mais alta e maior do que a anterior. Se os artistas calcularem o momento exato de saltar do final da esteira, podem pousar na primeira roda. Porém, a maioria dos artistas erra a roda e pousa de volta na plataforma (no final da fila) ou, em alguns casos, no abismo. *Too Fast For Love*, enquanto lançamento independente, não chegou sequer à primeira roda.

B) Estágio Dois: A Primeira Roda

Uma vez que os artistas alcançam a primeira roda e experimentam um certo nível de sucesso, são pegos pelo maquinário. As engrenagens estão se movendo, as rodas estão girando e não há nada que se possa fazer para parar A Máquina (ver fig. 1a). Logo, uma segunda roda, maior, assoma adiante e o ranger de seus dentes inferiores se junta e faz girar a primeira roda. Os artistas devem saltar no momento exato para pegar a segunda roda e começar do zero nela, ou então cair de volta na plataforma. *Shout at the Devil* chegou à primeira roda, que então lançou a banda para a segunda roda.

C) Estágio Três: A Segunda Roda

Uma vez que os artistas chegam a essa altura, a queda pode ser longa (ver fig. 1b). Eles se dão conta de que o maquinário é mais forte do que o corpo humano, que foram pegos nele e que não há como desligá-lo. A Máquina rompe pele, tritura membros e, aos poucos, infecta e possui o cérebro. Se o artista é uma banda, A Máquina pode separar os membros uns dos outros com facilidade e esmagá-los individualmente. Na segunda roda, a banda experimenta a popularidade real. Porém, alcançar a roda seguinte – a grande roda, a roda final, a roda reservada aos verdadeiros fenômenos – não é só uma questão de calcular um salto longo e árduo. Subir na grande roda é algo que está além do controle da banda. Esse poder está nas mãos do poderoso deus das rodas, uma deidade caprichosa, colérica e imprevisível que se encontra no topo d'A Máquina, girando as engrenagens.

O Mötley Crüe contornou a segunda roda repetidas vezes com *Shout at the Devil*, *Theatre of Pain* e *Girls, Girls, Girls*, e a cada volta escapava por pouco de ser esmagado e lançado até o fundo de novo. *Dr. Feelgood*, no entanto, alcançou a grande roda.

D) Estágio Quatro: A Grande Roda

A grande roda é a roda pela qual o Guns N' Roses foi pego com *Appetite for Destruction*, o Metallica com o álbum preto. É a roda que Mariah Carey, os Backstreet Boys e Eminem alcançaram. A grande roda é uma enorme e rangente engrenagem, e não há nada que os artistas possam fazer se ela os pegar. Eles podem se levantar e gritar, "Odeio o mundo inteiro e todos vocês são uma merda, e se vocês comprarem um disco meu sequer, vou matar vocês", e tudo o que vai acontecer é que mais gente vai correr para comprar os discos. Tentar descer da roda é inútil: só faz o processo ser mais doloroso (ver a fig. 1c).

A grande roda é empolgante, porém opressiva. Enquanto a segunda roda é capaz de entrar sob a pele dos artistas, esta é capaz de desmembrá-los. Ela dá aos artistas tudo o que eles já sonharam, tudo o que já desejaram, exceto privacidade, solitude, amizade, amor (tanto familiar quanto romântico) e paz de espírito.

Com *Dr. Feelgood* na grande roda, não havia como o Mötley Crüe errar. Cada um dos singles lançados aterrorizou o rádio, todos os shows esgotaram, cada piscar de olhos deles era noticiado nos jornais. Assim que a banda pegou a grande roda, seguiu no ritmo dela. Porém, as pessoas se cansam; já A Máquina jamais para de funcionar. Quando a banda não conseguiu mais acompanhar o ritmo, a grande roda a despedaçou, destruiu seus casamentos e arruinou qualquer chance que seus membros tinham de levar uma vida normal, ter amigos ou saber o que fazer quando não estivessem jogando o jogo de gravações e turnês d'A Máquina.

Porém, mesmo quando a banda se cansou de correr em torno da grande roda, A Máquina, cruel e impessoal, continuou a funcionar com ela no topo. A banda lançou uma compilação de suas músicas favoritas, chamada *Decade of Decadence*, que vendeu 2,5 milhões de cópias quase sem divulgação alguma. Depois disso, a imprensa, cujo trabalho é ficar do lado de fora d'A Máquina, monitorar seu comportamento e ver quem está em qual roda para neles investir seu dinheiro (de forma muito parecida com o mercado de ações), disse ao Mötley Crüe: "Vocês terão a maior turnê do verão". Era a última coisa que a banda queria ouvir. Porque, quando os artistas estão na grande roda, aqueles que apostam dinheiro neles não querem que eles façam novas músicas ou gravem novos álbuns, porque essa é a maneira mais fácil de cair da roda para a esmagadeira.

E) Estágio Cinco: A Esmagadeira

No final do circuito da grande roda há uma haste longa e pesada, com a circunferência de um tronco de árvore largo, que desce com força em intervalos aleatórios e esmaga os artistas que estão saindo da grande roda. Alguns artistas têm muito vigor e conseguem correr sempre no mesmo lugar na grande roda e evitar a esmagadeira por anos. Porém, muitos acabam esgotados pela grande roda. Estes são atingidos pela esmagadeira e acabam numa roda mais abaixo, na plataforma onde esperam para retornar à esteira ou caem no abismo. Alguns – como Kurt Cobain, Jimi Hendrix e Janis Joplin – são esmagados por completo. E, em certo sentido, vencem. A única maneira de vencer A Máquina é morrer, porque esta é a única saída do jogo. Quando você vence e chega à grande roda, está, no fim das contas, perdendo. Não há outro caminho senão para baixo, e a queda é dolorosa, aconteça o que acontecer.

Aqueles que sobrevivem não são os mesmos depois da queda. Experimentam um transtorno de estresse pós-roda, quando, como Axl Rose, enganam a si mesmos ao pensar que ainda estão na grande roda.

Com o Mötley Crüe, veremos nas páginas seguintes como a banda foi mastigada e cuspida pela grande roda, como vidas e relacionamentos foram destruídos e como o estresse pós-roda levou a uma reviravolta trágica.

Conclusão: Um Novo Começo

Não há como sair d'A Máquina sem morrer. Assim como sexo, você quer repetir cada vez mais, mesmo quando seus órgãos não funcionam mais. O sucesso, ou o desejo de sucesso, é um vício difícil de largar. Na Máquina, um artista pode ter uma segunda, uma terceira e uma décima oitava chance. Nada impede uma banda de alcançar a primeira, a segunda e a última roda de novo. Os Rolling Stones dançam entre uma roda e outra há anos. Madonna alcançou a grande roda pelo menos três vezes. E Santana passou alguns anos na segunda roda por volta de 1969, depois voltou para a esteira por décadas, até que seu álbum *Supernatural* escalou subitamente todas as rodas e o arrastou para o topo.

Nas páginas seguintes, veremos também como o Mötley Crüe retornou à esteira, como pegou as rodas de novo e como foi esmagado e surrado pelo maquinário como nunca, o que levou seus membros à cadeia, a leitos de hospital, a casamentos com celebridades, e ao pior.

Referências

DANNEN, Frederic. *Hit Men*. Vintage Books, 1991.

KRAVILOVSKY, William M.; SHEMEL, Sidney. *This Business of Music*. Billboard Books, 1995.

SANJEK, Russel. *Pennies from Heaven: The American Popular Music Business in the Twentieth Century*. Da Capo, 1996.

WHITBURN, Joel. *Top Pop Albums: 1955-2000*. Record Research, 2000.

GUNS N' ROSES. *The Spaghetti Incident?*.Geffen Records, 1992.

Em breve, dos mesmos autores:

"Divórcio e a Teoria do Download: Um Exame dos Sistemas de Comunicação Sem Fio Através do Qual Todas as Mulheres Estão Interconectadas, Permitindo a Vigilância Telepática Constante das Atividades de Seus Pares."

Tommy: Isso foi no *backstage* depois do nosso primeiro show abrindo pro Ozzy Osbourne, em 1984. Foi a primeira vez que vivenciei a porra de um negócio daquela proporção, olhar de cima do palco e ver vinte mil pessoas na porra da plateia todas as noites, ainda mais considerando de onde a gente saiu.

Mick: Essa foto e a de baixo, à direita, são sobras da sessão "sangrenta" que fizemos com o Neil Zlozower. Parecia um pouco o primeiro show que fizemos em Edmonton, numa discoteca chamada Scandals, pra umas cem pessoas. Uma garrafa de cerveja atingiu a mão do Nikki enquanto ele tocava e ele começou a jorrar o sangue no público. Outra pessoa tentou atacar o Tommy, mas o nosso empresário, que tinha bebido, agarrou a cabeça do cara e arrebentou-a no joelho, quebrando os dentes da frente dele.

Mick: Estes somos eu e Nikki no Whisky A Go-Go em 1981. O *banner* atrás da gente era o lençol sujo do Nikki ou do Tommy, que ainda estava manchado de sangue das garotas com quem eles haviam dormido.

Nikki: A foto de cima é do *Girls, Girls, Girls*, e a de baixo é uma imagem clássica do show do *Shout at the Devil*. Quando todas aquelas outras bandas tentaram copiar nosso visual, evoluímos para um cruzamento de *Mad Max* e *Fuga de Nova York*. Toda a turnê do *Shout at the Devil* foi inspirada nesses dois filmes: a ombreira só de um lado, a pintura de guerra sob os olhos, os rebites nas fileiras de amplificadores, o tablado da bateria com pedras e o pano de fundo da cidade em decadência.

Nikki: Queríamos fazer uma sessão de fotos com o Mick Rock porque ele tinha fotografado todos os nossos ídolos. Pouco antes desta foto, Tommy e eu injetamos 10 g de heroína cada um. Vince estava doido de cocaína e Mick estava tão bêbado que tivemos de apoiá-lo na parede para ele não se afogar.

Tommy: Este é o Mötley Crüe limpo pra caralho, malvado e em ótima forma na turnê do *Dr. Feelgood*, no Japão. Toda essa turnê mundial foi tão longa que, no final, estávamos prestes a matar uns aos outros. No último show, cortamos talvez umas oito músicas e, antes mesmo do som dos pratos terminarem de ecoar, já estávamos na porra de um avião pra Los Angeles.

Vince: Estávamos todos fodidos em Estocolmo na turnê Monsters of Rock, em 1984, e eu não sei por que, mas estávamos curtindo morder uns aos outros. Nikki e eu mordemos a porra da mão do Eddie Van Halen. Ele ainda conseguiu tocar, mas ficou puto da vida. Mais tarde naquela mesma noite, me lembro de ver o Nikki, que de salto ficava com mais de 1m90cm, levantar o Malcolm Young, do AC/DC, pelo pescoço e contra a parede no camarim.

Vince: Esse poderia ser qualquer dia na vida do Mötley Crüe. Tínhamos jatinhos, caminhões, ônibus, helicópteros e uma equipe enorme. Era um circo de rock 'n' roll com um público insano. Certa vez, estávamos em Connecticut e eu usava umas echarpes ao redor do pescoço. Debrucei-me demais de cima do palco e uma mina começou a puxar as echarpes, até que deu um puxão com tudo, me enforcou e me derrubou no público. Quando os seguranças me colocaram de volta no palco, eu estava completamente nu, só de botas. Cobri o pau com as mãos e corri dali.

Nikki: No álbum do Mötley Crüe de 1994, eu escrevi uma música sobre julgar as pessoas pela aparência. Então colocamos umas suásticas enormes, que em culturas antigas eram usadas como símbolos de paz, rodando nas laterais do palco, e eu dizia às pessoas que não julgassem um livro pela capa. Ao mesmo tempo, estava tentando tirar uma onda com a mídia, mas fomos julgados pela capa mesmo assim. Nossa gravadora destruiu quinhentas mil cópias do encarte do CD quando viu essa foto nele. Depois, censuraram o encarte para ocultar os artefatos da S.S.

Nikki: De algum modo, acho que a disfunção é o combustível dessa banda. Nosso combustível é caminhar na beira da insanidade e do colapso. É o combate físico. São drogas e overdoses. É ouvir que algo deu errado com outro membro da banda, de forma que ele seja então o vilão. Não sei se outras bandas são assim.

Vince: Montamos um manequim para se parecer com a Wendy O. Williams, dos Plasmatics, e no meio do show eu cortei a cabeça dela com uma motosserra. O show foi no Pasadena Civic Center, antes mesmo de termos um contrato com uma gravadora, e o equipamento, a pirotecnia, as freiras ensanguentadas na bateria e todos os apetrechos de palco custaram cerca de dois mil dólares pro nosso primeiro empresário. Ele acabou indo à falência e ficou meio doido de pagar pelos nossos shows, pela nossa casa e pelos carros alugados que a gente gostava de destruir.

Mick: Aconteça o que acontecer, eu sempre vou me sentir mais velho do que os outros caras. Quando eles disseram "Meu Deus, estou ficando cansado" na turnê do *Feelgood*, eu disse: "Agora vocês sabem como eu me senti na nossa primeira turnê". Porém, sinceramente, não consigo pensar em algo melhor que eu pudesse fazer do que tocar música, exceto talvez ir ao posto de gasolina e comprar cigarros.

Tommy: Criei a porra de um monstro com as baterias. Todo mundo sempre perguntava: "O que vai ser agora? Você já virou de lado, já ficou de ponta-cabeça". E eu pensava: "Porra, o que vai ser agora?". E então a ideia me ocorreu: a porra da próxima bateria vai voar por cima da plateia na turnê do *Feelgood*. E aí, o que vai vir depois disso? Autocombustão? Sei lá.

Tommy: Da próxima vez que eu conhecer uma garota, vou pedir pra conhecer a mãe dela imediatamente. Porque a Heather Locklear (na foto de cima), a Pamela Anderson (nesta foto) e cada uma das garotas com quem já me relacionei são exatamente como suas mães. Não quero acreditar nisso, mas me foi provado constantemente.

Vince: Heidi foi a única mulher que namorei que conseguia ser exatamente como um dos caras, de colocar dinheiro no fio-dental de strippers no nosso primeiro encontro a fumar charutos com o Mel Gibson no nosso último encontro antes do casamento. Convidei o Nikki para ser meu padrinho de casamento. Depois, Heidi e eu retornamos para nossa casa em Beverly Hills e adotamos dois pastores alemães que gostam de morder o Nikki.

Nikki: Trouxe minha esposa, Donna D'Errico, de avião para um show em Austin, Texas, e ela usou esse vestido transparente incrível. Ninguém queria conversar com ela porque ela deixava todo mundo encabulado. Eu ficava pedindo à Donna que fizesse perguntas aleatórias aos membros das bandas só pra vê-los se contorcer.

capítulo 2
DOUG THALER

NO QUAL UM EX-EMPRESÁRIO DO MÖTLEY CRÜE, COM O PODER DA RECORDAÇÃO PRECISA DAS DATAS, RELATA A VINGANÇA CRUEL QUE A GRANDE RODA ABATEU SOBRE NOSSOS HERÓIS

Ronnie James Dio mudou a minha vida – duas vezes. Na primeira vez, eu tinha me formado na Cortland State University, em Nova York, em 1967 e entrei para a banda dele, Ronnie Dio and the Prophets. A caminho de Great Barrington, Massachussetts, nossa van bateu de frente e eu quase perdi uma perna. Em recuperação em Hartford, recebi a notificação da minha convocação para a Guerra do Vietnã. Olhei para o médico, que me disse para não me preocupar: eu não precisaria servir na guerra.

Anos depois, no verão de 1982, eu estava em Manhattan, organizando turnês para a Contemporary Communications Corp., quando recebi um telefonema de Tom Zutaut, que dizia ter contratado um tal grupo, Mötley Crüe, para a Elektra e queria colocá-lo na turnê do Aerosmith. Deu a entender que talvez houvesse uma possibilidade de empresariamento da banda. Porém, eu acabara de colocar um velho cliente meu, Pat Travers, para abrir para o Aerosmith, então Zutaut não teve sorte. Além disso, David Krebs, o chefe da companhia, achava que não fazia sentido uma empresa de Nova York pegar um cliente de L.A.

Eu já tinha ouvido falar do Mötley Crüe antes da ligação do Zutaut, quando Hernando Courtright, da A&M Records, me mostrou a edição da Leathür Records de *Too Fast For Love* e disse que estava louco pelo disco e que queria assinar com a banda. A capa era uma foto hilária, que mais tarde descobri ter sido tirada por um fotógrafo de casamento que sobrepôs o cabelo nos caras. Era cômico demais e eu não dei muita atenção.

Foi então que Ronnie James Dio apareceu mais uma vez na minha vida. Ele me contou de uma banda com um baterista extravagante de que ele gostava. Ao mesmo tempo, o empresário de Pat Travers, Doc McGhee, queria que eu fosse para a companhia dele. Aceitei a oferta a partir de fé cega, porque não estava chegando a lugar nenhum com meu trabalho. A primeira coisa que Doc e eu fizemos juntos foi partir para Los Angeles para ver a tal banda da qual Dio falou. Era o Mötley Crüe, de novo, e eles nos acertaram em cheio. Não eram nada cafonas como a primeira impressão que tive. O vocalista tinha uma voz singular e uma energia visceral, a música tinha um toque pop excelente e o show era inacreditável. Aquela era uma banda de sucesso: você poderia levá-los para qualquer lugar do mundo e colocá-los na frente de uma plateia, e eles arrasariam. Assim que os vi, soube que todo o trabalho que fiz nesse ramo anteriormente foi como fazer faculdade, de forma que agora eu saberia o que fazer com aquela banda.

Desde o início da turnê da banda com o Kiss, uma ética de trabalho que eu nunca esperaria se materializou. Os caras viravam animais ao vivo. Com Vince correndo por todo o palco e Nikki transbordando de atitude *bad boy*, o show deles era tão avassalador que superava o Kiss. Exceto por uns dois ou três shows, a banda foi tão consistentemente boa ao vivo ao longo das turnês de *Shout*, *Girls*, *Theatre* e dos primeiros dois terços da *Feelgood* que, em algum ponto ou outro de cada apresentação, você se arrepiava.

Porém, fora do palco, ser empresário dessa banda nunca foi fácil. São quatro indivíduos perturbados. Vince é um surfista roqueiro da Califórnia, o pavão dos pavões, que nunca precisou trabalhar de verdade pela fama que tem. Acho que a animosidade em relação a ele começou depois do acidente de carro com Razzle, porque a banda fazia shows beneficentes para ele e ele saía para beber, tocar o puteiro e colocar o futuro deles em risco. Para ser justo, no entanto, na época ninguém realmente entendia a doença do alcoolismo.

Mick Mars era o exato oposto de Vince: um cara que aguentou todo tipo de merda ao longo da vida inteira e era grato por simplesmente ter um momento sob o sol, mesmo que esse momento se encerrasse no dia seguinte. Nikki era basicamente um nerd, exceto quando consumia Jack Daniel's, o que acontecia basicamente toda noite. E Tommy era como uma criança, correndo para lá e para cá à procura de figuras maternas e paternas. Podia ser o moleque mais gentil e com o maior coração do mundo, ou o pirralho mais mimado e temperamental. Mas era sempre o comportamento de Vince ou o vício em drogas de Nikki que comprometiam a banda.

No entanto, isso mudou quando a banda ficou sóbria para as gravações de *Dr. Feelgood*, o que foi um triunfo tremendo. A combinação da recém-chegada sobriedade, do estresse nos casamentos e de um nível de sucesso que ia além do que eles jamais imaginaram começou a operar uma mudança na banda. O medo, a exaustão e as alterações de humor se instalaram, e Tommy e Vince começaram a sair da linha. Nikki, que se casara com uma garota que mal via por estar tão ocupado, se tornou alguém muito desgostoso de lidar. Todo mundo puxava o saco dele e ele começou a levar isso a sério. No auge de seus poderes, era um gênio do marketing, mas agora ele me ligava no escritório puto da vida porque seu carpinteiro achava que *Dr. Feelgood* deveria ter vendido 7 milhões de cópias ao invés de apenas 4,5 milhões. E não havia nada que pudéssemos fazer ou dizer para acalmá-lo.

Eu queria que a banda tivesse bastante tempo para trabalhar no próximo álbum. Sabia que seria muito difícil compor um sucessor para *Dr. Feelgood* e, se esperassem um tempo para gravar, havia a chance de conseguir um novo contrato com a Elektra, que lhes renderia vinte e cinco milhões de dólares. Na época, eles precisavam de um tempo de descanso para cuidar dos novos filhos: em questão de meses de diferença, Vince e Sharise tiveram sua primeira filha, Skylar, e Nikki e Brandi, seu primeiro filho, Gunner. E Tommy, excluído, começou a querer ter seus próprios filhos com Heather.

Enquanto o novo contrato com a Elektra era negociado, as coisas da banda ficavam cada vez mais fora de controle. Vince começou a beber de novo, chegava imprestável nos ensaios para o novo álbum e saía mais cedo porque precisava afogar o ganso com alguma atriz pornô no caminho de casa. Quando chegou a primavera de 1991, precisei ligar para ele e dizer que ele não seria bem-vindo nos ensaios até que entrasse nos eixos. Então ele pegou uma dessas atrizes pornô, foi para o Havaí sem nos contar e estourou o limite de todos os seus cartões de crédito até ter de voltar para casa, onde Sharise esperava impacientemente para matá-lo. Ele a acalmou rapidamente – era tão hábil que, se você entrasse no quarto e o pegasse transando com sua esposa, em questão de cinco minutos ele lhe convenceria de que o que viu não era verdade. Depois, Vince pegou um avião para Tucson e se internou na reabilitação.

Fomos todos para lá visitá-lo e o incentivamos a fazer da banda uma prioridade, explicando que estaríamos lá para apoiá-lo, desde que ele se esforçasse para estar lá por nós. Vince jurou que não estava ali a passeio e prometeu se esforçar.

Em seguida, fomos para a turnê Monsters of Rock na Europa com AC/DC, Metallica e Queensryche, e pela primeira vez os shows não me causaram arrepios. Embora o Mötley Crüe tivesse tantos hits a ponto de poder varrer quase todas aquelas bandas do palco, algo estava faltando: a banda não passava mais autenticidade, e os *playbacks* usados para substituir as backing vocals foram uma enganação aos ouvidos do público.

De volta aos EUA, quando *Decade of Decadence* saiu, Nikki começou a passar metade das noites em hotéis porque brigava com a esposa. Vince, enquanto isso, estava obcecado por automobilismo. Isso sempre pareceu um ótimo e simpático hobby para ele, até que algum idiota de Long Beach o convenceu a correr numa equipe da Indy Lights, onde eu tinha certeza de que algum piloto veria aquele roqueiro babaca na pista e tentaria matá-lo. Começou a passar os finais de semana em eventos de automobilismo, e nós ouvíamos relatos de que ele ficava acordado a noite inteira, bebendo.

Coloquei a banda de volta aos estúdios em dezembro de 1991, em períodos de duas semanas de folga para cada duas semanas de trabalho. Porém, sempre que eu ia visitá-los, Vince não estava lá. Ia embora do estúdio poucas horas depois de chegar, alegando estar cansado demais para cantar.

Finalmente, em fevereiro, a banda começou a ficar puta.

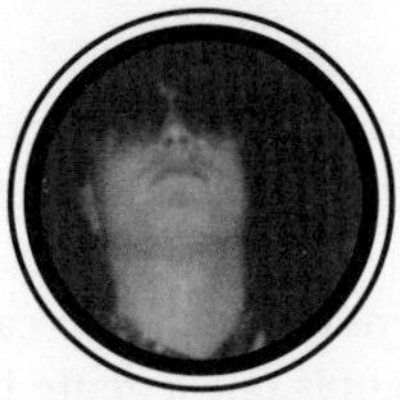

capítulo 3

N I K K I

TUDO O QUE UM DIA FOI GRANDE É LEVADO EMBORA PELA CHUVA

Na segunda-feira, as enchentes começaram. As águas tomaram a rodovia de Ventura, inundaram o reservatório de Sepulveda, mataram seis pessoas e deixaram centenas penduradas em postes e antenas, lutando pela vida. No rádio, o governador Pete Wilson declarou estado de emergência e disse que estávamos no meio da pior tempestade do século. Porém, Tommy e eu não nos importamos com isso. Dirigimos por duas horas para chegar de Westlake Village para o ensaio em Burbank, enquanto Mick, que morava em algum lugar no alto das montanhas, fez um percurso ainda mais tortuoso. Reunidos no lounge do estúdio, esperamos pelo Vince. No noticiário, víamos gente nadando para fora dos carros no Burbank Boulevard. Uma hora se passou. Duas horas se passaram. Três horas se passaram. Quatro horas se passaram. Ligávamos para o Vince a cada meia hora, mas sempre dava ocupado.

Como todos nós havíamos atravessado a tempestade só para ir para o ensaio naquele dia, quanto mais esperávamos pelo Vince – cuja distância até o estúdio era a metade da nossa –, mais putos ficávamos. Aquele álbum seria crucial – a sequência do nosso maior sucesso – e ele parecia não estar levando a sério. Começou a tirar as quintas e sextas de folga para ir às corridas e costumava voltar tarde na segunda. Assim, toda semana, só aproveitávamos, no máximo, dois dias e meio de estúdio, porque ele nunca estava presente.

Por fim, pedimos a Mike Amato, que tinha substituído Rich Fisher como nosso *tour manager*, que mandasse um fax pro Vince dizendo a ele que arrastasse a bunda pro ensaio. Quinze minutos depois, o telefone do estúdio tocou.

– Cara, foi mal – disse ele.

– Onde você está? – perguntei. Estamos há quatro horas tentando te ligar. Isso é papo furado.

– Eu sei. As linhas caíram.

Isso me tirou do sério:

– As linhas caíram? Então como que a porra do fax chegou? Você estava com o telefone fora da porra gancho porque não quer vir! A gente atravessou as enchentes pra chegar até aqui, e você nem se deu ao trabalho!

– Cara, calma. Pensei que o ensaio tinha sido cancelado, com as enchentes e tal.

– Bom, não foi. Vem pra cá antes que a gente fique puto de verdade.

Enquanto esperávamos a chegada dele, alguém do estúdio disse que viu Vince completamente bêbado às 3h da manhã. Fosse verdade ou não, não importava. A conversa já tinha ganhado um tom de rebelião. Exceto pelo Mick, todos nós estávamos saindo da linha, mas Vince era o único que estava deixando isso afetar seu trabalho, o único que era pego no pulo o tempo todo e que mentia constantemente a respeito disso. Quando ele chegou, já estava plantada na nossa cabeça a semente que dizia que ele estava atrasando a nossa vida.

Talvez se o Vince, ao chegar, tivesse se desculpado por ficar na rua até tão tarde na noite anterior e dormido até a hora do ensaio, tudo ficaria bem. Mas ele não o fez.

– Que porra tá acontecendo!?! – esbravejou ele ao abrir a porta com um empurrão, encharcado e emburrado.

– Quer saber de uma coisa? – eu disse. – A gente voltou a conversar sobre um novo vocalista. Estamos aqui trabalhando e queremos estar aqui. Se você não quiser estar aqui e nós tivermos de te tirar à força da cama toda tarde porque você passou a noite bebendo, não vai rolar.

– Talvez eu viesse mais pra cá se gostasse das composições.

– Bom, você podia ter nos dito isso.

Tommy não conseguiu mais ficar calado:

– Talvez você passasse a gostar mais das composições se viesse pro estúdio mais vezes pra participar delas. Caralho, cara, toda vez que você vem pra cá, fica olhando pro relógio o tempo todo porque precisa ir pra alguma porra de campeonato de golfe ou escola de corrida. Que porra é essa?

– Fico olhando pro relógio porque não suporto ficar aqui. O álbum é idiota. Os teclados que vocês estão colocando fazem a gente soar boiola.

– Vince, a gente usa teclado desde 83 – disparei de volta.

O bate-boca prosseguiu como uma partida de tênis, até que ele finalmente jogou a raquete contra a rede.

– Não vou ficar aqui ouvindo essas merdas! – berrou. – Vou embora dessa porra! Tô fora!

Ele disparou em direção à porta, e ainda olhou para trás:

– Me liguem se vocês mudarem a porra da ideia!

Vince diz que foi demitido, eu digo que ele pediu demissão. De um jeito ou de outro, a cabeça dele estava na guilhotina e ele nos deu uma boa desculpa para soltar a lâmina.

Hoje, em retrospecto, vejo que estávamos só o pó. Viajamos sem parar nas turnês de *Dr. Feelgood* e *Decade of Decadence*, para então sermos jogados de volta ao estúdio sem uma pausa sequer. Não sei se foram os empresários, a gravadora ou a nossa própria insegurança, mas nós estávamos sendo pressionados demais. Alguém deveria ter intervindo, percebido que havia pressão demais sobre nós e nos dado um mês para descansar sob o sol das Bahamas. Vince não era o problema: era só o bode expiatório. Mas a questão é que o Mötley Crüe é movido por um combustível de octanagem tão alta que, assim que vimos o sinal verde, pisamos fundo e atravessamos os portões tão rápido que não houve tempo de olhar para trás. Até que já era tarde demais.

capítulo **4**

DOUG THALER

UMA ÚLTIMA CHANCE DE IMPEDIR UMA TRAGÉDIA É IRRESPONSAVELMENTE EVITADA

Marcamos uma reunião na manhã de quarta-feira, 12 de fevereiro de 1992, na casa do Nikki. Chuck Shapiro, David Rudich e Mick, Nikki e Tommy estavam presentes. Vince não havia ligado para ninguém na noite anterior, e não foi convidado. Talvez eu devesse tê-lo chamado, mas não saberia o que dizer a ele porque ainda não havia sido colocado a par do que exatamente estava acontecendo.

Tentamos desencorajar a banda a se livrar de Vince. Haviam acabado de fechar o contrato de vinte e cinco milhões de dólares e, se a Elektra quisesse, poderia exercer um dos termos estabelecidos e cancelar esse contrato caso Vince saísse. E isso ferraria com a carreira de todos eles.

Porém, Tommy e Nikki insistiram: estavam fartos de Vince e não aguentavam mais. Fizeram uma votação e a decisão foi unânime: Vince deveria partir.

Fui para o escritório, disse à equipe o que acontecera e fui para a minha mesa. Alguns minutos depois, o telefone tocou. Um cara chamado Tony se apresentou e disse ser um advogado proeminente e um dos proprietários do Roxy. Irritado, começou seu relato:

– Seu cliente, Vince Neil, esteve na minha casa noturna no sábado para comemorar seu aniversário.

Ele prosseguiu explicando que Vince estava com Robert Patrick, o ator que interpreta o T-1000 em *O Exterminador do Futuro 2*, quando uma briga digna de um filme de faroeste começou. Mesas voaram, copos foram estilhaçados e Vince, no meio daquilo tudo, quebrou uma garrafa e cortou o rosto do gerente do Roxy. Foi jogado para fora do clube gritando que não poderiam fazer aquilo com ele.

– Assim, você tem uma ideia do meu problema – continuou Tony. – Tem muitos danos aqui. Precisaremos de pelo menos cinquenta mil dólares para colocar o lugar para funcionar de novo, e eu detestaria prestar queixa por embriaguez e desordem ou por vandalismo contra o seu cliente.

Ouvi tudo isso, e então respondi:

– Não sei como lhe dizer isso, mas faz umas duas horas que isso já não é mais problema meu.

Desliguei o telefone e, por um momento, senti o peso do mundo ser tirado das minhas costas.

capítulo 5
M I C K

DA REAÇÃO TIPICAMENTE SUCINTA DE MICK À PERDA OUVIDA AO REDOR DA TERRA, A QUAL, QUANDO DA SUA INFÂNCIA, SE ACREDITAVA SER UM OBJETO PLANO, NÃO ESFÉRICO

Esqueço-me do que aconteceu. Acho que Nikki ficou bravo com Vince por se atrasar e mandou um fax para ele, ou alguma coisa assim. A tensão estava feia, e já vinha crescendo há anos. Cada pessoa no mundo tem boas qualidades e falhas. E suponho que começamos a cometer o erro de focar nas falhas de cada um em vez de olhar para nossas melhores habilidades e para aquilo com que cada um contribuía à banda.

Quando Vince ia ensaiar, ia bravo e arrogante. E Nikki era bravo e arrogante. Embora eu também não estivesse contente com o comportamento de Vince naqueles últimos tempos, não importava se ele estava presente ou não nos ensaios. Eu estava trabalhando nas músicas, e você precisa terminar as músicas antes de sequer começar a pensar em acrescentar os vocais.

capítulo 6
JOHN CORABI

DAS COMPLICAÇÕES QUE SUCEDEM QUANDO A ESPOSA DE UM EMPREGADOR APRESENTA AO NOSSO HERÓI EM TREINAMENTO A OPORTUNIDADE DE TRANSGREDIR UM, TALVEZ ATÉ DOIS, DOS DEZ MANDAMENTOS

Steven Tyler me disse que eu era o homem-bala do circo, prestes a ser disparado do canhão. E a sensação era mesmo essa. Coloquei meu capacete, amarrei a capa de super-herói no pescoço, entrei no cilindro e aguardei os três mestres de cerimônia correrem para trás do canhão e acenderem o detonador. Enquanto eu voava pelo ar, não havia sensação que se comparasse àquilo. Foi o momento mais feliz da minha vida. Mas, quando pousei, a dor foi como nenhuma outra.

Começou na revista *Spin*. Nikki Sixx disse numa entrevista que era um grande fã do primeiro disco da minha banda, Scream, *Let It Scream*. Eu não era muito fã do Mötley Crüe – não tinha nenhum dos álbuns e nunca tinha visto um show –, mas quis ligar para ele e agradecer-lhe por mencionar a minha banda. Também havia um outro motivo por trás disso: queria ver se ele gostaria de escrever algumas músicas comigo para o próximo disco do Scream.

Meu empresário me deu o telefone do escritório de Doug Thaler. Liguei e fui atendido por sua secretária, Stephanie; me apresentei e pedi a ela que dissesse a Nikki que eu agradecia a menção. Minha expectativa era a de que ela me enxotaria como um fã obsessivo, mas, ao invés disso, houve uma pausa desajeitada, como se ela tivesse se animado com o meu telefonema.

fig. 2

– Uhm, me deixa anotar o número de onde você está, e eu garanto que ele vai receber o recado – gaguejou ela.

Desliguei e comecei a me aprontar para o show que faríamos naquela noite em Orange County, o último da nossa turnê com o Dangerous Toys. Deixei um bilhete e flores para a minha esposa, Valerie, porque era Dia dos Namorados, e peguei a chave do meu Ford Taurus, do qual eu ainda tinha 24 parcelas a pagar. Enquanto fechava a porta, o telefone tocou. Tranquei a porta, mas então mudei de ideia, abri de novo e corri para atender.

– Ei, e aí cara, é o Nikki Sixx.

– E o Tommy, cara!

Eu não esperava que ele retornasse a ligação, muito menos tão rápido assim.

– Ah, ei, e aí? – perguntei, sem saber se era um trote.

Conversamos casualmente sobre a matéria da *Spin* por um tempo, e então Nikki me interrompeu:

– É o seguinte. Você tem que prometer que não vai contar isso pra ninguém, porque ainda não anunciamos, mas o Vince saiu da banda. Então, o Tommy e eu estávamos pensando se você gostaria de vir até o estúdio e fazer uma *jam* com a gente um dia desses.

– Você quer dizer fazer um teste pra cantar com vocês?

– É, um teste. Que seja.

– OK, cara. Claro. Sem erro. Uhm, obrigado.

Liguei para o meu empresário e perguntei o que deveria fazer, e ele me disse para só fazer o show do Scream naquela noite e manter tudo na surdina até saber o que estava acontecendo. Encontrei minha banda no clube, passamos o som e eu contei aos caras que conversei com Nikki e lhe agradeci por mencionar o álbum. Não disse mais nada.

Antes do show, fomos até a rádio KNAC para dar uma entrevista ao vivo e tocar um sct acústico. Quando a transmissão começou, alguém entregou um papel a Long Paul, o DJ. Ele leu, arregalou os olhos e anunciou:

– Acabei de receber um fax aqui. Diz que o Mötley Crüe se livrou do Vince Neil. Dá pra acreditar?

Nenhum de nós respondeu. Ao invés disso, a banda inteira se virou e me encarou, sabendo que alguma coisa estava rolando. Porém, dei uma de João sem braço:

– Sério? Mandaram ele embora?

TRÊS DIAS DEPOIS, MINHA HORA chegou. O teste. Eu não fazia ideia de como passaria, porque, além da minha completa falta de expertise no Crüe, a voz do Vince é muito mais aguda do que a minha. A voz dele é aguda e limpa, a minha é grave e rasgada. Quando entrei no estúdio em Burbank, lá estavam eles, os enigmas em pessoa, fazendo uma *jam* em cima de "Angel", do Jimi Hendrix. Soavam barulhentos, sujos e incríveis. Eram uma banda afiada. E havia tanto equipamento que a sala parecia o Guitar Center.

Para quebrar o gelo, disse a eles que havia considerado tirar a roupa e chegar nu para o teste. Foi um comentário idiota, mas Tommy riu:

– Cara, você devia ter feito isso! Seria demais!

Soltei o ar e relaxei. Gostei dos caras. Eu não conhecia muito bem as músicas deles, mas fiz parte de mais de cinquenta bandas cover na minha cidade natal, na Filadélfia, então sabia todos os covers que eles tocavam. Começamos com "Helter Skelter". Peguei o microfone, comecei a cantar e, depois do primeiro verso, eles de repente pararam de tocar.

Meus pulmões congelaram e eu esperei que me chutassem dali.

– Cara, que insano – Tommy disse, e riu, incrédulo. Ele gostou.

Terminamos "Helter Skelter" para então mergulharmos em mais covers – "Jailhouse Rock" e "Smokin' in the Boys Room". Aí eles me deram as letras de "Dr. Feelgood" e "Don't Go Away Mad". Tommy não cabia em si de tanta empolgação, porque a banda soava muito mais pesada com uma voz mais rasgada e uma segunda guitarra, mas Nikki e Mick permaneciam quietos. Disseram que ensaiariam com alguns outros cantores no dia seguinte, e que eu deveria voltar depois.

Quando retornei para o segundo teste, Doug Thaler, Chuck Shapiro e David Rudich estavam lá. Rudich, o advogado da banda, sentou-se comigo e recitou um blá-blá-blá jurídico que eu não entendi, e então mandamos ver nas mesmas músicas. Em seguida, os engravatados me cumprimentaram, me agradeceram por ter ido e agiram bem secos e profissionais, tomando cuidado para não revelar nenhuma emoção, positiva ou negativa.

– Porra – eu disse à banda –, só faz uns 45 minutos que estamos aqui. Vocês querem fazer uma *jam* ou tocar qualquer coisa?

Mick e eu trocamos frases de blues na guitarra por um tempo, e então mostrei a eles um riff no qual eu vinha trabalhando. No final do ensaio, já tínhamos composto a base de uma música, "Hammered", e a passagem acústica de outra, "Misunderstood". Nikki tinha algumas letras novas, então as cantei e fiz uma pausa para ir ao banheiro. Quando retornei, os três estavam sentados no tablado da bateria.

– Não é preciso ser cientista pra chegar a essa conclusão – Tommy se levantou e disse. – Você é o cara!

– Mas não pode contar pra ninguém – disse Nikki. – Porque tem muita coisa jurídica pra se desenrolar.

– Posso contar pra minha esposa? – perguntei.

Eles sorriram:

– Sim, é claro que você pode contar pra sua esposa.

Em casa, Valerie estava esperando por mim com alguns amigos: Robert, o baterista da minha primeira banda de verdade, o Angora, com sua namorada, Gina, e Neil Zlozower, que na verdade também era amigo de Nikki, e sua esposa, Denise. Além deles, havia duas garrafas de Dom Perignon à minha espera.

– Tenho uma boa e uma má notícia – eu disse a Valerie. – A boa notícia é que fiz o teste e foi legal. A má notícia é que você está olhando pro novo vocalista do Mötley Crüe.

Embora eu estivesse brincando, de fato seria uma má notícia para ela. Eu estava na cova dos leões, e ambos sabíamos disso. Tudo começou bem, a banda enviou um belo vaso de cristal com duas dúzias de rosas para Valerie no dia seguinte, com um bilhete que dizia "Bem-vinda à família". Porém, à medida que os ensaios prosseguiam, eu ficava cada vez menos em casa, o que foi especialmente duro para Valerie porque nosso filho acabara de ser diagnosticado com diabetes. Nikki aparecia na nossa casa de um quarto, completamente bêbado depois de brigar com Brandi, e balbuciava:

– Beleza, Crab,[34] você vem comigo ou tá demitido.

Ou então Tommy me buscava de limo no meio da noite para fazermos tatuagens juntos. Decidi gravar o nome do álbum, *Till Death Do Us Part*, no braço, porém, pouco depois, eles mudaram o título para apenas *Mötley Crüe*.

Certa noite, levei Valerie para sair conosco, e ela não ficou muito contente quando viu aquele enxame de garotas ao nosso redor, como moscas em volta da merda. Acabamos no hotel Mondrian, e Nikki pegou um quarto porque não queria ir para casa. Fiquei esperando no bar, no térreo, com Valerie, que ficou tão bêbada que pegou no sono. Enquanto fui ao banheiro, ela acordou e pensou que eu tivesse ido para o quarto de Nikki, então foi até lá atrás de mim. Quando voltei do banheiro, alguém do bar me avisou que ela havia subido. Assim, ficamos à procura um do outro por todo o hotel por uma hora, até que, por fim, eu estava no quarto de Nikki e bateram na porta. O segurança do hotel estava no corredor, segurando minha esposa.

– Essa mulher diz que é casada com o John – disse, pegando-a pelo pescoço como se ela fosse uma puta bêbada. – Devo enxotar ela daqui?

– Valerie! – gritei, e o segurança a soltou. Ela correu para dentro do quarto e me deu um soco certeiro na cara. O sangue me subiu de raiva, eu a agarrei e levei para o carro. Brigamos durante todo o caminho para casa.

Morávamos numa vizinhança perigosa, gente como Tommy tinha medo de nos visitar porque ouviam tiros. Certa noite, fui até a 7-Eleven comprar leite. Ao voltar para casa, três mexicanos me surpreenderam. Um me deu uma coronhada na parte de trás da cabeça, e outro me perfurou nas mãos e nas costas com uma chave de fenda grande. Estranhamente, levaram a joia que eu tinha no pescoço, mas não tocaram na minha carteira. Fui cambaleando para casa, ensanguentado, e desmaiei no chão da sala. Fiquei aborrecido porque, depois de toda essa encrenca, ainda acabei deixando o leite na rua.

Quando a banda ficou sabendo do que aconteceu, emprestou dinheiro para que eu e Valerie nos mudássemos para Thousand Oaks, que contava com escolas muito melhores para as crianças. Os caras também me deram uma Harley-Davidson

34 Trocadilho com a fonética do nome de Corabi e a palavra *crab* (caranguejo). (N. do T.)

Heritage Softail Classic novíssima, para que pudéssemos andar de moto juntos. Porém, para Valerie e eu, já era tarde demais.

Conheci Valerie quando eu tinha dezoito anos e tocava numa banda cover com o irmão dela. Dois anos depois, estávamos casados e com um filho. Passei os quatorze anos seguintes como marido e pai, e à noite tocava em bandas de rock. Porém, diante da bocarra do leão que era o Mötley Crüe, vi muita merda louca e decadente da qual fiquei de fora durante todos esses anos de casamento. Além disso, como novo *frontman* daquela besta-fera, eu precisava ser maior, mais barulhento e mais vicioso do que os outros caras. Nem Valerie, nem eu sabíamos como lidar com o que estava rolando e, depois de tantos anos enfrentando todo tipo de pobreza e infortúnio, deixamos a boa sorte nos separar.

Por alguma razão, os casamentos de todos estavam se desfazendo: o de Mick, o de Nikki, o de Tommy, o meu e até o de Vince. Pouco antes de Valerie e eu nos separarmos, estávamos em Catalina com a banda. De forma que Mick pudesse ouvir, sua esposa, Emi, me abordou, pegou no meu braço e sussurrou alguma coisa a respeito de um apartamento num condomínio que ela e Mick tinham em Marina Del Rey. Não entendi se ela estava tentando sublocá-lo para mim, me convencer a comprá-lo para ela ou me convidando para passar a noite lá.

Agradeci a oferta generosa e dei as costas. Estava na banda havia apenas um mês e não sabia o que fazer. Não queria que ninguém pensasse que eu estava dando em cima das esposas deles. Mas, depois disso, toda vez que eu via Emi bêbada, ela começava a falar de como a cartomante dela lhe contara que um bonitão de cabelos pretos encaracolados entraria em sua vida. Quando me encontrei novamente com Tommy e Nikki, disse a eles:

– Olha, essa é uma oportunidade única na minha vida, e não quero estragar. Mas acho que a mulher do Mick está dando em cima de mim. E só estou contando pra vocês para, se isso vier a se tornar um problema entre Mick e eu, vocês saberem que eu sou inocente no que diz respeito à mulher dele.

O casamento de Mick não durou muito depois disso. Ele é uma das pessoas mais doces que já conheci na indústria musical. Porém, por ser tão legal e nunca querer encrenca, geralmente acabam fodendo com ele. No caso de Emi, ela tinha uma banda chamada Alice in Thunderland, para quem Mick comprou amplificadores Marshall, amplificadores de baixo, uma bateria nova, uma Flying V para o guitarrista e ainda pagou horas de estúdio de sobra. Depois, quando estava em Vancouver trabalhando no álbum do Mötley, começou a suspeitar que Emi estivesse dormindo com o guitarrista para quem ele acabara de presentear a Flying V.

Mick era tão passivo que, quando a esposa pediu para se mudar permanentemente para o apartamento na praia em Marina Del Rey, ele deu o imóvel a ela, mas ficou na casa onde já moravam, e eu me mudei para a casa de hóspedes, porque enfim me separei de Valerie. Emi queria tudo o que Mick tinha para dar, menos seu bem mais valioso: ele próprio.

Prontos para começar as gravações do novo álbum, trouxemos Bob Rock para L.A. para começar a trocar ideias. No dia da reunião, porém, não consegui falar com ninguém da banda. Fui até a casa de Tommy com meu filho e vi o carro de Nikki na garagem, então deduzi que a reunião estava acontecendo sem mim. Quando ninguém atendeu o interfone, pulei a cerca e bati na porta. Tommy e Nikki finalmente apareceram – completamente acabados. De Nikki, só dava para ver um monte de cabelo preto e uma fileira de dentes brancos num sorriso largo.

– Porra, mano, o que você tá fazendo aqui? – Tommy perguntou.

– O que tá rolando com a reunião? – perguntei de volta.

– Nossa, cara, a gente só tá, tipo, esperando o Bob Rock chegar aqui.

Aconteceu que, na noite anterior, Nikki e Tommy saíram com as esposas, tomaram vinho juntos e decidiram fumar maconha. Uma coisa levou a outra, e eles acabaram dispensando as esposas e ligando para o antigo traficante para comprar dois *eightballs*, e chaparam a noite toda usando cocaína no closet de Nikki até desmaiarem.

Quando Rock apareceu, por volta das 13h, seus olhos quase saltaram das órbitas, de tão horrorizado. Da última vez que ele esteve com Tommy e Nikki, eles estavam sóbrios, mas agora fediam a álcool, seus narizes estavam escorrendo por causa da cocaína e eles não conseguiam formular uma frase sequer. Quando Nikki largou a reunião e apagou no sofá no cômodo ao lado, Rock jogou a toalha: disse que não faria aquele disco de jeito nenhum, a menos que a banda entrasse na linha. Ao ir embora, cantou a bola para Thaler e Bob Timmons, que rapidamente vieram ao resgate. Porém, felizmente, foi apenas um dia de excesso – um deslize planejado. Nikki e Tommy só precisavam desopilar, apesar de eu não saber se suas esposas realmente os perdoaram de fato.

capítulo 7 TOMMY

COMO AVENTURAS REFERENTES A PRAIAS DE NUDISMO E OLHOS ERRANTES LEVARAM NOSSO HERÓI DE CORAÇÃO TERNO A UM AMOR PERDIDO

Essa porra acontece toda vez. Uma mina começa a sair comigo porque vê esse cara roqueiro tatuado levando uma existência selvagem, louca e imprevisível e se apaixona por esse estilo de vida. Mas aí, com o tempo, começa a reprovar aquilo que eu sou e tenta me mudar.

Quem se apaixona por mim precisa se dar conta de que a porra da música é o que vem em primeiro lugar. Quando você diz isso para uma garota, ela se pergunta se isso quer dizer que ela vem em segundo lugar. Não, cara, a Heather também vinha em primeiro lugar. Eu tinha dois primeiros lugares, e qualquer garota que eu conheça precisa se acostumar a ficar no banco do carona, ao meu lado e ao da música. Porque eu preciso de uma parceira, não de uma líder. Então, fique comigo e com a música e tudo será adorável.

Mas não foi isso que aconteceu com a Heather. Foi o típico casamento de celebridades: primeiro, pensamos que era perfeito, porque ambos estávamos vivenciando a fama e a pressão, e achamos que só poderíamos nos estabelecer com alguém que entendesse nossos trabalhos e fosse igualmente ocupado. Porém, no fim, nosso narcisismo e obsessão por nossas carreiras se tornaram empecilhos.

Era difícil para mim conseguir fazê-la relaxar em público. Quando fizemos um cruzeiro pelas Ilhas Gregas, a primeira coisa que eu quis foi relaxar numa praia de nudismo. Então lá fomos nós, eu tirei a roupa e fui dar um mergulho. Quando voltei, ela ainda estava lá de maiô, naquela ilha maravilhosa cheia de gente nua. Estava com muito medo de que houvesse um fotógrafo escondido nas pedras, e talvez estivesse certa, mas, na época, eu estava cagando e andando se havia mesmo um fotógrafo ali. De muitas maneiras, eu me sentia inibido perto dela: ela fazia um escândalo toda vez que eu saía da linha, o que talvez fizesse sentido também, e se recusou em absoluto a me deixar fazer uma tatuagem enorme que eu queria nas costas.

Eu me sentia numa armadilha, porque ela queria que eu me estabilizasse, mas, ao mesmo tempo, não queria passar pelas outras obrigações envolvidas no processo de se estabilizar. Nikki tinha um filho e o segundo estava a caminho; Vince tinha três filhos com três mulheres diferentes; e Mick já era uma porra de um avô. Eu adorava crianças, queria muito ter uma com a Heather, mas ela sempre dizia não. Sua preocupação era a carreira, e não podia se dar ao luxo de engravidar. Além disso, parecia não curtir crianças tanto assim: sempre que recebíamos visitas, ficava incomodada com elas pulando nos móveis ou com as mãos sujas de chocolate.

Talvez ela fosse jovem demais ou não estivesse no momento certo da vida ou talvez não quisesse ter filhos com alguém como eu (uma teoria que me incomodou demais quando ela engravidou logo depois de se engraçar com Richie Sambora), mas eu comecei a ficar frustrado. Investi muitos anos no nosso relacionamento e, se não havia chance de ele progredir, era melhor cortar o prejuízo. Quando eu nasci, meu pai já era tão velho que mal conseguia jogar bola comigo. Eu queria estar jovem o bastante pra poder correr por aí com meus filhos, ter os mesmos interesses, acompanhá-los e fazer parte da vida deles até crescerem.

Quando estou apaixonado, fico cego pra caralho. Nem olho pra outras mulheres. Porém, quando comecei a rever meu casamento com Heather – da mesma forma que eu tenho certeza que ela começou a rever também –, meus olhos começaram a ficar inquietos. E depois que seus olhos ficam inquietos, sua mente começa a ficar inquieta. E depois que a sua mente começa a ficar inquieta, suas mãos começam a ficar inquietas. E depois que suas mãos começam a ficar inquietas, é daí pra baixo. Duramos sete anos em meio às loucuras – os altos e baixos de ambas as nossas carreiras, meu abuso doido de drogas e álcool e a porra da tortura da reabilitação, o sucesso insano de *Dr. Feelgood* – e é preciso ser justo quanto a isso. Duramos muito tempo, considerando-se.

Estranhamente, depois que Heather e eu nos separamos, dois babacas bêbados deram uma surra em mim e no Corabi na rua. Enquanto me recuperava no hospital, ouvi um barulho na porta, levantei os olhos e vi Honey entrar no quarto. Foi a primeira vez que a vi em nove anos. Ela foi até a cama, se debruçou, me pagou um boquete e foi embora sem dizer uma palavra. Não a vi mais desde então.

Deitado lá, confuso e vazio, me dei conta do quão solitário eu ficava sem a Heather, porque, depois de sete anos de casamento, você olha ao redor à procura dos seus amigos e percebe que eles há muito se foram. Mas, ao mesmo tempo, fiquei animado. Animado em me apaixonar de novo, não por outra garota, mas pela música. Havia toda uma nova escola de bandas surgindo – umas porras pesadas, tipo Pantera e Prong – e, com Vince fora da banda e com a entrada de um canalha tatuado como o Corabi, nós finalmente teríamos as ferramentas para entrar de cabeça nisso.

capítulo 8
JOHN CORABI

UM CALOURO, DESLUMBRADO COM SEUS VETERANOS, DESCOBRE A VERDADEIRA NATUREZA DELES DEPOIS DE UMA NOITE DE HUMILHAÇÃO NAS MÃOS DAS MERETRIZES DA CIDADE

Depois que Tommy e Nikki tiveram aquela recaída, eles se comprometeram com a sobriedade para tentar repetir o sucesso de *Dr. Feelgood* com Bob Rock em Vancouver. Para eles, não havia meio-termo. Não só o álcool e as drogas estavam proibidos, como também a carne vermelha, os cigarros e a cafeína. Tomávamos vitaminas o dia todo e, de manhã, malhávamos com um personal trainer.

Porém, inevitavelmente, houve noites em que saímos da linha. A primeira vez foi quando Snake, do Skid Row, foi nos visitar. Tommy, Nikki, Snake e eu fomos a uma casa de strip e, depois, para um bar no bairro. Nikki, que já estava obliterado, perguntou à garçonete quanto custavam os kamikazes. Custavam US$ 3,50, disse ela. Nikki então pôs a mão no bolso, tirou um punhado de notas e disse:

– O quanto de dinheiro que tiver aí é o quanto de kamikazes que eu quero.

Quinze minutos depois, um grupo de garçonetes veio com nove bandejas de kamikazes e os dispôs na mesa. Viramos os drinks até não conseguir beber mais nada e entramos na van da banda, onde Tommy me disse:

– Crab, já esteve com uma puta?

– Não – gaguejei.

– Bom, vamos te arranjar uma puta, então.

A vida era tão normal e tranquila quando aqueles caras estavam sóbrios, mas, quando ficavam fodidos, espremiam uma vida inteira de aventuras, caos e decadência num período de doze horas. A caminho da Richards Street, onde as prostitutas ficavam, juntamos nosso dinheiro. Eu tinha cem dólares, Tommy tinha oitenta, o pobre Snake tinha seiscentos e a Nikki restaram doze dólares depois do combo de kamikazes. Botamos quatro prostitutas muito gatas na van e voltamos para o hotel com elas para festejar. Tommy conseguiu maconha para elas, Nikki, umas duas garrafas de Jack, e a festa começou. Tommy estava separado de Heather, mas mesmo assim quis ligar para ver como ela estava.

– Quando eu voltar, essa porra dessa festa vai começar.

Meia hora depois, ele abriu a porta com tudo e entrou no quarto com a calça arriada, berrando a plenos pulmões e encoxando uma das prostitutas. Nesse exato momento, uma das putas, que particularmente tinha uma cara de piranha, olhou para o relógio e disse:

– Já deu duzentos dólares pra cada.

De repente, a festa ficou em silêncio e a nuvem escura que aparece sempre que alguém menciona dinheiro ficou suspensa no quarto.

– Como assim, duzentos dólares? – perguntei.

– Já passou uma hora, são duzentos dólares a hora.

Nikki perdeu o controle. Jogou uma garrafa de Jack Daniel's do outro lado do quarto, que se despedaçou na parede, por cima da puta que tinha cara de piranha. Ele correu para cima dela, ameaçando cortá-la ao meio. E, mais rápido do que você consegue dizer "*Don't go away mad*",[35] as garotas sumiram do quarto.

Só restamos nós quatro sentados no sofá. As putas foram embora com todo nosso dinheiro e nossa maconha e Nikki jogara a última garrafa de Jack na parede. Snake abriu uma cerveja do frigobar e balançou a cabeça.

– Caras, o que foi que acabou de acontecer? – perguntou, e então abriu um sorriso perverso. – Pois é, os *bad boys* do rock 'n' roll, o Mötley Crüe e o Skid Row, acabaram de pagar oitocentas pratas pra umas garotas conversarem com a gente. Que patético.

Sem o meu conhecimento, Tommy e Nikki decidiram que a noite não tinha terminado. Enquanto Snake segurava minha atenção conversando amenidades, eles foram escondidos até a cozinha do hotel e roubaram um tonel de 200 litros de molho de tomate. Em seguida, pegaram a chave do meu quarto na recepção, levantaram o lençol da cama, encheram o colchão de molho de tomate e rearrumaram a cama.

Quando voltei para o quarto, notei um cheiro de espaguete, mas não dei bola. Puxei o lençol e, ao colocar a mão na cama, encostei em algo úmido. Olhei para minha mão e ela estava toda vermelha, como se fosse alguma cena de *O Exorcista*. Porém, estava tão bêbado que pensei que, se eu ignorasse o molho de tomate, isso de alguma forma mostraria a Tommy e a Nikki que eles não haviam me derrotado, então fui dormir.

Na manhã seguinte, deixei uma caixa com uma dúzia de profiteroles na

35 "Não vá embora brava"

porta do quarto de Nikki, toquei a campainha e me escondi. Ele abriu a porta, olhou para os lados e então notou os profiteroles. Uma hora depois, vi a caixa vazia no corredor. Mais tarde, na academia, observei-o explicar ao personal trainer que estava se sentindo mole demais para fazer qualquer um daqueles exercícios.

Depois disso, foi uma guerra declarada com Nikki. Ele me levava a um bar e me embebedava, e então, enquanto eu conversava com alguma garota, pegava um táxi de volta para o hotel e enchia minha fechadura de supercola e fósforos quebrados, para então retornar ao bar. Quando eu já estivesse bem bêbado, me levava embora e ficava observando pelo olho mágico enquanto o pessoal do hotel tirava minha porta das dobradiças para que eu pudesse dormir.

Eu retaliei colocando uma boneca inflável na porta dele, com os dizeres "Bem-vindos, marinheiros", e deixando bilhetes por todo o hotel com convites para homens solteiros irem até o quarto. E então Nikki pôs um ponto final e tanto: enquanto eu dormia, ele passou várias horas colando uma bandeja inteira de serviço de quarto na minha porta, cada prato, guardanapo, talher, e chegou até a encher um copo de cola, de forma que parecesse leite. Depois, encharcou a porta de laquê, ateou fogo, bateu e correu de volta para o quarto dele. Mick sempre foi esperto demais para cair nessas armadilhas: cobria de farinha o corredor até sua porta, para que pudesse rastrear as pegadas caso alguém ousasse mexer com ele.

Aquele ano foi provavelmente o mais divertido da minha vida. Todo mundo estava num território novo, criativamente falando, e só se divertindo de maneira boba e inofensiva. Mick nunca trabalhara com um segundo guitarrista, Nikki nunca trabalhara com um segundo letrista e a banda nunca compusera músicas apenas a partir de *jams*. Mal podíamos esperar para que os fãs do Mötley ouvissem o que havíamos feito. Acreditávamos ter feito um disco do Mötley Crüe muito inteligente, com muitos comentários a respeito das maluquices que rolavam no mundo, dos tumultos raciais em Los Angeles à mais recente fúria da censura musical.

A última música que escrevi para o disco foi "Uncle Jack", que é sobre um parente meu que abusou sexualmente de meus irmãos e irmãs. Logo depois que começamos a gravar, ele foi preso e acusado de estupro de vulnerável e agressão sexual a vinte crianças, todas as quais ele havia documentado em fotos. Porém, dois meses depois, foi solto porque os carcereiros e o tribunal ficaram com medo que os outros presos o matassem. Agora que estava livre, onde ele conseguiu um novo emprego? Numa escola católica de ensino fundamental.

Perto do final das gravações do disco, minha mãe me ligou e me disse que ele fora preso de novo. Enquanto lecionava na escola católica, foi morar com uma mulher e seus dois filhos, de oito e três anos. Ela trabalhava à noite e ele, de dia, então passava a maior parte do tempo com as crianças, sem supervisão. Depois de apenas alguns meses, a mulher morreu num acidente de carro. Quando seu ex-marido voltou para a casa, descobriu que o cara vinha sodomizando os dois meninos. Fiquei lívido e furioso ao descobrir que ele ainda estava destruindo a vida de tanta gente, então Nikki sugeriu que eu escrevesse uma música a respeito.

Eu quis lançar a música como single e doar o dinheiro a centros de apoio a crianças abusadas. Estávamos prontos para fazer a diferença e mostrar ao mundo que o Mötley Crüe ainda era um circo, mas um circo com coração.

Quando concluímos o disco, fizemos uma turnê de divulgação. Por onde passávamos, os fãs iam à loucura. Em Milão, um grupo de fãs que ganhou um concurso me atacou e começou a rasgar peças da minha roupa como lembrança. Olhei para Nikki, que vibrou:

– Prepare-se, Crab. Vai ser assim o tempo todo.

fig. 3

Nikki, Mick e Tommy com John Corabi

capítulo 9
V I N C E

SOZINHO NO MUNDO, O POBRE VINCE FOGE PARA OS BRAÇOS DE *PLAYMATES*, MODELOS DA *PENTHOUSE* E ATRIZES DO HORÁRIO NOBRE E APRENDE QUE A VIDA NÃO PODERIA SER MELHOR

Foi o momento perfeito para uma crise de meia-idade. Eu tinha acabado de fazer trinta anos, o que não parecia tanta idade assim. Mas havia todas aquelas bandas de rock mais jovens surgindo e eu começava a me sentir um dinossauro. Além disso, havia acabado de ser chutado da banda com quem passara os últimos dez anos e de me separar da minha esposa. Desde que Sharise e eu nos mudamos para uma mansão enorme em Simi Valley para criar nossa filha, Skylar, nossas brigas aumentaram, a mais memorável delas no meu aniversário, quando ela me viu com Robert Patrick conversando com uma futura estrela pornô chamada Lenay no Roxy e me bateu com um copo no nariz, o que iniciou um tumulto absurdo que terminou com nós dois chutados do clube.

Implorei por muito tempo para que Doug me ajudasse. Disse a ele que estava com muitos problemas, entre a minha esposa e a minha confusão por me sentir ultrapassado no rock aos trinta anos. Expliquei que precisava muito, muito mesmo de ajuda. Se a banda estava aborrecida comigo porque eu perdia os ensaios, queria que eles entendessem que não era nada pessoal. Eu amava o Mötley Crüe e teria feito qualquer coisa por eles.

Não sei se Doug chegou a falar com a banda sobre essa conversa, porque, logo em seguida, depois da briga no ensaio durante a tempestade, ele me ligou e disse:

– A banda não quer mais você por perto. Estou disposto a liberá-lo do contrato, se você quiser.

Fiquei atordoado. Esperava que esfriássemos a cabeça ao longo de uma semana, para que eu então recebesse um telefonema do Nikki para começarmos a trabalhar juntos de novo. Só consegui balbuciar um "OK" e desliguei. Não sabia o que mais dizer.

Se Doug tivesse sido mais do que um bajulador, poderia ter salvado a banda. Tudo o que precisaria dizer era: "Volta e a gente conversa. Vamos te arrumar um aconselhador e falar dos seus problemas". Claramente, o meu problema não era simplesmente alcoolismo, era um problema mental que levava ao alcoolismo e a perder os ensaios. Mas, ao invés disso, ele me ligou para me despedir e me disse para não falar com ninguém da banda. E foi isso. O que eu poderia fazer depois desse tipo de tratamento? Eu tinha duas escolhas: poderia me matar ou ir pro Havaí com uma stripper e superar. Escolhi a segunda opção.

Peguei a primeira mina que encontrei, uma atriz pornô chamada Savannah, e a levei pro Havaí. Apesar do fato de um milhão de caras baterem punheta pros filmes dela todos os dias, ela era extremamente insegura, como uma garotinha perdida. Sem a banda na minha cola, eu não via razão alguma para me manter sóbrio, então levamos todos os comprimidos e cocaína que pudemos. Depois de passar quatro dias seguidos acordada no Hilton de Maui, Savannah tomou um comprimido além da conta e caiu no chão, tendo convulsões. Chamei uma ambulância e a acompanhei até o hospital. Nunca vi ninguém tão linda e inocente numa maca depois de uma overdose.

Quando ela retornou ao hotel, no dia seguinte, retomamos a festa de onde havíamos parado. Porém, eu já estava mais velho e, por algum motivo, não só não conseguia mais ficar tão fodido quanto antes, mas também não conseguia mais me recuperar tão rapidamente. Quando voltei pra L.A., estava completamente estragado. Voltei a me internar na clínica em Tucson para me limpar. Savannah me mandava uma foto pornô dela diferente todos os dias, até que a polícia da sobriedade encontrou meu estoque e acabou com a diversão. Quando concluí o tratamento, ela estava saindo com o Pauly Shore.

Anos depois, ela me convidou para ser par dela na premiação da Adult Video News, em Las Vegas. Eu disse que iria, mas, de última hora, dei um bolo nela pra sair com outra garota. Alguns dias depois, ela foi encontrada morta na garagem de sua casa. No dia, ficou desfigurada num acidente de carro, e então foi para casa e deu um tiro na cabeça com uma Beretta. Ela tinha muitos outros problemas na vida naquele momento, e eu sabia que a razão não era por eu tê-la dispensado, mas me senti péssimo. Enquanto a maioria das garotas na área de trabalho dela são apenas interesseiras, ela nunca foi assim. Só queria alguém que a amasse.

Savannah foi o começo da minha descida à Babilônia de Hollywood. Eu não circulava pela cena desde que morávamos todos juntos na Mötley House e éramos os reis da Sunset Strip. Achávamos que estávamos no topo do mundo e, embora estivéssemos bem longe disso, éramos muito mais felizes com essa ignorância. A Hollywood de dez anos depois era um lugar diferente.

Ao deixar Sharise e Skylar na nossa casa em Simi Valley, fui morar com Rob Lowe, que tinha um apartamento de solteiro nas Hollywood Hills. Ficamos amigos porque ambos frequentávamos as reuniões de sobriedade para famosos nas noites de segunda-feira, provavelmente o lugar mais clichê para uma dupla como nós se encontrar. Formávamos um *dream team* para os tabloides: o vocalista *bad boy* do Mötley Crüe e um galã *sex symbol* que acabara de ter um vídeo vazado em que participava de um *ménage* com uma garota de dezesseis anos. Já que Rob havia recentemente terminado com a namorada, por razões óbvias, nós dois fomos à loucura. Eu o levava para o Rainbow para escolher umas *groupies* roqueiras e ele me levava para festas decadentes do cinema, numas mansões enormes nas Hollywood Hills e em Bel Air. Nosso apartamento estava sempre cheio de minas, bem como era a Mötley House, com a diferença de que, agora, o lugar era limpo. Aos finais de semana, eu ia brincar com Skylar, algo de que eu precisava tanto quanto ela, porque era minha única pausa no vórtice de abandono para onde Rob e eu estávamos sendo sugados.

Depois de seis meses, a vida de solteirão do Rob acabou quando sua ex-namorada voltou a morar com ele. A essa altura, eu já havia encontrado um empresário, Bruce Bird, que me colocou num estúdio com Tommy Shaw e Jack Blades para compor uma música para a trilha sonora de um filme do Pauly Shore, *O Homem da Califórnia*. Isso basicamente mandava pro espaço a teoria do Nikki e do Tommy de que eu não ligava mais para música, porque eles ainda não haviam lançado nada. Mantive esse insulto em mente quando os processei por 25% dos lucros futuros e mais cinco milhões por danos morais. Era uma atitude cavalheiresca, segundo meus advogados.

Consegui, ainda, um contrato de quatro milhões de dólares com a Warner Bros., onde Mo Ostin disse:

– Sabe o que devíamos fazer? Devíamos pegar o Vince e aquele outro garoto roqueiro que temos, o David Lee Roth, e colocá-los juntos numa banda.

– Mas pai – seu filho, Michael, protestou –, os dois são cantores.

Eu ainda não sabia o que faria da vida. Não tinha onde morar e não tinha uma banda de verdade ainda. Assim, me mudei para o luxuoso Bel Age Hotel, que me deixou estacionar minhas três Ferraris, meu Rolls-Royce e minha moto lá (eu te disse que estava passando por uma crise de meia-idade), e me deu acesso completo ao restaurante, o Diaghilev, até altas horas.

Como eu bebia o tempo inteiro, decidi que era melhor fazer isso no meu próprio clube, então eu e alguns amigos compramos uma casa noturna esnobe em Beverly Hills, chamada Bar One, convenientemente localizada na frente do hotel. Contava com um restaurante cinco estrelas de um lado e, do outro, um bar e pista de dança. Os paparazzi sempre faziam fila na frente, à espreita das celebridades. Logo esqueci o Mötley Crüe, porque havia muita coisa acontecendo no Bar One para me distrair.

Era um ótimo lugar para conhecer pessoas. Eu jantava com o Sylvester Stallone ou dava uns pegas na Tori Spelling ou na Shannen Doherty na sala reservada nos fundos. Assisti ... *E o Vento Levou* pela primeira vez com a Shannen na minha casa, porque ela iria interpretar a autora do livro, Margaret Mitchell, num filme, mas eu só conseguia pensar em colocar meu pau na bunda dela, porque estávamos no sofá e eu só via aquela bunda na minha frente. Acabamos bons amigos, e eu deixei Ashley Hamilton – seu marido havia cinco meses –, tocar no clube. Depois de Shannen, saí algumas vezes com Vanessa Marcil, do seriado *General Hospital*. Fomos ver *Les Misérables* ou alguma coisa assim. Depois, conheci Christy Turlington no bar e a levei para Las Vegas para a inauguração de um cassino. Lá, trombei com Tommy Lee, e nós meio que acenamos com a cabeça e trocamos sorrisos. Na hora, Christy estava no meu colo e eu a ensinava a jogar roleta, mas isso não virou nada porque fiquei tão fodido que desmaiei e alguns amigos tiveram de me carregar para o quarto.

Assim que retornei a L.A., conheci uma atriz e *Playmate* chamada Pamela Anderson no Bar One. Por coincidência, o irmão dela havia lavado alguns dos meus carros esportivos porque tinha um negócio de detalhamento automotivo. Na época, Pam fazia parte do elenco de *Home Improvement*, então, no nosso primeiro encontro, me levou para ver um show de *stand-up* do Tim Allen. Ela saía com muita gente, assim como eu. Como eu estava filmando o clipe de uma música solo que gravei, "Can't Have Your Cake", coloquei Pamela para aparecer, junto com Skylar e três garotas com quem eu também estava saindo ao mesmo tempo, embora nenhuma soubesse da outra. Acho que o que eu queria dizer era que, às vezes, você pode fazer o bolo e comê-lo também, embora logo eu fosse descobrir que isso não era nem um pouco verdade. Depois de mais alguns encontros comigo, Pamela passou para o Bret Michaels, do Poison, e eu comecei uma sequência de *Playmates*.

Na edição corrente da *Playboy*, a modelo da capa citou "um dia, casar com um *rock star*" como uma de suas ambições. No mesmo mês, Hugh Hefner deu sua festa anual "Sonho de Uma Noite de Verão", à qual todo mundo tem que ir em trajes de dormir – lingerie para as garotas, robes para os homens. Vesti um robe de seda e cueca boxer e fui para a festa na minha Ferrari Testarossa. Minha missão era simples e direta: cheguei na festa, achei a modelo da capa e disse:

– Eu sou o seu *rock star*.

Ela vestia um corpete branco com meia-calça e estava inacreditável. Olhou para mim e sorriu.

– Vamos, estamos perdendo tempo – continuei. – Vamos sair daqui.

Fomos embora da festa e seguimos para o Bar One ainda em trajes de dormir. No final da noite, ela já estava tão bêbada que subiu na mesa de sinuca para dançar com aquela roupa. Levei-a para o hotel e tentei conduzi-la para o meu quarto.

– Não! – ela gritou. – Quero dirigir a Ferrari primeiro.

Suspirei e dei as chaves a ela, que saiu da garagem do hotel para o Sunset Boulevard e então virou no San Vicente Boulevard. Quando ia virar na Fountain Avenue, subitamente pisou fundo no acelerador. Acho que ela queria ver a que velocidade o carro chegava, mas não se faz isso numa conversão. O carro girou 360 graus e deu com tudo num caminhão que atravessava o cruzamento. A trombada lançou o carro na contramão do San Vicente, e a minha modelo se apavorou e tentou acelerar dali. Conseguiu andar mais ou menos um metro e meio até encontrar uma van, o que concluiu a destruição da Ferrari.

Ela saiu rastejando do carro e cambaleou até a guia. Fui até lá, olhei para a fumaça que subia da pilha de metal retorcido que fora o meu xodó e comecei a xingá-la de tudo quanto era nome, parado no meio da rua de cueca boxer balançando ao vento. Ela abriu o berreiro e chorou até que a polícia chegou e a levou presa por dirigir embriagada. Estava estonteante no banco de couro da viatura, algemada de lingerie com os cabelos loiros emaranhados e o rosto borrado de maquiagem. Outra viatura me levou de volta para o Bel Age. Troquei de roupa, fui pagar a fiança dela, trouxe-a de novo para o hotel e nós finalmente transamos. Ficamos tão entrelaçados pelos acontecimentos daquela noite que namoramos por um tempo, e eu entendi que ela na verdade não era o tipo de garota que destruía tudo o que tocava; só destruía o que tocava e pertencia a mim.

No meio de todo esse caos, concluí de forma rápida e indolor meu primeiro álbum, *Exposed*, no Record Plant, com Steve Stevens, da banda do Billy Idol (e que acabara de sair de um grupo com Mike Monroe, do Hanoi Rocks), na guitarra solo, Vikki Foxx, do Enuff Z'Nuff, na bateria, Dave Marshall na guitarra base e, no baixo, Robbie Crane, que fazia o som de filmes pornô. Por fim, demiti Foxx e contratei Randy Castillo, o roqueiro cabeludo doido que, desde quando começou a frequentar as minhas festas de luta livre na lama, estabeleceu uma reputação ao tocar com o The Motels, Lita Ford e, mais recentemente, Ozzy Osbourne, por recomendação do Tommy.

Enquanto eu trabalhava em algumas faixas de bateria com Ron Nevison, recebemos um telefonema inesperado: meu empresário, Bruce, sofrera um aneurisma. No pouco tempo em que trabalhamos juntos, passei a amar Bruce como um pai. Ron e eu fomos a um bar ali perto, enchemos a cara e choramos no ombro um do outro, e então fomos visitá-lo no hospital. Chegamos tarde demais: ele havia morrido. Quando um amigo em comum, Bert Stein, ficou sabendo do que aconteceu, se ofereceu para me ajudar até que eu encontrasse um novo empresário. No fim, Bert nunca deixou de ser meu empresário e, juntos, enfrentamos mais dias sombrios e mortes do que imaginávamos ser possível no espaço de uma vida.

QUANDO RETORNEI PARA O ESTÚDIO, alguém apareceu com uma atriz pornô da Vivid Video chamada Janine Lindemulder, com quem comecei a sair e que, depois, estrelou um dos meus clipes. Toda modelo que aparece em meus clipes solo era alguém com quem eu saía.

Assim que terminamos o álbum, levei Janine e uma amiga, uma modelo da *Penthouse*, ao Havaí para comemorar. Uma delas tinha uma filmadora e, numa noite em que ficamos bem fodidos, ligamos e gravamos toda a ação. Depois da viagem, não vi mais nenhuma das duas até ir para Palm Springs meses depois. As duas estavam lá e agora eram um casal. Fui eu quem as apresentei, e você se surpreenderia com o quanto isso era frequente.

Não pensei mais nas duas até dois anos depois, quando, após o vídeo caseiro de Pamela e Tommy vazar, o meu vídeo apareceu no mercado. Pensei que Janine o vendera por dinheiro, porque eu nunca tive uma cópia. Fiquei puto com ela, mas evitei processá-la ou acusá-la publicamente, porque não queria chamar mais atenção ainda para a *sex tape*. Por sorte, não fiz nada, porque depois descobri, por meio do distribuidor da fita, que foi a outra garota quem vazou, o que fez sentido quando finalmente assisti, pois o rosto dela fora encoberto.

Depois de Palm Springs, comecei a prestar atenção num clube chamado Denim and Diamonds, onde motoqueiros e modelos se misturavam. Decidi que o Bar One deveria ter uma noite assim. Convencemos a Jägermeister a patrocinar o evento e trazer as garotas Jägermeister. Eu nunca tinha provado a bebida, então não fazia ideia da potência. Não me lembro muito do que aconteceu naquela noite: de algum jeito, saí do bar, montei na minha Harley, atravessei a calçada e a porta do clube. O lugar estava lotado e, enquanto eu arrancava a moto pela pista de dança, as rodas escorregaram, a moto tombou e deslizou até uma fileira de mesas. Eu caí de costas na pista e desmaiei.

Acordei passando mal, envergonhado e grato por não ter matado ninguém ou a mim mesmo. Não acho que fiquei tão fora de controle assim com bebida antes. Fiquei dois dias de cama, suando e vomitando, com intoxicação alcoólica. Isso acabou com a minha crise de meia-idade: eu não podia mais continuar me comportando daquela forma. Precisava amadurecer e aceitar o fato de que eu era um adulto com responsabilidades, embora, é claro, isso não significasse que eu não podia continuar me divertindo.

Saí do Bel Age e comprei minha própria casa, uma construção enorme em estilo gótico em Malibu, chamada Sea Manor. Eu não só queria sair de Hollywood, como também queria um lugar que Skylar pudesse curtir. Ir me visitar em Hollywood nunca foi muito divertido pra ela. Montei um quarto com uma escrivaninha e um computador infantil. Ela adorava a casa e toda manhã me puxava da cama para ir à praia, onde fazíamos castelos de areia da altura dela e passávamos horas contando as histórias dos reis, rainhas e *rock stars* que moravam neles.

Na tranquilidade de Malibu, também montei uma banda nova para promover *Exposed*. O álbum chegou ao 13º lugar nas paradas pop, então conseguimos nossa primeira turnê, abrindo para o Van Halen. Essa experiência foi uma lição de humildade, porque havia anos que eu não abria o show de ninguém, e por ser uma turnê com uma banda que substituíra o vocalista e estava indo muito bem. Sammy Hagar, o substituto de David Lee Roth, rapidamente se tornou um bom amigo e nós criamos o hábito de entornar kamikazes antes do meu show e margaritas antes do dele. Ele acabava levando a pior, porque sempre estava completamente mamado antes de entrar no palco.

Depois da turnê de estreia com o Van Halen, fizemos uma turnê de clubes sozinhos, o que foi uma lição de humildade ainda maior, porque eu não tocava em lugares pequenos desde o Rock Candy. Agora, em carreira solo, precisava dar todas as entrevistas, escrever todas as músicas, fazer os *set lists*, elaborar o marketing, aprovar as artes e lidar com tudo. Aprendi mais com aquele álbum e aquela turnê do que em uma carreira inteira com o Mötley. Porém, esse corre logo me esgotava e, assim que encontrava uma oportunidade de sair da estrada, eu me recolhia ao conforto de Malibu e Skylar.

A casa era o lugar mais opulento em que já morei, com uma escada em espiral no centro e um domo de vidro. Parecia o cenário perfeito para um filme pornô, então passei a alugá-la para filmagens pornôs e para ensaios fotográficos da *Penthouse* quando minha filha não estava lá. Depois, saía com as modelos da revista. A vida voltou à época antes de eu conhecer Sharise e eu já estava brincando de ser um míni Hugh Hefner. Sempre convidava meus amigos para relaxar e acompanhar as filmagens e sessões de foto. Se a equipe fosse bacana, dávamos festas na praia e os vizinhos, como Jon Lovitz e Charlie Minor, apareciam.

Num dos ensaios da *Penthouse* havia uma maquiadora chamada Alexis, que também trabalhava nos ensaios grandes da *Playboy*. Ela me mostrou algumas Polaroids e eu arrepiei quando vi a modelo da capa de abril da *Playboy*, a mais esbelta, loira e peituda possível. E isso era tudo o que eu precisava ver.

– Preciso conhecer essa garota – eu disse a Alexis.

Alexis não podia prometer nada, porque a garota era uma atriz de Palm Beach. Porém, pouco depois, ela veio para L.A. e se hospedou na Mansão da *Playboy*. Ela me ligou, se apresentou como Heidi Mark e disse que poderia sair comigo naquela noite, mas precisaria voltar cedo porque tinha um ensaio às 7h da manhã. Busquei-a na mansão e a levei pra festa de aniversário de um amigo. Fiquei maravilhado quando Heidi não ficou com nojo de nos ver jogar notas de cem dólares feito confete para as strippers. Era uma moleca presa no corpo de uma Barbie e curtiu aquele espetáculo todo. Depois, me ofereci para levá-la de volta à mansão, mas ela disse:

– Não quero voltar pra lá, na real. Desde que o Hef se casou, a mansão anda meio morta.

– Mas e o ensaio às 7 da manhã? – perguntei.

– Eu meio que inventei, pro caso de eu não gostar de você – ela respondeu e sorriu.

Fomos para a minha casa e ela ficou uma semana lá, até que precisou ir para Orlando para participar do seriado *Thunder in Paradise*.

Nosso segundo encontro foi nas Bahamas. Michael Peters, dono da rede de casas de strip Pure Platinum, se tornara um bom amigo meu. Quando estávamos gravando o single "Girls, Girls, Girls", coloquei pra ele ouvir em sua Lamborghini e, no ato, ele prometeu que a música tocaria de hora em hora em cada uma das suas casas – e ele manteve a promessa até hoje.[36] Depois da minha semana em L.A. com Heidi, Michael e eu mandamos quinze garotas – cada uma com papelotes de cocaína escondidos em cada orifício que coubesse – em dois Learjets até um lugar

36 Ou pelo menos até quando da publicação do livro. (N. do T.)

chamado Hurricane Hole, onde ele tinha um iate de quase trinta metros ancorado e uma equipe de filmagem contratada para documentar tudo. No terceiro dia, eu passeava de jet ski pela baía com uma loira de topless na garupa, quando dei uma olhada para a praia. Sentada no topo de uma pilha de malas, com os braços cruzados sobre o peito e muito brava, lá estava uma garota que me pareceu familiar. Era Heidi. Eu me esqueci de que ela chegaria naquele dia. Instintivamente, dei uma cotovelada e derrubei a loira da garupa do jet ski e corri de volta para a praia. Achei que, de alguma forma, quando ela me visse chegar sozinho, pensaria que a loira de topless era uma ilusão causada pelo sol das 15h.

Depois de alguns dias convivendo com mulheres nuas no barco do Michael, Heidi decidiu que, se fôssemos ter alguma coisa que lembrasse um relacionamento saudável, precisaríamos encontrar um lugar só para nós dois. Assim, fomos para uma casa que o Michael tinha e usava como motel e lá ficamos até que, alguns dias depois, meu jet ski bateu num recife de corais e eu fui jogado de cima dele, fraturando duas costelas.

Rapidamente, nosso relacionamento se tornou um desastre após outro: depois das Bahamas, Michael se deu a tarefa de puxar o saco do pai da Heidi. Procurou o endereço do escritório dele em Palm Beach e enviou um carregamento enorme de parafernália da Doll House, da Pure Platinum e da Solid Gold: de camisetas a vídeos de *soft porn* das garotas. Michael estava no ramo há tanto tempo que achava que qualquer macho de sangue quente ficaria contente em receber aqueles presentes. Infelizmente, ele não sabia que o pai da Heidi era um advogado de divórcios e que a avó dela trabalhava como recepcionista no escritório. Quando a velhinha abriu a encomenda, teve um troço. Para piorar, Michael mandou um bilhete com o pacote, que dizia: "Caro John, obrigado por criar uma garota tão excelente. Com amor, Michael". Então toda a família dela achou que ela estivesse namorando Michael. Quando viram no jornal que ele foi preso por violar o ato anticorrupção da Flórida por tráfico de drogas, lavagem de dinheiro e violação da licença para comércio de bebidas alcoólicas, praticamente a deserdaram. A única coisa boa que saiu disso foi quando descobriram que Heidi na verdade namorava comigo e, acredite, ficaram aliviados.

Agora que minha vida de solteiro tinha acabado, saí da sociedade do Bar One. Meus ex-sócios abririam depois a única casa de strip com permissão para funcionar em Beverly Hills, o Beverly Club. Ao invés disso, eu passava meu tempo com Heidi num restaurante em Malibu, o Moonshadows, frequentado por Fran Drescher, Gary Busey e Kelsey Grammer. Tudo começou a voltar ao normal, exceto pela minha correspondência: toda semana eu recebia um envelope pardo contendo uma foto minha e da Heidi deitados na beira da piscina ou na cama. Pensei que estivéssemos sendo espiados por algum fã *stalker* ciumento, até que a Heidi me disse que seu ex-noivo foi policial e estava mandando helicópteros da divisão de narcóticos nos espionarem. Interpretei isso como um alerta e joguei pela descarga toda a cocaína que encontrei na casa.

Meu contato na Warner Bros., Michael Ostin, me colocou em contato com uma dupla de produtores que se intitulavam The Dust Brothers para o meu próximo álbum. Haviam feito um ótimo álbum com os Beastie Boys, mas ainda não tinham se consagrado com o Beck e o Hanson, e foi muito frustrante trabalhar com eles. Eu gravava algo com um deles e o outro saía do estúdio para fumar maconha. Quando acabávamos, o outro cara voltava e dizia que o que fizemos estava uma merda, então eles trocavam de lugar e fazíamos tudo de novo. Era como tentar gravar um álbum com o Cheech e o Chong. Eles não se interessavam por canções ou sequer por produção de fato. Eram caras de computador, copia-e-cola, então qualquer coisa que estivesse pronta quando eu ia embora do estúdio à noite no dia seguinte soaria completamente diferente.

Foi uma experiência frustrante, mas, de algum modo, como se por mágica da fada da maconha, acabamos com um álbum muito legal. Oito anos antes do Kid Rock e do Limp Bizkit, misturamos batidas de rap com guitarras de rock e, como ninguém estava fazendo música assim na época, a Warner Bros. não sabia o que fazer. Enquanto a gravadora se decidia, o drama chegou às suítes executivas e uma briga de poder resultou em uma demissão em massa. De repente, me vi sem ninguém do meu lado na gravadora e um disco concluído, cuja data de lançamento era adiada todo mês.

Estava pronto pra cair na estrada de novo, mas preso num limbo. Desenvolvi uma obsessão por automobilismo desde que deixei a banda, então mergulhei nesse mundo. Pilotei meia temporada na Indy Lights e adorei. O foco, os fãs e a adrenalina tornavam a experiência parecida com estar em cima do palco num show de rock. Se você cometesse um erro, todo mundo via. No Grand Prix de Long Beach, um carro me atingiu na terceira volta. Meu carro derrapou de lado, o aerofólio atingiu o muro e o suporte que o prendia ao chassi se quebrou. No box, a equipe removeu o aerofólio, que é o que impede que a traseira do carro saia do chão quando se dirige em alta velocidade, e eu tentei terminar a corrida sem ele. Saí do box, peguei uma reta e, ao atingir um desnível na pista, engatei a terceira. Instantaneamente, o carro girou fora de controle e se espatifou contra o muro. A plateia rugiu e eu saí cambaleando e ileso, exceto pelo rubor da humilhação na minha cara.

A equipe para a qual eu dirigia se chamava P.I.G. e era composta predominantemente por policiais e ex-policiais.[37] A equipe de pista consistia em caras de equipes da S.W.A.T. e eu investira milhões de dólares nos meus carros, nos motores e num trailer. Um dia, um dos oficiais que chefiava a equipe desapareceu e eu fui avisado de que ele fora preso por vender cocaína apreendida pela polícia (e foi provavelmente daí que conseguiu dinheiro para financiar a equipe) e declarou falência, então tudo o que eu tinha foi apreendido. Nunca mais vi meus carros, porém, tempos depois, vi esse cara em algumas corridas.

37 "*Pig*" ("porco") é uma gíria usada nos EUA para se referir pejorativamente a oficiais de polícia. (N. do T.)

Depois de terminar o álbum com os Dust Brothers, comecei a pilotar nas corridas amadoras de celebridades. Naquele abril, depois de comemorar o quarto aniversário da minha filha Skylar, fui para Long Beach pra correr no Grand Prix mais uma vez. Terminei em segundo lugar e não cabia em mim de alegria ao sair da pista. Naquela noite, houve uma festa no hotel onde a maioria dos pilotos estava e comecei a celebrar. Depois de cerca de uma hora de farra, um funcionário do hotel me abordou dizendo que havia um telefonema para mim no lobby.

Atendi, imaginando que fosse a Heidi. Queria muito contar a ela o quão bem eu pilotara, mas não era ela ao telefone. Era minha ex-esposa, Sharise, e ela chorava tanto que mal conseguia terminar uma frase.

– A Skylar tá no hospital – cada palavra saía com dificuldade entre os soluços. – O apêndice dela estourou. Ela quer o papai.

fig. 4

Vince Neil com seu filho, Neil

capítulo 10

DOUG THALER

DA BATALHA ENTRE O OTIMISMO E O PESSIMISMO, E O VENCEDOR INEVITÁVEL

Theatre of Pain custou menos de duzentos mil dólares. *Dr. Feelgood* custou seiscentos mil dólares. E para ambos os discos os investimentos valeram a pena. Depois de alguns meses de gravação, o álbum com Corabi já custava o mesmo que todos os discos anteriores do Mötley juntos. Mas ninguém mais conseguia conversar com os caras. Até Chuck Shapiro tinha medo deles.

Assim, convoquei uma reunião com a banda em Vancouver, em que distribuí algumas planilhas preparadas por Chuck e disse a eles:

– Caras, vocês estão trabalhando nesse álbum há cinco meses e os gastos já passaram de um milhão de dólares. Aqui estão as planilhas de gastos desse milhão de dólares e não estão nem contabilizadas as contas das últimas cinco semanas.

Nikki pegou as planilhas e jogou-as em mim, furioso.

– Você é negativo demais. Você mata toda a minha criatividade ao me falar essas merdas – disse, para então sair da sala bruscamente. Fim da reunião.

Quatorze meses e dois milhões de dólares depois, o disco finalmente foi concluído. Na semana de lançamento, chegou ao sétimo lugar das paradas pop. Enxuguei o suor da testa, pensando que talvez tudo tivesse valido a pena, afinal de contas, e que a nova banda de fato teria uma chance. Na semana seguinte, um amigo que recebe as posições das paradas antecipadamente me ligou:

– Você não vai acreditar nisso. Seu álbum caiu do sétimo pro vigésimo oitavo lugar.

E foi aí que o desespero começou.

capítulo 11

NO QUAL NOSSOS HERÓIS RENUNCIAM À OPORTUNIDADE DE QUALQUER ASSISTÊNCIA PROMOCIONAL NUMA CONJUNTURA CRUCIAL EM SUA AVENTURA AO INICIAR UM DUELO IMPOSSÍVEL DE VENCER COM AQUELA BESTA-FERA PITORESCA, A MTV

TABITHA SOREN, APRESENTADORA DO *MTV NEWS*: Em junho, é o que ouvimos dizer, quem cai na estrada é o Mötley Crüe, que recentemente voltou à cena com um novo álbum, autointitulado: o primeiro em quatro anos e o primeiro com John Corabi, que substituiu o vocalista original, Vince Neil. Conversamos com o Crüe sobre o novo álbum, a nova sonoridade e o novo cara. Porém, quando mencionamos o passado as coisas ficaram feias. Dá uma olhada.

VOZ EM OFF: O Mötley Crüe está de volta. E com um novo álbum e um novo vocalista, dizem que estão maiores e melhores do que nunca. Mas, numa época em que as bandas de metal têm dificuldade em se manter no Top 10, será que os fãs ainda ligam? Há poucos anos a banda ainda tinha Vince Neil como *frontman*. Esse disco é o primeiro com o ex-vocalista do Scream, John Corabi.

TOMMY: É uma evolução bem natural. Quando John veio fazer um teste com a gente, a gente estava procurando um cantor. Ele entrou e empunhou uma guitarra. A gente ficou, tipo, "Uou, o que tá acontecendo?". E daí começamos a fazer uma *jam*, e ele dizia, tipo, "Ei, saca só esse riff". Foi simplesmente muito natural pra gente cair em cima do riff, como banda, e tocar junto e, de repente, o som estava com o dobro do peso. Todas essas coisas começaram a vir naturalmente, então foi tudo meio que fluindo e acontecendo e rolando.

VOZ EM OFF: E com Corabi agora no lugar dele, achamos que ficaríamos sabendo o que rolou no rompimento muito noticiado com Neil.

ENTREVISTADOR: O que aconteceu com Vince?

NIKKI: Uhm, vamos guardar isso pro livro.

TOMMY: *{Risos}*

NIKKI: A gente não quer falar disso. Ninguém se importa, mesmo.

VOZ EM OFF: OK, mas eles se importaram quando o ex-vocalista teve várias costelas fraturadas e machucados num acidente de jet ski algumas semanas atrás?

NIKKI: *{Risos}*

MICK: Sinto muito. *{Pausa}* Ei, mas e aí, o que aconteceu com o recife de corais?

NIKKI: Nossa, cara. É, quando 130 quilos de banha caem num recife de corais, é certo que subiu muita poeira.

MICK: *{Canta "Girls Just Wanna Have Lunch"}* "*...how come they don't weigh a ton?*".[38]

NIKKI: OK, lá vamos nós. Agora, você sabe que isso vai pro ar.

VOZ EM OFF: Pelo menos a banda mostrou que ainda tem senso de humor quando respondeu a perguntas sobre mulheres, fogo e laquê, os principais componentes de seus clipes antigos.

NIKKI: Cara, essa pergunta é idiota pra *{censurado}*.

TOMMY: O de "Dr. Feelgood" não é assim! O de "Same Ol'" não é assim!

NIKKI: Quer saber? Vamos encerrar isso aqui. Isso tá ficando idiota pra *{censurado}*. Mulheres, laquê e fogo?! *{Remove o microfone de lapela e se levanta para sair}*.

{Uma montagem mostra cenas de clipes do Mötley Crüe: mulheres numa casa de strip em "Girls, Girls, Girls", o laquê espirrado na câmera em "Home Sweet Home", e as explosões de fogo ao redor da bateria de Tommy Lee em "Wild Side". Ao fundo, um excerto de áudio de Nikki reclamando: "Mulheres... laquê... e fogo?", de forma sincronizada com as respectivas imagens na tela.}

NIKKI: Cara, quem escreveu essas perguntas? *{O resto da banda vai embora da entrevista}*.

38 Em tradução livre: "Garotas só querem almoçar" e "...como assim, elas não pesam uma tonelada?".

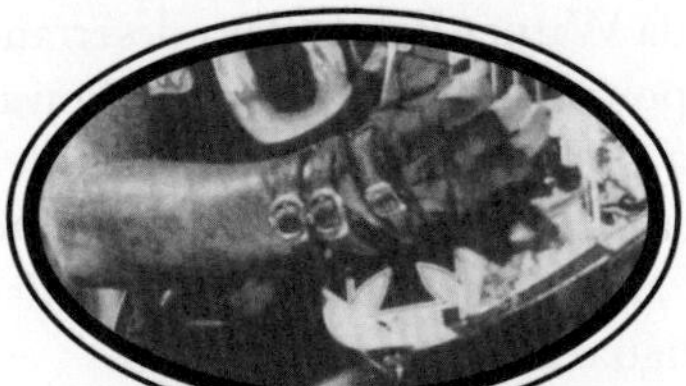

capítulo 12
N I K K I

COMO NOSSOS MÖTLEY TOLOS DESCOBREM QUE O FRUTO AMARGO DO FRACASSO É, DE FATO, UMA MAÇÃ ENVENENADA

Fizemos um grande disco com John Corabi e tínhamos certeza de que ele venderia milhões de cópias e estouraria ainda mais do que o *Dr. Feelgood*. A turnê não teria pirotecnia, nem dançarinas, nem bateria giratória e ainda assim deixaria o público atordoado. Mostraríamos a todo mundo que, sem um *frontman* dançando sob os holofotes, éramos capazes de tocar como um quarteto pesado de rock 'n' roll como nunca existiu. E desafiaríamos a todo mundo com letras e imagens sobre fascismo e estereótipos de transtornar a cabeça. Faríamos o que quiséssemos, porque, afinal de contas, éramos o Mötley Crüe.

Ou será que *éramos* mesmo?

Só demorou um show – a primeira parada da turnê – para que todas essas esperanças e expectativas implodissem aos meus pés. Foi em Tucson, Arizona, num anfiteatro com capacidade para quinze mil pessoas, e só vendemos quatro mil ingressos. Participei de um programa de rádio antes do show e disse aos fãs:

– Olha, é a primeira noite da turnê, então vou fazer uma coisa especial: me encontrem na frente da rádio depois do programa, que eu vou colocar todo mundo na lista de convidados.

Se eu tivesse dito isso em 1989, haveria dez mil adolescentes causando tumulto no estacionamento da rádio. Naquela tarde, só apareceram dois garotos mexicanos, e foi aí que me dei conta: estava tudo acabado.

Passaram-se quatro anos desde o lançamento de *Dr. Feelgood*, tínhamos um novo vocalista e, nesse meio-tempo, o rock alternativo não só chegara, como já fora embora. O mundo não estava prendendo a respiração à espera de um novo álbum do Mötley Crüe.

Para piorar, a gravadora inteira nos abandonou, porque Krasnow e a maior parte dos cabeças da Elektra e da Warner Bros. estava desertando do emprego, à medida que uma batalha de proporções enormes se desdobrava nos salões corporativos. Além disso, fiéis a nossa natureza, acabáramos de alienar os únicos que ainda poderiam salvar o álbum: a MTV (que, convenientemente, editou a parte da entrevista em que eu ameaço arrancar os dentes do entrevistador no soco se ele nos perguntar de mulheres, fogo e laquê mais uma vez).

No próximo show, mil e seiscentas pessoas apareceram e, no seguinte, oitocentas. Logo dispensamos os caminhões e diminuímos o tamanho dos shows, de arenas para teatros, e de teatros para clubes. Na turnê anterior, viajávamos de avião e tocávamos para arenas lotadas. Agora, tínhamos de trocar de roupa no ônibus em alguns dos shows, porque não havia camarim, carregar os instrumentos pelo corredor do ônibus e subir num palco minúsculo iluminado pelos lampejos das latas de cerveja para tocar para cinquenta moleques.

De vez em quando, porém, nos surpreendíamos. Na Cidade do México, vinte mil pessoas abarrotaram a arena, e o set que tocamos fez tudo valer a pena. Depois desse show, Chuck Shapiro ligou e disse que a turnê seria abortada. Recusei-me a aceitar a derrota:

– O quê? Hoje à noite tinha vinte mil pessoas aqui, berrando com toda força. Você tá louco?

No dia seguinte, fizemos uma reunião da banda. Dei um cheque de setenta e cinco mil dólares para manter a banda na estrada, Tommy deu outro no mesmo valor, Corabi dispensou seu salário de dez mil dólares por semana até o final da turnê e, quanto ao Mick, ele disse que não poderia contribuir com nada porque Emi tomara todo seu dinheiro (ele não poderia dizer que não o alertei a respeito de cagar no próprio quintal).

Porém, nossos esforços foram inúteis. A Cidade do México foi um acaso feliz e só precisamos de mais alguns shows deprimentes em clubes para cancelar a turnê e voltar para casa, dando todo tipo de desculpa para racionalizar o que acontecera conosco.

Durante uns bons dez anos, fomos invencíveis. Ninguém conseguia nos tocar. Tommy e eu estupramos uma garota bêbada num closet e ela se esqueceu. Vince matou uma pessoa num acidente de carro e se safou. Lançamos dois álbuns que mal nos lembrávamos de ter gravado e eles ainda assim venderam feito água. Tive uma overdose e forcei o cancelamento de uma turnê europeia, e a nossa popularidade só aumentou. Nossos egos estavam fora de controle. Tommy e eu pensamos que Vince Neil poderia ir pro inferno, ele não escreve uma música sequer, bebe muito e às vezes é um pé no saco. Pensamos que tudo girava em torno de nós, Nikki e Tommy, os Terror Twins. Esquecemos que éramos um time e o Vince era o atacante. Esquecemos daquilo que nos tornava o Mötley Crüe: a colisão fortuita de quatro personalidades muito obstinadas e muito falíveis.

fig. 5

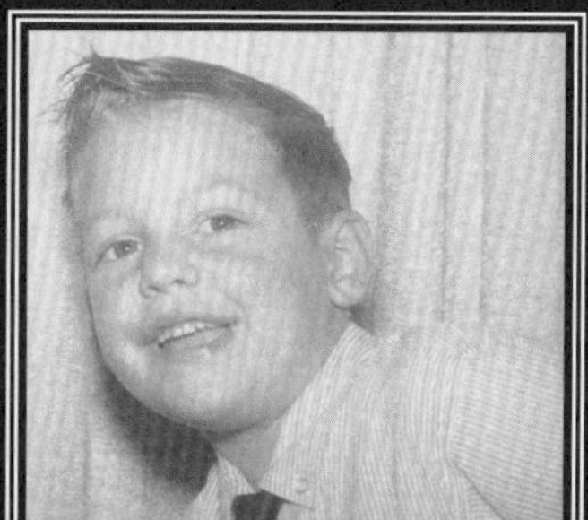

fig. 1

PARTE DEZ

WITHOUT YOU

capítulo 1
VINCE

VINCE REMEMORA UMA JUVENTUDE COMPARÁVEL AOS GRANDES DRAMAS DO SÉCULO PASSADO, NOTADAMENTE *OS DONOS DA RUA* E *PICARDIAS ESTUDANTIS*

No período em que segui carreira solo, tentei evitar duas coisas: uma era ouvir as músicas com o John Corabi, o que não foi difícil, já que elas nunca tocavam no rádio mesmo. A outra era ver o que saía a meu respeito na imprensa. Estava farto demais de a banda me dizer que eu era egoísta, que eu andava por aí com uma postura como se o mundo me devesse alguma coisa, que eu era um moleque mimado que trouxe sofrimento pra todo mundo e que nunca teve de sofrer um dia sequer na vida. Nikki era *cool* porque era das ruas, Mick era *cool* porque tocava há muito tempo e teve muitas bandas diferentes. Mas ninguém sabia coisa nenhuma a meu respeito. Ninguém se importava com a minha origem. E eu vim do pior lugar que se pode imaginar: Compton.

Meu pai, Odie, tinha ascendência indígena, era mecânico e mulherengo em tempo integral, vinha da cidade de Paris, no Texas, e trabalhava na divisão de mecânica do condado de Los Angeles consertando viaturas de polícia. Minha mãe, Shirley, era metade mexicana, vinha do Novo México e trabalhava numa fábrica da marca de cosméticos Max Factor. Ganhavam tão pouco dinheiro, mesmo juntos, que a cada ano se mudavam pra um bairro pior: de Inglewood para Watts e de Watts para Compton, onde colocaram a mim e a minha irmã mais nova, Valerie, no jardim de infância. No ensino fundamental, Valerie e eu nos demos conta de que éramos diferentes de todo mundo ali: éramos as únicas crianças brancas em toda a escola e no bairro.

Vários membros da gangue Crips usavam uma casa na frente da nossa como clube, e no final do quarteirão havia outra casa por onde outra gangue circulava, os AC Deuceys. Os Crips e os AC Deuceys estavam sempre em guerra e trocando tiros, e toda vez que saíamos de casa minha mãe fazia o sinal da cruz e rezava para que nenhuma bala perdida nos encontrasse.

A vizinhança parecia se deteriorar mais a cada noite, mas meus pais se recusavam a se mudar, mesmo quando uma bala atravessou a janela do quarto da minha irmã no meio da noite. Certo dia, eu voltava da escola quando quatro moleques correram até um adolescente bem vestido, atiraram nele, pegaram seus tênis e o deixaram caído na rua. Ele não conseguia nem falar, de tanto sangue que saía de sua boca.

Alguns dias depois, estava esperando o sorveteiro na porta de casa quando vi os mesmos quatro moleques do outro lado da rua, perto da casa dos Crips. Olhei pros meus tênis e imaginei que não serviria naqueles caras, então eu estava seguro. Eles olharam pra mim e começaram a atravessar a rua exatamente na minha direção. Rezei para que estivessem a fim de sorvete também. Um cara alto, na ponta esquerda do grupo, de camiseta preta e cicatrizes vermelhas subindo por todo o braço não parava de me encarar. Minha garganta secou e o suor começou a formigar pelo meu corpo, me travando no chão.

O cara se separou dos demais, veio até mim e sorriu. Em seguida, me agarrou, me virou de costas, enfiou a mão nos meus bolsos e pegou meu dinheiro do sorvete. Aconteceu tão rápido que não senti nada quando uma lâmina cortou minha pele de orelha a orelha. Achei que ele tivesse cortado a minha garganta e, quando ele me soltou e fugiu, caí no chão. Tinha certeza de que estava morto.

Ninguém na vizinhança mexeu um dedo pra me ajudar. Só me encaravam como se eu fosse um saco de lixo deixado ali pra ser coletado pelo caminhão. Levantei e levei a mão ao pescoço. Estava coberto de sangue, mas o cara não acertou minha jugular, só cortou a lateral do meu rosto e o meu queixo. Tudo por causa de quinze centavos. No hospital, ganhei sorvete de graça.

Quando retornei à escola, no dia seguinte, minha professora, a sra. Anderson, me deu tanta atenção que quase valeu a pena ter passado por aquilo. Mesmo antes da puberdade, eu já sabia reconhecer uma *Playmate* e a sra. Anderson não só havia sido uma, como ainda aparentava ser uma. Tinha cabelos castanhos longos e alisados e uma silhueta que me fazia me sentir num desenho animado da Warner Bros., com a dançarina da cidade grande e o lobo caipira cuja língua sempre rola da boca e se estende pelo chão quando ele a vê. Graças à sra. Anderson, tive uma revelação que viria a ser o princípio guia da minha vida: garotas são gostosas. Eu não sabia o que eram peitos, nem o que "sexy" significava, mas, lá no fundo, eu sabia que, o que quer que aquelas palavras quisessem dizer, a sra. Anderson as definia. Tirava vantagem de toda oportunidade de chegar perto dela (e ainda tenho um livro de *Playmates* com a foto dela).

Na aula dela, se você se comportasse bem, posicionasse as mãos devidamente sobre a carteira e lesse em voz alta com a dicção correta, a sra. Anderson te dava a honra de ser o primeiro da fila para o almoço e o recreio. E, conduzindo a fila, pegava na sua mão. Naquele dia, segurei a mão da sra. Anderson de novo: ela mal suspeitava no que eu estava pensando. Na reunião de pais e mestres, fiquei tão confuso que a apresentei pra todo mundo como minha mãe. Queria ser amante ou filho dela, não me importava qual.

Ela abriu algo dentro de mim que nunca se fechou. Graças a ela, no ano seguinte me vi, aos dez anos de idade, escondido atrás da casinha do cachorro com uma garota chamada Tina, botando a mão por baixo da saia dela pra sentir o que havia ali. Eu não sabia o que era sexo, então achava que aquilo era o que se fazia com garotas. Por mais jovens que fôssemos, estávamos longe de ser inocentes. As crianças da minha turma estavam entrando em gangues, algumas delas até levavam canivetes na lancheira e, na sétima série, muitas já tinham armas de fogo. Aprendi rapidamente a regra primordial da sobrevivência: faça amizade com quem é maior do que você. Um desses gigantes era Andrew Jones, um colega de sala cujo irmão era um líder dos Crips, então ele me protegia de ser importunado de novo pelos Crips do outro lado da rua.

Depois que fui aceito pelos garotos descolados, basicamente me tornei um delinquente como eles. Jogava pedras nos carros e ateava fogo nas lixeiras da escola. Alguns desses garotos tinham armas de pressão e nós nos encontrávamos num terreno baldio e brincávamos de exército. Quase todos os dias eu voltava pra casa sangrando na cabeça, no peito e nos braços devido aos ferimentos causados pelos projéteis. Com o tempo, à medida que o bairro continuou a decair, os terrenos baldios se tornaram depósitos baratos. Certo dia, depois da escola, três garotos negros, um samoano e eu pulamos uma cerca de arame farpado e passamos escondidos por dois seguranças pra invadir um depósito cheio de souvenirs de beira-mar – conchas gigantes, esponjas e colares de coral. Pegamos o que coube nas nossas mochilas e vendemos numa esquina. Se eu tivesse crescido numa vizinhança normal, talvez tivesse montado uma barraquinha de limonada ao invés de vender mercadoria roubada.

Na feira do rolo de Compton, usei o dinheiro para comprar a minha primeira fita cassete, *Cloud Nine*, dos Temptations. Em pouco tempo, fiquei obcecado por soul music: Al Green, Spinners, Temptations, Four Tops. Naquela época, essa era a música do gueto. Com o dinheiro que me sobrava (e com os cinco dólares por semana que eu ganhava de mesada do meu pai para lavar o carro e as janelas), comecei a comprar carrinhos Matchbox e compactos, como "Smoke on the Water", "Dream On", "Hooked on a Feeling", "The Night Chicago Died" e o meu favorito, "Clap for the Wolfman".

Porém, minhas riquezas chegaram ao fim quando a polícia me pegou saindo correndo de um depósito com uma caixa de suprimentos de jardinagem roubados, me algemou e me levou para casa. No dia seguinte, quando voltei da escola contando uma história de como alguns moleques haviam jogado um professor da janela, meus pais chegaram no limite. Como os dois trabalhavam fora, não podiam deixar dois filhos sem supervisão soltos por Compton para roubar bulbos de flores e ver professores serem jogados de janelas, então nos mandaram para morar na casa da minha tia, em Glendora, até que conseguissem vender a casa em Compton.

Enfim, minha mãe conseguiu um emprego que pagava melhor, numa fábrica de aparelhos dentais, e encontrou uma casa em Glendora, onde fui transferido para a Sunflower Junior High. Exceto na aula da sra. Anderson, sempre fui um péssimo aluno, e as aulas na Sunflower eram absolutamente mais difíceis do que em Compton. Para mim, era quase impossível sequer escrever uma sentença simples – e então descobri que tinha algum tipo de dislexia. Ao invés de tratar o problema, optei por matar aula, aprender a surfar e ganhar dinheiro da maneira como fazia em Compton. Certo dia, a caminho da escola, encontrei um livro cheio de fotos de sexo explícito. Quando contei aos outros garotos, todos quiseram ver, mas o livro não era deles, era meu. E, se eles quisessem tanto assim ver, teriam de pagar. Escondi o livro num monte de tralhas num galpão do jardim do vizinho e, todos os dias, arrancava dez páginas, as levava pra escola e as vendia por 25 centavos cada. Depois de umas setenta páginas, fui pego pelo professor de educação física quando alguns garotos que colaram as fotos na parede do vestiário masculino contaram onde haviam conseguido a pornografia.

Quando fui suspenso, decidi que me livraria do livro inteiro por cinco dólares. Mas, quando abri a porta do galpão, ele não estava mais lá. Ainda não sei quem pegou. Provavelmente foi o Tommy Lee.

Aos quinze anos, embora eu não tivesse habilitação, meu pai me deu sua picape Chevy 1954 para eu dirigir até a escola. Com esse meio de transporte, veio junto a liberdade, e eu descobri álcool, drogas e sexo. Ia para a praia, surfava a manhã toda, bebia *screwdrivers* e apagava na praia. Sempre adormecia com a mão na barriga, de forma que passei a maior parte da adolescência queimado da cabeça aos pés, exceto pela marca branca no formato de uma mão na barriga, como uma tatuagem.

Meu amigo John, surfista, foi quem me apresentou minha primeira droga, o pó de anjo. Quando experimentei, estava num Chevy Nova 1965 abarrotado com mais quatro amigos, num drive-in que exibia *O Expresso de Chicago*. John batizou um pouco de maconha com pó de anjo e me passou o cachimbo. Eu não sabia o quanto deveria fumar e queria acompanhar o John, então acabei ficando tão chapado que mal conseguia me mover ou falar. Não via a hora daquilo baixar. Um segurança veio bater na janela e eu tive certeza de que ele nos levaria pra cadeia, ainda mais depois que o John abaixou o vidro e a fumaça subiu de dentro do carro.

– Senhor, por favor tire o pé do freio, as luzes traseiras estão incomodando as pessoas nos carros atrás de vocês – disse o segurança.

– Ah, eu não tinha percebido – disse John, tirando o pé do pedal.

Saí do carro para ir até a lanchonete, que ficava nos fundos do estacionamento. Embora fosse uma subida discreta, parecia que eu estava escalando uma montanha. Comecei a suar e a perder o fôlego, colocando um pé na frente do outro com dificuldade. Levei uma eternidade para chegar, porque parava o tempo todo para me apoiar nos carros e descansar. Na descida, para voltar, o chão parecia tão íngreme que eu mal conseguia andar. Caí umas oito vezes e ralei os joelhos e os braços tentando me orientar na descida do monte Everest, que, se eu não estivesse chapado, seria quase que completamente plano. Derrubei toda a pipoca e refrigerante antes da metade do caminho, mas é claro que continuei a segurar as embalagens vazias como se ainda estivessem cheias enquanto tropeçava e cambaleava em direção ao carro.

Logo, John começou a me deixar frito na escola. Na aula de inglês, fiquei tão perdido no espaço que, toda vez que a professora falava comigo, eu permanecia imóvel na carteira, sem demonstrar sinais de que a ouvira. Ela me mandou para a diretoria, mas eu nunca cheguei lá. Duas horas depois, o diretor me achou vagando pelo campo de futebol, sem fazer ideia de onde eu estava.

Em seguida, John me apresentou aos *crosstops* (um estimulante com um X gravado), que, combinados com o pó de anjo, me tornavam um louco raivoso. Certa tarde, pilhado de anfetamina e pó de anjo no estacionamento da escola antes da aula de artes, notei que os suportes da minha prancha de surfe haviam sumido de cima da picape. Procurei por eles obcecadamente até encontrá-los no carro de um jogador de futebol americano chamado Horace. Corri pra dentro da escola, achei o cara nos armários e o confrontei. Era um atleta com um físico de aço e cabelo tigelinha, que frequentemente afiava as unhas e os dentes como garras e presas para aterrorizar os alunos mais novos. Depois de negar por cinco minutos ter visto meus suportes, ele veio até mim, estufou o peito na minha cara e olhou pra baixo.

– Bom, o que você vai fazer? – latiu ele, bufando aquele bafo de animal na minha cabeça.

Sem hesitar ou parar pra pensar, fechei o punho e dei um soco na cara dele, tão forte que ouvi um estalo. Ele caiu feito um macaco que levou um tiro em cima de uma árvore e bateu a cabeça no chão. Seus olhos rolaram para trás e ele apagou. Fiquei chocado pra caralho por ter apagado o cara daquele jeito – com o nariz e um osso malar quebrados.

Entrei na aula de artes, pilhado e cuidando do punho, mas, fora isso, agindo como se nada tivesse acontecido. Dez minutos depois, o diretor entrou na sala, olhou para a minha mão, me levou até a diretoria e mandou me prenderem por agressão. Minha mãe me buscou na delegacia e, embora ninguém tenha prestado queixa, fui suspenso por quatro dias. Quando voltei para a escola, ninguém se meteu mais comigo e todos os outros jogadores de futebol americano, que já detestavam o Horace mesmo, me trataram como um herói.

Perto da escola, em San Gabriel Valley, havia um rinque de patinação chamado Roller City, onde John e eu tentávamos pegar garotas. Foi lá, onde todos os dias havia um concurso de dublagem, que me dei conta de que gostava de estar num palco. John, eu e outro amigo surfista nos inscrevemos num desses concursos, nos vestimos com calças boca de sino, camisas extravagantes, perucas e outros acessórios que achávamos que *rock stars* deveriam usar. A música do dia era "Let It Ride", do Bachman-Turner Overdrive, então pulei no palco, fiz palhaçadas, toquei *air guitar* e girei o microfone. A plateia se convenceu e não só nós vencemos, como eu ainda transei naquela noite. Em pouco tempo, eu e meus amigos estávamos num circuito de dublagem, dirigindo até rinques de patinação em Cucamonga e shoppings em Diamond Bar para competir. Duas semanas depois, ganhei de novo, vestido como uma combinação de Ray e Dave Davies, dos Kinks, para dublar "You Really Got Me". Mas a diferença entre esse concurso e os demais era que, dessa vez, eu estava cantando de verdade, e soava bem. Eu nunca soube que possuía aquilo em mim.

Agora que eu tinha um carro, cabelo comprido e era meio que um vocalista, as garotas estavam por todo lugar. Como meus pais, confiantes, passavam o dia no trabalho, eu levava as garotas pra casa e trepava com elas na hora do almoço. Saí com uma maconheira chamada Josie por um tempo, e com uma garota cujo nome real era Candy Hooker, de verdade[39] (seu pai era o inventor dos escapamentos Hooker Headers para carros de corrida). Para o ensino médio, eu achava que estava me dando muito bem, talvez bem até demais.

Certa vez, num intervalo da escola, fui pro estacionamento com uma garota chamada Tami, que começou a despejar atenção em mim depois que quebrei a perna numa pista de skate em Glendora. Trepei com ela na frente da picape, com o sol do meio-dia queimando a minha bunda, e foi isso. Não pensei mais nela, até que se passaram dois meses. Um dia, depois da aula, ela me puxou de lado e eu presumi que ela quisesse mais. Porém, ao invés disso, ela me disse que estava grávida e que queria muito ter o bebê. Eu não a amava, nem a queria como namorada, mas, quando me dei conta do que ela estava passando, tentei fazer dar certo. Passei muito tempo com ela e a apoiei quando ela foi expulsa da escola porque eles não permitiam garotas grávidas nas aulas (por fim, acabamos fazendo o mesmo supletivo).

Quando eu tinha dezesseis anos, ela deu à luz um menino, Neil. Eu estava trabalhando num show das Runaways, carregando o equipamento, quando minha mãe chegou no estacionamento cantando pneu e me disse que meu filho

---

39 Alusão à combinação entre a gíria *hooker*, que significa "prostituta", e a palavra *candy*, que pode ser livremente traduzida como "docinho". (N. do T.)

tinha nascido. Apesar de ter passado os sete meses anteriores com Tami, a ficha só caiu quando vi aquela coisinha minúscula e careca, babando, a quem meus espermatozoides deram a vida. Olhei pra ele, me apaixonei e entrei em choque. Não sabia o que fazer com ele. Por sorte, os pais da Tami e os meus pais nos ajudaram a cuidar dele, e eu me tornei o único garoto da Charter Oak High School a pagar pensão alimentícia.

Naquele ano, um cara chamado James Alverson foi transferido para a minha escola. Era guitarrista e parecia estar na escola não para estudar, mas para formar uma banda. Desde o momento em que passou pelas portas, começou a olhar e a medir todo cara em potencial, como um caça-talentos. Por fim, decidiu por mim. Eu nem precisei cantar pra ele: gostou de mim porque eu tinha o cabelo mais comprido da escola.

Achou um baixista chamado Joe Marks e um baterista chamado Robert Stokes, ambos surfistas com costeletas longas. No nosso primeiro ensaio, a sensação já foi boa. James era um grande guitarrista, tinha cabelos compridos loiros, assim como eu, um estilo inspirado no Eddie Van Halen e uma presença de palco animada e peculiar, como o Rick Nielsen. Quando eu cantava, o complementava muito bem, porque eu soava como o Robin Zander levando um beliscão no saco. James nos batizou de Rock Candy e nos pôs pra trabalhar pra tirar "I Want You to Want Me", do Cheap Trick, "Sweet Emotion", do Aerosmith, e "Smokin' in the Boys Room", do Brownsville Station, pro nosso primeiro show, numa festa de formatura.

Logo desenvolvemos um golpe para conseguir dinheiro: escolhíamos algum idiota da escola que não tivesse amigos, descobríamos quando os pais dele sairiam da cidade e passávamos uma lábia, que era mais ou menos assim:

– Ei, olha só, sabemos que você quer ser popular na escola. Tem uma maneira fácil de conseguir isso. Quando seus pais viajarem, dê uma festa na sua casa. A gente toca de graça e garante que vai ter um monte de minas. Tudo o que você precisa fazer é estar em casa e talvez, se puder, comprar bebidas, e terá uma banda de graça e poderá escolher a garota que quiser para levar para o quarto dos seus pais. O que acha?

Eles sempre diziam sim. Em seguida, nós espalhávamos a notícia pela escola, cobrávamos um dólar de entrada e, depois que umas trezentas ou quatrocentas pessoas apareciam, chamávamos a polícia escondidos e íamos embora com umas cem pratas cada um.

Entre o Rock Candy, o surfe, a Tami, nosso filho Neil, os *crosstops* e o pó de anjo, não me sobrava muito tempo pros estudos e logo fui expulso da escola. Eu trabalhava de faxineiro num estúdio em troca de horas de ensaio pro Rock Candy, mas, quando me dei conta de que estava numa pista rápida para lugar nenhum, decidi dar ouvidos aos meus pais e concluir a escola. Dei o endereço do estúdio como sendo o meu (de forma que meus pais não recebessem meus boletins e comunicados), me matriculei na Royal Oak High, em Covina, onde eu bebia cerveja de manhã e então matava as aulas da tarde pra fazer *jams* com o Tommy Lee, um moleque franzino e empolgado que tocava com outra banda do circuito das festas de quintal, o U.S. 101. Embora todo mundo me conhecesse na escola, por causa do Rock Candy, Tommy era o único cara de quem eu gostava ou com quem me importava. Eu brigava com todo mundo, menos com ele.

Quando meus pais viajaram por uma semana, marquei um show do Rock Candy na minha casa e fiz a banda prometer que, desta vez, não chamaria a polícia. Quase quatrocentas pessoas apareceram, mas, no lugar da polícia, meus pais voltaram inesperadamente, no meio daquela insanidade toda. Estranhamente, não ficaram putos; me assistiram cantar e, depois, meu pai deu em cima de umas garotas enquanto minha mãe servia drinks.

Depois da festa, eles nunca me disseram uma palavra sobre aquilo. Talvez tivessem visto tanta coisa em Compton que só ficaram gratos por eu estar vivo e curtindo a vida. Ou isso, ou sabiam que, se tentassem me repreender, eu sairia de casa para ir dormir no estúdio ou na casa do Tommy. Qualquer que fosse o motivo, eles me deixavam me safar de tudo, até mesmo de, por fim, abandonar a escola.

Meus pais não puderam me parar, o diretor não pôde me parar, e Horace, o jogador de futebol mais grandalhão do pedaço, não pôde me parar. Talvez tenha sido isso o que me deu uma sensação de invulnerabilidade que as minhas experiências com o Mötley Crüe nada fizeram para dissipar. Sem ela, eu provavelmente nunca teria a confiança necessária para liderar uma banda tão grosseira e bêbada como o Mötley Crüe, quando a oportunidade surgiu. A primeira coisa que fiz quando a banda ficou famosa foi entrar numa limusine branca e pedir ao chofer que fosse até a minha velha escola, ondei mostrei o dedo pra todos os professores e gritei o mais alto que pude da janela:

– Vão se foder, seus cuzões!

Na minha cabeça, eles haviam fracassado comigo, e eu não precisei deles para nada.

Achei que nunca fosse aprender uma lição, porque as lições não me serviam de nada. Eu não lia, não escrevia, não pensava. Só vivia. O que aconteceu no passado, aconteceu, o que fosse acontecer no futuro, aconteceria. Aquilo que estava acontecendo no presente era o que sempre me interessava. Então, quando meu momento de acerto de contas chegou, eu já havia comprometido trinta e quatro anos da minha vida à invencibilidade. Não só eu não esperava, como nem era capaz de conceber a possibilidade. O destino, porém, tem um meio de encontrar suas vulnerabilidades onde você menos espera, e as ilumina de forma que você se dê conta do quão gritantemente óbvias elas são, para então as espetar no âmago mais delicado.

capítulo 2
T O M M Y

DO QUE SE PASSOU ENTRE TOMMY E VINCE, E COMO ISSO LEVOU A REPENSAR A RESPEITO DE DESCARREGAR FLUIDOS NUMA EFÍGIE DO CANTOR

A nossa postura era: foda-se o Vince. Ele era preguiçoso, não ligava pra nada, não contribuía pro Mötley Crüe, e não tinha porra nenhuma de respeito por nenhum de nós. Ele se tornou um saco de pancadas: unidos contra o filho da puta do Vince. Cara, a gente chegou até a colocar uma foto dele na privada pra poder mijar na cara dele.

Mas o X da questão era que o Vince nunca falou mal da gente quando saiu da banda. A gente é que falava dele. Então, quem era o babaca?

Não falei com o Vince por três anos, seis meses e três dias depois que ele saiu – até que fiquei sabendo que sua filha, Skylar, entrou em coma e morreu. Naquela noite, liguei pra casa dele. Nem consegui reconhecer a voz do Vince que eu conhecia. Ele chorou, balbuciou e se autoflagelou por uma hora ou mais ao telefone, foi muito ruim.

– É contra a lei da natureza, cara – ele gritava, esmurrando o telefone em alguma coisa. – É contra as leis do universo.

A única coisa que consegui entender daquele papo insano era que o cara estava numa dor extrema e provavelmente tinha recorrido a uma garrafa pra se esconder. Não sei nem como ele passou por aquilo e conseguiu se tornar humano de novo. Acho que ele nem se lembra de eu ter ligado.

capítulo 3
V I N C E

A RESPEITO DE UM ASSUNTO QUE NÃO PODE SER REDUZIDO A UMA FRASE CONCISA EM VERSALETE COM UMA EXPLICAÇÃO ANTIQUADA

A princípio, Sharise pensou que fosse gripe. Skylar reclamava de dores na barriga, dores de cabeça e náusea, então Sharise a colocou para dormir. Naquela noite, os sintomas pioraram. A barriga doía tanto que ela precisava ficar em posição fetal. Quando Sharise tentou levá-la ao banheiro, percebeu que ela estava com tanta dor que nem conseguia andar. Tirou os cabelos loiros sujos do rosto de Skylar, enxugou as lágrimas com um lenço e a levou de carro para o hospital.

Foi quando ela me ligou na festa do Grand Prix de Long Beach. Dirigi até o West Hills Medical Center com mais velocidade e adrenalina do que na corrida e me juntei a Sharise, que chorava no ombro da mãe no pronto-socorro do hospital. Segundo elas, aquela última hora fora um pesadelo. Os médicos presumiram que o apêndice de Skylar havia estourado, mas, quando a anestesiaram e começaram o procedimento de apendicectomia, encontraram o apêndice saudável e intacto. Ao invés disso, descobriram que o que estourou foi um tumor maligno em seu abdômen, que espalhou o câncer por todo seu corpo. Segundo eles, o tumor era do tamanho de uma bola de tênis. Eu não conseguia entender como um tumor tão grande aparecera em Skylar: sempre associei câncer e tumores a gente velha. Não à minha filha de quatro anos.

Depois de mais uma hora, permitiram que Sharise e eu entrássemos na UTI para ver Skylar. Quando a vi ligada a todos aqueles tubos e máquinas, pela primeira vez na vida eu não soube o que fazer. Aquela era minha filha, sobrevivendo com a ajuda de aparelhos. Quando eu a vi uma semana antes, ela corria em círculos ao meu redor para me deixar tonto.

Sharise e eu nos sentamos lado a lado, sem dizer uma palavra, pela primeira vez em dois anos, à espera de alguma reação de Skylar. Depois de uma hora, ela se virou, balbuciou alguma coisa sobre a Cinderela e voltou a dormir. Sharise e eu nos entreolhamos e quisemos chorar de alívio.

No dia seguinte, Skylar estava quase que completamente consciente e lúcida, e ficou tão assustada quando viu os tubos e as máquinas quanto eu fiquei na noite anterior. Perguntou onde estava e o que era aquilo tudo. Explicamos da maneira mais gentil possível que havia algo crescendo na barriga dela, como uma flor, mas que não deveria estar lá, então os médicos tiraram. Ela sorriu com fraqueza e disse que queria ir para casa.

Perguntei aos médicos quando eu poderia levá-la para casa e eles disseram que primeiro ela deveria ser transferida para o Children's Hospital, em Los Angeles, para que garantissem que todos os fragmentos do tumor tivessem sido removidos. Eu já conhecia o hospital porque ele era administrado pela T.J. Martell Foundation, que ajuda crianças com leucemia, câncer e AIDS. Como o Mötley Crüe fez muitos trabalhos de caridade para a fundação ao longo dos anos, como jogar contra o Fleetwood Mac na primeira partida beneficente de softball entre bandas de rock (nós ganhamos), liguei para Tony Martell aos prantos e ele garantiu que Skylar receberia o melhor cuidado possível.

Fui na ambulância com Skylar e assim que chegamos ela passou por uma tomografia. A ideia de ela receber radiação com tão pouca idade me embrulhava o estômago, mas não havia escolha. Heidi voltara da Flórida, então se juntou a Sharise e a mim para esperar os resultados. Ficamos lá sentados, desconfortáveis, roendo as unhas até a pele. Quando os médicos voltaram, qualquer ciúme e má vontade que havia entre nós desapareceu para sempre depois do diagnóstico. Eles disseram que havia tumores em ambos os rins de Skylar, e seria necessário fazer uma nova cirurgia para retirá-los. Quando contamos a Skylar, ela afundou o rosto no peito de Sharise e perguntou de novo quando poderia ir para casa.

– Logo, logo – dissemos a ela.

Estúdios, casas de strip, casas de show e qualquer coisa que lembrasse a minha vida antes daquilo desapareciam à medida que o hospital se tornou o centro da minha existência. Até mesmo o divórcio em torno do qual eu brigava com Sharise havia dois anos foi colocado de lado. Todos os dias, Sharise, eu, nossos pais ou Heidi, algum de nós se sentava ao lado de Skylar no quarto do hospital e rezava para que pudéssemos levá-la para casa logo. Dizíamos só mais uma operação, só mais um tratamento, só mais um dia e tudo vai terminar. Porém, as notícias pioravam a cada dia.

Na sala de cirurgia para remover os tumores dos pulmões, os médicos ficaram horrorizados com o que viram: eram tão grandes que simplesmente removê-los seria fatal. Ela teria de passar por mais tratamento com radiação, de modo que, segundo eles, os tumores encolhessem para um tamanho em que pudessem ser removidos de forma segura.

Aos poucos, comecei a beber de novo para lidar com a dor. Eu ficava no hospital o máximo de tempo que me permitiam, então ia direto para o Moonshadows, em Malibu, para beber com os clientes até me esquecer do meu próprio nome. Na manhã seguinte, acordava, ia para o hospital, passava o dia inteiro e às vezes até dormia lá, então ia encher a cara no Moonshadows. Eu sabia que era errado beber naquele momento, mas foi a única maneira que encontrei de não ficar completamente louco. Todo o meu ser foi reduzido a apenas três emoções: ansiedade, depressão e raiva. Sentia raiva o tempo todo. Quando um cara num BMW azul me cortou na Pacific Coast Highway, pisei com tudo no freio e berrei:

– Vai se foder!

O cara saiu do carro e eu saí do meu. Heidi, no banco do passageiro, gritou horrorizada:

– O que você tá fazendo?!

Entrei de volta no carro, cuspi no painel de raiva e me preparei para ir embora, quando o cara se jogou no capô e se recusou a sair.

– Agora chega dessa porra! – berrei para Heidi.

Saí furioso do carro, bati a porta com tanta força que o retrovisor caiu, peguei o cara pelo colarinho e dei um soco na cara dele na frente de uma aglomeração boquiaberta. Soquei-o com tanta força que as juntas do meu punho rasgaram minha pele. O cara caiu no chão com sangue escorrendo do rosto como se ele tivesse levado um golpe de machado. Uma ambulância foi chamada para recolhê-lo e eu fui embora antes de a polícia chegar, disparando para o hospital. Não ia perder mais tempo com aquele merda.

Ao chegar, os médicos viram a raiva que ainda perspirava no meu rosto e o sangue coagulado na minha mão e não precisaram perguntar o que havia acontecido. Tiraram raio-X, me informaram que minha mão estava quebrada e a imobilizaram, sem cobrar. Sabiam pelo que eu estava passando porque já tinham visto aquela situação tantas outras vezes, embora talvez não naquele nível de autodestruição.

Cada vez mais eu adormecia ao lado da cama de Skylar, chorando e confuso, frustrado por aquele câncer, que estava fora do meu controle, estar crescendo e consumindo minha filha, minha vida e o nosso futuro juntos. Cada vez que eu retornava ao hospital, Skylar estava com mais dor e confusão. Assistíamos a *Um Amor de Família* no hospital. Um mês antes, ela parava o que estivesse fazendo e dançava pela casa ao som da música tema do seriado, "Love and Marriage", do Frank Sinatra. Porém, agora, ela só fitava a televisão, apática, derrubada pela morfina. Com sorte, um sorriso aparecia em seu rosto e nossos corações disparavam de felicidade.

Com o tumor no rim direito de Skylar começando a pressionar os pulmões dela, preservar esse sorriso se tornou uma batalha ingrata. Levei seus brinquedos favoritos e as roupas com as quais ela gostava de dançar. Assistimos filmes da Disney e cantamos músicas infantis juntos. Como agora eu era contratado da Warner

Bros., usei meus contatos para levar artistas fantasiados de Pernalonga e Patolino ao hospital, com cestas de presentes para Skylar e as outras crianças internadas na mesma ala que ela. Na Páscoa, Heidi e eu fomos ao supermercado e compramos sacos cheios de doces e kits de pintura de ovos, e eu fiz algo que nunca teria feito pelo Mötley Crüe, mesmo se eles suplicassem: vesti uma fantasia gigante e peluda de coelho da Páscoa.

Skylar só me reconheceu quando comecei a falar, e então caiu na gargalhada. Chorei e, à medida que as lágrimas se misturavam ao suor debaixo da fantasia, me virei e disse:

– Sharise, me passa os ovos.

– Do que você me chamou? – disse a voz seca, aguda e brava de Heidi.

Sharise nem estava no hospital e, se há uma coisa que uma namorada não perdoa, é ser chamada pelo nome de uma ex, mesmo se isso ocorrer no leito de uma criança. Nos minutos que se seguiram, a Páscoa se tornou o Halloween, enquanto nós demos um show muito diferente para as crianças. Para uma garota relativamente jovem num novo relacionamento, Heidi estava sob muita pressão pela qual não esperava, entre o fato de que eu tecnicamente ainda estava casado e o de que todos os nossos encontros se davam na presença de enfermeiras e de Sharise, ao invés de garçons e amigos. Num primeiro momento, todo mundo só a via como uma gostosona loira. Porém, ao longo de meses, Heidi contratou artistas, como uma atriz que interpretou a Branca de Neve, ficou ao lado da cama de Skylar, segurou a mão dela todos os dias e tomou muito cuidado para não competir nem interferir com Sharise. Os médicos e a família de Sharise por fim a aceitaram, embora nunca o bastante para tratá-la como parte da família.

Certa manhã, ao acordar, Skylar me perguntou:

– Papai, eu nunca vou voltar pra casa, né?

– Claro que vai – respondi, e não estava mentindo. Os médicos disseram que nós poderíamos levá-la para casa e só trazê-la para fazer quimioterapia. Depois de um mês inteiro no hospital, Skylar finalmente retornou para seu próprio quarto. Infelizmente, ela não pôde curti-lo por muito tempo. Dormia menos e chorava mais a cada noite, dizendo que a barriga doía. Quando ia ao banheiro, gritava com uma dor que soava mais avassaladora do que qualquer outra coisa que eu já experimentara numa vida oito vezes mais longa do que a dela.

Internamos Skylar novamente depois de apenas quatro noites em casa. Os médicos disseram que o tecido cicatricial da última cirurgia estava contorcendo e obstruindo o intestino dela. Quando Sharise disse a nossa filha que ela teria de enfrentar mais uma operação, Skylar disse com a voz mais fraca, triste e inocente que já ouvi:

– Mamãe, eu não quero morrer.

Ela sabia que o que estava acontecendo não era normal, que todos os sorrisos e brincadeiras da minha parte e de Sharise eram forçados, que os parentes e amigos que a visitavam não costumavam chorar ao vê-la.

– Os médicos bacanas vão te ajudar a dormir um pouco, enquanto fazem outra operação – disse Sharise, secando o suor da testa de Skylar. – E quando você acordar, a mamãe e o papai estarão bem aqui te esperando. Te amamos, querida. E tudo vai ficar bem. Vamos todo mundo pra casa logo.

Eu precisava acreditar que o que Sharise dizia era verdade, com tanta força quanto Skylar.

Depois da operação, Skylar parecia pior ainda. Notei pela primeira vez como toda a vida havia se exaurido do rosto dela, o quão forçada e limitada sua respiração estava, como cada grama de gordurinha de bebê havia sido trocada por pele contra os ossos. Ela implorou:

– Papai, por favor, não deixe eles me cortarem de novo.

Eu não soube o que dizer: os médicos já haviam dito que o rim direito teria de ser removido. Três dias depois, ela estava na sala de cirurgia de novo. E quando os médicos a trouxeram de lá, não foi como nos seriados. Eles não disseram "Parabéns, a operação foi um sucesso", mas sim:

– Sinto muito, Vince. Mas algo inesperado aconteceu. O câncer se espalhou para o fígado, intestino e músculos dorsais.

– Vocês retiraram o rim?

– Não. Não conseguimos nem remover o tumor. Ele não está respondendo bem à quimioterapia. Está tão interligado com o rim que removê-lo causaria uma perda de sangue fatal. No entanto, isso não significa que não há esperança. Há outras opções disponíveis para nós e, se Deus quiser, uma delas vai se livrar dessa coisa de uma vez por todas.

Mas "essa coisa" continuava a crescer, consumindo aquela menina que eu amava tanto, tarde demais. No dia 3 de junho, recebi um telefonema do oncologista que comandava a equipe médica de Skylar. Quando você está no hospital todos os dias, a última coisa que quer fazer é atender o telefone de casa e ouvir a voz de um médico, porque isso só pode significar uma coisa. O oncologista me disse que Skylar tinha parado de respirar. Os médicos tinham acabado de colocá-la num respirador e injetaram um medicamento que, efetivamente, a paralisava de forma que ela não gastasse energia em excesso. Ela não conseguia rir, não conseguia se mexer, não conseguia falar. No espaço de quatro meses, ela passou de uma garotinha feliz de quatro anos a um manequim triste e todo ligado a fios. Mal teve chance de viver, e agora se encontrava num estado pior do que o da maioria dos pacientes de asilos. Para todos os efeitos, ela era a morte com batimentos cardíacos, embora eu tentasse me convencer de que era apenas um sono temporário.

Skylar era uma garota forte, e seu corpo continuou a lutar contra o câncer. Seus sinais vitais se estabilizaram, sua frequência cardíaca aumentou e, de vez em quando, seus pulmões bombeavam um pouco de ar por conta própria. Depois de um mês e meio nesse estado de limbo, os médicos decidiram que não tinham escolha. Era melhor tentar remover o tumor do que simplesmente deixá-la pairando sobre a vida. A operação era extremamente perigosa, mas, se Skylar conseguisse passar por ela, segundo eles, era muito provável que se recuperaria.

Sharise e sua família, a minha família e meu filho Neil se juntaram a Heidi e a mim no hospital e todos nós sentamos juntos, nervosos, nos alternando para ir buscar comida, à espera de uma palavra dos médicos que a operavam. Passamos o tempo inteiro inquietos, incapazes de proferir uma frase sem cair no choro. Pensei em como havia um histórico de câncer do lado materno da minha família e me perguntei se aquilo seria culpa minha. Ou talvez eu não devesse ter deixado os médicos a tratarem com quimioterapia em primeiro lugar. Deveria ter dito a eles que removessem o rim. Deveria ter levado Skylar ao hospital quando ela reclamou de dor de estômago um ano e meio antes. Muitos pensamentos correriam pela minha cabeça, todos contendo essas duas palavras venenosas e impotentes: *deveria ter*.

Por fim, depois de oito horas de ansiedade, os médicos vieram para avisar que Skylar já estava no quarto. Conseguiram remover o tumor com sucesso: pesava quase três quilos. Era o quanto Skylar pesava ao nascer. Eu nem era capaz de conceber algo tão imenso crescendo dentro dela.

Eu queria ver o que estava matando a minha filha, então perguntei aos médicos se guardaram o tumor. Eles me levaram ao laboratório de patologia, me mostraram e me deu um nó no estômago. Nunca tinha visto nada como aquilo: era a face do mal. Disposto num recipiente de metal, era uma massa nacarada de merda. Parecia uma bola de futebol americano que rolara pelas profundezas do inferno, acumulando vômito, bile e todos os outros dejetos dos danados espalhados pelo caminho. Era, de todos os jeitos concebíveis, o exato oposto da filha que Sharise e eu criamos.

No processo de remoção do câncer, os médicos também precisaram remover o rim direito de Skylar, metade do fígado, parte do diafragma e um músculo das costas. Quantos órgãos mais a menina podia perder e ainda permanecer viva? Porém, ela estava respirando e o câncer fora embora. Ela se recuperava mais a cada dia, até conseguir falar e sorrir. Cada gesto dela – uma piscada, um bocejo, a palavra *papai* – era como um presente. Pensei que, agora que o pesadelo terminara, tudo ficaria bem, que Skylar poderia voltar a ser criança. Parei de beber no Moonshadows e comecei a limpar a casa e a minha vida para o retorno dela.

Seis dias depois da cirurgia, entrei no hospital com um panda de pelúcia gigante e fui recebido pelos médicos. Estavam com aquela expressão, aquela que diz tudo sem dizer nada, a expressão das más notícias que precisam ser dadas, inevitável e lamentavelmente. Tentei me preparar e antes de ouvir uma palavra sequer já sabia que estaria de volta ao Moonshadows naquela noite.

– Vince – disse o oncologista –, parece que uma infecção pode estar se desenvolvendo ao redor do rim esquerdo da Skylar.

– É só o que ela tem. O que isso significa?

– Receio que signifique que teremos de operá-la de novo e limpar esse rim.

– Jesus... Vocês já operaram a minha filha cinco vezes. O quanto mais ela vai aguentar?

A verdade é que ela não podia aguentar muito mais. Depois da cirurgia, ela piorou muito rápido: seus pulmões, seu rim esquerdo e seu fígado começaram um motim, recusando-se a funcionar como deveriam. Misericordiosamente, ela logo entrou em coma. Seu pequeno corpo não pôde suportar mais. Havia sido aberto e fechado tantas vezes; enchido com tantos medicamentos; exposto a mais radiação do que qualquer pessoa deveria ser exposta; enfrentou cortes, fatias, redisposições, raspagens e remoções de tantas de suas partes que, como um freio que é pisado repetidas vezes, elas se desgastaram e não mais sabiam como funcionar direito. Quando seu corpo começa a se desfazer, ninguém consegue consertar essa máquina, apenas mantê-la funcionado por mais um tempinho. E às vezes me pergunto se fiz a coisa certa em manter Skylar funcionando por tanto tempo, mantê-la com tamanha dor por cinco meses – um décimo de sua vida inteira.

Comecei a beber tanto que não demorava mais de uma hora no Moonshadows até eu desmaiar ou vomitar no Kelsey Grammer. Eu me destacava como uma figura das mais patéticas: um pai que simplesmente não conseguia lidar com a dor de saber que logo teria de passar pela pior tragédia que um pai pode enfrentar – ter de enterrar sua própria filha. Dei a Skylar tudo o que pude – até meu próprio sangue para transfusões. Teria me disposto a dar minha própria vida se isso fosse ajudar. Nunca cogitei isso em relação a ninguém – nem minhas esposas, nem meus pais, nem ninguém. Talvez essa fosse a razão pela qual eu tentava me matar com bebida, de forma que pudesse me martirizar e trocar o sofrimento dela pelo meu. Toda a manhã, eu me sentava ao lado da cama dela, de ressaca, e lia histórias e contava piadas e fingia estar firme, como se tudo ainda tivesse alguma possibilidade de ficar bem.

Não deveria ter sido uma surpresa para mim quando o oncologista me disse para começar a trazer os parentes e amigos para se despedir. Porém, essa foi a primeira vez que ouvi dos médicos que não havia esperanças. Antes disso, sempre houvera uma pequena chance, ou uma boa chance, ou uma chance minúscula, ou uma chance razoável. Mas nunca chance alguma. Talvez eu tivesse reassegurado Skylar tantas vezes de que ela um dia voltaria para casa e nós faríamos castelos de areia de novo que comecei eu mesmo a acreditar nisso. Entrei no quarto dela com Heidi e vi gotas de sangue em seus lábios. Heidi ficou ultrajada com o fato de as enfermeiras simplesmente a deixarem ali naquele estado. Tirou um lenço da bolsa e se abaixou para limpar, mas o sangue ficou lá, havia coagulado. Heidi insistia em passar o lenço e chorava:

– Conserta isso, conserta isso...

Nós dois desabamos nesse momento.

Ficamos com Skylar até tarde da noite, quando saímos para comer no Moonshadows. Nesse meio-tempo, Sharise e seus pais chegaram para ficar com

Skylar. Assim que nos sentamos na mesa, o bartender disse que havia um telefonema para mim.

– Vince, vem pro hospital agora – do outro lado da linha, a voz de Sharise tremulava. – Os sinais vitais dela estão caindo.

Não entrei em pânico, não chorei, só fui o mais rápido possível.

Porém, cheguei tarde demais. Quando entrei no hospital, Skylar já havia falecido. E eu nunca tive a chance de me despedir e de dizer a ela mais uma vez o quanto eu a amava.

SHARISE DISSE QUE SKYLAR falecera em paz. Quando seus batimentos cardíacos começaram a diminuir, seus olhos se abriram num flash momentâneo de medo e encontraram os da mãe, em busca de alguma resposta ou explicação.

– Não se assuste, querida – Sharise tranquilizou-a, apertando sua mão. – Pode dormir agora. Está tudo bem.

E então Skylar dormiu. Enquanto isso, eu estava preso no trânsito da Pacific Coast Highway e, por um instante, senti meu coração pular. Porém, estava com tanta pressa para chegar ao lado de Skylar que ignorei e não pensei nisso na hora. Depois, me dei conta de que, quando a pessoa que eu mais amava no mundo foi embora, meu coração soube e, por um momento, quis alcançá-la e se juntar a ela.

Fui embora do hospital e direto para o Moonshadows, peguei uns dois analgésicos do ator David Leisure, garoto-propaganda da Isuzu, e bebi. Sem o hospital, o bar se tornou o centro da minha existência. Coloquei-me num nevoeiro na noite em que Skylar morreu e, com bebida e comprimidos, me mantive nele de forma que não precisasse pensar no assunto. Eu era o pai dela e deveria protegê-la. Fiz tudo que estava em meu poder por Skylar – tudo – e a verdade é que eu não tinha poder algum. Ela se fora, eu ainda estava aqui, e não havia como mudar isso. A única coisa que poderia ser mudada era minha presença aqui, mas eu não tinha colhão para me matar; esperava que a bebida e os comprimidos fizessem o serviço. Eu tomava vinte doses de 10 mg de Valium por dia e bebia centenas de dólares em cerveja e uísque. Não me importava porra nenhuma com o que poderia acontecer comigo. Às vezes, me imaginava sendo atropelado por um carro, decapitado por um psicopata ou só me jogando da janela. Queria tanto, mas tanto estar com ela.

Heidi e um comerciante de diamantes que conheci por meio de Tommy e Heather, Bob Procop, que estava ficando na minha casa depois que a sua foi destruída num terremoto, organizaram o funeral e cuidaram de mim como se eu fosse um inválido. Eu estava incapaz de tomar banho, trocar de roupa ou fazer qualquer coisa sozinho. Nunca vivenciara o falecimento de algum parente próximo, nem sequer estivera num funeral, e agora aqui estava eu, enterrando minha própria filha. Não era assim que as coisas deveriam funcionar.

Os avós de Skylar organizaram um velório com o caixão fechado, mas alguém fez alguma cagada e o caixão estava aberto. Dentro dele havia alguém que nem se parecia com a minha filha: os olhos estavam tão inchados que era possível ver as raízes dos cílios. Não queria que essa fosse a minha última imagem dela, então, ao longo de todo o velório, encarei os meus pés. Não consegui olhar para aquele caixão cor-de-rosa. Era tão pequeno; ela era tão pequena.

Depois do enterro, fui basicamente sequestrado, colocado numa limo e, quando vi, já estava em Anacapa, uma clínica de reabilitação em Oxnard. Heidi havia recorrido à nossa linha de apoio de crises de um homem só, Bob Timmons. Naquele dia, escapei, voltei pra casa em Malibu, tomei uma mistura de comprimidos do armário de remédios e apaguei. Quando acordei, estava em outro quarto: de algum modo, saí de casa e me hospedei no Sheraton de Universal City, onde continuei a me anestesiar.

Mas nada do que eu fazia era o bastante. Todas as noites, eu acordava com pesadelos horríveis. Imaginava demônios e diabos dançando na sepultura de Skylar. A lápide dela havia sido encomendada, mas não estava pronta ainda, então eu tinha visões terríveis da lápide não chegar e não haver nada para marcar o túmulo dela. Em outros pesadelos, via o tumor crescer até o tamanho de um ser humano e me atacar, me envolvendo no câncer. E, enquanto o tumor me esmagava, eu sentia um odor muito forte: não um cheiro de putrefação ou de morte, mas o perfume doce e aconchegante de Skylar. Peguei o cobertor que a envolvia quando ela morreu no hospital, e dormia todas as noites debaixo dele, porque o cheiro me fazia pensar que ela ainda estava viva neste mundo.

Passei pelo menos uma semana nesse estado de pesadelo, sem saber quando estava consciente ou não, até que Heidi e Bob Timmons finalmente me convenceram a me internar no Betty Ford Center. Porém, disse a eles que, antes de ir, eu queria jogar golfe. De algum modo, achei que isso me reabilitaria. Fui para Palm Desert, a uns 300 km dali, e reservei um quarto no Marriott. Por uma semana, bebi sozinho, joguei golfe sozinho, apaguei sozinho. Então tranquei meus tacos e minhas roupas no quarto e peguei um táxi para o Betty Ford Center.

Depois de três dias na reabilitação, eu estava pronto para perder a cabeça. Não conseguia lidar com os terapeutas, com a disciplina, com a culpa que eles não paravam de pesar sobre mim. Fui até a recepção e disse que ia dar o fora. Eles quiseram o valor integral de quinze mil dólares. Preenchi um cheque e chamei um táxi para o Marriott. Eles que se fodessem.

Bebi, joguei golfe e apaguei pelo que foi provavelmente mais um mês inteiro. Desapareci do mundo, me coloquei num limbo: parecia o paraíso e tinha a sensação do inferno. Certo dia, atingi uma pontuação de 76 e fiquei tão animado que me assustei. Eu não deveria ficar tão feliz assim. Skylar havia partido. O que eu estava fazendo? Fugindo, me escondendo, jogando golfe num resort.

Liguei para Heidi e Bob Timmons de novo e, desta vez, eles me trouxeram de volta a L.A. para que eu voltasse a me internar na Anacapa, em Oxnard. O tratamento, segundo eles, não era tanto para o álcool ou os comprimidos ou o golfe, mas mais para o luto. Eu precisava encontrar um meio de trabalhar com as minhas emoções, tratá-las com algo além de uma garrafa e um taco. Escrevi um bilhete para Skylar, queimei-o e observei a fumaça subir para o céu. Isso, para mim, foi o começo da aceitação de um passado que eu não podia mudar. Comecei a pensar na vida de Skylar sob uma outra luz e a agradecer a Deus pelos quatro anos que deu a ela e que permitiu que eu passasse com ela. Me comprometi a dedicar uma parcela maior do que restasse da minha vida à caridade, a ajudar outras crianças e pais em sofrimento, e a me certificar de que a morte de Skylar não fora em vão. Quando liguei para os meus pais e para Heidi, só de ouvir a minha voz, que estava menos trêmula e chorosa, eles puderam perceber que eu havia superado aquele momento inicial, que agora eu poderia visitar o túmulo dela e decorá-lo com confete e flores em seu aniversário, e que seria finalmente capaz de sorrir ao lembrar as coisas divertidas que ela costumava fazer.

Eu não pensava no Mötley Crüe havia muito tempo, e eles claramente não pensavam em mim. Nós estávamos em guerra, é claro, mas, no que me dizia respeito, todos aqueles nossos ataquezinhos histéricos pareciam tão estúpidos e mesquinhos depois do que passei. Porém, aqueles caras, que haviam sido mais próximos de mim do que a minha própria irmã, não me ligaram uma vez sequer. Talvez só não soubessem como ligar ou o que dizer. Mas em breve teriam de dizer alguma coisa, porque a semana em que saí da reabilitação calhava de ser a semana em que deveríamos nos encontrar pela primeira vez em quatro anos e meio – no tribunal. No meio de tudo o que aconteceu no ano anterior, me esqueci que os havia processado.

Enquanto eu estava na reabilitação, Sharise e eu finalizamos o divórcio, e Heidi, que ficara mais próxima de mim do que jamais esperaríamos, depois de tudo isso, se mudou para a minha casa em Malibu. Ficou difícil para Sharise e eu conversarmos depois disso. A doença de Skylar criou um vínculo forte entre nós, porém, depois que ela faleceu, esse vínculo se quebrou por completo.

Mais recentemente,[40] porém, o vínculo se renovou. Eu sempre perguntava aos médicos como foi que Skylar teve câncer, e eles me diziam que certos alimentos e substâncias químicas e exposição ao sol e tal e coisa poderiam todos causar câncer.

– Mas ela tem quatro anos. Quatro anos. Que porra uma criança de quatro anos faz para ter câncer? Ela não come muito açúcar. Usa protetor solar. É uma criança normal.

Nunca obtive uma resposta, só aceitava a situação. Porém, certo dia, assisti a um noticiário sobre testes de foguetes e dejetos químicos da parte do governo numa área ao norte de Malibu chamada Simi Valley, onde Sharise e eu havíamos morado. Uma das razões de termos comprado uma casa ali era porque se localizava no alto de uma colina e, segundo o corretor de imóveis, a área ao redor era de propriedade do governo, então nunca seria desenvolvida, o que era ótimo, porque eu não queria ter a vista de uma construção feia ou de um lote de casas pré-fabricadas. Gostávamos de ver campos bonitos, um vale e um espaço aberto e vasto toda

40 Em relação à publicação do livro, em 2001. (N. do T.)

manhã. Não fazíamos ideia de que uma companhia chamada Rocketdyne Propulsion and Power estava desmantelando antigos reatores nucleares e eliminando os dejetos ali, e que um número desproporcional de residentes da área estava morrendo de diversos tipos diferentes de câncer, incluindo a nossa Skylar. Aquilo estava no ar, na água, nas nossas casas. Mais de duzentas mil pessoas entraram com uma ação contra a Rocketdyne, e Sharise e eu contratamos um advogado para preparar nosso próprio processo.

É claro que isso não vai trazer Skylar de volta. Tampouco vai fazer nos sentirmos melhor. Mas talvez influencie as corporações a agir de forma mais responsável e prevenir que outros passem pelo que passamos. Sempre imagino que Skylar ainda está comigo – ao meu lado sentada no carro ou deitada quentinha na cama. Acho que isso me deixa louco, mas também me mantém são.

capítulo 4
MIKE AMATO

UM *ROAD MANAGER*, DURANTE MUITO TEMPO O HOMEM DIREITO EM FACE DAS PRESEPADAS DOS NOSSOS HERÓIS, CONTEMPLA O FUTURO DE UM CORPO SEM CABEÇA

Uh, Nikki e eu estávamos sentados no chão de um elevador em Londres, que subia e descia, subia e descia, subia... Bem, você pode imaginar. Nikki dizia:

– O que eu vou fazer em relação ao John? O que eu vou fazer com esse garoto? Será que a gente traz o Vince de volta? Será que a gente demite o John?

Falei meio brincando, mas nós meio que tivemos a mesma ideia ao mesmo tempo: Por que não ficamos com dois vocalistas?

Uh, nós nunca mais tocamos no assunto.

capítulo 5
NIKKI

DA AGRADÁVEL CONVERSA QUE SE DEU ENTRE O MÖTLEY CRÜE E OS MAGNATAS DO ENTRETENIMENTO CUJAS BOAS GRAÇAS SÃO ESSENCIAIS PARA O BEM-ESTAR DOS NOSSOS HERÓIS

Despedimos todo mundo. Chuck Shapiro, o contador que esteve do nosso lado por quase quinze anos – adeus. Bob Rock, o produtor responsável pelo nosso maior sucesso e nosso maior fracasso – até mais. Doug Thaler, o empresário que estava conosco desde quando éramos uns fodidos de L.A. que mijavam em viaturas – falou. Foi a primeira vez que fracassamos, portanto, ei, não poderia ter sido culpa nossa. Àquela altura, eles provavelmente ficaram aliviados ao se livrar de nós, de qualquer forma, porque nós éramos o pior tipo de banda do mundo: aquela que está em declínio e se recusa a encarar isso ou a parar.

Enquanto decidíamos entre as cem diferentes direções que nosso próximo álbum poderia seguir, contratamos um novo empresário, Allen Kovac, porque, francamente, ficamos impressionados com o quanto ele era implacável. Kovac trouxe o Duran Duran de volta do além da new wave e não só fez com que o Meat Loaf revisse seus royalties da Epic Records, como também rendeu outro sucesso a ele. Dissemos a ele que o Mötley Crüe era uma banda com John Corabi como vocalista e que esperávamos que ele não estivesse presumindo nenhuma outra situação ao trabalhar conosco.

– É claro que não – garantiu ele.

Mas, no fundo, eu sabia que a *única razão* pela qual ele aceitou se tornar nosso empresário era para poder tirar Corabi da banda e trazer Vince de volta.

Algumas semanas depois, Doug Morris, CEO da Warner Music (que era dona da Elektra), nos chamou a Nova York para uma reunião. Depois de todos os milhões de dólares que geramos para a companhia dele, foi a primeira vez que nos trataram com respeito: no dia da reunião, limusines nos buscaram em cada uma das nossas casas e nos levaram até um aeroporto particular, onde o jatinho corporativo G4 da Warner (a bordo do qual nunca havíamos estado) nos esperava na pista.

Eles não convidaram Corabi para a reunião, mas imaginamos que tivesse sido apenas uma distração, e o levamos no lugar do Mick, que quis ficar em casa para assistir reprises de *Os Três Patetas*. Corabi e eu embarcamos no avião e encontramos Allen Kovac, a secretária dele, Tommy e Pamela Anderson, com quem Tommy acabara de se casar num romance meteórico que pegou todos nós de calça curta. Ela estava se comportando de maneira estranha e se recusava a sentar. Ao invés disso, ficou o tempo todo deitada de costas no chão, balbuciando algumas incoerências e rolando como se estivesse passando mal. Enquanto ela fazia isso, Tommy e eu víamos fotos de zoofilia no computador, na tentativa de enojar a secretária do Kovac. Lá estávamos nós, com um novo empresário, comendo canapés de camarão e bebendo champanhe num jatinho corporativo a caminho de uma gravadora que nos dava 4,5 milhões de dólares para fazer outro disco toda vez que balançávamos a cabeça. Concluímos que Doug Morris queria nos dar um pouco de incentivo e dizer o quão orgulhoso ele estava de nós por nos mantermos fiéis ao que queríamos fazer, apesar da turnê mal-ajambrada e do rebuliço na gravadora. Parecia que nossa carreira estava finalmente ascendendo de novo. A gente não podia ter sido mais estúpido em pensar nisso.

A primeira coisa que aconteceu quando chegamos na Warner foi proibirem Corabi de entrar no escritório de Morris. Fizeram-no esperar no lobby com a secretária do Kovac.

O escritório devia custar o mesmo que a minha casa. Era coberto de madeira de teca e obras de arte, e havia um piano do século XIX num canto, polido e imponente. Morris estava sentado num confortável sofá de veludo atrás de uma mesa de teca, fumando um charuto que custava sabe-se lá quantas centenas de dólares. Entramos e nos sentamos diante dele. Havia quatro cadeiras dispostas na mesa: uma para o Tommy, uma para mim, uma para Kovac e uma vazia. Morris era um homem muito esperto e sutil.

Recostou-se no veludo, muito careca, rotundo e rico, então jogou o peso para frente e nos encarou fixamente.

– Pois bem – começou, exalando uma nuvem de fumaça venenosa de charuto –, estamos pensando no que deveríamos fazer.

Fez uma pausa e olhou para a ponta do charuto, como se num dilema se deveria reacendê-lo ou não. Permanecemos imóveis, sem saber se aquilo foi uma pergunta à qual deveríamos responder. Ele então prosseguiu:

– E o que nós devemos fazer é nos livrar do cara que não é um astro.

Em seguida, começou a nos contar sobre todas as vezes em que deu ideias a bandas em situações semelhantes à nossa e essas ideias se tornaram sucessos:

– Digo o seguinte a vocês: chamem o cara antigo. Tragam-no de volta. Todo mundo vai adorar isso. Vamos lançar um disco ao vivo e vocês caem na estrada. Depois, vamos colocar vocês para gravar um novo álbum de estúdio – ele não teve a decência nem de se referir a John e a Vince pelos nomes.

Quando discordamos e tentamos explicar todos os motivos pelos quais Vince estava nos segurando e como Corabi estava muito mais alinhado com o que estava acontecendo no rock naquele momento, ele nos cortou bruscamente:

– Chega dessa conversa. Isso é papo furado.

Eu estava prestes a perder a cabeça; me levantei e ia começar meu discurso de "Vai se foder, não precisamos de você" de costume, quando a secretária de Morris anunciou que Sylvia Rhone estava aguardando. Rhone substituíra Bob Krasnow no comando da Elektra Records. Ela era a mulher mais bem cotada na indústria fonográfica e, pelo que entendíamos, não necessariamente compreendia as profundas implicações filosóficas e humanísticas de músicas como "Girls, Girls, Girls".

Porém, para nossa surpresa, ela ficou do nosso lado.

– Eles não precisam do Vince, Doug. São ótimos desse jeito. Estão muito contemporâneos com o John. O John é muito contemporâneo.

– Sim! Sim! – começamos a opinar. – O John tem uma voz mais orgânica. O que fizemos nos anos oitenta era anos oitenta, mas agora estamos nos anos noventa. É uma época diferente.

– Com certeza – Rhone reforçou. – É uma época diferente.

– Bem, nesse caso, concordo com Sylvia – disse ele.

Olhei animado para Kovac. Uma reunião que começou um desastre estava se tornando um triunfo. Porém, Kovac não compartilhava do meu entusiasmo. Sua expressão era obscura e preocupada, um semáforo piscando um alerta para mim: "Alguma... coisa... não... cheira... bem".

Ao sairmos da reunião, Kovac e eu seguimos Sylvia pelo corredor e a abordamos.

– Você acredita mesmo nisso? – Kovac perguntou. – Porque se vocês lançarem o próximo disco do Mötley, você sabe que o nosso contrato obriga vocês a investirem muitos recursos do selo na divulgação e nas vendas do disco. Acho que você sabe exatamente quanto dinheiro isso demanda. Então quero garantir que estejam falando sério.

Rhone só assentia e dizia:

– Sim, *baby*. Sim, sim. Com certeza. Vamos fazer isso.

Não parecia muito convincente, ainda mais porque ela não parava de olhar para o relógio. Por fim, ela o interrompeu:

– Não se preocupe, a banda está em boas mãos. Agora preciso ir, estou atrasada para uma reunião.

– OK – disse Kovac.

Demos meia-volta, nos dirigimos à saída, nos entreolhamos e ambos dissemos a mesma coisa ao mesmo tempo:

– Estamos fodidos.

No lobby, Corabi estava encolhido na cadeira, esfregando as mãos e praticamente pingando de suor. Sorri timidamente para ele e disse:

– Você fica.

Ele abriu um sorriso largo, e nós saímos e chamamos um táxi. Kovac sentou-se no banco da frente e virou-se furioso para Corabi:

– Você não é um astro! E a gente tá na porra do inferno! Você precisa se ajeitar! E vocês, caras, precisam fazer o maior álbum da vida de vocês agora, porque, se não fizerem, a gente vai morrer na praia. De jeito nenhum aquela mulher vai promover esse disco. Somos uma dedução fiscal, uma perda. Estou pressentindo. Ela armou pra gente.

Doug Morris estendeu uma mão para nos ajudar e evitar que nos afogássemos, e Sylvia Rhone atravessou com tudo, deu um chute na mão dele e nos mandou de volta para as profundezas. Nas semanas seguintes, não paramos de pedir dinheiro a ela para começar o disco novo. Ela dava um pouco e nós começávamos a gravar, mas de repente o dinheiro secava e tínhamos de parar. Parecia que ela estava tentando nos esgotar e nos desmoralizar, porque provavelmente herdara um contrato de seu antecessor que exigia que ela pagasse quantias enormes de dinheiro a uma banda que, no que dependesse dela, estava encalhada. Se nós acabássemos, o contrato seria anulado e o dinheiro poderia ser redirecionado para os cantores e bandas que ela apoiava.

O som que se ouviu em seguida foi o de muito orgulho sendo engolido. Com a conta bancária gorda depois do sucesso de *Dr. Feelgood* e por insistência da minha esposa, Brandi (cujo materialismo parecia aumentar na mesma medida que o nosso amor sumia), eu comprara uma mansão digna de um chefão das drogas. Meus gastos mensais eram de quarenta mil dólares – isso era o que custava só para acordar e ir dormir, entre as parcelas da casa e as contas. Só de ar-condicionado, eram vinte e cinco mil dólares de energia elétrica por mês, e eu insistia em manter a piscina aquecida com a mesma temperatura o ano inteiro. Quando Tommy e eu nos vimos pagando pelo álbum do nosso próprio bolso (Mick há muito estava quebrado, graças a Emi), essas coisas começaram a fazer diferença. Ao mesmo tempo, eu seria pai pela terceira vez – toda vez que Brandi e eu chegávamos perto de nos separar, outra criança aparecia para nos manter juntos – e a única filha de Vince e Sharise, Skylar, estava morrendo. De repente, me dei conta de que nem tudo na vida acaba bem. A vida é cheia de armadilhas, e o meu futuro, minha felicidade e o Mötley Crüe estavam caindo nelas.

Tommy e eu decidimos coproduzir o álbum na casa dele, com um cara chamado Scott Humphrey, que trabalhou como engenheiro de som com Bob Rock em *Dr. Feelgood.* O que precisávamos era alguém que nos dissesse que estávamos nos enganando na tentativa de fazer uma espécie de disco *electro-grunge* com Corabi, mas esse alguém não era o Scott Humphrey. Um engenheiro de som muito habilidoso no Pro-Tools, Humphrey nunca produzira uma banda até então. Ele chegava para mim e dizia:

– Você escreveu todas as grandes músicas do Mötley Crüe. Não quero o Tommy escrevendo músicas. Ele acha que sabe, mas tudo o que ele faz é ouvir o que está fazendo sucesso naquela semana e copiar. As letras dele não têm nada a ver com o que é o Mötley Crüe.

E então chamava o Tommy de lado e sussurrava no ouvido dele:

– O Nikki está ultrapassado, ainda está preso nos anos oitenta. Você é quem precisa compor. Precisa usar *loops* de bateria, batidas eletrônicas e atualizar a música. Você sabe o que está rolando.

Ele era completamente incapaz de lidar com esses dois egos gigantes que éramos Tommy e eu. Puxava o saco de quem estivesse na sala. Exceto o do Mick, que não tinha ego. Scott começou a nos convencer de que o Mick era um guitarrista ruim. Quando Mick saía, Scott me puxava de lado e me pedia para tocar alguma coisa na guitarra. Em seguida, criava um *loop* a partir disso, passava por alguns filtros e substituía o que o Mick havia gravado. Assim, pela primeira vez, começamos a nos voltar contra o Mick, a achar que ele era quem estava impedindo a gente de progredir por achar que blues e rock clássico eram os únicos gêneros musicais que importavam.

Em pouco tempo, o Mötley Crüe era uma besta-fera selvagemente esquizofrênica, criando alguma monstruosidade que soava como os Beatles misturados com umas harmonias de quinta e terça ao estilo do Alice in Chains. Não tínhamos ideia do que estávamos fazendo. Acho que foi por isso que decidimos chamar o álbum de *Personality #9* (embora o jornalista gonzo Hunter S. Thompson, mais tarde, nos tenha inspirado a mudar o título para *Generation Swine*).

Por fim, passamos as gravações para a minha mansão de traficante. Montamos a bateria no meu escritório de paredes de carvalho, a mesa de som no banheiro e os Marshalls dispostos ao longo dos corredores de mármore, enquanto meus três filhos nos infernizavam e Brandi gritava comigo com a regularidade de um despertador na função soneca. Eu sempre a desligava, mas dez minutos depois lá estava ela berrando na minha orelha de novo.

Nesse meio-tempo, Tommy e eu continuamos a trabalhar em duas direções completamente diferentes; Mick passava por uma lavagem cerebral para ser convencido de que não tinha nada para contribuir à banda; e Corabi era tratado como um criminoso que roubara nossas carreiras. Todos os dias, nós descontávamos as nossas frustrações nele: dizíamos que ele precisava cortar o cabelo ou cantar num estilo completamente diferente. E toda semana mudávamos de ideia a respeito de tudo. Estávamos forçando muito a barra para produzir um grande álbum, mas não fazíamos mais ideia do que "grande" deveria ser, porque estávamos assustados demais para sermos *nós mesmos.*

Por fim, certo dia, Corabi nos disse que estava farto.

– Não sou cantor – queixou-se. – Sou guitarrista. Não consigo mais fazer isso.

Então, agora, tínhamos dois guitarristas e nenhum vocalista. Viramos completamente do avesso. E foi aí que Kovac, que nos espreitava silenciosamente, ao fundo, deu o bote.

capítulo 6

TOMMY

UMA SEPARAÇÃO DE QUATRO ANOS E MEIO CHEGA A UM FIM REPENTINO E LUCRATIVO, EMBORA NÃO DO AGRADO DE TODOS

Eu fui contra uma reunião com o Vince pra caralho quando o Kovac lançou a ideia. E a porra do Nikki também, inclusive, como o punkzinho que é, ele entrou na reunião usando uma camiseta escrito "John" numas letras grandes pra caralho.

Mas os advogados e empresários nos enganaram e disseram que, se a gente só fosse à reunião com o Vince, ele retiraria o processo. Marcaram um encontro secreto numa suíte no Hyatt, saindo da rodovia 405. Nikki e eu chegamos com dois advogados casca grossa e encontramos o Vince relaxando numa poltrona com seu empresário e outros dois advogados. Parecia um divórcio milionário ou alguma porra assim. O plano deles era não só encerrar o processo do Vince, mas que a gente voltasse a gravar juntos como banda. Toda aquela gente sebosa pra caralho queria dinheiro, e estavam cagando e andando pra nós ou pra nossa felicidade. Era tipo, Mötley + Vince = dinheiro; Mötley – Vince = nada de dinheiro.

Vince tinha engordado tanto desde a última vez que eu o vira que estava parecendo a Roseanne Barr ou alguma porra assim. Sua cabeça estava do tamanho de um balão e as dobras de gordura quase envolviam o relógio dele. Vestia calça social azul com uma camisa de manga curta por dentro, e sua pele tinha um tom estranho de marrom-amarelado que provavelmente era a combinação de problemas de fígado por conta do álcool com queimaduras de sol de ficar o dia inteiro coçando o saco no Havaí. Eram umas 16h e eu apostaria a porra do meu saco que ele estava mamado. Acho que ele também não queria se encontrar conosco, mas estava praticamente quebrado, com a morte da filha, a saída do contrato com a Warner Bros., o fim da sua banda solo, seu divórcio e os milhões de dólares que ele devia em relação à casa em Simi Valley, depois que a Sharise praticamente destruiu o lugar com festas.

– Não quero nada com esse cara – Nikki sussurrou pra mim. – Se você quiser saber o que é a antítese do *cool*, é só olhar pra ele.

Nikki e eu tentamos ser simpáticos.

– Bom finalmente te ver de novo, cara – eu disse, ou alguma coisa desse tipo, mas não com sinceridade.

Vince bufou do jeito que só ele consegue.

– Com certeza, parceiro – disse ele, cínico, e Nikki e eu explodimos.

– Vai se foder, vamos dar o fora daqui – disse Nikki, puxando meu braço.

Todos aqueles porras daqueles advogados nos pararam com aquelas mãozinhas sebosas, como se fôssemos cheques milionários indo pra um incinerador.

– Não! – berraram. – Foi muito difícil reunir vocês!

– Eu vou embora – Nikki esbravejou. – Não preciso desse merda gordo que parece ter sido rejeitado de uma comunidade de aposentados na Flórida.

Dois advogados pegaram Nikki e o levaram para outro cômodo para acalmá-lo, enquanto os outros dois cuidavam do Vince. Era como se fôssemos marionetes que, de algum modo, se rebelaram e começaram a pensar por conta própria. Queriam que fôssemos boas marionetes e lhes deixássemos puxar os fios certos.

– Se o Nikki disser mais uma palavra, vou apagar ele – Vince espumava de raiva.

Nenhum de nós pediu desculpas, mesmo depois de duas horas de papo furado. Dissemos ao Vince que tínhamos um álbum quase pronto, mas não tínhamos cantor. Nossos empresários, Kovac pra nós e Bert Stein pro Vince, insistiam mais e mais em tentar nos aproximar, a baba coletiva deles cada vez mais espessa à medida que percebiam que aquela vaca poderia voltar a produzir leite.

Ao final da reunião, comecei a relaxar e até me ajustei um pouco à ideia: quando uma banda que esteve junta por quinze anos muda seu elemento principal, algumas pessoas vão se assustar. Eu costumava dizer em entrevistas que nós acabaríamos a banda se algum de nós saísse, porque aí não seria mais a porra do Mötley Crüe. Então, entendia por que era necessário, embora, no meu coração, estivesse feliz com a direção que seguíamos com o John.

Antes de irmos embora, agendamos um horário pro Vince ir até o estúdio e prometemos deixar a bagagem do lado de fora.

Embora Corabi tivesse oficialmente deixado a banda, continuamos a trabalhar com ele no estúdio. Num domingo em que Corabi não estava agendado para vir, Vince chegou. Na minha cabeça, eu repetia, "Isso é errado, isso é errado, isso é errado", mas não disse uma só palavra, porque os nossos ressentimentos, todos eles muito claros, deveriam ficar na porta – que eu duvidava que seria grande o bastante para segurar toda aquela bagagem. Tentei aceitar o fato de que o Mötley Crüe era composto por quatro indivíduos: Nikki, Mick, Tommy e Vince. Com isso em mente, a primeira coisa que fizemos foi começar a retirar os vocais do Corabi de cada uma das músicas, para que então o Vince as regravasse.

Naquela noite, depois que Vince foi embora, liguei pro Corabi e o chamei para comer sushi. Chorei de verdade.

– Cara – eu disse, com lágrimas escorrendo pelo meu rosto –, não acredito que isso está acontecendo. Eles realmente vão te dispensar.

Corabi dera uma brecha para trazerem Vince de volta, eles aproveitaram a oportunidade e o deixaram comendo poeira. Não acho que ele realmente queria largar a banda. Ele gostava de cantar com a gente, mas só não podia suportar as pressões contraditórias que a gente colocava sobre ele no estúdio. Achou que pelo menos poderia ficar como guitarrista e vocalista secundário.

– Sinto muito – disse a ele pela décima vez naquela noite. – Sou apenas um quarto dessa máquina. A porra da maioria é quem manda, e forças maiores estão fazendo isso acontecer. Só quero que você saiba que não é o que eu gostaria.

Foi um dia pesado, cara.

capítulo 7

JOHN CORABI

NO QUAL UM SUBSTITUTO É SUBSTITUÍDO
PELA PESSOA QUE SUBSTITUIU

Acho que a primeira vez que pressenti que algo estava rolando foi quando terminamos a turnê no Japão. Por alguma razão, por onde aqueles caras fossem, o desastre os seguia como uma nuvem preta: eu nunca me metera em encrenca antes de entrar na banda, mas agora praticamente todos os dias envolviam brigas, drama e a polícia. Nosso *promoter* japonês, o sr. Udo, tremeu sobre os sapatos de couro legítimo assim que nos viu. Era evidente que ele já havia passado por poucas e boas com a banda antes de mim. No final da turnê – entre os quartos de hotel destruídos, Nikki convidando milhares de fãs para pisotear o palco todas as noites, e, o pior de tudo, Tommy decidindo bancar o engraçadinho ao tocar "You Dropped the Bomb on Me"[41] como introdução do show em Hiroshima –, o sr. Udo já estava pedindo não apenas um kamikaze, mas um litro inteiro a cada noite. As mãos dele tremiam tanto que eu tinha certeza de que, assim que fôssemos embora, ele se internaria num sanatório.

Depois da nossa última noite na Budokan, deixei o sr. Udo tremendo no bar do hotel com seus kamikazes, fui para o Lexington Queen e fiquei bem legal e podre. Havia um quadro grande na parede que anunciava as datas em que diversas bandas americanas e britânicas estariam na cidade, para que todas as jovens modelos aparecessem no clube. Notei que a Vince Neil Band tocaria em Tóquio na semana seguinte.

41 Canção da banda de funk e *rhythm & blues* The Gap Band, cujo título se traduz literal e livremente como "você jogou uma bomba em mim", numa clara brincadeira de mau gosto no contexto do show em Hiroshima. (N. do T.)

– Eita, porra – soltei. – O Vince Neil vai estar aqui.

Eu estava com uma modelo húngara de cabelos castanhos, alta e magérrima, que conheci naquela noite.

– Eu sei – retrucou ela. – Eu vou ao show.

Então, de brincadeira, falei pra ela:

– Bom, se você se encontrar com ele, diga que eu mandei um oi.

Por volta das 3h da manhã, fomos pra casa dela. Lá havia três quartos, doze camas e onze modelos, que dividiam o lugar com ela, correndo bêbadas e nuas. Caras que elas pegaram, carreiras de cocaína e camisinhas usadas por todo canto. Foi uma das cenas mais doentias, porém excitantes, que eu já vira. Então, trepei com ela e duas amigas (afinal de contas, eu era do Mötley Crüe – tinha uma reputação a zelar) e fui embora na manhã seguinte para pegar meu voo.

Uma semana depois, eu estava no sofá em casa quando o telefone tocou. Era a modelo húngara, e ela estava puta:

– Você tá tentando me fazer de palhaça?

– Quê?

– O Vince Neil foi pro Lexington Queen depois do show e eu falei, "Oi, tudo bem? O John Corabi me pediu pra mandar um oi pra você". E o Vince, "Quem?", então eu falei, "O John Corabi, o vocalista do Mötley Crüe, me pediu pra mandar um oi pra você". E aí ele ficou muito bravo.

– O que ele fez?

– Ele me disse que ele era o vocalista do Mötley Crüe. Depois me chamou de puta, jogou uma garrafa de cerveja em mim. Depois me disse pra cair fora do clube e jogou outra garrafa. Acho que ele tava bêbado.

Isso deveria ter me dado a dica de que Vince ainda se considerava o cantor do Mötley Crüe, e eu, um intruso cuja hora havia chegado. Quando começamos a gravar de novo, o plano era retornar às raízes com um disco de rock 'n' roll cru e direto. Começamos a compor músicas com o Bob Rock, como "The Year I Lived in a Day" e "La Dolce Vita", e, no fim de cada dia, precisávamos andar carregando nossos paus enormes na mão de tão duros que aquele som nos deixava. Mas de repente as coisas começaram a ficar esquisitas. Nikki e Tommy surtaram e mandaram todo mundo embora, incluindo o Bob Rock, porque ele era muito caro e produzia em excesso as músicas, segundo eles.

Assim, Tommy, Nikki e Scott Humphrey decidiram produzir juntos, o que foi meio que uma *egotrip* pro Nikki e pro Tommy. Trabalhar com um monstro de três cabeças como produtor logo me fez arrancar os cabelos. As músicas mudavam todos os dias: Tommy e Scott ajustavam uns efeitos na bateria que alteravam completamente a batida, de forma que as partes de baixo e guitarra precisavam mudar, o que fazia com que o Nikki precisasse escrever uma nova letra. Então eu chegava para cantar uma música que vinha ensaiando a partir das demos há uma semana, e a música já nem era mais a mesma.

Eles me botavam na sala mesmo assim e diziam:

– Vê o que você consegue fazer.

Lá estava eu, na casa do Nikki, onde metade do equipamento não estava nem ligado de forma correta, confuso demais na tentativa de agradá-los. A voz de Nikki surgia pelo microfone da técnica:

– Crab, estou pensando numa *vibe* meio Bowie antigo, meio Sisters of Mercy.

Em seguida, Scott apertava o botão também e acrescentava:

– Mas com um pouco de Cheap Trick e uma coisa meio Nine Inch Nails.

Por fim, Tommy apitava:

– Isso, mas de um jeito suntuoso meio Oasis.

Então, enquanto eu tentava fazer sentido disso tudo, Tommy interrompia de novo e dizia:

– Ah, então, cara, esqueci de dizer, a faixa tem que ser pesada, tipo Pantera.

Eu não fazia ideia do que aqueles caras estavam falando, ideia alguma. Implorava para que eles cantassem alguma coisa só para me dar uma noção do que queriam ouvir, mas eles não cantavam. Só diziam que era "difícil de explicar", mas que o que eu cantei "não era aquilo".

Depois de semanas disso, Tommy, que sempre foi meu maior apoiador, disse:

– Cara, que porra você faz quando vai pra casa? Você é uma merda!

Fiquei devastado. Dois anos antes, se eu peidasse, aqueles caras diriam que era o melhor som que já tinham ouvido. Agora, eu era o pior cantor do mundo pros ouvidos deles. Parecia um relacionamento em que sua namorada quer se ver livre de você, mas não quer ferir seus sentimentos. Então, ao invés disso, ela simplesmente fica temperamental, crítica e cruel, na esperança de te repelir. Se o período que passamos em Vancouver gravando *Mötley Crüe* foi o melhor ano da minha vida, este estava se tornando o pior. Além de não me dar nada bem com os caras, minha mãe faleceu. Ela lutou contra o câncer por dois anos, e o plano de saúde e o seguro social dela não estavam dando conta, então vendi minha Harley e tudo o mais que pude para ajudar a pagar as contas dela. No desespero, cheguei até a pegar dinheiro emprestado de um tio na Filadélfia, sob a condição de que o pagaria assim que recebesse meu primeiro adiantamento pelo novo disco do Mötley.

Eu também acabara de ir morar com minha namorada, uma modelo confusa chamada Robin, por quem eu era loucamente apaixonado, mas tudo começou a dar errado entre a gente. Ela não tinha certeza do que queria fazer da vida e ficava o dia inteiro em casa, descontando as frustrações em mim. Nesse meio-tempo, meu filho entrava e saía do hospital por causa da diabetes. Parecia que todo o meu sistema de apoio – minha mãe, minha namorada, meu filho, meus melhores amigos e minha banda – estava ruindo. Eu estava trancado numa sala, vendo as paredes ao meu redor desabarem uma a uma.

A cada dia as coisas ficavam mais esquisitas no Mötley: marcamos uma reunião em Nova York com um figurão da gravadora, e no último minuto ele não me deixou entrar. Então, os caras saíram da reunião me culpando por não ser um astro, seja lá o que isso signifique. Ninguém consegue se fazer um astro: são os fãs que te tornam um astro – basta dar uma olhada nas figuras improváveis que se tornaram *sex symbols* só por serem populares. Dito isso, eles disseram que eu precisava começar aulas de canto e de coreografia e arrumar um estilista, porque não estava à altura do resto da banda. Só faltou me matricularem na escola do Fama.

Uma semana depois da reunião, eu deveria participar com a banda da inauguração do Hard Rock Casino, em Las Vegas. Embora estivesse quebrado de grana e brigando constantemente com Robin, decidimos que a viagem nos faria bem e compramos roupas novas para o evento. Porém, um dia antes da viagem, Nikki me ligou e disse para eu nem me dar ao trabalho. Segundo ele, o cassino não providenciou credenciais para mim, porque só queria os membros mais famosos da banda. Essas palavras ardem até hoje, porque, até pouco tempo antes, eles faziam questão de que fosse incluído em tudo e insistiam que o Mötley Crüe era uma democracia em que todos tinham a mesma posição.

Eu não suportava ir para o estúdio todos os dias para ser relembrado de que eu era inferior e inútil, e não suportava voltar para casa depois e ser relembrado da mesma coisa pela minha namorada. Um dia, eu finalmente quebrei. Depois de horas ouvindo que estava cantando do jeito errado, peguei uma guitarra e fiz alguns acordes que ajudaram a amarrar a música "Confessions" para o Tommy, que ficou muito empolgado.

– Crab, isso é incrível. É perfeito, cara – disse ele, radiante.

Virei-me para ele e lancei:

– Talvez eu devesse ser uma porra de um guitarrista, então. Pelo menos isso eu consigo fazer direito, na sua opinião.

Ele riu, eu ri, e não pensei muito mais nisso até o dia seguinte.

Entrei no estúdio e a banda toda estava lá com nosso novo empresário, Allen Kovac.

– Crab, não acredito que você disse aquilo. Você quer mesmo desistir de cantar pra ser guitarrista? – disse Nikki.

Respondi que foi um comentário sarcástico, mas que achava que eles estavam o tempo todo esperando que eu me demitisse. Mesmo que estivesse só brincando, foi o bastante.

Algumas semanas depois, saí para jogar sinuca e tomar uma cerveja com Tommy. Conversamos sobre o próximo álbum e a próxima turnê, e como poderíamos encontrar um meio-termo entre quem éramos e quem queríamos ser. Tudo parecia normal. No dia seguinte, entrei no estúdio e me lançaram em mais uma daquelas reuniões. Depois da conversa com Tommy na noite anterior, eu estava pronto para discutir o que faríamos em relação ao álbum e à turnê. Mas era uma sexta-feira, 13 de setembro. Kovac deu a notícia:

– Olha, o negócio é o seguinte. A gravadora não vai promover nada do que essa banda fizer, a menos que tenhamos a formação original. Fim de papo. Quero que você saiba que isso não tem nada a ver com você, e não é nada contra você; poderia ser o Paul McCartney cantando nessa banda, caguei. Eles não querem nem saber. Então vamos trazer o Vince de volta pro jogo.

Fiquei arrasado, mas, ao mesmo tempo, aliviado. Não precisaria mais me sentir inadequado e completamente desagradável nas mãos do time de batedores olímpicos composto por Scott, Nikki e Tommy. O pesadelo chegara ao fim.

Estranhamente, nem nisso a banda chegava a um consenso. Nikki foi até a minha casa e disse que sentia muito, mas que eles tinham de fazer aquilo porque simplesmente não estavam conseguindo extrair de mim o que precisavam no estúdio. Depois, Tommy me chamou para comer sushi e disse que aquela decisão não tinha nada a ver com a banda ou com a gravadora, e que, na verdade, era culpa do Kovac. Disse que queria que eu ficasse na banda como quinto membro, como guitarrista, mas eu sabia que isso não ia acontecer.

Por incrível que pareça, alguns dias depois, eles começaram a me ligar me chamando para voltar ao estúdio, dizendo que não estavam conseguindo tirar nada do Mick e perguntando se eu poderia gravar algumas faixas de guitarra de manhã, antes de o Vince chegar. Fiz isso por alguns dias, até que Mick ligou para o estúdio certa tarde e perguntou:

– Crab, o que você está fazendo?

– Só estou gravando algumas guitarras – eu disse a ele.

Isso o deixou furioso: evidentemente, ninguém havia contado a ele que eu fora chamado até o estúdio para refazer as guitarras.

Num momento totalmente desconfortável, eles me chamaram até para ensinar ao Vince o vocal da música "Kiss the Sky". Foi um rompimento estranho, porque eu me tornei o único cara a quem eles podiam recorrer quando se deparavam com problemas nos vocais ou quando Vince e Tommy brigavam. Um dia, Tommy ou Nikki (não me lembro qual) me ligou depois de uma briga estourada e disse:

– Eu nunca, mas nunca mais mesmo vou fazer outro álbum com o Mick Mars ou o Vince Neil.

Depois de algumas semanas, os telefonemas diminuíram, e depois pararam por completo. Meus serviços não se faziam mais necessários.

Coincidentemente ou não, pouco depois que o Mötley me dispensou, minha namorada, Robin, me disse que a gente não estava dando certo e foi embora de casa. Quatro dias depois, um amigo em comum me contou que acabara de voltar do casamento dela com um diretor de videoclipes, um cara de quem eu nunca nem tinha ouvido falar. Para o bem da minha própria sanidade, presumi e continuo a presumir que ela o conheceu depois que terminamos.

Arrastei-me para um buraco negro na minha mente. Entre a minha namorada, minha mãe, meu filho e minha ex-banda, eu não conseguia entender o que havia feito de errado para merecer tudo aquilo. Fui até a casa da minha ex-mulher para ficar com meu filho e desabei no sofá, repassando cada momento da minha vida como um roteiro de um filme ruim. Meu filho estava assistindo televisão e, de repente, virou-se para mim, pulou no meu colo e me abraçou, me tirando daquele transe de autocomiseração.

– Obrigado por vir me visitar e assistir TV comigo, pai. Te amo.

Sorri e disse que o amava também, depois disse a mim mesmo que nenhuma daquelas merdas importava. Meu filho me amava.

Se eu pudesse rebobinar os anos e reviver todas as experiências que tive com o Mötley Crüe, não mudaria nada da primeira parte: conhecê-los, a gravação do álbum em Vancouver, viajar pelo país na turnê de divulgação. Mas, na segunda parte – a gravação daquele segundo álbum –, eu provavelmente teria feito algumas coisas de maneira diferente. Primeiro de tudo, eu definitivamente revidaria. Em segundo lugar, e o mais importante, eu diria a eles o que realmente queria dizer na época, mas nunca tive coragem. Estava com medo demais de ser mandado embora, então me mantive calado e nunca proferi aquelas duas palavras que estavam queimando um buraco na minha boca.

capítulo 8

JOHN CORABI

NO QUAL UM ANTIGO CANTOR DO MÖTLEY CRÜE, DEPOIS DE ANOS DE SILÊNCIO, REVELA O QUE REALMENTE QUERIA DIZER À BANDA DURANTE SEU ÚLTIMO ANO DE TRIBULAÇÃO

DECIDAM-SE, CARALHO!

capítulo 9
VINCE

NO QUAL UMA CABEÇA RETORNA AO CORPO

Allen Kovac era um bastardo bem do safo, e digo isso no melhor sentido da palavra *bastardo*, porque eu provavelmente sou pai de muitos. Eu estava em Manhattan com meu empresário, Bert Stein, divulgando à imprensa aquela que seria minha última turnê solo, quando trombamos com Kovac no lobby do hotel. Ele, que convincentemente fez sua presença ali parecer acidental, nos convidou para subir e pedir comida. Sentou-se comigo e com Bert e começou a lançar sua lábia:

– Vince, pode ficar bravo comigo o quanto quiser, mas você precisa se perguntar: você é um astro como artista solo?

Respondi com um olhar atônito que não significava nem sim, nem não, mas ódio. Ele prosseguiu:

– Vou explicar. Num ambiente de quatro caras num grupo chamado Mötley Crüe, você é um astro de verdade. E o público que vai te ver, vê um show à altura do que pagou. O público que vai ver a Vince Neil Band vê mesmo um show à altura do que pagou?

Kovac falou e falou até que eu comecei a me dar conta de que ele tinha uma visão mais ampla das coisas, que era a de que eu não faria sucesso como artista solo, e o Mötley Crüe não faria sucesso sem mim como uma banda de rock alternativo. Perguntei se isso tinha sido discutido com Nikki ou Tommy, e ele disse que eles não sabiam de nada, mas que poderia ajudar a tornar realidade.

Antes dessa reunião, eu não queria de fato voltar pro Mötley Crüe, só queria fazer as pazes, ficar com um quarto da marca, merecidamente, e seguir a vida. Mas, com aquela conversa, Kovac plantou uma semente que não parou de crescer. Meses depois, quando me encontrei com Nikki e Tommy no Hyatt, por fim concordamos com a ideia de que precisávamos estar juntos e que todas essas outras coisas – advogados, xingamentos, processos – eram ridículas. Os honorários dos meus advogados já somavam US$ 350 mil e certamente dobrariam caso eu seguisse com o processo. Assim, no final da reunião, disse a eles:

– A gente quer se juntar de novo. Façam o que for preciso pra isso acontecer, se vocês não fizerem, estão demitidos.

Uma semana depois, fui à casa do Nikki, onde eles estavam gravando o álbum, e ouvi algumas faixas. Por mais estranho que pareça, Nikki e eu começamos a nos reaproximar muito rapidamente, mas o Tommy, desde que se casou com a Heather, achava que era um astro do cinema. E agora que estava casado com a Pamela Anderson, era pior ainda. Ele se achava melhor do que todo mundo e deixou muito claro que eu estava de volta à banda contra a vontade dele. Houve alguns momentos em que ele foi tão condescendente que eu disse:

– Vão se foder. Façam esse disco sem mim, então. Estou cagando.

Talvez ele estivesse com ciúmes da minha amizade com o Nikki. Não sei dizer ao certo o que era.

Não cheguei a ouvir o álbum que eles fizeram com o Corabi, mas, algumas semanas depois que comecei a gravar com eles de novo, Corabi passou no estúdio. Tomamos umas cervejas e jogamos conversa fora por um tempo. Ele disse estar contente por eu ter voltado à banda, porque o ano anterior fora duro com ele, e eu me surpreendi, porque gostei dele de verdade, era um cara muito legal.

Depois de uma semana de gravações, quase todos nós começamos a nos sentir bastante estúpidos. Tudo soava correto, soava como o Mötley. Éramos uma banda de novo, e era assim que deveria ser. Até o Tommy pareceu aceitar o destino e, a contragosto a princípio, gostar das músicas. Todo mundo estava feliz, exceto pelo Mick, que parecia pronto para guardar a guitarra e sair da banda.

capítulo 10
MICK

DE ASSUNTOS IMPORTANTES QUE CONCERNEM A DINOSSAUROS, DRAGÕES-DE-KOMODO, BONÉS DE BEISEBOL E O MÉTODO CORRETO DE ATIRAR EM ALGUÉM

Quem ou o que matou os dinossauros? Minha crença é de que foi o vírus Ebola, que dizem ter a mesma idade da Terra. Por se tratar de um vírus carnívoro, ele poderia facilmente pular de hospedeiro em hospedeiro sem problema algum, o que explicaria por que os dinossauros desapareceram tão súbita e completamente. O Ebola é capaz de consumir a maior parte da carne, dos órgãos, dos vasos sanguíneos e do tecido cerebral de um ser vivo num período de cinco a dez dias, causando um colapso em que os órgãos se liquefazem e vazam por todos os orifícios. Esse vírus mortal é um culpado mais provável do que uma chuva de meteoros, no que diz respeito a erradicar os dinossauros, mas deixar a Terra intacta para os futuros habitantes.

E falando em dinossauros, quem foi o *yuppie* babaca que decidiu que eles deveriam ser retratados numas cores alegres e brilhantes? Foi a Martha Stewart? Claramente, os dinossauros foram reconstruídos a partir de ossadas, então não existem provas de que eles tinham cores de brinquedos. Veja só o dragão-de-komodo. Não há cores nesse descendente de dinos particularmente venenoso. Se os dinossauros realmente tivessem cores tão vibrantes assim, não teriam sido capazes de espreitar suas presas de maneira eficaz, nem de se esconder dos predadores.

Penso muito em dinossauros, desde que me fizeram me sentir como um quando o Corabi deixou a banda. Porém, ao invés do vírus Ebola, eu tinha Scott Humphrey, o Grande Invalidador. Invalidou Corabi até que ele saísse da banda e, quando terminou, passou para mim. Parecia que ele sempre descontava suas falhas nos outros.

Para cada música nova que começávamos a compor no estúdio, eu levava uma fita para casa e elaborava novas partes de guitarra até as duas da manhã. No dia seguinte, tocava essas partes no estúdio e o Grande Invalidador dizia "não". Eu perguntava se ele sabia o que queria que eu tocasse, e ele dizia "não". Eu perguntava se ele sabia qual era o tom da música, e ele dizia "não". Cada som que eu tirava da guitarra era recebido com um coro de "não, não, não, não". O Grande Invalidador fazia uma imagem ruim de mim para Tommy e Nikki, fazia parecer que eu não estava contribuindo em nada. Ele os convenceu de que era eu quem estava impedindo a banda de progredir, com meu estilo jurássico de tocar guitarra e meu amor pelo blues e por Hendrix, que eu acho que estavam fora de moda ou qualquer coisa assim. Eu queria lembrá-los de que eu dera nome à banda, eu moldara Nikki num compositor de verdade, eu limara os pontos fracos da banda e eu escolhera Vince a dedo. Mas, como sempre, me mantive de boca calada. Se existe alguma coisa que aprendi, foi que autoconfiança demais é o mesmo que arrogância. E pessoas arrogantes, egocêntricas, *são* as mais fracas de todas, são as que têm as cabeças mais fracas. Quem tem a manha não tem que ficar ostentando. Pessoas egoístas são, na minha opinião, os perdedores mais incompetentes que já caminharam pela Terra desde os brontossauros, que tinham o cérebro do tamanho de uma ervilha.

Certas pessoas lá naquele estúdio tinham problemas de arrogância e, para sustentar sua autoconfiança, jogavam os problemas nos outros, e é por isso que eu estava pronto para sair da banda. Quantas vezes você precisa ouvir "não" até começar a acreditar nisso você mesmo? Eu estava me convencendo de verdade de que era ruim como guitarrista e que, ao invés de chutarem o Corabi, deviam ter chutado a mim. Poderiam ficar com o Vince como vocalista e com o Corabi como guitarrista, e todos ficariam satisfeitos.

Porém, se eu tivesse saído, o Grande Invalidador provavelmente teria começado a provocar o Nikki e o conduzido a deixar a banda também. Aquele cara, o Scott Humphrey, não sabia o que queria. No *Dr. Feelgood*, o trabalho dele era mexer nas coisas no Pro-Tools e ajustar o tom dos vocais. Era nisso que ele era bom. Mas agora ele estava começando a acreditar que era músico. Minha vontade era dizer: então escreva uma música, pentelho. Nunca na carreira da banda fiquei tão irritado.

Ele chegou a dizer ao Tommy que era melhor guitarrista do que eu, ou colocava o Nikki, que é baixista, para tocar as minhas partes. Comprei pilhas de livros sobre invalidação, na tentativa de entender como eu poderia sobreviver àquela experiência e ainda ter a confiança de tocar no palco. A gota d'água veio quando o Grande Invalidador fez todo um alarde com os empresários. O motivo da reunião: meu boné. Ele disse que não gostava do boné de beisebol que eu usava todos os dias. Para ele, isso era um problema. Aquele babaca era fodido a esse ponto. Depois, disse a todos os empresários que eu não estava contribuindo com nada.

– E daí? – eu finalmente estourei. – Por que vocês só não se livram de mim, então?

Estava pronto para me juntar a John Corabi, talvez pudéssemos montar uma banda de blues ou algo assim. Só há duas situações em que escrevo: a primeira é quando tenho alguma ideia sobre política ou o mundo. Pode ser qualquer coisa, desde maneiras diferentes de se pensar sobre acontecimentos importantes (como por exemplo, e se o *Titanic* na verdade colidiu com o iceberg de propósito, porque, com uma guerra mundial no porvir, o capitão Smith tinha ordens secretas de testar as então novas chapas de aço de alto carbono e cabines à prova d'água?) a pensamentos aleatórios sobre o quanto as pessoas são estúpidas (por exemplo, como pessoas gordas insistem em usar roupas vermelhas, mesmo que sempre fiquem parecendo o bom velhinho). A outra situação em que escrevo é quando estou puto da vida e, depois daquela reunião de merda, fiquei puto da vida.

Caro Nikki,

Estou com vocês há muitos anos, tocando guitarra em cada um dos nossos hits. De repente, parece que eu não sei mais tocar guitarra. Vamos ver o que mudou de lá para cá. O que há de diferente? Só consigo ver um elemento diferente, que é o Scott Humphrey. Você me excluiu de todas as composições porque não quer que elas sejam centradas na guitarra, você não está satisfeito com nada do que eu tento trazer, e você substituiu tudo o que eu toquei no disco. Parece que a única coisa que você não fez foi me substituir na banda. Talvez o Scott Humphrey possa vir e tocar guitarra, já que ele disse ao Tommy que é muito melhor do que eu, mesmo. Então, agora eu deixo nas suas mãos: eu piorei como guitarrista ou você é quem piorou como julgador de caráter?

Seu amigo e parceiro de banda,
Bob Deal

Não sou lá muito bom com palavras, então essa carta foi o melhor que pude fazer no que dizia respeito a falar com eles e contar o que realmente estava acontecendo. Scott estava com o nariz tão fundo na bunda do Nikki e do Tommy que eles não conseguiam nem ver a merda toda na cara dele. Depois da carta, fizemos mais uma daquelas famosas reuniões e eu disse à banda que aquele seria o meu último álbum, porque não conseguia mais trabalhar com eles.

Porém, acho que eu havia me tornado um velho covarde e amargurado. Se eu estive pronto para deixar a banda quando eles foram babacas comigo porque eu saí com Emi durante a turnê do *Girls, Girls, Girls*, agora eu estava com um pouco de medo demais para de fato fazer isso. O que mais eu poderia ter feito? Vi o que aconteceu com o Vince em carreira solo, além de dezenas de bandas em que um cara sai e as coisas não dão certo para ele. Não havia nada mais para mim além de ser guitarrista do Mötley Crüe, mesmo se isso significasse aguentar as pontas e suportar aquele abuso.

Assim, todos os dias, ao voltar do estúdio, eu reclamava com John Corabi, que, depois de seus últimos problemas com mulheres, voltara a se hospedar na minha casa. Em seguida, dirigíamos até o bosque e desopilávamos praticando tiro. Antes de sair da banda, ele conheceu umas strippers e as convidou para atirar conosco.

Fomos com elas para além de Lancaster e até o deserto. Colocamos os óculos de proteção, luvas e protetores auriculares e nos deparamos com dois xerifes locais, que admiraram as minhas armas. Um deles pegou uma chapa de aço, colocou-a de pé a uns vinte metros de distância e disse:

– Aqui, atire nisso aqui.

Depois de atirar o dia inteiro com um calibre .22, ele queria ver o que aconteceria com uma arma de maior porte.

Acertei bem no centro da placa. Nisso, ouvi uma voz gritar atrás de mim:

– Ai! – era a garota do John. – Uma abelha me picou – reclamou ela.

Mas eu sabia o que havia acontecido: um pedaço minúsculo de cobre da bala ricocheteou na chapa, passou voando por mim e a atingiu de lado.

– Não foi uma abelha – disse a ela.

Tirei a mão dela da barriga e começou a sair sangue. Limpei o ferimento, que era apenas um corte superficial com mais ou menos 1/10 de centímetro. O estilhaço era do tamanho de uma unha, mas eu tinha experiência o bastante com gente como ela e sabia que, se não cuidasse dela, ela me meteria um processo e tanto. Levei-a até o hospital no meu carro enquanto John segurava sua mão, e ela disse que ficaria bem e prometeu não entrar com um processo.

Do hospital, levei-a para casa e disse a ela que pagaria por todas as despesas médicas, uma cirurgia plástica para que não ficasse uma cicatriz e que me certificaria de cuidar de tudo. Na volta para a minha casa, me desculpei com o Corabi.

– Tudo bem – disse ele –, ela era muito chata mesmo.

Enquanto ela estava no hospital, centenas de advogados a procuraram. De repente, ela passou a alegar que estava desfigurada e que aquela cicatriz de 1/10 de centímetro havia arruinado sua carreira como dançarina exótica. Tornou-se uma inimiga tão gananciosa quanto uma ex-esposa, alegando que Corabi e eu bebemos e fumamos maconha naquele dia, o que era uma mentira deslavada. Acabei pagando uns dez mil dólares a ela fora do tribunal, que era basicamente o que me restava no meu nome. Ela provavelmente usou o dinheiro para aumentar os peitos ou alguma coisa do tipo.

Quando a história do processo vazou, os jornais publicaram que eu havia atirado de propósito numa namorada. É por isso que nunca confio no que leio. Acredite, se eu fosse atirar em alguém, não seria de lado, na barriga. Seria um tiro na cabeça. Fodam-se tiros no corpo.

capítulo 11
S C O T T   H U M P H R E Y

UMA BREVE INTERLOCUÇÃO EM QUE UM PRODUTOR MUITO FALADO CONTA A SUA VERSÃO

Quais foram as suas primeiras impressões ao trabalhar com a banda?

Eles são, você sabe, indivíduos muito singulares. Num primeiro momento, trabalhar com eles foi algo muito legal, porque sempre havia drama. Quando eu os conheci, o drama era meio que divertido. E eu adorava ver o Tommy tocar bateria, partindo pratos no meio e quebrando baquetas a torto e a direito. Mas aí, de repente, eu me vi na cadeira de produtor e era impossível fazer com que eles chegassem no horário (exceto o Mick). Depois de um tempo, instituímos um sistema de multas: cem dólares para cada hora de atraso de alguém. Depois, foi outro desafio separar todo mundo dos pagers e celulares. Os dias eram gastos sem nenhum trabalho feito.

As coisas pioraram quando fomos para a mansão do Nikki. Todos os dias, ele tinha que escapar das gravações para tratar com o jardineiro ou com o cara da piscina ou com a mulher dos peixes ou com o lavador do carro ou com as empregadas, que vinham duas vezes por dia para preparar café da manhã, lavar a louça e fazer as tarefas domésticas. Havia um número infinito de pessoas trabalhando naquela casa.

Uma das coisas que eu gostaria de conversar com você é sobre o boné do Mick.

Quê? Boné do Mick?

Ele disse que você convocou uma reunião com os empresários para reclamar do boné dele.

Isso definitivamente confirma algumas das coisas que ouvi da boca do Mick Mars. Porque não tem o menor cabimento.

Então você nunca se incomodou com o boné dele?

Isso seria simplesmente impossível. Mick Mars está sempre de boné ou chapéu, com exceção de alguns momentos no palco. Mas quem se importa se ele usa boné ou não?

Mas Mick não é de inventar as coisas.

Tenho certeza de que, se isso aconteceu, só ele se lembra. Acho que é meio esquisito. [*pausa*] Na verdade, quer saber? Ele sempre usava um boné de automobilismo do Mötley Crüe, e eu adorava. Até disse: "Ei, Mick, você consegue me arrumar um desses?". E meses depois ele me deu um. Estou olhando no meu armário agora, porque acho que ainda tenho o boné. Fiquei obcecado pelo boné porque eu queria um, não porque não gostava.

Aqui está, achei. Estou tirando o pó dele nesse exato momento. Tem uma caveira com ossos cruzados e bandeiras de automobilismo. É um boné de couro preto. Lembro distintamente agora. Ele deve ter confundido tudo: está tudo ótimo com o boné. Deve ter sido outra coisa que não estava boa.

Bem, ele de fato se sentiu como se você o estivesse invalidando como guitarrista.

Isso não teve nada a ver comigo, mesmo. Tanto Tommy quanto Nikki gostavam da forma como John Corabi tocava guitarra, e sempre incentivavam John a tocar. Como produtor, é preciso ser muito aberto e deixar todo mundo colaborar. Mas Mick não queria ninguém mais tocando guitarra. "O guitarrista sou eu", ele berrava. Tipo, "OK, o guitarrista é você, mas dois outros caras da sua banda querem ouvir o John Corabi tocar". Às vezes, o som de dois guitarristas distintos tocando a mesma passagem dá uma sonoridade legal, como no AC/DC.

É engraçado ele se lembrar de mim como o cara que não queria as guitarras dele, porque eu queria fazer um disco do Mötley Crüe que soasse como os primeiros. O que eu gostava mesmo era da guitarra visceral pura do Mick Mars. Na verdade, eu sempre o encorajava, e ele trazia umas fitas que chamava de anotações de mesa, que eram partes e passagens de coisas que ele elaborava em casa. O que realmente fazia essa banda funcionar bem era Mick compor *riffs* de guitarra, Nikki escrever letras em cima desses *riffs* e Vince cantar tudo. Essa era a fórmula. A maior parte dos *riffs* nos quais estávamos trabalhando era baseada nas partes de guitarra do John Corabi, e esses eram *riffs* estilo Zeppelin, *bluesy*. Então era praticamente como se a máquina de composição do Mötley Crüe tivesse parado de funcionar. Corabi provavelmente me odiou logo de cara, porque ele trouxera as *jams* à banda e eu queria que eles voltassem a escrever canções.

Então era você quem queria fazer um disco cru do Mötley? E os outros caras queriam um som mais contemporâneo?

Exato. Nikki queria ser o Nine Inch Nails num dia e o *Zooropa* do U2 no outro. A gente sempre batia de frente. Tínhamos discussão atrás de discussão a respeito do conteúdo das letras. Ele não gostava que suas letras fossem analisadas. Tem um verso na música "Glitter" que diz "*Let's make a baby inside of you*".[42] E eu dizia, "de jeito nenhum, você não pode botar esse verso no disco". Era ridículo. E ele basicamente tentava dizer que era a melhor coisa que ele já havia escrito.

Que tipo de coisas Nikki disse a meu respeito?

Acho que ele sentiu que você estava fazendo jogos mentais e o colocando contra Tommy. Ele disse que precisava de um produtor mais firme, que dissesse a ele que ele às vezes era um babaca.

Sério? Acho que a maioria das pessoas se lembra de mim como o cara que sempre dizia: "Pare de tentar ser o Trent Reznor, senta com uma porra de uma guitarra e escreve umas músicas". Tudo o que eu estava tentando fazer era conseguir um hit, minha única preocupação era vender discos. Depois de todo o tempo, pesar e drama que todos nós investimos, no mínimo podíamos fazer um hit.

Acho que a banda pensou que, na sua cabeça, nada era bom o bastante.

É como eu me sentia. O disco soa como uma mistura confusa, e o fato de que vendeu pouco é prova de que não era bom o bastante.

O retorno de Vince tornou as coisas mais fáceis em alguma medida?

Não, as músicas não foram compostas tendo em vista o estilo de cantar do Vince, tampouco o alcance vocal dele. Então, mais ainda àquela altura, precisávamos que o porra do Mick fizesse o que fez e unisse a banda. Eles eram muito bons quando trabalhavam juntos como uma banda, ao invés de um bando de cônjuges disfuncionais do caralho.

Com John, o problema era que a voz dele sempre estava esgotada. Com Vince, os problemas eram completamente outros. Tínhamos de usar o que chamávamos de janela de oportunidade do Vince Neil, que era entre a terceira e a sexta cerveja. Era quando ele já estava aquecido depois da ressaca, mas ainda não estava tão bêbado a ponto de não conseguir nem parar em pé.

E essa janela se fechava muito rápido. Às vezes, só tínhamos uma meia hora ou uns vinte minutos com o Vince. E se você pedisse para ele cantar mais do que umas duas vezes, ele te mandava se foder e ia embora. Minha impressão do Vince era que eu precisava ficar sempre de olho no relógio. Ele não queria estar no estúdio: preferia estar num campo de golfe.

Então mesmo depois de voltar ele não agia como se fosse parte da banda?

Acho que havia um ciúme ali por Nikki e Tommy estarem coproduzindo o disco, e ele queria ser coprodutor também. Ele poderia ter coproduzido, mas mal conseguíamos trazê-lo para o estúdio para cantar, quem diria para produzir. Vince é um desses caras que você não pode pressionar demais. Se ele aparecer e calhar de fazer alguma coisa e essa coisa calhar de ficar boa, bem, é com ela que você vai ficar.

---

42 "Vamos fazer um bebê dentro de você".

Pamela Anderson esteve presente nas gravações?

Bem, todos nós nos divertimos muito com a Pamela, e também passamos por algumas merdas com a Pamela durante as gravações daquele álbum. Toda sexta, ela chegava no estúdio com uma garrafa de vodca e dizia: "OK, é sexta, vocês vão ficar bêbados". Ela insistia que o Tommy ficasse mamado toda sexta-feira. Corre para alguns meses depois, ela está no Jay Leno dizendo: "Meu marido é um alcoólatra". Eu só pensava: "Do que ela tá falando?".

Pois então, o que se passava na sua cabeça durante todo esse processo de gravação? Você pensava "me tirem desse pesadelo"?

Foi muito difícil, porque, quando era conveniente, eu tinha dois coprodutores; quando não era, eu tinha de fazer todo o trabalho sozinho. No final, saí berrando. Nunca vou me esquecer disso, porque a minha mãe estava sentada do meu lado no Natal enquanto eu falava com o Nikki ao telefone. Eu dizia: "Se vocês não fizerem um primeiro single melhor, a carreira de vocês já era, e daqui a seis meses vocês vão colocar toda a culpa em mim". E ele: "Não, eu sei exatamente o que estou fazendo e estou fazendo a coisa certa, e esse primeiro single é perfeito". Naquela altura, eu tinha certeza de que a reunião do Mötley Crüe não ia bombar, pelo simples motivo de que o material não era bom. Se eles tivessem feito o disco certo, poderiam facilmente ter conseguido platina dupla ou tripla.

Então você decidiu lavar as mãos?

O que mais eu poderia ter feito? Você se cansa de dizer "não, não, não, não" o tempo todo e de discutir o tempo todo. Quando o primeiro single se mostrou um fracasso, Nikki me ligou e disse: "Acho que lançamos o single errado".

"Seu idiota do caralho!", gritei para ele.

De qualquer forma, não importava, porque, quando o álbum saiu, os Mötley Crüe já haviam se tornado celebridades numa escala que eles provavelmente nunca poderiam ter imaginado nem em seus piores pesadelos. Para mim foi muito estranho porque, de repente, as vidas pessoais deles se tornaram mais importantes do que a música que faziam.

fig. 1

Tommy com Jozie, dançarina, Greatest Hits Tour, 1999

PARTE ONZE

AS ARMAS, AS MULHERES, OS EGOS

capítulo 1

TOMMY

A ANEDOTA ENLOUQUECEDORA DO GARFO, À QUAL A LAVA-LOUÇAS ESTÁ RELACIONADA

Eu a achava a garota mais engraçada do planeta. Deveria ter sido comediante. Era ação o tempo todo, falava mais rápido do que qualquer outra garota que eu conhecia. Em resumo, era uma maníaca e fiquei completamente enlouquecido por ela.

A primeira noite que passamos juntos foi durante a folga da turnê com o Corabi. Ela morava em Reseda com a filha, Taylar, do casamento dela com o vocalista do Warrant, Jani Lane. Lembro de assistir ao clipe de "Cherry Pie" e pensar que ela era a garota mais gostosa de patins. Tinha cabelos loiros perfeitos, olhos grandes e sedutores, lábios lustrosos e peitos enormes – se eram naturais ou não, ninguém ligava. Seu nome era Bobbie Brown, e ela roubou meu coração no segundo em que abriu a boca.

Eu dormia no quarto dela depois do nosso primeiro encontro quando, de repente, por volta das quatro da manhã, a cama começou a tremer. Eu não fazia ideia do que estava acontecendo: primeiro pensei que fosse algum tipo de sonho doido, depois achei que fosse algum cara tentando invadir a casa. Enquanto recuperava a consciência lentamente, percebi que a casa inteira estava sacudindo. Estávamos nus na cama, sem saber o que fazer, quando de repente a cômoda dela tombou, estilhaçando a tela da TV dela em milhares de pedacinhos.

– Taylar! – Bobbie gritou, assustada.

Sua filha estava sozinha do outro lado da casa, e vai saber o que estava acontecendo por lá. Deslizamos para fora da cama e caímos no chão, quase cagando nas calças. Empurramos a porta e saímos para o corredor. Estava tudo caindo no chão, e a casa chacoalhava tanto que nós éramos jogados contra a parede enquanto tentávamos engatinhar. Quanto mais perto chegávamos da porta do quarto de Taylar, mais a casa balançava, até parecer prestes a desabar. Quando chegamos no quarto, olhei para trás e a casa inteira se partiu. A cozinha e a sala simplesmente desapareceram, deixando um buraco na escuridão. Tive certeza de que íamos morrer.

Taylar estava no chão, chorando enquanto o terremoto a jogava de um lado pro outro no quarto. Agarrei-a e gritei:

– Foda-se, vamos nessa!

E então Bobbie e eu saímos correndo até a porta da frente, tomando o cuidado de não sermos jogados para o lado aberto da casa e cairmos no abismo que aguardava lá embaixo. A porta havia sumido, então atravessamos o espaço que ela ocupava e fomos pra rua. Lá fora, o tremor ficou mais leve e nós nos juntamos aos vizinhos, que choravam sobre o que restava das casas.

Depois de um primeiro encontro como aquele, não tinha mais volta. Bobbie e Taylar se mudaram pra minha casa na praia e, depois de seis meses de festa, escondi uma aliança de quinze mil dólares num brownie que Bobbie pediu de sobremesa num jantar, me ajoelhei e a pedi em casamento. Ela disse sim, e foi aí que tudo começou a ir ladeira abaixo. Porém, a descida da ladeira foi lenta, tão lenta que eu mal percebi.

Certo dia, Scott Humphrey estava na minha casa para ouvir algumas músicas que eu estava compondo e Bobbie ralhou comigo porque eu não tinha limpado a pia depois de me barbear ou alguma coisa assim.

– Ei, cara, você deixa ela falar assim contigo? – Scott disse.

– Como assim? – perguntei.

– Ela nem te tratou como gente. É sempre assim?

– Bom, sim.

E, de repente, todas aquelas vendas do amor se soltaram e eu comecei a notar coisas que nunca notara antes. Havia algumas coisas muito estranhas no comportamento dela: se esgueirava pela casa, escondia coisas de mim, desaparecia em afazeres estranhos, recebia ligações de caras que eu não conhecia e, quando eu acordava pela manhã, ela geralmente não estava na cama. Qualquer outro cara acharia que estava sendo traído, mas eu conhecia Bobbie o suficiente pra não pensar nisso.

Sem a cegueira do amor, também notei que ela estava definhando e sempre mal-humorada pra caralho. Às vezes, eu chegava em casa de uma turnê ou do estúdio e a encontrava sentada no chão com materiais de artesanato espalhados a sua volta, grudando frutas e flores com cola quente ou cobrindo tigelas com tinta spray dourada.

Em seguida, quando me vi sozinho com uma das amigas dela, perguntei se Bobbie estava usando *speed*.

– Não vou responder, mas por que você não dá uma olhada na bolsa dela? Ou na *nécessaire*. E não esquece que a gente nunca conversou – respondeu a amiga.

Dito e feito, olhei na bolsa dela e lá estava a porra do *speed*. Aquilo fazia tudo no nosso relacionamento parecer furado e explicava as alterações de humor doidas e aleatórias de que eu sempre era vítima. Quando a confrontei, a princípio ela negou, depois me atacou por beber, depois colocou a culpa em mim. O final foi uma briga da porra que terminou comigo dormindo no chão feito um cachorro.

Depois disso, todo um ressentimento guardado que vinha se acumulando na Bobbie começou a transbordar diariamente. Tudo o que eu vinha pensando a respeito dela ao mesmo tempo ela vinha pensando a meu respeito. Achava que era eu que passava por alterações de humor; que me tornara mal-humorado, desconfiado e lamentável de se conviver; e que estava aprontando pelas costas dela – não com drogas, mas com outras mulheres. Ela ficou especialmente brava por sentir que eu estava pedindo que ela desistisse da carreira de atriz e modelo porque eu tinha muitas cicatrizes do meu casamento com Heather e queria filhos e uma esposa em tempo integral. Depois de um tempo, sempre que Heather me ligava (porque continuamos amigos), Bobbie surtava; e sempre que algum cara ligava pra ela, eu surtava. Alguns dias antes do Natal, quando eu queria ir para uma festa, nossos ciúmes e desconfiança mútuos explodiram numa briga feia e exacerbada na frente de Taylar.

A essa altura, brigávamos todo dia e isso não poderia ser bom para o crescimento da Taylar, tampouco do meu. Tentei pensar numa única razão pela qual ela deveria ficar na minha vida e não consegui nenhuma. Até seu senso de humor, que eu adorava, desapareceu à medida que nosso relacionamento passou a se tratar de negatividade e acusações.

Quando a pedi para ir embora, ela fez um escândalo e disse que não iria a lugar nenhum sem suas roupas, móveis e outras merdas.

– Quer saber de uma coisa? – eu disse. – Você pode pegar as suas coisas depois que me devolver o anel de noivado. Porque a gente não vai se casar porra nenhuma, pode ter certeza.

– Morre – cuspiu ela, disparando mais umas cem maldições em seguida.

– Bom, então você não vai ficar com merda nenhuma.

Com isso, agarrei-a e conduzi-a até a porta. Estranhamente, nem precisou ser à força, parecia até que ela foi disposta demais. Fiquei surpreso por ela não resistir, porque era uma porra de uma guerreira.

Uma hora depois, ouvi batidas fortes na porta. Olhei pela câmera de segurança e lá estava ela com a polícia. Imaginei que os agentes seriam justos, já que a casa era minha e eu tinha o direito de pedir que ela se retirasse da minha propriedade. Mas eu estava errado, muito errado. Ela usou todos os poderes para elaborar a história mais chorosa que aqueles policiais já ouviram e armou pra mim.

– Sr. Lee – disse um deles pelo interfone –, o senhor vai precisar deixá-la entrar para recolher suas coisas.

– Cara, ela tá com o meu anel – protestei.

– Isso não diz respeito à polícia. Ela precisa entrar e remover seus pertences.

Joguei a toalha e abri a porra da porta. O policial entrou, seguido da Bobbie, que foi direto pro quarto. Tentei segui-la, mas o agente me impediu.

– Não entre!

Perdi a boa.

– Como assim, não entre? É a porra do meu quarto. Tem coisas pessoais minhas ali.

– Preciso que o senhor espere lá fora e fique calado.

– Isso é uma bobagem! Não vou fazer merda nenhuma com ela.

– O senhor ouviu o que eu disse, sr. Lee?

– Eu ouvi a porra do que você disse! Só quero garantir que ela não vai pegar nada meu! Tenho esse direito, não?

Acho que eu não tinha esse direito, porque, quando vi, fui jogado no chão, algemado e empurrado pro banco traseiro da viatura.

– Por que vocês estão me prendendo? – berrei ao partirmos.

– Agressão.

– Quê?

– A moça diz que você tentou estrangulá-la.

Como era uma sexta-feira à noite, me deixaram na cadeia ao longo de todo o final de semana, o que deu à Bobbie tempo o suficiente pra limpar a minha casa inteira. Quando retornei na segunda de manhã e encontrei todos os cômodos vazios – cadeiras, mesas, cama, tudo –, nem me surpreendi. Só fiquei curioso quanto a como ela achou uma empresa de mudanças disposta a trabalhar no final de semana. Espero que ela tenha pago uma hora extra polpuda, porque os caras trabalharam bem duro: só me deixaram um garfo e a lava-louças.

MAS EIS A PARTE DOENTIA do amor. Eu senti falta dela pra caralho. E ela sentiu muito a minha falta também. Então, poucos dias depois que saí da cadeia, me vi no apartamento que ela alugou depois de ir embora da minha casa – trepando com ela na minha velha cama, cara. Não voltamos a namorar, mas também não tínhamos exatamente terminado. Virou um daqueles relacionamentos que só precisam ser sacrificados com um tiro de misericórdia. Estávamos impedindo um ao outro de viver a vida, conhecer outras pessoas, mas, ao mesmo tempo, sempre queríamos mais um do outro.

Na segunda ou terceira vez que ficamos depois que saí da cadeia, ela começou a me importunar porque pensou que eu estivesse interessado numa das amigas gostosas dela. Saiu pisando duro pela casa e berrando por horas, sem dar uma porra de uma pausa. Tentei só dar risada, o que a inflamou ainda mais. Tentei argumentar com ela, e ela ficou com ainda mais raiva. Por fim, não aguentei mais, não sabia como parar aquela barulheira. Peguei uma porra de um vaso da mesa, joguei no chão e disse:

– Você é uma babaca do caralho – e fui embora, muito irritado.

Não conseguia me livrar daquela doida, nem dos meus sentimentos doidos por ela, e nada funcionava. Precisava fugir daquela merda, colocar minha cabeça em outro lugar, parar o ruído. Por que eu ainda estava perdendo meu tempo com aquela vaca que tinha armado pra mim?

Fui visitar um amigo, Sedge, que era um completo *junkie* estilo Nikki Sixx. Quando cheguei, ele estava preparando no sofá.

– E aí, mano, me arruma um pouco – implorei. – Não tô a fim de sentir porra nenhuma agora.

– É pra já – disse ele, e esfregou os dedos no que deveria ser um estalo, se ele não estivesse drogado demais pra gerar alguma fricção.

Levantei a manga, amarrei uma borracha no braço e aguardei enquanto Sedge preparava a seringa. Ele encostou a agulha numa colher e encheu uns 2 ml.

– Mano, não sou que nem você – eu disse. – Não faço isso o tempo todo. Acho que pode ser muito pra mim.

– Que nada, não se preocupa. Tá tudo bem, confia em mim, cara. Sou um *junkie*, sei o que tô fazendo.

– Foda-se, que seja.

Aquelas palavras – "confia em mim, sou um *junkie*" – deveriam ter sido uma pista muito clara. Digo, ele era uma porra de um viciado, cara, então é claro que a tolerância dele seria maior do que a minha.

Ele me picou, injetou os 2 ml no meu organismo, tirou a agulha e desamarrou meu braço. Entrei na porra do paraíso. Estava feliz pra caralho, não sentia nada. Meu corpo relaxou, as palavras *Bobbie* e *Brown* desapareceram da minha consciência e um fluxo de prazer disparou do meu coração e inundou meu corpo. Recostei no sofá e fechei os olhos.

capítulo 2
NIKKI

NO QUAL NIKKI TEM UMA DESCONFIANÇA E ELABORA UM MÉTODO PARA EXTERMINÁ-LA

Quando estávamos em turnê com o Corabi na Europa, fizemos uma coletiva de imprensa na Itália, e uma jornalista italiana de uma beleza fenomenal se levantou e disse que queria me fazer uma pergunta. Tinha lábios de boquete, cabelos castanhos longos e parecia a Raquel Welch interpretando a Luxúria no filme *O Diabo é Meu Sócio*.

– Você agradece a Deus por ele ter te feito tão belo?

– Não – respondi. – Eu o amaldiçoo por ter feito meu pau tão pequeno.

Depois da coletiva, ela me convidou para um café, para conversarmos mais.

– Bem, você sabe que eu sou casado.

– Não, não. Só conversa – ela disse, ainda parecendo a Luxúria. – Podemos tomar café juntos amanhã.

– Me liga.

Na manhã seguinte, ao invés de ligar para o meu quarto, ela bateu na minha porta. Arrastei-me da cama, abri a porta, ela entrou e tirou as botas, a saia e a blusa apertada. Seu corpo era inacreditável: perfeito, pele dourada, cabelos de comercial de xampu pousando sobre os seios fartos num sutiã vermelho. Minha ereção matinal marcava minha cueca.

– Vamos ver se Deus te amaldiçoou mesmo – disse ela ao me empurrar para a cama. Começamos a nos pegar e, quando eu estava prestes a fodê-la, ela perguntou: – Você tem camisinha, certo?

– Não tenho, não.

– Já volto – disse ela, e se vestiu de novo.

Quando ela saiu, parei para pensar: o que eu estava fazendo? Quase trepei com aquela mina. Sou casado; tenho filhos. Trepar com essa mulher italiana lindíssima que está me deixando doido de desejo é uma perda de tempo. Me vesti, fui até o quarto do Mick, do outro lado do corredor, e a vi retornar com as camisinhas e não encontrar ninguém no meu quarto.

Algumas semanas depois, eu estava em Londres com minha esposa, Brandi. A gravadora deu uma festa para nós, cheia de maluquices, como anões, equilibristas e *rock stars* ingleses. De repente, houve uma comoção na entrada e uma mulher berrava:

– Não admito ser tratada assim, sou imprensa!

Era a jornalista italiana estonteante. Ela abriu caminho por entre os seguranças e veio direto até mim.

– Pra onde você foi, porra? – demandou.

Brandi voltou-se para mim e eu fiquei completamente vermelho. Escapei pela porta dos fundos, com a Brandi atrás de mim, me xingando o tempo todo. Naquela noite, aprendi uma lição importante: se eu tivesse trepado com aquela italiana ao invés de me manter fiel, nada daquilo teria acontecido.

Àquela altura, meu casamento já estava na sarjeta, de qualquer modo. O amor que desabrochou da minha sobriedade durante as gravações de *Dr. Feelgood* foi só uma obsessão momentânea, nutrida pelo fato de que eu mal a via, então não sabia como ela era de verdade. Quando descobrimos que não éramos a pessoa certa um para o outro, ela já estava grávida do nosso primeiro filho, Gunner. Eu me consolei passando o máximo de tempo que podia com nossos filhos; ela se consolou gastando o máximo de dinheiro que podia. E foi assim que acabei numa mansão de 1,3 km^2, cheia de mármore branco, piscinas azulejadas e um pé-direito de 18 metros. Era um pesadelo.

Porém, eu não conseguia deixá-la, porque me lembrava bem até demais de como foi a minha vida sem um pai. Muito da minha raiva e violência, e provavelmente a razão de eu sempre chegar a um ponto de autodestruição com drogas, era devido ao fato de que eu ainda estava puto com o meu pai por ter me abandonado a uma existência nômade e sem raízes com a minha mãe e os vários maridos dela. Passara por muita coisa com o Mötley Crüe, mas nenhuma delas fora capaz de curar ou amenizar aquelas cicatrizes. Não queria que meus três filhos crescessem com as mesmas cicatrizes.

Enquanto gravávamos um EP bônus chamado *Quaternary* (que significa "o poder dos quatro") com o Corabi, escrevi uma canção chamada "Father" e simplesmente perdi a cabeça na música, perguntando "*Father, where are you?*"[43] no refrão. Comecei a pensar que o buraco na minha vida provavelmente estivesse espelhado na dele, que deveria ser difícil para ele saber que tinha um filho com quem não conseguia se comunicar.

43 "Pai, onde está você?"

A última vez que falei com ele foi em 1981, quando ele basicamente me deserdou e eu mudei de nome. Desde então já se passara mais de uma década. Agora eu era pai, e achei que ele gostaria de saber que era avô. Talvez conseguíssemos até começar a reparar o dano entre nós. Agora, aos meus 37 anos, talvez fosse hora de finalmente enterrar a raiva adolescente que me serviu de combustível durante a vida toda.

Da última vez que soube dele, ele trabalhava numa empresa de construção de piscinas em San Jose, então descobri o telefone do lugar, liguei e perguntei se Frank Feranna ainda trabalhava lá.

– Quem quer saber? – uma voz perguntou.

– Sou filho dele e estou tentando encontrá-lo.

– É o Randy?

– Quem é Randy?

– Bem, seja você quem for, o Frank Feranna morreu. Morreu há muito tempo.

– Espera...

– Não ligue pra cá de novo.

Desligaram. Liguei para minha mãe em Seattle para ver se ela sabia o que havia acontecido com meu pai. Ela insistiu que ele ainda estava vivo. Tentei tirar mais detalhes dela e perguntei se o nome Randy dizia alguma coisa, mas não adiantou. A letra que escrevi para "Primal Scream", de *Decade of Decadence*, não parava de girar na minha cabeça – "*When daddy was a young man / His home was living hell / Mama tried to be so perfect / Now her mind's a paded cell*"[44] – e eu precisei desligar antes que começasse a gritar com ela de novo. Estava velho demais para deixar minha mãe apertar os botões que me tiravam do sério, mesmo que tenha sido ela a instalá-los originalmente. Minha vida inteira sempre foi um grande mistério, e não parecia que ela me ajudaria a esclarecê-lo tão cedo.

No dia seguinte, Brandi me disse que queria tirar férias.

– Para onde deveríamos ir? – perguntei.

Mas ouvi errado: ela queria ir sozinha. Explicou que algumas amigas dela iam para o Havaí, e ela queria ir com elas e esfriar a cabeça.

– As coisas têm sido difíceis, e eu não sei o que estou procurando, mas preciso encontrar – disse.

– Se esse é o problema, talvez a gente devesse passar um tempo juntos. Podemos arrumar uma babá pras crianças, viajar juntos e tentar ajeitar as coisas.

Porém, ela insistiu em voar para o Havaí sem mim, e foi aí que suspeitei de alguma coisa pela primeira vez. Contratei um detetive particular para segui-la, e parecia que aquilo que ela procurava não era para ela, mas para um homem chamado Adonis. Por que é que o outro cara sempre é um Adonis, um Thor ou um Jean-Claude? Para piorar, Adonis era irmão de um executivo com quem eu andava. Em outras palavras, Adonis esteve na minha casa com seu irmão e sua irmã

44 "Quando papai era jovem / Seu lar era um inferno na Terra / Mamãe tentava ser tão perfeita / Agora a cabeça dela é uma cela almofadada".

dezenas de vezes, e eu, inocentemente, o recebi bem e o tratei como amigo. Me senti um tolo, um corno. Lá estava eu, tentando fazer o casamento funcionar, e ela estava fugindo e me deixando com as crianças para poder torrar no sol com um playboy grego em Honolulu – com o meu dinheiro. Provavelmente, todo mundo na Elektra sabia o que estava acontecendo pelas minhas costas. Eu sabia que deveria ter trepado com aquela jornalista italiana.

O detetive disse ter fotos, mas eu não quis vê-las. Tudo fazia perfeito sentido: pelo que eu me lembrava, Adonis tinha uma casa no Havaí, além de outra em Santa Monica. Alguns dias depois, o detetive me ligou para dizer que eles haviam retornado a Los Angeles. Brandi ainda não tinha me ligado, e eu estava tão puto por ter sido traído, enganado e humilhado que decidi matar aquele filho da puta daquele Adonis com quem ela estava de farra. Peguei um rifle de cano duplo, pulei no meu Porsche e disparei pela Pacific Coast Highway. Descendo as colinas a toda velocidade, planejei exatamente o que faria ao chegar. Bateria na porta e diria: "Oi, você deve se lembrar de mim. Meu nome é Nikki e você está trepando com a minha mulher". E então esvaziaria os dois canos nas bolas dele.

capítulo **3**

T O M M Y

NO QUAL NOSSO PERSISTENTE HERÓI DESCOBRE QUE
O DINHEIRO NÃO COMPRA AMOR, A MENOS QUE
ELE O GASTE NO PLEASURE CHEST

Quando acordei, tudo havia mudado. O rosto de um homem de branco, de óculos, flutuava a centímetros do meu, e as primeiras palavras a saírem da boca dele foram:

– Você tem sorte de estar vivo, rapaz. Muita, muita sorte.

Imaginei que estivesse num tipo de sonho chapado de *junkie* e pisquei os olhos na tentativa de entender o que estava rolando.

– Onde eu estou?

Ninguém me respondeu. O cara sumiu. Eu não tinha certeza se ele era um sonho, um doido ou um espírito guardião tentando me passar uma mensagem. Estava numa sala branca, meio que nem o paraíso, mas também com uma cara de instituição. Era... um hospital. E não só eu estava todo dolorido, como a minha pele estava com um tom azulado. Os acontecimentos das últimas horas me vieram numa torrente: aquele filho da puta do Sedge quase tinha me matado.

Mais tarde naquela noite, Sedge e um outro amigo meu, Doug, foram me visitar. Sedge jogou uma sacola de roupas na cama e disse:

– T, vamos te tirar dessa porra aqui.

– Por que, cara?

– Porque se você continuar aqui por mais tempo, a porra da mídia vai descobrir e fazer a festa. Então cala a boca e me segue, confia em mim.

Naquele meu estado semiconsciente, eu sabia que já tinha ouvido aquelas palavras, mas não conseguia lembrar onde. Sedge e Doug tiraram os tubos do meu braço e arrancaram os fios que me ligavam às variadas máquinas cuja função eu não fazia a mínima ideia qual era. Fiquei com medo de que um daqueles tubos e fios estivesse me mantendo vivo e, se eles o arrancassem, cara, eu morreria. Mas aí me dei conta de que, se eu estava lúcido o bastante pra me preocupar com isso, então provavelmente estava bem. Eles me ajudaram a vestir a calça e a camiseta e a calçar as botas, e então saímos correndo pelo corredor e fugimos do hospital o mais rápido possível. Ninguém parou a gente, ninguém disse uma só palavra e ninguém ficou sabendo disso, incluindo Bobbie.

A próxima vez que eu a vi foi na véspera do Ano-Novo, dois dias depois. Fui com alguns dos meus melhores amigos pra um clube chamado Sanctuary, e a Bobbie nos encontrou lá. Ficamos numa cabine tomando ecstasy, bebendo champanhe e agindo feito uns maníacos. Dentro de uma hora, seria 1995 e a gente provavelmente estaria tão fodido que nem ia saber que dia era. De repente, uma garçonete me abordou e disse:

– Tommy, aqui vai uma dose de Goldschläger. A Pamela Anderson mandou pra você.

– Pamela Anderson?

– Sim, ela é uma das donas do clube.

– Ela tá aqui!?

– Sim, bem ali – ela apontou para uma mesa no canto, onde Pamela estava sentada cercada de amigos.

Não pude acreditar que não a notei antes. Estava toda de branco, seu cabelo tinha o tom de loiro mais perfeito que eu já vira, seus dentes praticamente brilhavam por entre os lábios quando ela sorria e ela se destacava de forma tão radiante de todo mundo ao redor dela que parecia que havia um raio de luz negra brilhando acima dela. Levantei a dose como num brinde, fiz alguma coisa brega, tipo piscar ou sorrir, e virei. Em seguida, peguei a garrafa de champanhe Cristal e bebi do gargalo feito um porco feliz. Botei a garrafa de lado, fui até a mesa dela e invadi a área.

– E aí, Pamela, eu sou o Tommy – disse, tentando ser charmoso. – Mas acho que você já sabe disso, já que você me mandou uma dose – continuei, já sem tanto charme. – Valeu.

Precisava me recuperar de uma cantada tão idiota, então abri espaço na cabine, passei por cima das pernas das amigas dela e consegui me sentar bem do lado dela. Em seguida, peguei o rosto dela e a lambi do queixo à têmpora. Talvez, se eu tivesse feito isso sóbrio, teria me sentido um babaca invasivo, mas eu estava sob o efeito do ecstasy, então tudo bem, qualquer coisa que eu fizesse não seria mal-educada, e sim inocente, cheio de amor e com uma ânsia por conexão com toda a humanidade. Ela riu pra caralho e, sem perder tempo, virou-se e lambeu o rosto da garota ao seu lado, e então todo mundo começou a passar lambidas ao redor da mesa.

Quando você está sob o efeito de ecstasy, a Joan Rivers parece a Pamela Anderson, então imagine com o que a Pamela Anderson ficou parecida. Estava tão linda que eu nem consegui pensar em estragá-la com pensamentos de luxúria. Só fiquei encarando-a a noite toda, e ela me encarava de volta. Provavelmente conversamos sobre alguma coisa durante aquelas horas, mas não me lembro o quê. Só percebi que virou a meia-noite dez minutos depois, quando a Bobbie passou pela mesa e disse com toda a atitude de vaca que ela conseguiu reunir:

– Feliz Ano-Novo.

Ela tentou disparar todas as vibrações negativas que pôde com os olhos, mas meu sistema de defesa à base de ecstasy estava forte demais. Desejei um Feliz Ano-Novo a ela também, e me virei para a Pamela de novo, não queria que ela ficasse com a impressão de que Bobbie e eu estávamos namorando, ainda mais já que o nosso relacionamento se degenerara para nada além de overdoses e telefonemas para a polícia de madrugada (mal sabia eu o que me aguardava). Eu estava pronto pra uma mudança e, meu Deus, como esperava que essa mudança fosse a Pamela.

À 1h30, com a Bobbie disparando olhares feios do bar o tempo todo, Pamela disse que precisava ir embora. Suas amigas estavam cansadas e queriam ir pra casa. Apesar de todos os meus anos de experiência, ainda não elaborei um método para separar uma mulher que eu quero da porra das amigas dela que ficam entediadas por não estarem recebendo nenhuma atenção. Levei a Pamela até o carro da sua amiga Melanie, pedi o telefone dela pela décima vez naquela noite (e finalmente consegui) e dei um beijão molhado nela. Estava me achando por causa do ecstasy e do champanhe. Depois, vim a descobrir que assim que a Pamela fechou a porta do carro, a primeira coisa que Melanie fez foi olhar pra ela e dizer:

– Nem pensa nisso.

– Como assim? – Pamela perguntou, tentando se fazer de inocente.

– Escuta aqui: esse cara é uma porra de um maníaco.

Pamela sorriu, culpada. Melanie arregalou os olhos e disse mais uma vez para garantir que ela entendesse:

– Não!

O problema de conhecer alguém de quem você goste em Los Angeles é que todo mundo está sempre ocupado demais pra se encontrar. A prioridade número um é sempre a carreira: fazer amigos ou ir à porra de um encontro é tipo o número seis na lista de prioridades. Então, quando liguei pra Pamela e ela parecia não conseguir se decidir em um dia pra me encontrar, achei que essa seria mais uma daquelas porras de paqueras de L.A. que começam muito promissoras mas nunca decolam. Pelo contrário, elas só meio que vão murchando à medida que, a cada telefonema e promessa de tentar se encontrar na semana que vem, cada uma das partes fica mais distante e a faísca que se acendeu quando se conheceram se apaga.

Depois de seis semanas dessa provocação telefônica, finalmente recebi a mensagem pela qual eu estava esperando: "Tommy. Caramba, você não tá em casa. É a Pamela. Tenho 24h pra brincar, e quero brincar com você. Me liga no Hotel Nikko às 18h e a gente faz alguma coisa".

Fiquei surtado pra caralho, cara. Minhas experiências com a Heather me ensinaram que minas atrizes certinhas querem um *bad boy*, então, ao invés de comprar roupas novas, me barbear e tentar parecer todo arrumado como a Pamela, coloquei as minhas calças de couro mais sujas, vesti uma camiseta velha fedida e nem me preocupei em me barbear ou tomar banho. Mas escovei os dentes.

Fui até o Pleasure Chest[45] e gastei quatrocentos dólares em brinquedos sexuais e fantasias. Levava uma bolsa com minhas coisas para passar a noite numa mão e uma sacola de compras cheia de lubrificantes, estimulantes clitorianos vibratórios e bolas tântricas na outra. Estava pronto para balançar a porra do mundo dela. Liguei pro hotel às 16h59, não podia esperar. A recepcionista disse que ela ainda não tinha chegado.

Dei uma volta de carro, matei um tempo e liguei de novo cinco minutos depois. Ela ainda não tinha chegado. Fui comer alguma coisa e liguei de novo. Ninguém atendeu. Terminei de comer, liguei de novo, e ela ainda não tinha aparecido. Agora já eram 18h. Fui até o hotel e esperei no lobby por mais uma hora; voltei pra casa e continuei a ligar pro hotel a cada cinco minutos até eles começarem a ficar com pena de mim.

– Sinto muito, ela ainda não está aqui – disse a recepcionista. – Vai ficar tudo bem, tenho certeza de que ela vai chegar logo mais. Se quiser deixar seu número, posso ligar quando ela chegar.

– Aaaaarrrggggghhh!!!

– Perdão?

Deixei mensagens na casa dela, na casa das amigas dela, em todo lugar. Estava atrás dela feito uma porra de um *stalker*, da mesma forma como fiz com a primeira garota que beijei, com a frutinha vermelha. Por fim, pouco antes das 22h, Pamela atendeu o telefone. Ela não estava nem na porra do hotel; estava em casa.

– Oi, e aí? – perguntou, como se estivesse surpresa com a minha ligação.

– Cara, o que você tá fazendo agora? – eu estava explodindo. Precisava vê-la.

– Estou saindo de casa.

– Como assim?

– Vou pegar um voo pra Cancún essa noite. Tenho que estar lá pra um ensaio amanhã de manhã.

– Ah, sério. E eu?

– Ah, não. A gente deveria ter se encontrado hoje, né?

– Acho que sim.

– Eu sinto muito. Escuta. Quando eu voltar. Eu prometo.

– A gente podia se ver antes disso – joguei verde.

– Ah, não. Nem pensa nisso.

– Como assim? – protestei inocentemente.

– Nem pensa em ir junto. Tenho muito trabalho pra fazer. Eles me agendaram pra dezoito horas por dia, não dá tempo pra brincar.

45 Famoso sex shop em Hollywood. (N. do T.)

– OK, tudo bem – aceitei. – Divirta-se. A gente se fala quando você voltar.

Desliguei, liguei pra dois amigos e disse:

– Façam as malas. A gente vai pra Cancún.

Liguei para a American Airlines, reservei passagens e, no dia seguinte, liguei pra ela do avião.

– Estou num avião nesse momento, tomando drinks – deixei o recado na secretária eletrônica. – E vou achar a sua bunda – aposto que ela desejou que nunca tivesse me dado o telefone de casa.

Meia hora depois, chequei a minha secretária eletrônica e havia um recado dela:

– Você tá louco! – ela berrava. – Não vem pra cá. Essa não é uma viagem de férias, é de trabalho. Não vem pra cá!

Mas já era tarde demais. Quando cheguei, liguei pra todos os hotéis à procura dela. O sexto hotel da lista era o Ritz-Carlton e, quando eles disseram que havia uma Pamela Anderson hospedada lá, eu quase molhei a calça de tão animado. Ela não estava no quarto, é claro, então deixei uma ou seis mensagens perguntando se ela queria me encontrar pra beber alguma coisa naquela noite.

Evidentemente, ela não ia nem retornar as minhas ligações, de tão puta da vida. Porém, as amigas dela estavam do meu lado desta vez: viram o quanto eu estava me esforçando e imploraram a ela:

– Só sai com ele pra um drink. Mal não vai fazer.

Bem, fez, porque quatro dias depois nos casamos.

Apareci no lobby do Ritz-Carlton de regata, calça jeans rasgada e tatuagens por todo o corpo. Eles não me deixaram me aproximar do bar ou do restaurante, então decidimos mandar aquela porra daquele hotel à merda e ir a outro lugar. Quando abri a porta do táxi pra Pamela, parei pra olhar pra ela. E nunca mais parei de olhar.

Achamos um lugar chamado Señor Frog's, que fedia a cerveja derramada e vômito de margarita. Estávamos ambos tímidos e com vergonha, ainda mais de toda a expectativa que se criou antes desse encontro, mas, à medida que a noite progrediu, o Señor Frog's virou o Sanctuary, a mágica voltou sem o ecstasy e o mundo ao nosso redor se derreteu. Ela tomou o drink que me prometeu, e esse drink levou a outro, e esse segundo drink levou a mais alguns, e todos esses drinks juntos levaram à cama dela no hotel. Quando finalmente adormecemos, foi a primeira vez em toda a noite que paramos de olhar pros olhos um do outro.

Saímos toda noite depois dessa. Íamos a clubes, restaurantes, bares, à praia, e a única coisa que fazíamos era encarar um ao outro e nos beijar a noite toda. Depois íamos pro quarto e fazíamos amor maravilhosamente. Ela estava na suíte do terraço e o elevador abria diretamente no quarto, onde havia uma piscina e uma queda d'água, e nós desfrutamos de ambas.

Eu não conseguia acreditar que era possível se sentir tão feliz. Aquilo era mais forte do que qualquer ecstasy: eu estava literalmente incapaz de ter um pensamento ruim – sobre mim mesmo, sobre o Mötley Crüe, sobre o Vince. Pra um suposto *bad boy*, eu estava virando uma florzinha. Parecia que nossos corações tinham sido grudados com cola quente. Enquanto ela estava trabalhando, eu só ficava no meu quarto de hotel me fingindo de morto até que ela ligasse e eu voltasse à vida. Cheguei até a ligar pros meus pais pra agradecer a eles por terem criado um moleque tão mimado, que não conseguia lidar com não ter algo que queria, porque caso contrário eu não teria a confiança pra ir atrás da Pamela como fiz.

Quando o ensaio dela terminou, decidimos ficar em Cancún por mais dois dias. Naquela noite, numa discoteca chamada La Boom, tirei meu anel do mindinho, coloquei no dedo dela e a pedi em casamento. Ela disse sim, me abraçou e meteu a língua na minha goela. Na manhã seguinte, decidimos que havíamos falado sério e pedimos ao pessoal do hotel que encontrasse alguém para realizar uma cerimônia de casamento. Trocamos laços de sangue, conseguimos uma certidão de casamento e estávamos na praia em roupas de banho nos casando antes do fim do dia. Ao invés de alianças, optamos por algo mais permanente: tatuagens do nome um do outro ao redor dos nossos dedos.

Na manhã seguinte, embarcamos de volta para Los Angeles. Quanto mais nos aproximávamos, mais a ficha caía. Era real. Estávamos casados.

– Uhm, pra onde a gente vai? Você quer ir pra sua casa ou pra minha? – ela perguntou.

– Tenho uma casa em Malibu, bem na praia...

– OK, então a gente vai pra sua casa.

No momento em que desembarcamos no LAX, a tempestade de merda começou. O aeroporto estava infestado de fotógrafos. Conseguimos abrir caminho até o meu carro e fomos pra minha casa. Dei uma olhada na colina acima da casa e havia uns caras com câmeras acampando por todo lado. Foi como se tivéssemos saído do paraíso de Cancún, onde a liberdade era total, e vindo pra essa prisão infernal que era a Babilônia de Hollywood. Contratamos um segurança 24h, mas ainda assim não conseguíamos fazer nada sem que aquela turba nos seguisse por todo lugar.

As coisas só pioraram quando a Pamela ligou pra família dela pra dar a notícia. A mãe dela surtou e disse a ela que pedisse divórcio imediatamente, e o irmão pediu meu endereço para que pudesse vir e me dar uma surra em pessoa. Basicamente a deserdaram e se recusaram a reconhecer nosso casamento. Nesse meio-tempo, Bobbie me deixou vinte mensagens. Ouviu no noticiário que Pamela e eu nos casamos e estava puta. No entendimento dela, a gente ainda estava saindo.

capítulo 4

NIKKI

NO QUAL UM LIBERTINO QUE, EM AVENTURAS PASSADAS, NEM PISCOU AO INSERIR UM IMPLEMENTO TELEFÔNICO NAS PARTES ÍNTIMAS DE UMA MULHER, SE VÊ PERTURBADO POR ENCONTROS NORMAIS

Na base da colina onde a Pacific Coast Highway encontra a Kanan-Dume Road, meus olhos se desembaçaram e eu tive um momento de clareza. Parei cantando pneu na frente da World Gym, abri a porta com tudo e descarreguei a arma na placa de PARE. Ainda estava puto da vida, mas não era estúpido como o O.J. e não deixaria a Brandi destruir a minha vida mais do que já havia destruído.

Sentei à beira da estrada e comecei a chorar. Não aguentava mais. Ela estava me destruindo e destruindo as crianças. Aquela nova informação, que me custara caro, tornava impossível continuar a tolerar as compras desenfreadas e a crueldade dela pela casa. Precisava me afastar dela. Queria muito, muito mesmo que Brandi e eu fôssemos tudo o que meus pais nunca foram, mas isso ficou impossível quando o relacionamento se desfez sob os meus pés.

Quando a confrontei e pedi divórcio, nossa relação se transformou de casamento numa guerra, e ela foi embora da casa ameaçando tirar de mim tudo o que eu tinha e amava. Nunca tinha me dado conta do quão solitária a mansão podia ser. Não só eu estava morando sozinho e lutando pelos meus filhos numa batalha pela custódia deles, como também não estava falando com a minha mãe e não sabia se meu pai estava vivo ou morto. Quanto à minha banda, o único sistema de apoio que tive na vida, ela estava uma bagunça: cada dia no estúdio na tentativa de produzir *Generation Swine* parecia um episódio de novela, com cada um armando pelas costas do outro.

Quando mostrei a um amigo, engenheiro de som, uma música que escrevi no auge da depressão, chamada "Song to Slit Your Wrists By",[46] ele insistiu que eu saísse de casa. Começou a me implorar para que eu saísse com uma amiga dele de Pasadena.

– Ela é uma garota incrível – prometeu.

– Não sei. Não estou muito a fim de sair com alguém agora. Só quero tentar ter meus filhos de volta.

– Nikki, você precisa sair com alguém. Sair dessa. Ela é muito legal, você vai gostar dela.

Cedi e liguei para ela, que parecia bacana o suficiente, então a convidei para jantar. Isso era muito diferente da forma como eu conhecia garotas antes de me casar, quando tudo o que eu precisava fazer era encostar no bar do Starwood e parecer *cool*. Levei uma hora e meia de carro até a casa dela em Pasadena. Quando cheguei, a porta se abriu e, dito e feito, a mina era vesga, exatamente como a antiga colega de quarto da Angie Saxon. Parecia uma versão bêbada da Geena Davis. Assim que entrei naquela casa com decoração *Shabby Chic*, quis dar meia-volta e fugir. Não era nem um pouco o meu estilo.

Mas já tinha ido até lá, e ela parecia tão desesperada e ansiosa, então a levei pra um lugar devidamente patético, como o Chili's. Ela virava dose atrás de dose de uísque, enquanto eu só olhava, porque de jeito nenhum voltaria pra casa bêbado. Quanto mais ela entornava, mais falava alto e mais chata ficava. Normalmente, eu estaria tão bêbado e falando tão alto quanto ela, mas, sóbrio, não sabia lidar com aquilo. Só me acovardei e me afundei na cadeira.

Levei-a de volta pra casa, ela me puxou pra dentro e perguntou se eu queria assistir TV. Dei uma desculpa, mas ela me sentou e ligou a TV na Fox mesmo assim, dizendo:

– Esse é o meu programa favorito – era *Cops*.

Sentei o mais longe dela que pude no sofá. Durante um comercial, ela pulou pra almofada do meio. Depois de alguns minutos de silêncio, perguntou:

– Você quer alguma coisa?

– Ah, aceito uma água.

Quando voltou da cozinha, sentou-se mais perto ainda de mim. Eu queria tanto ir embora dali que o suor começou a escorrer pelo meu rosto. Ela se aninhou ainda mais perto. Por fim, falei:

– Preciso ir, moro bem longe.

– Você devia ficar e assistir *Cops* – ela insistiu. – Esse episódio é muito bom.

– Não, preciso mesmo ir. É muito longe.

Levantei-me e ela pulou na minha frente, altiva e vesga. Tentei dar a volta nela, mas ela se interpôs entre mim e a porta e fez biquinho. Afastei-me, mas ela só

46 "Canção Para Cortar os Pulsos", em tradução livre. (N. do T.)

ficou mais agressiva. Precisava sair dali: uma Geena Davis vesga estava me atacando. Eu queria matar meu amigo. Corri para a caminhonete e pisei fundo, sem nem dar tchau ou dizer "foi divertido, valeu". Um minuto depois, meu celular tocou. Era ela. Aquilo estava se tornando um filme de terror.

– Por que você foi embora?

– Então...

– Você pode dormir aqui se quiser. Faço o que você quiser. Qualquer coisa.

– Não, não posso mesmo.

– Vou ser a sua escrava. Vou te tratar, nossa, bem demais.

– Foi mal. Talvez uma outra hora.

– Qual é o problema?

– Bom, você sabe. Você é vesga.

Essa foi basicamente a minha experiência com encontros às cegas. Conheci uma Geena Davis vesga e depois uma Meg Ryan vesga. Mas dormi com a Meg Ryan vesga.

Tommy havia se casado com a Pamela Anderson, então ele estava se sentindo nas nuvens e muito poderoso.

– Cara, você precisa parar de sair com essas garotas comuns. Tem que sair com alguém que te entenda, que seja ocupada como você, que passa pelas mesmas maluquices que você. Você precisa de alguma famosa. Dá uma olhada numas revistas e acha alguém interessante.

Fui até uma banca de jornais e folheei a *Details* e a *Premiere*. A Drew Barrymore parecia divertida; a Cindy Crawford seria uma bela companhia; e a Jenny McCarthy parecia ser uma garota selvagem, capaz de me fazer rir na cama. Escrevi uma carta e pedi ao Kovac que mandasse uma cópia via fax para os empresários de cada uma delas, alheio ao fato de que a Jenny McCarthy estava de fato saindo com seu empresário. Não só não tive uma resposta sequer, como aquelas cartas voltariam pra me assombrar.

Enquanto estávamos concluindo o álbum no estúdio, vi uma *Playboy* num canto, com uma foto de alguma loira do *S.O.S. Malibu* na contracapa. Notei que ela era bonita, mas não pensei mais nisso. No dia seguinte, Tommy me disse:

– A Pam quer te apresentar alguém.

– Ah, não, quem? Um David Hasselhoff vesgo?

– Não, uma garota que trabalha com ela no *S.O.S. Malibu*. E ela é gostosa, cara.

Na verdade, eu não queria sair com alguma atriz gostosona narcisista, então tentei me esquivar. Além disso, a Pamela nunca gostou muito de mim, e quando tentei fazer com que ela e a Brandi ficassem amigas, foi como tentar misturar óleo e água. Porém, Scott Humphrey interveio, como de costume, e disse que, se eu não saísse com ela, ele sairia. Então reclamei a prioridade.

Amaldiçoando a mim mesmo por ceder a mais um encontro às cegas, fui até o set de *S.O.S. Malibu*. Estava nos fundos, observando a filmagem de uma cena ao redor da torre dos salva-vidas, quando uma mulher entrou no set, com cabelos loiros maravilhosos e usando uma tanga florida. Era a mulher que eu vira na *Playboy*.

– É ela, cara – Tommy me cutucou.

– Fala sério. Essa garota nunca sairia comigo.

Imaginei-a entediada num jantar enquanto eu falava do trabalho que estávamos fazendo em *Generation Swine*. Tive certeza de que seria dispensado e cogitei sair de fininho pra não passar vergonha. Ela era certinha demais, namoradinha da América demais pra um fodido sujo como eu.

Depois da filmagem, caminhei pela longa trilha de areia até a praia e a encontrei na metade do caminho, onde Pam nos apresentou. Seu nome era Donna e não havia como ela ficar menos empolgada em me conhecer, nem olhou para mim. Só assentiu com a cabeça e foi para o trailer. Acho que a última coisa que ela queria fazer era se envolver com um mulherengo tatuado usuário de heroína e pai de três filhos, claramente ainda se recuperando de um casamento complicado.

Voltei para o trailer da Pam e aguardei, me perguntando se já não era tarde demais para fugir. Donna claramente estava pensando a mesma coisa, porque entrou no trailer e disse:

– Viu, não posso ir. Não tenho nada pra vestir.

Tudo o que ela tinha era uma blusa de pijama longa e larga que vestiu para vir trabalhar.

– Usa isso, tá ótimo – eu disse.

Ela me olhou feio, saiu do trailer e voltou dez minutos depois, de pijama.

– Beleza. Foda-se, vamos.

O encontro às cegas já era um desastre. Tommy e Pam nos conduziram ao Dragonfly no Chevrolet Suburban deles. Fui atrás, no meu Suburban, e Donna foi na retaguarda, num Nissan Pathfinder. Era um encontro estereotípico de L.A. – de carreata. Eu fazia conversões súbitas e passava em faróis amarelos, na esperança de que ela se perderia. Quando chegamos ao Dragonfly, não conseguia mais vê-la pelo retrovisor. Estava a salvo. Porém, assim que desci do carro, ela estacionou atrás de mim. Estava preso.

Ficamos no pátio e começamos a conversar. Depois, fomos a um clube onde todo mundo estava louco e dançando, mas nós ficamos sóbrios, conversando num canto sobre música e sobre nossos filhos. Estava me divertindo, de verdade.

Por volta da meia-noite, levei-a até o carro dela. Eu já estava ficando sem ter o que dizer, então falei da minha casa e da piscina que estava construindo.

– Ah, é mesmo, uma piscina? – ela bocejou, fingindo interesse.

– Sim, e vai ser no formato de uma boceta. Eu sempre quis uma piscina em formato de boceta, pra poder... ah, deixa quieto.

Ela virou os olhos pra trás e eu vi qualquer chance que eu pudesse ter com ela ir pela janela. Deixei-a no carro e fiquei com tanta vergonha que nem tentei beijá-la.

Porém, em casa, naquela mansão grande e isolada, me senti tão sozinho e vazio que liguei para ela. Queria passar mais um tempo com ela e ver se ela era realmente legal como pensei. Combinamos de ir ao restaurante Bamboo, em Malibu, na noite seguinte.

De manhã, levei meus filhos à Malibu Fair, onde encontrei Tommy e Pamela por acaso. Pamela estava com o filho deles, Brandon, e seu rosto estava vermelho de raiva. Tommy vinha atrás dela caindo de bêbado e ela estava claramente puta. Eu disse a ela que me encontraria com a Donna de novo e ela me deu um tapinha condescendente na cabeça.

Deixei as crianças na casa da Brandi, coloquei minha única roupa apresentável e fui buscar a Donna. Durante o jantar bagunçado de lamen no Bamboo, comecei a sentir coisas que ou eram amor genuíno, ou eram uma obsessão por superar o relacionamento anterior. Eu não tinha certeza de qual, especialmente por ter me apaixonado tão rapidamente e tão equivocadamente pela Brandi. Estava assustado demais pra olhar pra Donna, porque ela era tão linda que me deixava nervoso. Quando ela ia ao banheiro, caras vinham até a mesa me parabenizar por estar com alguém tão gostosa. Vinte anos antes, eu não teria dado bola, mas o casamento havia sugado toda a minha autoestima.

Ao contrário dos meus encontros com vesgas, com a Donna, eu quis levá-la até a praia e conversar com ela a noite toda. Tínhamos muita coisa em comum: vínhamos de cidades pequenas, adorávamos crianças, e ela era vista pelo mundo como uma *sex symbol* de *S.O.S. Malibu*, enquanto eu, acho, era visto da mesma forma no mundo do rock 'n' roll. Mas, no fundo, ambos sabíamos que éramos apenas nerds, uns absolutos *losers* no ensino médio que fingiram bem e tiveram sorte. Por fim, eu disse a ela:

– Olha, eu moro virando a esquina. Quer ir pra minha casa? Tenho vinho, a gente pode relaxar, e eu posso te mostrar uns esboços adoráveis da piscina de boceta que estou construindo.

– OK, se for perto.

– Claro, é só um minutinho.

Estávamos a quarenta quilômetros da minha casa, e eu sabia disso. Ela me seguiu no Pathfinder pela Pacific Coast Highway até a Kanan-Dume. Enquanto subíamos pelas colinas, ela deu sinal para que eu parasse.

– Está longe? – perguntou, exasperada.

– Estamos quase chegando.

Conduzi-a por Westlake Village e North Ranch, na esperança de que ela não se enfezasse e desse meia-volta. Enfim chegamos à minha garagem.

– Que porra é essa? – disse ela ao ver a minha mansão do Riquinho.

Ela entrou, sentou-se no sofá de dez mil dólares que a Brandi me fez comprar e começou a beber vinho. Eu estava boquiaberto demais para beber: não conseguia acreditar que aquela garota maravilhosa estava sentada no sofá daquela casa que eu só associava com casamento, filhos e a pior experiência de estúdio da minha vida. Parecia tão equivocado, e ainda assim eu estava gostando tanto. Queria beijá-la, mas não sabia nem onde e nem como começar, de tanto tempo que não fazia isso. Eu era um tremendo *loser*, um Frank Feranna Jr. Por fim, como um verdadeiro nerd, perguntei:

– Posso te abraçar?

Ela disse que sim, então me derreti nela por cinco minutos. Enterrei a cabeça nos cabelos loiros dela e simplesmente me perdi, como um velho tolo, lascivo e sentimental sentindo o perfume de uma garota de dezoito anos pela primeira vez em meio século.

Donna entornou quase todo o vinho, então sugeri que ela dormisse lá. Como estava muito nervoso com medo de ela pensar que eu tinha intenções escusas, rapidamente acrescentei que eu dormiria no meu quarto e que ela poderia ficar com o quarto de hóspedes. Levei-a até lá e, antes que eu conseguisse sair, ela me puxou pra cama. Sóbrio, consegui desfrutar de cada segundo e cada carícia. Enquanto rolávamos juntos, eu ia à loucura de tanto desejo. Provavelmente tive a mesma sutileza de um cachorro se esfregando numa maçaneta. Fazia tanto tempo desde a última vez que me pressionei contra uma bela mulher de quem eu de fato gostava e respeitava. Queria muito, mas muito comê-la, mas estava tão excitado que sabia que só duraria um segundo. E aí ela me odiaria porque eu teria sido a trepada mais sem graça da vida dela.

– Preciso ir pro meu quarto.

– Não. Fica – ela sussurrou.

Estava exausto, porque não estava mais acostumado a ficar acordado até tão tarde, mas fiquei tão empolgado deitado ao lado daquela loiraça de calcinha que levei horas para adormecer. Quando acordei, o sol estava nascendo e ela se fora.

Rolei da cama, vesti meu roupão e a encontrei fumando um cigarro numa das varandas que dava para a minha futura piscina de boceta gigante. Ela estava de costas para mim, observando as mansões multimilionárias dos meus vizinhos.

– O que você tá fazendo? – perguntei ao passar pela porta da varanda.

Ela se virou assustada e viu esse *rock star* feioso, de roupão, saindo de uma casa gigantesca, cheia de mármore branco, iluminado pelo sol nascente. Parecia uma cena do *Scarface*.

– Isso tudo aqui é demais pra mim. Vou embora.

– Não vá, não vá – implorei.

Recolheu o resto de suas roupas e correu para o carro, enquanto eu, de roupão, oferecia qualquer coisa para que ela ficasse. Ela disparou pela entrada da casa e eu fiquei lá sozinho, sabendo exatamente como a Geena Davis vesga devia ter se sentido quando fui embora. Eu era um monstro que o vinho, de algum modo, tornou atraente para aquela garota por umas duas horas. Sentei-me na cama e comecei a escrever: "*She's so afraid of love / Is so afraid of hate / What's she running / From now?*".[47]

Intitulei a música de "Afraid", e ela fala de nós dois. Em menos de quarenta e oito horas, fui de sentir repulsa por aquela garota a me apaixonar por ela, depois a ter meu coração partido e a sentir repulsa de mim mesmo. Caí num sono instável por algumas horas e depois deixei uma mensagem para ela. Quebrando todas as regras de como fazer uma mulher te querer, como não parecer ávido demais, disse

47 "Ela tem tanto medo do amor / Tanto medo do ódio / Do que ela está fugindo / Agora?"

a ela que fazia muito tempo que eu não me sentia tão vivo e implorei para ela me ligar. Ela ligou e pediu desculpas por ter fugido assustada, disse que ficou tão bêbada que nem se lembrava se a gente tinha transado ou não. Falei que transamos a noite toda e que depois ela disse que havia sido a melhor trepada da vida dela.

Depois de mais alguns encontros, quando tudo estava começando a funcionar, Donna chegou na minha casa cantando pneu e veio pra cima de mim esfregando na minha cara um fax escrito por mim. Evidentemente, o empresário e namorado da Jenny McCarthy trabalhava com o empresário da Donna e, quando ouviu falar no novo cara na vida dela, apresentou a carta que eu havia escrito pra Jenny McCarthy convidando-a para sair. De repente, no conceito da Donna, eu caí de *rock star* solitário e amável para misógino comedor de celebridades.

Para piorar, naquela tarde, brincávamos com meu filho Gunner quando Brandi entrou furiosa na casa, dizendo que era a semana dela de ficar com ele. Gunner estava se divertindo e não queria ir embora, mas Brandi insistiu e não pareceu se importar quando ele começou a gritar e a chorar. Na frente de Donna e Gunner, ela começou a berrar comigo e me humilhar. Saí furioso da sala, carreguei minha pistola 9 mm que guardava no quarto e jurei que desta vez eu faria: ia atirar na cabeça daquela vaca sem coração. Podia ouvir os gritos do Gunner ecoando pela casa. Todo meu circuito lógico se desligou e minha mente foi tomada pela raiva.

Voltei correndo pelo corredor, mas Donna me pegou:

– Calma aí, Scarface.

Depois de discutirmos por alguns minutos, entreguei a arma a ela e desviei até o quarto do meu filho, mas não encontrei Brandi e Gunner, ela já havia ido embora com ele. Desabei na cama do Gunner e desatei a chorar. Eu era um completo fodido: provavelmente tinha assustado a Donna para sempre.

Porém, uma coisa curiosa nas garotas é que, quanto mais você faz coisas erradas, mais elas gostam de você. Entre aqueles faxes idiotas e o meu surto incontrolável, Donna conseguiu enxergar que eu era um garotinho perdido precisando de muita ajuda. Então ela começou a me ajudar. No dia seguinte, ela chegou na minha casa com um presente: uma caixa de 15 CD-ROMs chamada *Family Tree Maker*. Digitei meu nome, depois o nome do meu pai. O drive de CD girou e os nomes dos meus pais apareceram na tela. Abaixo deles, meu nome e o nome do meu irmão, Randy Feranna. Espera aí! Meu irmão Randy? Eu não tinha irmão nenhum.

fig. 2

Em sentido horário, da esquerda para a direita: Storm, Nikki, Gunner, Decker, Donna D'Errico e Rhyan D'Errico

capítulo 5
TOMMY

NO QUAL O LEITOR DESCOBRE O DESTINO DO COFRE DE TOMMY LEE E A FITA DE VÍDEO NELE CONTIDA

Ninguém achava que ia dar certo. Mas deu – por um tempo. Pamela e eu éramos felizes pra caralho – todos os aspectos das nossas personalidades pareciam combinar. Ela queria ter filhos mais do que qualquer coisa no mundo, o que era exatamente o que eu queria desde meu casamento com Heather. E a Pamela era uma companhia muito mais tranquila e divertida. Juntos, tínhamos todo tipo de ideias, de companhias de móveis que queríamos começar a grifes de roupas ou roteiros. Ao invés de frear nossas ambições, nosso casamento só dava ainda mais gás a elas. A mãe e o irmão dela por fim se desculparam e apoiaram o casamento, e ficou tudo bem. Exceto pela porra dos fotógrafos, que nos seguiam por todo lugar.

Eu não entendia muito bem os paparazzi, porque nunca tinha vivido nada tão louco assim com a Heather. Antes, essa merda era mais organizada. Com a Pamela, era um nível completamente novo de invasão de privacidade. Fotógrafos surgiam de arbustos quando saíamos de casa e começavam perseguições em alta velocidade a nós na estrada. Eu não entendia por que as pessoas queriam tantas fotos dela. Talvez se estivéssemos pelados na praia eu entendesse, mas o que era tão excitante em ver a gente andando pela rua ou saindo do carro?

Por onde fôssemos, alguém berrava "Pamela" ou "Tommy" e, se nos virássemos, um milhão de flashes disparava. Se não nos virássemos, começavam a nos vaiar e xingar. Tentar inventar esquemas elaborados para evitá-los se tornou um jogo doentio: mandávamos uma assistente da Pamela sair de casa numa peruca loira ou trocar de carro conosco para despistá-los. Depois de algumas semanas sendo tratados feito merda de cachorro pelos paparazzi, começamos a pensar neles como vermes. Eu queria esmagar todos eles: não tanto pelo comportamento invasivo, mas mais pela falta de respeito por nós como seres humanos. Quando a Pamela desmaiou e perdeu nosso primeiro filho num aborto espontâneo (uma maldição da família Lee, segundo a minha mãe), os paparazzi estavam tão determinados a conseguir fotos que não paravam de cortar a ambulância no caminho pro hospital. Porra, cara, eu conseguia lidar com eles tentando entrar de penetra numa festa nossa, mas quase bater na nossa ambulância já é absurdo.

Isso me aborreceu demais, porque eu queria filhos havia muito tempo. Tinha ciúmes demais do Nikki por ele ter uns filhos lindos da porra. Sempre que eu ia à casa dele, voltava a ter dois anos de idade e brincava com eles por horas. Gostava de voltar àquela época da minha vida em que tudo era inocente e sem importância.

Fiquei deprimido por meses depois do aborto espontâneo da Pamela. Para nos animar e tirar a cabeça disso, ela deu uma porra de uma festa surpresa de trezentos mil dólares quando eu fiz 33 anos. Cheguei em casa naquela noite e ela disse:

– Quero que você se vista como um rei!

Pegou um robe roxo grandão e uma coroa maluca que comprou, e então um maquiador cobriu a minha cara de pó branco, o que me deixou parecido com o Corvo ou alguma coisa assim. Pamela se fantasiou de mestre de cerimônias, com uma cartola gigante, me pegou pela mão e me levou até a entrada da casa, onde um ônibus de turnê coberto de faixas de feliz aniversário estacionou. Dentro dele, havia nove anões cantando "Parabéns Pra Você", champanhe a rodo e doze amigos meus vestidos de drag.

Rodamos por dez minutos até o Semler Ranch, perto dali, e ao descer do ônibus saí no meu filme do Fellini particular. Duas fileiras de tochas se estendiam por centenas de metros à minha frente. Havia anões por todo lado, dizendo numas vozes de gás hélio:

– Bem-vindo à Tommylândia, bem-vindo à Tommylândia, hihihi! – enquanto desenrolavam um tapete vermelho entre as fileiras de tochas.

Nesse meio-tempo, surgiu todo tipo de palhaços e acrobatas, enchendo o ar de confete. Eu ainda nem estava sob o efeito de drogas, mas me sentia como se estivesse.

Pamela, a mestra de cerimônias, conduziu a mim e aos meus amigos num desfile pelo tapete vermelho. À nossa frente, um gigante de perna de pau vestido de diabo passou pelo emaranhado de anões, abrindo-os como o Mar Vermelho. Depois dele, havia uma placa enorme que dizia "Tommylândia", com a figura de um palhaço insano. Ao me aproximar da placa, me dei conta de que a Pamela havia basicamente montado um parque de diversões inteiro pra mim. Porra, havia rodas-gigantes, montanhas-russas, contorcionistas em caixotes, jaulas com leões e máquinas de bolhas de sabão. Debaixo de uma imensa tenda, havia um palco profissional montado com uma bateria e todo tipo de equipamento pra uma *jam*, bem como meu piano *baby grand*, que a Pamela adornou com pinturas folhadas a ouro de carpas e pés de ferro forjado. A porra do Slash estava lá com os caras do

Guns N' Roses, assim como nosso amigo Bobby, do Orgy, com sua banda na época, o Electric Love Hogs. Pamela trouxe também uns caras do Cirque du Soleil, que a gente adorava, e colocou o som da nossa banda favorita, o Radiohead, pra tocar a todo volume. Havia todo tipo de comida gourmet e drogas gourmet, dançarinas taitianas, percussionistas balineses e luzes em movimento, além de uma equipe de filmagem em 35 mm e um caminhão de som para documentar tudo. Às 3h da manhã ela me trouxe um bolo com o Super Mouse, porque, porra, cara, ele sempre fica com a garota, e depois todo mundo jogou futebol com os anões, de joelho.

Foi uma festa do inferno, incrível pra caralho. No final da noite, quando eu já estava podre de tanta droga e álcool, uma dúzia de ambulâncias chegou no rancho com as sirenes berrando.

– Que porra é essa? – entrei em pânico e agarrei a Pamela.

– Não se preocupe – ela disse. – Eu contratei ambulâncias pra levar todo mundo pra casa, porque eu sabia que todo mundo estaria fodido demais pra dirigir.

Às 7h, fui levado pro meu quarto numa maca gigante.

Sempre disse a ela que um dia, quando eu não fosse mais de uma banda de rock e ela tivesse se aposentado da carreira de atriz, íamos começar uma empresa de festas. Pamela tirava uma satisfação imensa de bolar umas festas malucas e elaboradas que transcorriam sem problema algum.

Dez dias depois do meu aniversário, Pamela me disse que estava grávida de quatro semanas. Cara, eu não poderia ter ficado mais feliz. Quisemos um parto em casa, completamente natural, sem medicamentos, sem nada daquelas luzes feias de hospital, tapinhas na bunda, balanças de aço inoxidável e agulhas que há nas maternidades. Ao som de música suave, à luz de velas e com uma parteira de cada lado, Pamela deu à luz a Brandon Thomas Lee às 3h02 do dia 6 de maio de 1996, depois de dezessete horas de trabalho de parto pra ela e quatrocentos cigarros pra mim. As lágrimas vieram feito uma queda d'água quando eu vi aquela pessoinha sair da minha esposa na porra do mesmo quarto em que a gente a concebeu. Até ajudei a puxá-lo, cara. Esse foi, fácil, o dia mais maravilhoso da minha vida, e meia hora depois eu me sentei ao piano e a música "Brandon" simplesmente saiu de mim.

Na época, eu não percebi, por estar tão tomado de felicidade, mas havia um lado negativo em tudo aquilo. Pamela e eu ficamos tão ocupados em ter filhos tão rápido que nunca nos demos a chance de construir um relacionamento sólido. Quando você soma o tempo necessário para ser pai com o tempo que ambos devotávamos às nossas carreiras, mal sobra um minuto. Muito tempo depois, perguntei a ela:

– Por que a gente não trabalhou mais no nosso relacionamento?

– A gente não pôde. Eu estive grávida o tempo todo.

Quando você está apaixonado por alguém, não há nada que você queira fazer mais do que conceber um bebê que é metade você, metade ela. Porém, depois que você faz isso, está consignando o amor à lixeira, porque, ao ter um filho, você está criando seu maior rival, uma pessoa que sua esposa vai amar mais do que ama você. Enquanto a relação entre marido e mulher gira em torno de condições (contratos, certidões de casamento, exames de sangue), a relação entre mãe e filho é de amor incondicional. Ao conseguirmos aquilo que queríamos mais do que qualquer coisa no mundo, um lindo menino (e, pouco depois, um segundo filho), nos condenamos antes mesmo de começar.

Além do mais, havia outros fatores fora do nosso controle. Pamela e eu estávamos jantando e zapeando os canais na TV quando ouvimos nossos nomes mencionados em algum programa de notícias. Nas imagens, um cara estocava as prateleiras da Tower Video com fitas VHS. E a gente soube exatamente a que se referiam aquelas fitas.

Meses antes, tínhamos feito uma viagem de cinco dias numa casa-barco no lago Mead. Como de costume, levei minha filmadora. Não estávamos tentando gravar um pornô, só registrar as nossas férias. Assistimos à fita uma vez quando voltamos pra casa e a guardamos no cofre, que era uma monstruosidade de 220 kg escondida debaixo do carpete da técnica do meu estúdio na garagem, onde gravamos parte do *Generation Swine*.

Pamela e eu passamos aquele Natal em Londres, enquanto mandamos reformar a casa. Depois disso, terminei de gravar no porão e desmontei o estúdio. Quando o carpete foi retirado, me deparei com um espaço vazio onde antes havia o cofre. Não havia fechaduras nem janelas quebradas, então foi um trabalho interno. As únicas pessoas que tinham a chave eram meu assistente e a equipe de construção, que, pensando bem, contava com um cara que havia sido ator pornô e conhecia muito bem o ramo. Deduzi que eles deviam ter removido o cofre com uma grua, levado pra casa e forçado a abertura ou explodido. Provavelmente estavam atrás das armas e joias, mas acabaram ficando também com todos os itens pessoais que eram importantes para nós, de heranças de família a fotos.

Fiquei tão surtado que despedi o assistente e mandei meus advogados atrás da construtora. Logo depois, um trambiqueiro de pornô de uma companhia chamada Internet Entertainment Group me ligou, dizendo que tinha comprado a fita e ia transmiti-la via internet. Pedimos aos advogados da Pamela que enviassem uma notificação de cessão e desistência, mas por alguma razão o documento não chegou a tempo. Nossos advogados e empresários nos aconselharam que o melhor jeito de minimizar os danos seria assinar um contrato dizendo que, já que a companhia nos pegara de jeito, permitiríamos, relutantemente, uma única transmissão, contanto que eles não vendessem, copiassem, permutassem ou retransmitissem a fita. Pensamos ter vencido: pouca gente veria o vídeo na internet e nós poderíamos reaver a fita e começar do zero.

Porém, assim que vimos na TV as prateleiras sendo estocadas na Tower, nos demos conta de que o cara tinha quebrado o acordo e copiado a fita – que, por sinal, nunca voltou pra nós – em massa. Liguei para os meus advogados imediatamente e levamos a empresa ao tribunal.

Tudo isso estava acontecendo numa época muito difícil para nós: Pamela e eu estávamos brigando o tempo todo. Tentar ter filhos, continuar as carreiras que nos consumiam, fazer um relacionamento novo funcionar e lidar com o bombardeio de merda incessante da imprensa foi um desafio maior do que podíamos esperar.

Antes de o Brandon nascer, tivemos uma briga gigantesca, explosiva, porque, com tudo se desenrolando ao mesmo tempo, ambos nos tornamos extrassensíveis à mínima mudança de humor do outro. Se um de nós dizia ou fazia algo de errado, o outro se eriçava de ódio e ressentimento. Tínhamos uns bate-bocas por causa de nada o tempo todo.

– Você é um moleque egoísta que só pensa em você – Pamela ralhou uma noite por causa de alguma besteira que nós transformamos num grande problema. Nem me lembro mais do que se tratava.

– Não quero saber disso – rebati. – Não importa porra nenhuma. Estou cheio de a gente perder tempo discutindo.

– Você nunca quer falar sobre nada – ela esbravejou. – Eu te achava tão doce, você me enganou.

E, com isso, saiu furiosa da casa e foi dormir em seu apartamento. Horas depois, o telefone tocou. Atendi esperando ouvir a Pamela do outro lado da linha, mas, em vez dela, um homem começou a falar. Identificou-se como médico e disse que Pamela havia engolido a metade de um frasco de aspirina e apagado. Foi encontrada inconsciente em sua cama por uma amiga que havia ido visitá-la para passar a noite com ela e consolá-la. Corri para o hospital para vê-la, embora a overdose tenha sido menos uma tentativa de suicídio e mais uma súplica por atenção. Porém, funcionou, porque eu não fazia ideia do quanto os nossos desentendimentos a estavam afetando.

Para despistar os cães farejadores da imprensa, mas ainda assim dar a eles algo real que pudessem reportar, emitimos um comunicado anunciando que Pamela deu entrada no hospital com sintomas de gripe e acabou descobrindo que estava grávida.

Tentei ao máximo manter a calma depois do drama, mas era cada vez mais difícil, com as notícias piorando cada vez mais. Primeiro, o Internet Entertainment Group começou a vender um vídeo da Pamela fazendo sexo com o Bret Michaels, do Poison. Depois, o juiz do caso do nosso vídeo nos silenciou em todas as questões de privacidade e permitiu a venda da fita porque determinou que o conteúdo era digno das notícias. Fiquei puto da vida, porque não quero que meus filhos vão à casa de um amigo e encontrem uma fita dos pais dele trepando no videocassete.

Por fim, acabei cedendo e assisti ao vídeo. Não consegui entender o rebuliço: é só o nosso vídeo de férias. Só tem um pouco de sexo ali. Porém, isso não impediu o Ron Jeremy de tentar me convencer a atuar num pornô dele. Acho que, se a minha carreira como músico fracassar, sempre posso virar ator pornô.

fig. 3

Tommy com seu filho Dylan

capítulo 6
NIKKI

NO QUAL, POUCO A POUCO, TUDO O QUE O NOSSO HERÓI SABE DE SUA VIDA, SUA MÚSICA, SUAS FINANÇAS E SUA POSTURA QUANTO AO SEXO ORAL DESABA

— Oi, eu queria falar com o Randy. Acredito que você seja meu meio--irmão. Se o seu pai for o Frank Feranna, você poderia me ligar, por favor? Não sei se ele está vivo ou morto. Minha mãe é a Deana. E o meu nome é Nikki, ou Frank.

Essa foi a mensagem que deixei para Randy Feranna. Uma hora depois, a esposa dele me ligou e disse que se lembrava vagamente de o pai dele mencionar um meio-irmão. Falei com Randy mais tarde naquela noite. Ele era quatro anos mais velho do que eu, trabalhava como gerente de um resort em San Jose e crescera com discos do Mötley Crüe, embora não fizesse ideia de que estava batendo cabeça ao som de um parente.

– Eu sabia de uma mulher chamada Deana, e ouvi falar que ela tinha um filho com o meu pai – disse ele. – Mas ele nunca falou de você. Meu pai – nosso pai – era um mulherengo e um alcoólatra brabo. Me disseram que foi um homem selvagem.

– Mas ele está vivo? Queria falar com ele.

– Ele morreu no dia de Natal em 1987. Teve um ataque cardíaco no chuveiro.

Randy me disse que nosso pai estava enterrado em San Jose. Depois de tantos anos, eu queria realmente me encontrar com meu pai, só para olhar para ele e descobrir mais a respeito de quem eu era, no que eu me tornaria e até a quais doenças eu era geneticamente propenso. Mais do que tudo, eu queria saber por que ele nunca quis ter nada a ver comigo por toda a minha vida. Como ele já estava morto e enterrado, imaginei que esse era o fim da história. Provavelmente foi até melhor que eu não o tenha encontrado vivo, porque eu só seria rejeitado de novo e ficaria ainda mais amargurado. Lembrei-me de todos os pensamentos otimistas que nutri quando fui a Seattle me reencontrar com a minha mãe, só para encontrar uma mulher paranoica num hospital psiquiátrico, que nunca me perdoaria e a quem eu nunca poderia perdoar.

Donna me incentivou a seguir em frente com o plano de fazer as pazes com o meu pai. A morte dele não era um revés, eu por fim decidi, mas uma vantagem, porque, assim, ele não poderia retrucar para mim. Então fomos até San Jose e visitamos seu túmulo. Donna levou uma câmera e me filmou andando pelo cemitério, encontrando a lápide e cuspindo nela.

– Vai se foder – berrei para ele. – Você foi embora da porra da minha vida quando eu tinha três anos. Nem se despediu. Depois você volta com um trenó, como se isso fosse fazer tudo ficar bem. Você nem ficou por perto pra me ver. Por que se deu ao trabalho?

Fiquei uma hora ali, culpando-o por toda a minha vida fodida. Quando revi tudo – fugir da minha mãe, roubar as roupas de uma garota sem-teto, brigar com a polícia na frente do Whisky, a overdose no Franklin –, toda aquela misantropia e autodestruição se resumiram à mesma coisa, uma pulga gigante que carreguei atrás da orelha por toda a vida porque meu pai me abandonou. Não só ele me deixou quando eu tinha três anos, mas também me afastou quando o procurei em busca de ajuda dezesseis anos depois.

Quando voltei para casa, estávamos prestes a começar a turnê do *Generation Swine*. Decidi exorcizar os sentimentos que tinha pelo meu pai de uma vez por todas no palco. Compus uma peça de baixo com Chris Vrenna, do Nine Inch Nails, na qual eu solava em cima de diferentes texturas e paisagens sonoras enquanto uma série de slides era exibida ao fundo, com imagens de um embrião, do nascimento de uma criança, uma foto bonitinha minha quando bebê e outra de quando eu era uma criança feliz numa máscara de Halloween. Em seguida, a música ficava mais soturna e uma série de palavras piscava em dois monitores de um metro de largura: "abandono", "vazio", "heroína", "destruição". Depois, a música parava e uma grande interrogação aparecia, como se dissesse "Por que eu?" ou "E agora?". Para fechar a peça, eu tocava *noise* atmosférico obscuro e pequenas melodias em tom menor no baixo enquanto o vídeo que Donna e eu fizemos na sepultura do meu pai passava ao fundo. Na primeira noite em que toquei esse solo, meus olhos se encheram de lágrimas. Depois do show, no *backstage*, fãs disseram ter chorado também, porque também haviam sido abandonados pelos pais. É claro que outras pessoas também me abordaram para dizer que eu era um *freak* e que deveria lidar com meus problemas. Mas essa era a forma que eu tinha de lidar com eles.

Foi por meio de Randy que eu soube da minha irmã de pai e mãe, Lisa. Minha mãe sempre me disse que Lisa tinha saído de casa e não queria que ninguém da família a encontrasse ou visitasse, então eu não pensava muito nela. Randy não pôde acreditar quando contei isso a ele: Lisa não teria nem a capacidade de tomar uma decisão como essa. Ela tinha síndrome de Down e vivia numa casa de repouso – ele não sabia dizer exatamente onde – há mais de trinta anos. Era cega, muda e incapaz de andar, se vestir e se alimentar sozinha. Enquanto eu percorria o mundo preocupado com a minha banda e com quais drogas eu poderia pôr no organismo, ela passou esse tempo todo numa cadeira de rodas em alguma casa de repouso para inválidos. Jurei encontrá-la quando a turnê do *Generation Swine* acabasse e fazer tudo o que estivesse ao meu alcance para garantir que ela tivesse os melhores cuidados que o dinheiro pudesse comprar.

Não consegui entender por que minha mãe nunca se deu ao trabalho de dizer a verdade. Por toda a minha vida, corri pelo mundo como um rebento sem raízes. Meus pais se perderam para mim e, quanto aos meus filhos, todos os dias eu lutava para ficar com eles, enquanto Brandi me difamava no tribunal (o que não era um feito muito difícil, considerando o meu passado). Agora, três décadas atrasado, eu finalmente descobria que havia outros por aí como eu.

Oito anos de sobriedade, seis de casamento e a responsabilidade necessária para criar três filhos haviam limpado a minha cabeça pela primeira vez. E, à medida que olhei à minha volta, tive uma revelação: minha vida era uma merda. Fiquei mais raivoso do que nunca e quis começar a me drogar de novo, mas tínhamos uma regra na turnê que estabelecia que, se alguém fosse pego bêbado ou drogado, deveria pagar vinte e cinco mil dólares. Queríamos estar em nossa melhor forma ao vivo, sem vomitar ou apagar do lado do palco. Para garantir que ninguém trapaceasse, colocamos um cara para administrar exames de urina aleatoriamente ao longo da turnê. Vince, é claro, foi pego em questão de duas semanas.

A turnê sóbria do *Swine* deveria ser a nossa grande reunião. O mundo deveria se levantar e entoar "Mötley Crüe" só porque o Vince estava de volta. Porém, a verdade é que a gente ainda não era o Mötley Crüe. Claro, todos os membros originais estavam ali. Mas a turnê foi uma bagunça. Com cliques, faixas pré-gravadas e racks de efeitos para tentar imitar os experimentos de estúdio do álbum, éramos mais um computador do que uma banda no palco. Quando tocávamos "Live Wire", eu sentia um impulso de êxtase, porque a música era orgânica. Já quando tocávamos "Find Myself", era frio como karaokê. Embora Vince estivesse de volta aos vocais da banda, eu percebia que ele não estava feliz.

Parte do problema era que, como Kovac havia previsto, a Elektra estava nos cortando em publicidade, divulgação e marketing. E com a nossa moral em baixa como estava – Tommy queria modernizar, Mick ainda estava puto por termos perdido a fé nele, Vince num inferno financeiro e eu com todos os meus problemas familiares –, não seria muito difícil para a Elektra se deitar na última vértebra que terminaria de quebrar as pernas do Mötley. E nós não podíamos deixar isso acontecer, pois, se acabássemos a banda, passaríamos a dever doze milhões de dólares à gravadora. Se ficássemos juntos, a gravadora nos deveria esses doze milhões.

A Elektra logo parou de nos pagar, esperando nos deixar ainda mais no vermelho e desesperados. Tentaram nos atingir por meio das nossas esposas e advogados, plantando inseguranças em relação ao futuro da banda. Chegaram até a tentar nos atacar por meio do empresário da Pamela, dizendo a ela que Tommy era o grande astro do Mötley Crüe e que ele se daria melhor sozinho. Atacaram-nos de todas as direções, então fomos à guerra: no que dependesse de nós, a turnê do *Generation Swine* não seria apenas uma tentativa de promover um álbum e uma banda, mas uma maneira de fazer a gravadora prestar atenção em nós, nos dar nosso dinheiro e nos liberar do contrato para que então ficássemos livres para fazer o que quiséssemos.

Assim, no palco, fiz o público entoar "Elektra, vai se foder". Consegui uma entrevista na *Spin* com o único propósito de ter a oportunidade de chamar a Sylvia Rhone de "piranha" na mídia impressa. Estava determinado a ser o calo mais dolorido no pé dela. Afinal, se tratava de uma gravadora que fez toda sua fortuna com o rock 'n' roll (conosco, com o Metallica, com o AC/DC), e agora o desprezava, uma gravadora tão estúpida que, enquanto nos esgotava, também dispensava um grupo inglês chamado Prodigy por achar que eles não tinham futuro. Menos de um ano depois, o Prodigy assinou um contrato multimilionário com a Maverick Records e se tornou a primeira banda techno a chegar ao primeiro lugar nos EUA.

Meu plano era deixar a Elektra tão farta de nós a ponto de fazer qualquer coisa para nos dispensar. Hoje, percebo que provavelmente não foi a melhor tática. Cometi o erro dc levar para o nível pessoal com Sylvia, de forma que ela sentiu que eu estava abusando e tirando vantagem dela. E isso a levou a pensar que eu era cruel e merecia tudo o que estava acontecendo, então ela nos apertou ainda mais, sem pensar no fato de que tínhamos filhos e lares e, agora, pela primeira vez na vida, estávamos com dificuldades para mantê-los. Foi um período sombrio. Ainda não sei muita coisa sobre a indústria, como funcionava, e o quão profundas eram e o quão alto chegavam as correntes no comando. Eu nunca estivera no lado contrário à gravadora antes, nem imaginara que o Mötley Crüe seria pego entre as engrenagens de uma máquina a fim de esmagá-lo.

Ao mesmo tempo, eu estava perdendo o controle daquilo que o Mötley representava. Estava tão furioso com meu pai, minha ex-mulher e minha gravadora que meu lado sombrio e demente assumiu esse controle. Para o show do *Swine*, Tommy achou umas imagens piratas de gente cometendo suicídio e morrendo queimada. Coisas bem grotescas, e a ideia era exibi-las durante a nossa música anti-suicídio, "Flush", para mostrar ao público que, por mais lamentável que estivessem, ainda estavam muito bem. Porém, quando eu olhava para a plateia durante essa música, estava todo mundo horrorizado. Lembrei-me tarde demais que aqueles garotos não iam a um show do Mötley Crüe para pensar sobre sua própria mortalidade; iam a um show do Mötley Crüe na esperança de ganhar um boquete no banco traseiro de um carro.

E então, quando a nossa moral não poderia estar mais baixa e a nossa relação com a Elektra não poderia piorar, Vince decidiu sair da banda de novo.

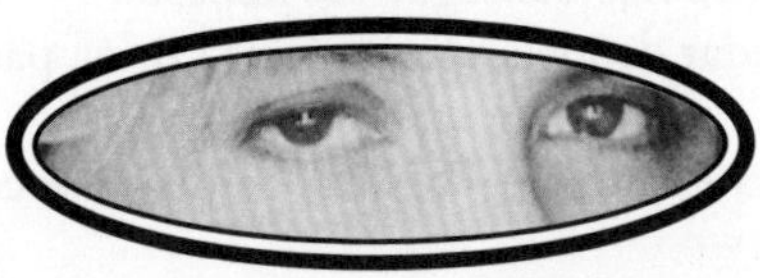

capítulo 7
VINCE

O CURIOSO CASO DO JANOTA QUE DESISTIU DE DESISTIR, APENAS PARA DESISTIR DE NOVO

Eu já estava de saco cheio do Tommy, que vinha sendo um babaca comigo desde que voltei para a banda, e estava de saco cheio daquelas regras idiotas. De repente, passamos de a banda mais decadente e enlouquecida do mundo para a banda mais rígida e sóbria do mundo. Tentamos ficar sóbrios na turnê do *Dr. Feelgood* e já não deu certo na época. Gosto de tomar um drink de vez em quando, e não gosto que eles custem vinte e cinco mil dólares cada.

Um amigo meu tinha um grande jatinho Gulfstream e foi gentil o bastante para nos levar nele até nosso show em São Francisco. Em seguida, ele nos levaria até a próxima parada: Boise, Idaho. Estávamos nos aproximando do final do braço da Costa Oeste da turnê, e eu tinha pensado em sair porque me divertia muito mais sozinho do que tocando um set composto quase que somente por músicas novas grunge-eletrônicas com a polícia da sobriedade e o Tommy Anderson Lee. Não voltei à banda pra ficar nesse estado deplorável; não foi isso que Kovac prometeu quando implorou, suplicou e me bajulou. Então, depois do show, tomei um drink, fui a uma casa de strip e tomei um táxi até o hotel. Evidentemente, Nikki pegou o mesmo táxi no dia seguinte, ouviu do taxista que eu havia bebido e ligou pro meu quarto exigindo vinte e cinco mil dólares. Respondi que não lhe daria dinheiro toda vez que ele abrisse a boca. Num piscar de olhos, um cara bateu na minha porta com um coletor de exame de urina. Mandei ele sumir dali ou lhe daria uma surra.

A banda se encontraria no lobby do hotel às 16h para partir para Boise, então desci e disse a Tommy e Mick que estava cheio daquela bobagem e planejava cair fora ao final do braço da Costa Oeste. Nikki estava com Donna e o avô dele na recepção, então fui até lá para dar a notícia a ele:

– Tô fora. Não consigo mais continuar com essa merda.

Nikki se virou e disse:

– Por quê? Porque você não consegue ser honesto?

Nisso, ele me fez mudar de ideia. Ao invés de sair na pausa da turnê, decidi sair ali mesmo.

– Vai se foder, tô fora – lancei. – Foi bom conhecer vocês de novo. Façam uma boa viagem pra casa.

Ele deu a jaqueta à esposa, a mala ao avô, se voltou para mim e disse calmamente:

– Ei, Vince, se você vai embora, por que não leva isso aqui na viagem?

E então me acertou em cheio um soco na mandíbula. Não pude acreditar: era uma reação que eu esperaria do Tommy, não do Nikki. Acho que ele acumulou muita raiva ao longo da turnê, com a disputa com Sylvia Rhone, as questões com o pai que vinha tentando resolver no palco e o processo de dez milhões de dólares da ex contra ele. Naquele momento, descontou tudo em mim, me jogou no chão naquela descarga furiosa de adrenalina, agarrou meu pescoço e cravou as unhas em mim, berrando que ia arrebentar minhas cordas vocais, enquanto nosso *tour manager*, Nick Cua, olhava horrorizado.

Sou maior que o Nikki e estava em muito melhor forma, então meti um soco na cara dele e o derrubei. Atravessei a porta e segui para o hotel do meu amigo piloto, a dois quarteirões dali.

– Vamos voltar pra L.A. – disse a ele.

Tomamos um táxi até o aeroporto e encontramos a banda toda na sala de espera, presumindo que, de algum jeito, estava tudo bem, que tínhamos tirado a raiva do organismo e seguiríamos em frente para Boise. Eu e o piloto passamos reto; Nikki, Mick e Tommy pegaram as malas para nos seguir.

– Esperem aí – eu disse a eles, e então embarquei no avião, fechei a porta, sentei-me numa poltrona na janela e mostrei o dedo do meio pra eles. Foi a minha melhor performance em toda a turnê.

Previsivelmente, Nick Cua veio bater na porta. Deixei-o entrar.

– Tem alguma forma de resolvermos isso? – perguntou.

– Não. Façam o que vocês quiserem. Ir pra Boise, voltar pra L.A., eu não me importo. Vou pra casa.

Em questão de uma hora, eu estava tomando uns drinks no Peninsula Hotel. Depois, fui pra casa, agarrei a Heidi, a joguei na cama, trepei gostoso com ela e fui dormir com a satisfação de saber que a banda ainda estava no aeroporto.

OS CARAS FICARAM PRESOS LÁ por oito horas, à espera de um voo comercial. Acabaram cancelando o show em Boise, que estava com ingressos esgotados, e retornando a L.A. Jordan Berliant, do escritório dos nossos empresários, insistia em me ligar em casa, com o Nikki na linha, mas eu me recusava a falar com ele.

Por fim, depois de curtir a liberdade de poder fazer a porra que eu quisesse por uns dois dias, concordei em participar de uma das reuniões das quais os nossos empresários pareciam gostar tanto. Sentamos um diante do outro no escritório, como dois irmãos pré-adolescentes forçados pelos pais a fazer as pazes. Como Tommy e Nikki haviam me chutado da banda naquela noite chuvosa seis anos antes, nunca tivemos uma oportunidade real de falar dos nossos problemas, simplesmente os jogamos pra debaixo do tapete e os ignoramos, esperando que sumissem. Porém, no fim, o tapete ficou alto demais com tanta poeira e a gente sempre tropeçava nele quando tentava andar. Agora eu tinha a chance de finalmente dizer ao Nikki o que vinha guardando há seis anos.

– O seu problema é ser condescendente demais com as pessoas. Você fala de cima pra baixo, como se ninguém estivesse ao seu nível – falei.

– Acho que posso ser assim, mesmo.

– Você consegue ser vil demais com os caras da banda, não só comigo: você trata o Tommy como uma criança e finge que o Mick nem existe. Controla essa banda como uma porra de um ditador, e tudo sempre tem que ser do seu jeito. Mas, às vezes, você não sabe de nada; foi você que fez a gente parecer burro na *Rolling Stone* porque não sabia quem era o Gary Hart. Ajudaria se você escutasse as outras pessoas.

Lavamos a roupa suja por uma hora.

– Então quero que você pare de mentir – ele me disse. – Consigo lidar com a bebedeira. Talvez a gente possa até parar com os exames de urina, mas não quero você me dizendo que não vai beber, e aí sacaneia todo mundo e sai pra beber. Não quero que você minta pra mim e depois fique bravo toda vez que falamos disso. Estamos aí cobrindo as suas dívidas, e eu não me importo com isso. Mas aí quando fazemos um concurso de quem é mais enganado toda noite porque você tenta esconder coisas de nós, ficamos ressentidos com você. Essas mentiras são muito piores pra saúde da banda do que a bebida.

– Vou te dizer o seguinte, então. Posso prometer que não vou beber antes dos shows, nem deixar isso interferir nos negócios da banda. Mas quando eu estiver sozinho, no meu momento privado, vocês têm de me deixar fazer a porra que eu quiser, e não mandar um cara bater na minha porta às 9 da manhã com uma jarra coletora. Se vocês pararem de agir feito a polícia o tempo todo, eu paro de me sentir um prisioneiro e começo a ser honesto.

– OK. E eu vou tentar ouvir mais e não ser tão condescendente. Porque eu nem sempre sei o que é o certo pra todo mundo. Seríamos uma banda melhor mesmo se ouvíssemos uns aos outros. Sinto muito. Passei por muita coisa nos últimos tempos.

– É por isso que precisamos nos dar bem e nos manter juntos. Porque a verdade é que vocês são tudo o que eu tenho. Vocês me conhecem melhor do que qualquer outra pessoa no mundo.

Ao longo de seis álbuns e inúmeras turnês, Nikki e eu sempre fomos muito diferentes um do outro: eu era o vagabundo praieiro sossegado que adorava golfe e automobilismo; ele era o roqueiro recluso e doentio que adorava drogas e música *underground*. Eu gostava de usar bermuda e chinelo de dedo, ele estava sempre de bota e couro preto. Porém, depois dessa conversa, Nikki e eu nos tornamos melhores amigos. Viramos inseparáveis. Passamos a gostar e compreender um ao outro de verdade depois de dezessete anos, e desde então sempre fomos capazes de manter um ao outro na linha. Aquela briga foi a melhor coisa que aconteceu com a gente.

No dia seguinte, remarcamos o show em Boise, voamos pra lá no jatinho do meu amigo, a essa altura muito confuso, e fizemos o melhor set de toda a turnê. Depois do último show, dei à banda o melhor presente que pude: me internei na reabilitação em Malibu e parei de beber.

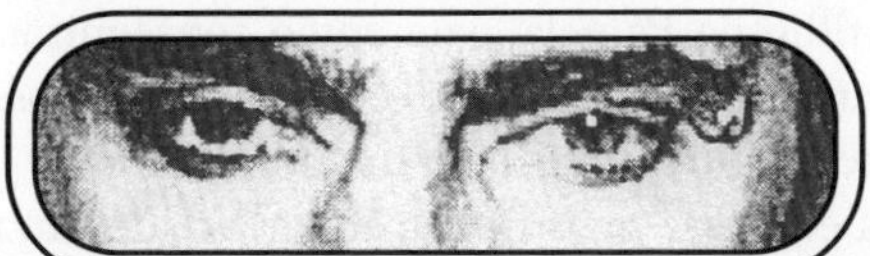

capítulo **8**

TOMMY

SOBRE COMO O AMOR MAIS FABULOSO DO MUNDO FOI DA NOITE PARA O DIA REDUZIDO À UNHA QUEBRADA MAIS FAMOSA DO MUNDO

Vou colocar tudo em ordem pra você, cara:

Depois que o Vince retornou à banda, eu fiquei descontente com a direção que estávamos tomando, que era pra trás. E perder o apoio da gravadora só tornava a situação ainda mais deplorável. Eu tenho muita, mas muita paixão pela música, cara, mas quando subia no palco, simplesmente não a sentia mais. Pela primeira vez na vida, eu não estava animado com o que estávamos fazendo, me sentia aprisionado, e um baterista que se sente de mãos atadas não serve pra nada.

Então tive meu segundo filho, e a paternidade não exatamente vem acompanhada da porra de um manual de instruções. Li umas coisas e tentei me envolver e aprender, mas a Pamela só dizia que tudo o que eu fazia estava errado. Antes, eu estava no topo da lista dela. Quando o Brandon nasceu, caí pro segundo lugar, porque, é claro, uma criança precisa da mãe o tempo todo nessa idade. Então eu virei o homem invisível. Dizia "e aí, gata, tudo bem? Eu te amo", e ela só assentia com a cabeça, sem prestar atenção. Eu a chamava até a garagem pra ouvir umas músicas novas que estava fazendo; ela dizia que viria num minuto, e então esquecia completamente. Eu nem conseguia ter uma conversa com ela, porque tudo o que ela tinha na cabeça o tempo inteiro era o bebê.

E então, quando o Dylan nasceu, caí pra terceira posição. Agora eu era inexistente por completo. E não conseguia lidar com isso. Sou um cara que ama dar amor e ama receber amor de volta, mas, em casa, só estava dando, sem receber nada em troca. E então a Pamela trouxe os pais do Canadá pra ajudar com os meninos. Foi ótimo para as crianças ter a vovó por perto, mas eles ficavam na casa todos os dias, a porra do tempo todo, tomando mais ainda o tempo da Pamela. Então, incapaz de ter um olhar afastado e abordar a situação de qualquer perspectiva razoável, virei um moleque reclamão e carente. Talvez fosse a minha maneira de me tornar o terceiro filho da Pamela, para então conseguir a atenção que eu precisava. Agora, de repente, a gente discutia o tempo todo. Nosso relacionamento se degenerou lentamente de puro amor para um amor-ódio.

Se a minha cabeça estivesse mais limpa, eu teria dado um tempo a ela e amado a mim mesmo, ao invés de esperar afirmação de outras pessoas. Mas hábitos velhos são difíceis de largar: passei a vida inteira me procurando nos outros, procurando que eles me dissessem quem eu era. E, depois que eles me definiam, eu me tornava completamente dependente deles, porque sem eles eu não existia.

No Dia dos Namorados, quando a gente deveria tratar só de amor, fomos pro Hard Rock Casino, em Las Vegas. Pedi a um florista para encher o quarto de pétalas de rosas, pedi uma garrafa de Dom Perignon e criei o clima perfeito pra nossa primeira noite a sós em meses. Porém, depois de algumas taças de champanhe, a Pamela ficou tão preocupada em estar longe das crianças que nem conseguiu aproveitar. Só conseguia falar em dar de mamar ao Dylan, e eu só conseguia pensar que era a minha vez de mamar. No dia seguinte, fomos ver os Rolling Stones tocarem na casa de shows do cassino e deu tudo errado. Ela viu uma stripper conversando comigo depois do show e nós começamos uma briga estourada da porra bem no meio do lugar. Agarrei-a para levá-la para o quarto, de forma que a porra dos jornais de fofoca não ficassem cheios de notícias da gente brigando em público, e ela ficou ensandecida. Nossa raiva só aumentou, até que ela saiu correndo do hotel, pegou o carro e voltou dirigindo pra Malibu sozinha. O Dia dos Namorados foi um fracasso do caralho. Precisei voltar pra casa engatinhando, implorando por perdão.

Na semana seguinte, estava sozinho na cozinha fazendo o jantar para Pamela e as crianças. Tudo estava silencioso e calmo de novo, e nós dividíamos uma taça de vinho enquanto eu pegava uns legumes na geladeira. Procurei por uma panela nos armários e não encontrei, porque a porra da empregada bagunçava todos os nossos utensílios de cozinha. Eu estava com os nervos tão à flor da pele que, assim que a mínima coisinha dava errado, começava a surtar como se fosse o fim do mundo. Então, quando não encontrei a panela, comecei a bater as portas dos armários e a jogar coisas pra todo lado, como um bebê chorando por atenção, esperando a mamãe vir e resolver todos os problemas. Então a mamãe – Pamela – veio, viu que eu estava nesse temperamento e ergueu os braços.

– Calma, é só uma panela.

Mas não era só uma panela. Significava tudo para mim. A porra da minha paz de espírito e a minha sanidade dependiam de encontrar aquela panela. E, ao não ligar se eu ia ou não encontrar a panela, Pamela, na minha cabeça, desrespeitava meus sentimentos. No meu modo de pensar fodido e egoísta, isso significava que a Pamela não me compreendia – o pior pecado que alguém pode cometer num relacionamento. Peguei todos os potes e tigelas que eu tinha separado, joguei tudo na gaveta grande de onde eu os tinha tirado e gritei:

– Que merda!

Pamela então disse as palavras que você nunca deve dizer a alguém que está saindo do sério, aquelas palavras que são como gasolina numa fogueira:

– Calma, você está me assustando.

Eu deveria ter ido pra fora da casa e desabafado com as estrelas, ou saído pra uma longa corrida, ou tomado um banho frio. Mas não fiz nada disso. Fiquei preso demais àquele momento, à minha raiva com a panela perdida, que na verdade era minha raiva com a falta de comunicação entre a Pamela e eu, e tudo isso se resumia apenas à minha própria insegurança, carência e medo.

– Vai se foder! Vaza daqui! Me deixa sozinho, caralho! – berrei com ela, chutando a gaveta e machucando a porra do meu pé, que nem um idiota, porque esqueci que estava de chinelo.

Foi a gota d'água, ninguém mais nos segurou. Ela gritava comigo, eu gritava de volta com ela, e logo as crianças começaram a gritar também. Dylan chorava no berço e eu conseguia ouvir Brandon abrindo o berreiro no quarto.

– Aaaaaaaaah! Mamãe! Papai! O que tá acontecendo? Aaaaaah!

– Pra mim, já deu – disse Pamela ao correr até o berço e recolher Dylan. Ela o levou para a sala, pegou o telefone e começou a discar.

– Pra quem você acha que vai ligar?

– Quero que a minha mãe venha pra cá. Você tá me assustando.

– Não ligue pra sua mãe. Desliga essa porra desse telefone. A gente consegue resolver isso sozinho.

– Não, e não tenta me impedir. E não xinga na frente das crianças. Vou ligar, sim.

– Os seus pais ficam aqui a porra do tempo todo. Isso é muito estúpido. A gente pode conversar e resolver isso num minuto. Olha pra mim: tô calmo agora. Não tô mais bravo.

– Vou ligar pra minha mãe. E para de xingar.

Ela discou e eu desliguei o telefone. Ela então me olhou fixamente com uma cara feia, aquela que dizia que eu era cruel e egoísta, que me reduzia ao verme mais feio e lamentável da porra da face da Terra. Eu odiava pra caralho aquela cara, porque significava que a situação estava fugindo do meu controle e quantidade alguma de desculpas ou de flores voltaria a convencê-la de que eu era um bom sujeito que a amava. O terapeuta dela deu o conselho idiota de que ela me ignorasse quando eu ficasse bravo, porque, segundo ele, eu já recebia atenção o suficiente como *rock star*. Mas o que ele não sabia era que eu era um *rock star* porque precisava dessa atenção. O silêncio é igual à morte. Então, quando a Pamela começou a me tratar com silêncio – exatamente como os meus pais faziam – isso só me deixou mais perto ainda do limite. Enquanto isso, Dylan berrava no colo dela e Brandon uivava cada vez mais alto do quarto.

Desafiadora, ela pegou o telefone de novo e ligou pros pais. Dei um murro no aparelho.

– Eu falei pra não ligar pra ela, porra! Escuta. Sinto muito. Isso é mesquinho demais.

Ela jogou o fone no aparelho, fechou o punho e veio pra cima de mim cegamente, atingindo metade do soco na parte inferior da minha mandíbula e metade na parte mais sensível do meu pescoço, o que doeu pra caralho. Eu nunca levara um soco de uma mulher, então, assim que senti o contato, o sangue me subiu. Eu vinha tentando diluir a situação, mas como ela só ficava cada vez mais brava, isso só me inflamava ainda mais. Quanto mais disposto eu ficava a me acalmar, mais bravo eu ficava quando ela não me deixava. Então, assim que ela me bateu, meu velocímetro emocional chegou no máximo e obscureceu meus olhos. Como um animal, instintivamente, fiz a primeira coisa que me veio à mente para acabar com aquela situação: agarrei-a e segurei firme.

– Que porra você tem? – berrei, sem soltá-la, e, mais uma vez, minha tentativa de acalmá-la só a deixou mais em pânico.

Agora ela estava chorando, as crianças estavam desesperadas e o telefone tocava sem parar, porque os pais dela ficaram preocupados com tantas ligações cortadas. Minha noite na cozinha se tornara um pesadelo.

Enquanto eu a segurava, o tratamento de silêncio acabou. Ela berrou pra mim toda merda que pôde pensar, me xingou de tudo o que existe, cutucou cada um dos meus pontos fracos. Quando passamos a noite toda encarando um ao outro no Señor Frog's, eu nunca imaginaria que terminaria desse jeito, com a gente chorando e gritando um pro outro feito demônios. Soltei-a e ela correu em direção ao quarto do Brandon, como uma mãe carinhosa que precisava proteger a prole do pai cruel. Quando ela passou por mim, dei um empurrãozinho com um chute certeiro e de chinelo na bunda dela.

– Você é uma vaca!

– Você é mau!

Fui atrás dela. Detestava brigar na frente das crianças. Já era difícil o bastante tentar criá-las com paparazzi por todo lado. O mínimo que poderíamos fazer era dar um exemplo saudável como pais. Cheguei amuado ao quarto do Brandon para falar com ele, mas ela estava com ele no colo, protegendo-o enquanto chorava.

– Solta o Brandon, vou levar ele lá pra fora. Você quer ir ver os sapos, Brandon?

Nosso quintal tinha subitamente se enchido de sapos no inverno, e eu pensei que poderia ser um bom lugar pra respirar fundo e relaxar.

– Vai embora daqui! – ela gritou, desesperada.

– Escuta, vou levar o Brandon pra ver os sapos pra ele se acalmar. Você fica com o Dylan e vocês se acalmam também. Todo mundo precisa parar de gritar.

Mas todo mundo continuava gritando, exceto pela Pamela, que voltou a não falar comigo, o que tornava tudo impossível de resolver.

Peguei a mão do Brandon e Pamela puxou-o de mim. De repente, estávamos brigando por ele e tudo se tornou uma loucura novamente. Não importava o que eu fazia, a situação só piorava. Na briga pelo Brandon, eu a empurrei e ela tropeçou, caindo de costas numa pequena lousa coberta de desenhos com giz que as crianças fizeram. Ela tentou se apoiar na lousa com as mãos, mas a lousa tombou pra frente e quebrou sua unha.

Antes que ela terminasse de berrar, peguei o Brandon pela mão e o levei pra fora. Levei-o até o lago dos sapos e me sentei com ele. Enquanto ele choramingava, eu dizia que a mamãe e o papai se amavam muito, e que nós dois o amávamos muito. Prometi que nunca mais íamos ficar bravos e levantar a voz, se isso o assustasse. Peguei um sapo pequenino e o envolvi nas minhas mãos. Enquanto elas se fechavam ao redor dele, o sapinho começava a se debater.

– É assim que o papai se sente às vezes. Por isso que é bom sair, respirar ar puro e esvaziar a cabeça.

Depois que nós dois nos acalmamos e secamos as lágrimas, voltamos pra dentro. Tentei encontrar a Pamela para pedir desculpas e sugerir pedirmos algo pro jantar. Procurei por todos os cômodos do térreo e não a encontrei. Levei Brandon pro quarto de brincar e, ao colocá-lo sentado com os brinquedos, ouvi vozes atrás de mim. Virei-me e vi dois policiais.

– Vire-se de novo, sr. Lee – latiram pra mim.

– Por quê?

– Vire-se.

Era como se o incidente com a Bobbie Brown estivesse se repetindo. Lá estavam dois policiais que iam me prender, não importava o que eu dissesse. Se é preciso duas pessoas pra acontecer uma briga, por que sou sempre eu a ser preso?

Virei-me e senti o metal frio envolver os meus punhos, seguido de dois cliques.

– Vocês estão me algemando? Estão de brincadeira? Algemem ela também. Ela me deu um soco na cara.

– Não queremos saber, sr. Lee.

– Mas...

Eles me conduziram ao andar de baixo, passando pela sala de estar (onde vi Pamela sentada ao lado dos pais) e pela porta até o banco traseiro da viatura, onde me deixaram sozinho, e voltaram para interrogar Pamela. Relaxei quando percebi que provavelmente só estavam nos separando para sermos interrogados de forma privada e individual. Provavelmente eu não iria pra cadeia. Uma hora depois, os agentes saíram da casa. Um deles carregava uma pistola da Guerra Civil que eu deixava na parede como decoração e, quando a vi, meu ânimo desabou. Sabia que eles iriam dar um jeito de transformar aquela peça de antiguidade numa acusação de posse de arma, que violaria a sentença condicional que peguei quatro anos antes por colocar uma semiautomática na bagagem de mão e, estupidamente, tentar passar pelo detector de metais num aeroporto.

Sem dizer nada, os policiais entraram no carro e deram partida.

– Ei, onde vocês vão? – perguntei, em pânico.

– Você vai pro centro.

Mais uma vez, vi uma situação que deveria ter sido fácil de resolver se espiralar para além do meu controle e virar um grande pé no saco.

– Cara, vocês nem falaram comigo ainda. Vocês só estão ouvindo o lado dela da história. E quanto ao meu lado?

Não disseram uma palavra, só me ignoraram e continuaram a dirigir. E, mano, eu dei uma porra de uma cabeçada na grade que separa o banco traseiro da frente do carro. Esmurrava a cabeça no arame, inconsolável, berrando:

– Por que caralhos vocês não me escutam? Falem comigo, porra!

Virei uma criança de novo, porque estava recebendo o tratamento do silêncio. E o silêncio é igual à morte.

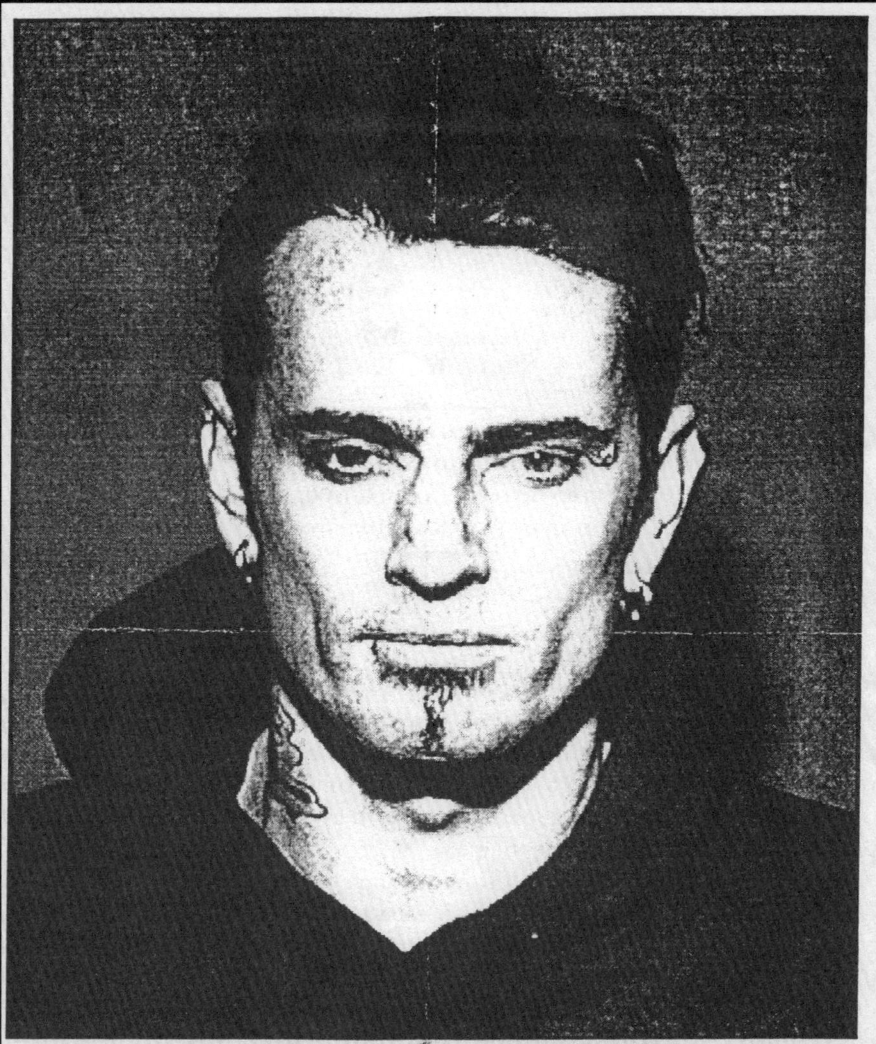

fig. 4

Foto da cadeia

capítulo 9
NIKKI

DA CONVERSA PENOSA QUE SE DEU ENTRE NIKKI SIXX, UM HOMEM LIVRE, E TOMMY LEE, UM DETENTO, A RESPEITO DO CASO DOS MACHUCADOS NAS COSTAS DE PAMELA ANDERSON LEE

Tommy ligava chorando da cadeia todos os dias. Separado dos filhos e da esposa, ele agonizava. Por mais que estivesse com raiva de Pamela por ela ter dado queixa de agressão conjugal contra ele, o que lhe rendeu uma sentença de seis meses de detenção, ele ainda a queria muito de volta, mas ela insistia em fazê-lo de brinquedo, o que o deixava louco. Todos os dias ele abria o coração em cartas para ela, das quais não vimos nenhuma.

Para a banda, o pior era perder Tommy numa conjuntura tão crucial na nossa disputa com a Elektra. Além disso, Vince estava com problemas financeiros sérios e nós agendamos uma turnê independentemente da gravadora para cobrir as dívidas dele, porque, se ele não conseguisse reunir uma quantia polpuda para os credores, iriam interditar os bens dele – e, logo, os nossos. Se Tommy ficasse os seis meses inteiros na cadeia, a turnê seria cancelada às nossas custas, Vince estaria falido e a Elektra nos encontraria vulneráveis, exatamente como nos queria. Tanto quanto cada um de nós, Tommy precisava da turnê porque o dinheiro o ajudaria a pagar os honorários legais e a pensão de seus filhos, mas a cabeça dele estava o mais longe possível dessas questões: ele só conseguia pensar em voltar ao deleite doméstico que era a vida com a Pamela Anderson – embora ela já tivesse entrado com o pedido de divórcio, sem visitá-lo uma vez sequer. No que dependesse dele, porém, o Mötley Crüe estava terminado, era um capítulo fechado.

Toda garota faz isso com uma banda jovem. Elas sempre dizem "você é o mais popular", ou "você é o mais bonitinho", ou "todo mundo fala de você". Com bandas mais velhas e experientes, as mulheres têm de ficar mais sutis. Dizem "aqueles caras estão atrasando a sua vida", ou "você deveria estar ganhando mais dinheiro", ou "eles não estão te tratando com respeito suficiente". E toda vez o cara da banda vai responder "sério? Você acha mesmo?", porque não tem colhão pra dizer "cala a porra da boca! A gente é uma porra de uma gangue, desde o início. Então pode ficar fora disso!".

Isso acontece porque toda garota quer que o cara dela seja "o cara", e todo cara quer ouvir de uma garota que ele é "o cara". Assim, o que acontece em seguida é que quando um dos caras que está no comando da banda diz "pra esquerda", o pau mandado diz "não, vamos pra direita". Ele não quer de fato ir para a direita, mas vai querer se reafirmar como líder. Toda banda é a mesma coisa: drogas, mulheres, egos. Todos esses três elementos são seus predadores e vão destruir o seu grupo. E depois que superamos as drogas, as mulheres e os egos estavam nos destruindo.

– Não sei se consigo continuar fazendo isso – Tommy disse. – Por que eu ia querer sair em turnê só pra pagar as dívidas do Vince?

A turnê não era apenas pelo Vince e pelo bolso dele; era também para tirar Tommy da cadeia. Pedimos a todos os *promoters* do país que escrevessem cartas ao juiz relatando os apuros financeiros em que estariam se a sentença de Tommy forçasse o cancelamento das datas.

Então eu disse ao Tommy, como fiz um milhão de vezes antes, que ele poderia fazer as duas coisas: começar sua própria banda e tocar no Mötley Crüe. Era o que eu estava fazendo com meu projeto paralelo, o 58 (em colaboração com David Darling, que, por acaso, era casado com Brie Howard, o que fazia dele meu ex--sogro postiço).

– Uma coisa eu posso te dizer. Cair na estrada com o Mötley Crüe vai ser infinitamente mais seguro do que ficar em casa com a Pamela Anderson.

Ao visitar Tommy na cadeia toda semana, eu me perguntava por que não fiz o mesmo pelo Vince quando ele cumpriu pena pelo acidente com Razzle. Era meu irmão e companheiro de banda também, mas, naquela época, eu estava viciado demais e era autoindulgente demais para pensar em qualquer um além de mim mesmo. Liguei para Vince e disse:

– Sabe o que é uma merda? Eu visitei o Tommy umas doze vezes na cadeia e não te visitei uma vez sequer.

– Tudo bem. Você estava bem fodido naquela época.

– Pra mim, não está tudo bem. Foi uma época sofrível pra você, e nós não te apoiamos. Tínhamos acabado de concluir a turnê mais bem-sucedida já feita por uma banda jovem de rock. Acabado de viver os melhores momentos das nossas vidas juntos. E quando você foi pra cadeia, a gente te largou como um saco de merda.

– Não se preocupe. Tudo acabou bem.

– Não sei se acabou mesmo. Não sei, não.

Nessa noite, Vince e eu decidimos fazer alguma coisa juntos. Havia uma festa na Mansão da Playboy e fomos para lá depois da meia-noite. Quando entramos, um amigo, Dennis Brody, correu até nós e disse que Pam acabara de passar pela festa, onde se mostrou muito amigável com seu ex-namorado, um surfista chamado Kelly Slater, no meio do salão de jogos, com dezenas de pessoas presentes.

Na tarde seguinte, Tommy ligou. Estava animado porque acabara de checar a secretária eletrônica e havia uma mensagem da Pam, e me pediu para ligar para sua caixa postal e ouvir. "Te amo muito, *baby*", o recado começava. "E sinto muito que você esteja aí. Porém, sei que isso vai te tornar uma pessoa mais forte. Sempre lembre que eu te amo e que me preocupo muito com você".

Liguei de volta para o Tommy.

– Cara – disse ele –, tenho esperança. Agora existe uma boa chance de a gente voltar.

Eu quis ficar de boca fechada, mas não é o que um amigo de verdade faria.

– Preciso te contar uma história e não acho que você vai gostar.

Ele ficou pasmo. Recusava-se a acreditar que, enquanto ele estava na cadeia falando com as baratas, ela estava por aí buscando diversão barata.

– Quer saber de uma coisa? – me disse. – A Pam sempre te odiou.

Sempre soube que isso era verdade. Alguns dizem que era porque ela tinha ciúmes da minha amizade com Tommy, mas sempre achei que era porque ela não podia me controlar. Toda vez que saía para comer conosco, ela deixava todos os homens da mesa dispostos a vender a alma para pagar a conta, passar o pão ou pegar um guardanapo que ela derrubou. Porém, eu nunca me interessei por isso. Costumava dizer ao Mick que eu não queria fodê-la nem com o pau dele. Ela simplesmente me parecia esquisita e errada, como se alguém tivesse surrado a cara dela com um porrete feio, ainda que um porrete feio bem caro. Na verdade, ela me lembrava era de algumas das minas com quem o Vince trepava. E, pensando bem, ela era uma das minas com quem o Vince trepava.

capítulo 10
TOMMY

FRAGMENTOS DOS ESCRITOS PERDIDOS DE THOMAS BASS LEE,
COMPOSTOS SOB PRESSÃO NO PERÍODO DE SEU ENCARCERAMENTO
NO ANO DA GRAÇA DE 1998

28/5/98
F.E.A.R.[48]

Provas falsas que parecem reais.
Medo, o inimigo da fé.
Onde há fé, medo não há.

Medo <u>não</u> hei de ter.

Por que estou assustado?

Ela vai me deixar?
Vai voltar?
Ela me ama mesmo?
Se é na verdade —

(rap) —> O medo faz uma pessoa
Ver algo que
Não existe - ou
Ouvir algo que
Não foi dito.

Minha cela é um "submarino de um homem só".
Preocupação é "suicídio-d'alma".

48 Abreviação de "*False Evidence that Appears Real*", "provas falsas que parecem reais", em trocadilho com a palavra *fear*, "medo". (N. do T.)

Se na verdade
Ela me ama mesmo, mesmo
Então por que ela me deixou?
E será que ela um dia vai voltar?

Possível título do álbum: "Feardrops From..."

29/5/98
"Controle suas emoções ou elas
Vão te controlar!"

"O homem raivoso derrotará
A si mesmo na batalha
Bem como na vida."

31/5/98 (escrito no verso de um panfleto intitulado "Pão Nosso de Cada Dia")
Pamela,
Sinto muito em saber que você tomou o incidente que aconteceu entre nós como o ponto de fratura do nosso casamento. Foi um incidente terrível. Estou sendo punido por ele.
Eles nos pegaram! A imprensa, o estresse, o público etc. Nós deixamos que eles nos destruíssem!

1/6/98
Para P. Lee

Será que poderíamos desenterrar esse tesouro
Será que o prazer valeu a pena
Onde nós escrevemos as canções do amor
Meu Deus, nos separamos há tempo demais

Será que o passado apaixonado que fugiu
Poderia chamar seus mortos de volta
Será que poderíamos viver tudo de novo
Será que a dor valeu a pena

Lembro que costumávamos nos encontrar
Num balanço ao lado do piano
E você gorjeava cada palavra
Com os ares de um pássaro.

E seus olhos, eles eram verde-azulados & cinza
Como um dia de abril
Mas se acendiam num brilho ametista
Quando eu me inclinava e beijava

Lembro que eu não conseguia te pegar
Pois ninguém era páreo para você
Você tinha uma frota maravilhosa e iluminada de
Pequenas asas nos pés.

Lembro muito bem do quarto de hotel
Diversão sob o sol de Cancún
A batida na sala & no La Boom
No sol quente de fevereiro

Será que poderíamos viver tudo de novo
Será que essa dor valeu a pena
Será que a antiga paixão que fugiu
Poderia voltar ou morreu

Bem, se o meu coração deve se quebrar
Meu caro amor, por você
Vai se quebrar em música, eu sei
Os corações dos poetas tanto se quebram

Mas o estranho é que eu não sabia
Que o coração poderia
Em sua minúscula cela
Guardar o inferno e o céu

Carta sem data para Jay Leno

Jay,
Pamela te pediu para não entrar nesse assunto e você entrou! Pam disse que conversou com você depois do programa, e te disse que estava aborrecida. Ela me contou que você disse para ela não se preocupar, que isso vai ser bom para a carreira dela.
Tem alguma coisa que você queira me dizer a respeito disso? Considero que aquilo que poderia ter sido chamado de nossa amizade está seriamente avariado.
Tommy Lee.
P.S.: O cara digno que eu pensava que você fosse poderia ir ao ar e pedir desculpas por ter me dado um soco

certeiro à distância. Não estou sugerindo que você tome o meu lado em público, não preciso que ninguém faça isso. Sem o conhecimento de todos os detalhes, a minha vida privada não deveria ter sido assunto do seu programa!

2/6/98
Pamela,
Por favor chame o Brandon de lado e leia isso pra ele, OK?
Obrigado.

Brandon,
O papai está no trabalho, tocando bateria, e queria ter podido estar com você nesse dia especial. O papai está sempre com você em espírito, hoje e todos os dias (talvez você seja pequeno demais pra entender, mas estou plantando a semente).

"Você é perfeito como você é",
"O amor é tudo o que há",
e "O agora é tudo o que temos".

Então curta o dia de hoje!

Feliz Aniversário, Garotão!

Saudades!

Papai!

P.S.: Pamela, por favor dê um abraço bem, bem, bem, bem apertado nele pelo papai, OK? (Você nem pode imaginar como estou me sentindo por perder esse dia).

25/6/98
"Minha Cela"

Esse quarto minúsculo soa tão inerte
Cheira a enxofre velho na água
Vaza pelas paredes
Tem o gosto da morte
O chão tem uma gosma grudenta que

É danosa ao corpo e à alma
Giro não em círculos, mas em quadrados
No formato desse quarto

26/6/98
Ahh, entãoooo
Havia uma geisha putinha de Tóquio
Ela disse que sabia chupar, então eu disse, vamos nessa
Yo! Sobe na minha limo
De volta pro motel qualquer pra um pouco de pegação
Caramba, meu pau está começando a inchar
Então dei a ela dois copos de tira-calcinha
Esperando desarmá-la
Para então fodê-la
Não fazia ideia de que a vaca sabia kung fu
Aí minha camisinha estourou
Oh meu deus o que é essa meleca verde?
Agora talvez eu tenha AIDS
Pelo menos eu transei
Essa boceta não valeu o dinheiro que paguei
Será que devo ficar com medo
Nah, só borrifa o pinto com spray

<u>Que merda, estou ficando doido. Que porra é essa que estou escrevendo? Espero que ninguém veja isso.</u>

28/7/98
Oi, baby,

Aqui estou eu, numa jaula no terraço, com, pela primeira vez em semanas, a luz do sol na cara. Só me deixaram subir até aqui às 16h e eu peguei um restinho do sol - uau! Estou franzindo a testa por não estar acostumado com os raios. Chorei quando a tristeza e a dor me lembraram do porquê de eu estar aqui, constantemente, como uma cicatriz permanente. Odeio esse lugar & nunca vou voltar pra cá. Meu Deus, que saudade do sol.

Ouvi você me perguntar outro dia, no telefone, qual era a minha fantasia. E hesitei em falar porque não queria criar nenhuma pressão em cima disso! Mas adoraria compartilhá-la com você, e uma carta é mais segura do que um telefonema. Assim, você pode saber o que estou sentindo sem se sentir pressionada a dizer alguma coisa.

Minha fantasia é que, quando eu for solto... eu possa te ver & passar um tempo sozinho com você ou, talvez, que a gente encontre um tempo pra passar sozinhos juntos. Temos tanta coisa pra conversar. Eu adoraria compartilhar com você como a minha vida vai ser muito diferente em tantos sentidos!

Quando olho para adiante, vejo muita felicidade para o Tommy. Também adoraria compartilhar com você todas as coisas novas que aprendi... Saudades dos seus olhos brilhantes. E também dos seus telefonemas! E daquele sorriso que sempre me quebra as pernas.

31/7/98
Pamela,

Por favor, não me mande as suas cartas que não significam nada! Como você pode escrever essas merdas depois de trepar com outra pessoa?

O presidente é capaz de admitir a própria infidelidade, mas você não? Não confio em você. Por favor, me deixa sozinho. Você não faz ideia do que é amor ou paixão. O meu amor é forte. Se o seu fosse, você teria conseguido ficar em casa & ser uma mãe e ficar de calcinha! Você tá certa: você precisa, sim, manter distância de mim – não quero olhar pra você, vou vomitar. Você tirou meu sonho de mim – minha Família!!
Não vou te deixar acabar com o meu sonho, um dia vou encontrar alguém especial que me ama de verdade! E você tá certa, nunca vai existir outro homem como eu!
Você faz tudo isso soar como se eu tivesse te forçado a essa situação – acho que você está tentando se fazer sentir melhor consigo mesma e com a infidelidade e com a escolha de outro homem. Essa escolha é toda sua e não minha!
Você consegue se dizer culpada? Isso vai te comer viva! Você não tem absolutamente nada a temer, e os meninos certamente também não. Eu não vou atrás de você! Vou responder à sua carta mais tarde; você cometeu o maior erro da sua vida e da vida das crianças!

P.S.: Espero que você não tenha usado aquela cruz que eu te dei enquanto era comida.

7/8/98
Tenho mais 4 semanas aqui e preciso colocar a cabeça no lugar.
Podemos conversar sobre isso?
Eu mereço saber!
Eu preciso da verdade & da clareza!

Eu tenho de tomar algumas decisões!

Todo pensamento e toda ação humana é baseada ou em amor, ou em medo. Em qual deles você está baseando a sua decisão?

16/8/98
Suave, terno, acolhedor.
Quem sou eu? Um pai de 2 meninos; uma alma criativa e talentosa, apaixonada por música & amante da vida e da natureza, do oceano e das suas criaturas; o pôr do sol é a minha hora favorita do dia. Sempre adorei crianças!
Também sempre adorei sexo, filmes, música, carros velozes, desenhar, pintar, andar de esqui, pescar, motos off road, andar de barco, acampar.
Uma personalidade viciante seria uma descrição precisa.
Também posso ser manipulador - só se tiver medo de perdê-la.
Com quem me casei? Pamela é sexy, sensível, tímida, acolhedora, carinhosa, passional, às vezes maluca e bagunçada! Ela é uma cuidadora. E também controladora e fechada; precisa de muita atenção; ela precisa viver!
Sair pela natureza e curtir. Não me lembro da última vez que saímos para caminhar juntos. Eu sempre convidava, mas não tinha resposta!
Não se culpe, Tommy.

16/8/98
Oh, DEUS! Acabei de ouvir a voz da Pamela no telefone.
Estou tremendo de tanto chorar. Sinto taaaanta falta dela! Voltando àquele negócio de caminhar - ficávamos muito presos (prisioneiros da nossa própria fama).
Ninguém entende como é estar preso na cadeia sem a minha

família! A dor é insuportável! Christy passou horas com Pam ontem à noite e na real não teve nenhuma informação para mim. Pena. Eu poderia muito bem usar algumas informações por aqui! Anteontem passei 2 horas no telefone com Christy. Ela tinha que ter falado de mim. O silêncio está me matando (sinto como se a minha infância estivesse aqui: silêncio).

1/9/98
Vou ficar do seu lado, não importa o que aconteça.

Quando eu sair:
Karatê
Filé
Banheira
Havaí

Quando eu der o fora daqui tem algumas coisas que eu desejo fazer: comer um filé. Apreciar longamente o pôr do sol na praia. Um longo banho com muita espuma (com você seria incrível também... ha ha... isso com você não seria nada mau também). Algumas aulas de karatê e boxe de novo. E ainda sete dias no Havaí.

Pam, quero que você saiba que eu vou sempre te apoiar, mesmo se as coisas não derem certo pra gente... não importa o que aconteça, OK?

4/9/98 (escrito num post-it)
Amor
Permaneça Centrado
Força

Pamela-

Please don't send me your meaningless letters! How can you write that shit after fucking someone else? The President can admit his [illegible] infidelity, But you can't? I don't trust you. Please leave me alone. You have NO Idea what love is or passion. My love is powerful, If yours was you would of been able to stay home & be a mother and keep your panties on! Your right you do need to keep your distance from me..... I don't wanna look at you, I'll throw-up, You took my DREAM from me My Family!!

I will not let you kill my DREAM, I will one day find someone special who truly loves me! And your right, there will never be another man like me!

You make all this sound like I forced you into this... I think your trying to make yourself feel better about yourself and the infidelity and choosing another man. This is all your choice not mine! Can you say Guilty? it will eat you alive! You have nothing at all to fear and certainly the Boys don't. I will not persue you! I will answer your letter later, You've made the biggest mistake of your & the Childrens life!

P.S. Hope you weren't wearing the cross I got you while you were getting fucked?

capítulo **11**

T O M M Y

DE COMO THOMAS LEE TORNOU-SE HUMILDE E DO FIM DESSA AVENTURA PROLONGADA

Nunca vou me esquecer do trajeto de ônibus do tribunal, acorrentado à porra do assento, ainda com o terno que usei na frente do juiz apenas quinze minutos antes.

Enquanto me conduziam pela cadeia, a primeira coisa que notei foi um barulho de algo se rachando. Virei pro lado e vi um cara hispânico baixinho caído no chão de uma cela, com sangue escorrendo da cabeça. Olhei para os guardas que me levavam e perguntei se ninguém ia ajudar aquele cara.

– Ah, isso acontece o tempo todo – responderam, sem dar muita bola. – Ele só está tendo uma convulsão.

Olhei de novo pra ele, que estava simplesmente largado no chão, sem sequer se mover. Fui levado até uma sala ali perto e tiraram minha roupa. Estava me cagando de medo e completamente nu, exceto pelos piercings nos meus mamilos, nariz e sobrancelha. Um guarda providenciou um alicate e cortou os piercings do mamilo e do nariz, mas não conseguiu cortar meus brincos, pois são de aço cirúrgico. A contragosto, me deixou ficar com eles, e então me entregou os trajes de cadeia: camisa azul, sapatos pretos e um rolo com uma toalha, um pente de plástico, escova e pasta de dente.

Passamos de novo pelo corredor e notei que, depois de meia hora, finalmente estavam levando o presidiário hispânico para a enfermaria. Parecia mais a porra de um derrame do que uma convulsão. À medida que passávamos por outros presos, vi fileiras e fileiras de uns filhos da puta mal-encarados, berrando umas merdas do tipo "bem-vindo, cara" e "vou te ensinar como tratar uma mulher". Metade deles estava animada e a outra metade queria me dar uma surra por eu transar com uma mina pra quem eles provavelmente batiam punheta toda noite. Andei pelo que pareceu um quilômetro, com tanto medo que minhas pernas ficaram bambas e os guardas praticamente tiveram que me arrastar. Eles me jogaram numa cela isolada e bateram a porta pesada, que fez um baque metálico reverberar por todo o pavilhão. Foi a porra do som mais solitário que já ouvi.

Eu passaria os próximos seis meses ali. Era basicamente uma rocha com uma cama de metal com colchão inútil de meia polegada de altura. Não havia ninguém com quem conversar, nada em que escrever e porra nenhuma pra fazer. Sempre que os guardas passavam por ali, eu pedia um lápis e era ignorado. Estavam tentando me dizer que eu não receberia nenhum tratamento especial. Meu lado de moleque mimado estava prestes a receber uma lição, porque, se não me tornasse homem naquele lugar, nunca me tornaria.

Naquela noite, um guarda grandão sem pescoço me acordou batendo com força na porta.

– Chega aqui – latiu ele.

Fui até a porta, sem saber se estava prestes a receber um favor ou um castigo.

– Por que porra você tá com esses brincos?

– Eles me deixaram ficar com eles, não conseguiram tirar.

– O que você é, então, algum tipo de bicha do caralho?

Eu estava preparado para o pior: uma surra, um estupro, o que fosse.

– Ah, cara, por que você tá me enchendo?

– Não, eu acho que você é uma bicha. E você sabe o que fazem com as bichas aqui?

Voltei pra cama e o ignorei, não sabia o que fazer. O puto poderia ter aberto a minha cela, me dado uma surra até eu apagar, e na manhã seguinte ninguém se importaria.

Depois de seis ou sete dias sem fazer nada, ficando louco com a consciência de que ainda faltavam cinco meses e três semanas daquela merda, um lápis pela metade rolou por debaixo da porta. No dia seguinte, uma Bíblia se materializou também por baixo da porta. Em seguida, pequenos panfletos religiosos intitulados "Pão Nosso de Cada Dia" começaram a aparecer dia sim, dia não. Então eu me virava com a Bíblia e o lápis e lia o "Pão Nosso de Cada Dia", agradecendo a quem tinha me dado aqueles presentes de valor incalculável, afinal eu precisava de alguma coisa para tirar a cabeça do tédio e da tortura. Devo ter repassado cada momento do meu relacionamento com a Pamela na cabeça umas mil vezes.

Não conseguia entender por que ela tinha prosseguido com as queixas. Provavelmente ficou com medo e me achou um monstro louco e violento, achava que estava fazendo a melhor coisa para as crianças e queria achar uma saída fácil de uma situação difícil. Por mais que eu a amasse, ela tinha problemas em lidar com as coisas. Se algo não estivesse certo na vida dela, ela preferia se livrar dessa coisa a tirar um tempo pra trabalhar nisso ou resolvê-la. Despedia empresários tanto quanto eu trocava de meia. Assistentes pessoais e babás passavam pela nossa casa como as páginas de um calendário: todo dia havia uma nova, o que sempre me deixava puto, porque eu queria que as crianças tivessem alguém constante na vida, alguém em quem pudessem confiar e que as amaria quase tanto quanto nós. Então, no meu entendimento, a Pamela basicamente me despediu. Eu estava despedido, porra.

Precisava parar de me torturar e tirar alguma porra de alguma coisa boa daquela experiência, então cheguei à conclusão de que a minha missão era a introspecção. Precisava buscar dentro de mim mesmo e encontrar essas respostas, e a melhor maneira de fazer isso era parar de achar defeitos na Pamela e nas outras pessoas e começar a achar as minhas próprias falhas. A princípio, comecei a escrever nas paredes. A maioria do que eu escrevia começava com *por que*: "Por que estou aqui?", "Por que estou infeliz?", "Por que eu trataria minha esposa desse jeito?", "Por que eu faria isso com os meus filhos?", "Por que não tenho nenhuma espiritualidade?", "Por que, por que, por quê?".

Depois de algumas semanas, um guarda perguntou se eu gostaria de ir até o terraço.

– Cara, eu adoraria – respondi.

Mal conseguia me lembrar do cheiro do ar livre, de como era o céu, qual a sensação do sol no rosto. Não podia esperar para subir naquele terraço irado da cadeia e contemplar as montanhas e a cidade de novo.

Fui acorrentado, conduzido até o terraço e, mano, não acreditei. O muro ao redor do teto era tão alto que era quase a mesma coisa que estar em outra cela. Não havia árvores, montanhas, oceanos ou prédios à vista. Eles me botaram numa jaula lá em cima, chamada K10, que foi uma ordem do juiz para que eu ficasse protegido dos outros presidiários. Era por volta das 16h e o sol estava começando a sumir de vista para além daquele muro. Os últimos raios batiam no canto superior da jaula. Me empurrei contra ela e fiquei na ponta dos pés pra conseguir sentir o sol no rosto. Assim que o calor se espalhou pela minha testa, nariz e bochechas, comecei a chorar. Fechei os olhos e chorei enquanto me banhava nos últimos dez minutos de luz solar que restavam naquele terraço, os últimos dez minutos de luz solar que eu veria em dias, semanas ou meses. Cara, a vida inteira eu tomei o sol como garantido. Mas, depois de ficar naquela cela escura e fria por algumas semanas, aquilo era a melhor coisa que alguém poderia me dar. A sensação era de que aquele era o dia mais lindo da minha vida.

Quando o pequeno pedaço do sol foi embora, comecei a me exercitar numa das barras da jaula. Antes de ir pra cadeia, enquanto ainda estava livre sob a porra da fiança de meio milhão de dólares, malhei por um mês seguido para me preparar para o pior.

Fora da jaula, os demais detentos jogavam no pátio – e eu era um alvo pra todo tipo de abuso. Grandalhões de gangue jogavam umas merdas em mim e berravam:

– Você tem sorte de não estar aqui com a gente, seu boiola do caralho. Espancador de mulher. Seu merda, sai daí e vem brincar com as crianças grandes.

Era humilhante, mas eu só abaixava a cabeça e ficava calado, pensando no sol.

Com o passar do tempo, comecei a ter mais contato com o mundo exterior. Não era possível enviar livros para a prisão, porque eles poderiam vir com ácido nas páginas e outras merdas assim. Porém, por meio do meu advogado, consegui permissão para encomendar três livros a cada dez dias na Amazon. Eu precisava pra caralho de alimento pra mente. Escolhia livros sobre as três coisas que eu mais gostaria de melhorar: relacionamentos, paternidade e espiritualidade. Coloquei diagramas de Tai Chi nas paredes, aprendi a respeito dos pontos de pressão debaixo dos olhos que aliviavam o estresse e me tornei especialista em livros de autoajuda e budismo. Estava determinado a me reajustar psicológica, física e musicalmente por completo. Queria resolver os problemas que estavam atrasando a minha vida: eu mesmo, meu relacionamento com a Pamela e a minha inquietação com o Mötley Crüe.

Embora o juiz tivesse me proibido de entrar em contato com a Pamela, não havia nada que eu quisesse fazer mais do que falar com ela e resolver as coisas. Estava puto com ela, mas ainda me sentia prisioneiro de um mal-entendido: a porra de uma panela que sumiu tinha arruinado a minha vida. Finalmente instalaram um orelhão na minha cela, mas foi um pesadelo tentar restabelecer contato com a Pamela, que ainda estava fervendo de raiva por conta da briga. Começamos a conversar num esquema de três vias, com nossos advogados e terapeutas, mas a conversa sempre se desmantelava numa guerra de lama e em troca de acusações. Por fim, um amigo me recomendou um intermediário chamado Gerald, que deveria consertar todas as minhas relações – com a Pamela, com meus filhos e com a banda.

Não sei nada a respeito das credenciais ou da formação do Gerald, mas ele tinha bom senso. Ele me disse que eu me alimentava de atenção desde a infância, quando fazia coisas como abrir a janela para que os vizinhos pudessem me ouvir tocar guitarra. Em certo sentido doentio, por mais que eu amasse a Pamela, ela também era a guitarra a qual eu queria mostrar pra todos os vizinhos que sabia tocar. Acontece que eu não sabia tocar tão bem assim. Quando as luzes baixam e os biscoitos cessam e você se vê sozinho em casa com outra pessoa, é só aí que um relacionamento começa; e vai ser bem-sucedido se você for capaz de trabalhar os problemas e aprender a curtir a outra pessoa pelo que ela é de verdade, sem os tapinhas nas costas e os joinhas dos manos. Talvez seja por isso que relacionamentos entre celebridades são tão difíceis: todo mundo coloca a ambos num pedestal tão alto que, no fim do dia, você descobre que vocês são apenas dois seres humanos com os mesmos defeitos emocionais e questões maternas e paternas mal resolvidas que todo mundo, isso quase parece uma decepção.

A outra forma como Gerald me ajudou foi comprando livros infantis para mim pela Amazon, e em seguida comprando os mesmos para os meus filhos. Depois que obtive permissão da corte para falar com eles, lia as histórias pelo telefone, enquanto eles olhavam as figuras nos mesmos livros. Era importante para mim manter essa conexão com os meninos, porque, enquanto eu estava na cadeia,

Pamela não só dizia a eles que eu estava louco, como também tentava colocar minha mãe e minha irmã contra mim. Era impossível me defender: não só da Pamela, mas da mídia, que estava me pintando como um monstro. O que me machucou mais, porém, foi não estar em casa para o Dia dos Pais e para o aniversário do Brandon. Isso é algo que uma criança nunca esquece.

De vez em quando eu ligava pra casa e a Pamela atendia. Começávamos a conversar, mas em questão de minutos a velha hostilidade, a sensibilidade em excesso e as acusações vinham à tona e de repente – *bang!* – um de nós desligava na cara do outro. Fim da comunicação.

Depois que isso acontecia, eu chorava por horas sentado na cela. Era frustrante demais não poder fazer nada. No entanto, depois de um tempo, com meu terapeuta na linha como moderador, aprendemos a nos comunicar de novo. Comecei a responder a tudo o que ela dizia não com insegurança e na defensiva, mas com meu amor natural, que foi um bom hábito que peguei ainda na infância. Também aprendi que, para conseguir conversar ou até mesmo conviver com a Pamela, eu precisava parar de testar o amor dela por mim, porque quando você testa alguém sem que a pessoa saiba, ela está fadada a não passar nesse teste.

Numa quinta-feira, estávamos tendo uma ótima conversa com o meu terapeuta e progredindo muito, quando ouvi alguém falando alto e fazendo muito barulho na frente da cela. Levantei e berrei:

– Cara, vocês podem baixar um pouco a bola?

Porém, assim que as palavras saíram da minha boca, percebi que não eram os presos fazendo barulho, e sim aquele filho da puta grandalhão sem pescoço que me chamou de bicha na minha primeira noite na cadeia. Ele entrou furioso na cela, agarrou o cabo do telefone e arrancou o orelhão da parede enquanto eu falava. Depois, registrou uma reclamação com o sargento alegando que eu fora desrespeitoso com ele. Tive meus privilégios telefônicos suspensos por quatorze dias. A linha de suporte que eu tinha com o mundo lá fora foi simplesmente arrancada e eu chorei todos esses dias.

Durante essas semanas longas pra caralho, trabalhei em músicas que usaria no que decidi ser um projeto solo, li revistas sobre paternidade e livros de autoajuda, e aprendi a escrever poesias, a maioria delas sobre a Pamela. Ela havia começado a me mandar cartas, e foi muito frustrante, porque ela pedia para a assistente endereçar e colocar as cartas no correio para ela. Isso tornava essas cartas impessoais, como se eu fosse um afazer que podia ficar a cargo da assistente. Fiz muito esforço para não pensar assim, não julgar cada pequena ação como um sinal de que ela me amava ou não, porque foi assim que me meti em encrenca pra começo de conversa.

Desprovido do telefone, comecei a aprender pela primeira vez como contar apenas comigo mesmo – para o amor, para me ajudar e para a música. Também comecei a me comunicar com os outros detentos e ver que meus problemas não eram tão ruins assim, em comparação. Os encarregados que varriam o corredor começaram a me passar bilhetes dos caras das outras celas. Às vezes era um cara pedindo um autógrafo, outros só queriam ter com quem conversar. A maioria deles estava numa merda bem maior que a minha. Havia um cara de dezesseis anos da máfia mexicana que assassinou seis pessoas; um de vinte e um, muito arrependido, que entrou em pânico e deu um tiro numa senhora num assalto ao restaurante 24 horas Norm's, em busca de dinheiro para comprar drogas; e um policial que foi pego embolsando drogas durante uma batida. Ele tinha muito medo de que os outros detentos descobrissem que ele era da polícia, porque, se ficassem sabendo, o matariam em segundos.

Quando adentrei nesse sistema de correio interno, descobri que há todo um mundo secreto na cadeia. E que havia mais drogas dentro da porra do sistema do que nas ruas: caras ofereciam heroína, pó, *speed*, maconha, tudo em troca de comida, doces, dinheiro e cigarros. Mas a pena por ser pego numa dessas era de no mínimo um ano a mais na sentença, então não me meti com nada disso. Outros caras faziam uma bebida alcoólica nas celas, chamada *pruno*, que era tipo um vinho feito de suco de laranja, açúcar e, para fermentar, um pedaço de pão. Levava duas semanas para se fazer um lote e, quando estava pronto, você ouvia todo mundo ficar bêbado pra caralho e fazer uma festa. A cadeia virava praticamente uma balada.

Certa noite, um cara me ensinou como pegar meu saco de lixo, encher de água e amarrar com um nó no meio pra fazer pesos de cinco quilos pra malhar. Assim, comecei a levantar esses pesos, que eram ilegais, então eu tinha de escondê-los debaixo da cama. Outros caras faziam dados lixando no chão as bolas dos desodorantes *roll-on* até que elas ficassem quadradas, ou faziam facas enrolando um jornal cada vez mais apertado durante horas, até que o papel basicamente se revertesse à forma original – madeira – e pudesse ser usado para esfaquear alguém.

Um velho me ensinou como acender um cigarro: pegue um lápis e gaste a madeira até chegar no grafite, que carrega eletricidade. Então pegue um barbeador descartável, quebre com o sapato e remova a lâmina. Em seguida, quebre a lâmina em duas. Pegue as metades e as enfie juntas na tomada, o que vai aquecê-las. Enrole o grafite em papel higiênico, toque as metades da lâmina na tomada de novo e, *voilà*, uma faísca elétrica vai fazer o papel higiênico pegar fogo. Eram umas merdas totalmente *MacGyver* que foram aperfeiçoadas ao longo de anos. Minha inovação particular foi fazer baquetas a partir de lápis e barbeadores, e tambores a partir de bandejas e encanamento. Sentado lá, batendo com lápis na minha tigela, me dei conta de que um ciclo se fechara: aos trinta e seis anos eu estava fazendo exatamente o que fazia aos três, quando montei a minha própria bateria na cozinha dos meus pais.

Um dia, estava sentado na cela e ouvi uma comoção do lado de fora. Corri até a janelinha quadrada e amassei a cara contra o vidro, na tentativa de entender o que estava rolando. Vi dois guardas carregando um cara morto pra caralho pelo corredor: o corpo inteiro dele estava duro e os lábios tinham uma cor púrpura-azulada. Bati na porta da cela, perguntando a todo mundo o que tinha acontecido, mas ninguém disse uma palavra sequer. Mais tarde, perguntei a um xerife que passou pela cela, e ele simplesmente seguiu andando.

Alguns dias depois, um dos encarregados me deu um jornal, um presente raro. Nele havia um artigo sobre a Los Angeles County Men's Central Jail, no centro da cidade, onde eu estava: um detento negro havia morrido porque os guardas brancos que o surraram não pararam a tempo. O artigo dizia que grupos ativistas estavam lutando para que o condado instalasse um sistema de vigilância na prisão, porque as condições eram péssimas. Quando li aquilo e pensei no cara morto e em todas as surras que tivera de ouvir nos últimos dois meses e meio, comecei a surtar. Onde é que eu estava? Antes daquilo eu era uma porra de um *rock star*!

Na cadeia, eu não era merda nenhuma, apenas um verme trancafiado. Não podia simplesmente choramingar com a porra do meu empresário cada vez que as coisas não acontecessem do meu jeito; não havia público para as minhas palhaçadas; e ninguém queria ouvir o meu papo furado. Eu não podia mais ser um bebê chorão; precisava ser homem. Ou pelo menos um verme crescido, porque estava sendo pisado o tempo todo – tanto na cadeia quanto no mundo real. Pamela tinha começado a me escrever umas cartas incríveis e a me deixar mensagens doces no correio de voz. Mas, justo quando as minhas esperanças começaram a aumentar, descobri pela porra do Nikki e de alguns outros camaradas que ela estava saindo com o ex-namorado, Kelly Slater. Não pude acreditar nessa porra. Passei horas ao telefone com o meu terapeuta, chorando. Não conseguia entender como aquela merda podia estar acontecendo comigo. Se eu estivesse em casa, pelo menos poderia ver meus amigos ou ir até a casa dela pra conversar sobre isso. Mas ali eu estava completamente impotente, só podia ficar na cela, fumegando. E então aprendi minha próxima lição importante: como desapegar das coisas muito rapidamente. Percebi que não podia fazer merda nenhuma. Engole o choro e deixa estar.

Aos sábados, eu podia receber visitas. Nikki foi várias vezes e Mick foi uma, mas disse que nunca mais voltaria, porque os guardas foram chatos com ele e o fizeram colocar a camisa pra dentro da calça e tirar o boné. Vince não foi nenhuma vez – o que não me surpreendeu. A melhor visita de todas, porém, foi a do meu advogado, quando ele me informou que, se nada desse errado, ele conseguiria me tirar dali em quatro meses, em vez de seis – e isso significava que só faltaria mais um mês, então.

Comecei a refletir sobre o que faria o Tommy feliz de novo. Passei muito tempo pensando em ser um bom pai, um bom marido e um bom ser humano, mas sem dar muita atenção aos meus problemas criativos. E a minha parte musical é tipo uns 80 ou 90 por cento de mim, porra. Precisava fazer algo novo e, da maneira como eu via, essa frustração transbordou para a minha vida pessoal. Então tomei uma decisão pesada.

Quando Nikki foi me visitar no sábado seguinte, olhei pra ele através do vidro à prova de balas e me contorci na cadeira. Ele era o meu melhor camarada, mas eu precisava dizer a ele:

– Mano, não posso mais ficar na banda – foi a coisa mais difícil que eu já disse a alguém.

Ele arregalou os olhos, ficou boquiaberto e só disse:

– Uau.

Parecia um cara que pensava estar no casamento perfeito e que de repente descobre que a esposa o estava traindo. É claro, eu o *estava* traindo, sim: algum tempo antes, pedi a um amigo que gravasse uma mensagem na minha secretária eletrônica dizendo que aceitava todas as ligações a cobrar. Assim, sempre que eu tinha uma ideia de melodia ou letra, poderia ligar e deixá-la gravada na secretária, para ouvir quando fosse solto. E aquelas não eram melodias e letras para o Mötley Crüe. Eu estava pronto pra seguir em frente em outras paradas.

Continuei a compilar músicas da minha cela na secretária eletrônica até o dia 5 de setembro, para quando estava marcada minha saída. Deitei na cama, esperando pelo alto-falante chiar dizendo "Lee, faça as malas", o que significava enrolar o colchão, os cobertores e as merdas todas porque era hora de ir embora.

Disseram que eu sairia ao meio-dia. Mas o meio-dia chegou e nada aconteceu. Lentamente, o relógio bateu duas da tarde. Cada minuto era um minuto de agonia. Depois chegaram as três, quatro, cinco horas da tarde. Quando vi, já era hora do jantar. Eu dizia a todo mundo que já devia ter saído, mas ninguém me dava ouvidos. Deu meia-noite e eu ainda não havia sido chamado. O velho Tommy Lee teria dado cabeçadas nas grades até que alguém prestasse atenção, mas o novo Tommy Lee sabia que não havia nada a fazer a não ser engolir o choro e aceitar.

Alonguei-me na cama, puxei o cobertor puído até o pescoço e fui dormir. À 1h15 da madrugada, fui acordado por uma voz no alto-falante:

– Lee, faça as malas!

PARTE DOZE

HOLLYWOOD ENDING

capítulo 1
SYLVIA RHONE

NO QUAL A PODEROSA POTESTADE DA ELEKTRA DISC RECORDING AND MANUFACTURING CO. É INTERROGADA A RESPEITO DE SEUS EMPREGADOS MENOS FAVORITOS

Então, ao que você quer responder primeiro? Às alegações deles de que você só tem interesse em promover R&B na gravadora, e não rock 'n' roll?

SYLVIA RHONE: O histórico da Elektra fala por si no que diz respeito a promover e apoiar os artistas de rock do nosso catálogo: Metallica, AC/DC, Mötley Crüe. O Mötley Crüe era uma das maiores prioridades da Elektra em 1997. Divulgamos o álbum de forma tremenda, mas o mercado musical do rock, em especial para as bandas veteranas, estava num momento crucial de transição. O álbum não vendeu como esperado, e a infelicidade da banda é compreensível, mas isso não se deu por falta de esforços da parte da gravadora.

Que tipo de esforços foram feitos?
Em janeiro, a gravadora gastou um dinheiro considerável para colocar a banda para tocar no American Music Awards, e depois disso montamos uma campanha direcionada. Fizemos muita divulgação na internet. Apoiamos e cobrimos os custos de uma apresentação numa rádio de rock em Tampa, em março. Eu podia prosseguir por horas a respeito dos variados esforços promocionais que fizemos.

Qual a sua opinião sobre o incidente com o segurança na Carolina do Sul e sobre o fato de eles terem te chamado de piranha no palco?
Atitudes desse tipo nem merecem comentário. Porém, são absolutamente infelizes.

Essas atitudes vão afetar a forma como você vai lidar com a banda no futuro?
Elas não afetam a minha postura em relação à banda. Sou uma pessoa muito profissional.

O contrato do Mötley Crüe com a Elektra termina daqui a dois álbuns. Você vai renová-lo?
A essa altura, é difícil dizer.

capítulo 2

CLIPPINGS DE IMPRENSA DETALHAM A RESOLUÇÃO DA ÚLTIMA AVENTURA DOS NOSSOS HERÓIS NUM CAMPO DE BATALHA QUE PASSOU DOS PALCOS PARA OS TRIBUNAIS E, NO PRESENTE MOMENTO, PARA AS SALAS DE REUNIÕES CORPORATIVAS

Eu devo entrar em estúdio daqui a umas duas semanas, tenho um contrato com [Sylvia Rhone] e ela não me dá o dinheiro. Não entendo. Ela está fodendo os fãs, fodendo a si mesma e fodendo a mim. Tenho quatro filhos, uma esposa. Tenho parcelas da casa, parcelas do carro para pagar. Tenho uma vida. Fiz por merecer o direito de ter a porra de um dos maiores contratos da história do rock 'n' roll. Não preciso ser fodido por alguém que só quer saber da própria opinião e das próprias prioridades. Ela é racista? É anti--homem? Qual o problema dela? Não conseguimos entender, porque ela tem nos fodido desde o primeiro dia. Bom, quer saber o seguinte, sua filha da puta? A gente tem um contrato e, se você quer vir contra essa banda, a gente vira um canhão descontrolado. Vou fazer da sua vida um inferno.

– Nikki Sixx na edição de março de 1998 da revista Spin

Qualquer um que tenha visto os comentários nada lisonjeiros que o baixista do Mötley Crüe, Nikki Sixx, fez a respeito da Elektra Entertainment Group e sua presidente, Sylvia Rhone, na edição de março da Spin *não vai se surpreender em saber que a banda e a gravadora romperam relações. Fontes disseram que o Mötley Crüe, que ficou quinze anos na Elektra e vendeu mais de 35 milhões de álbuns, está procurando meios alternativos de distribuir sua discografia. A banda, que deu origem ao glam metal com seu álbum de 1982,* Too Fast For Love, *vai entrar em estúdio no mês que vem para gravar músicas novas.*

– The Music Daily, *16 de abril de 1998*

O Mötley Crüe está prestes a mostrar o dedo do meio para o mundo mais uma vez. Agora, o veículo se intitula Greatest Hits *e as rodas já começaram a queimar um pouco de borracha numa indústria musical muito flácida e sem vida. A Elektra Records foi deixada para trás em favor de um selo e de uma rede de distribuição próprios do Mötley. Uma turnê internacional de teatros e arenas para divulgar o lançamento está em planejamento e Tommy finalmente saiu da cadeia! Coisas, como dizem, estão para acontecer.*

– Sound420.com, *agosto de 1998*

capítulo 3 TOMMY

LIVRE DO ENCARCERAMENTO, NOSSO HERÓI DESCOBRE OS PRAZERES DA ÁGUA QUENTE, DO TABACO E DAS ESPOSAS DE OUTROS HOMENS

Meu amigo Bob Procop, que tinha uma loja de diamantes na Rodeo Drive, foi me buscar na penitenciária num Bentley enorme muito louco.

– O que você quer fazer primeiro? – perguntou.

– Cara, quero muito uma porra de um cigarro. E depois, você faria o favor de me levar pra sua casa de praia?

Corremos pela estrada: o trânsito passava voando por todos os lados. Depois de quase quatro meses num confinamento solitário, eram estímulos demais pra mim. Fumei um American Spirit e fechei os olhos para não vomitar pelo carro todo.

Bob me levou até a casa dele em Marina Del Rey, bem na praia. Encheu a Jacuzzi com meia caixa de espuma de banho e disse:

– É toda sua, mano.

Quase rasguei a porra da roupa, pulei na banheira, joguei a cabeça pra trás e fiquei lá sentado por umas duas horas, contemplando as estrelas. Tinha me esquecido da sensação de imergir na água quente de verdade, não na metafórica. Era o maior luxo do mundo.

Por volta das 4h da manhã, pedi ao Bob que me levasse pra casa. Estava com saudades da minha casa e da minha cama. Pamela e as crianças tinham ido embora, então estava tudo silencioso e vazio, sem a maioria dos brinquedos e móveis. Cambaleei no escuro até a cama onde o Brandon nasceu e dormi por dois dias seguidos. Era sempre difícil pegar no sono na cadeia por causa de todos os passos, falatórios, barulhos e batidas que reverberavam pelas paredes de concreto.

Quando acordei, minha casa estava cheia de gente, vários camaradas foram me dar as boas-vindas, me beijando, abraçando e me dando tapinhas nas costas. Mas eu estava tão desacostumado a ter gente por perto que não sabia o que dizer. Sorri, mas, por dentro, queria me esconder debaixo de uma rocha. Fazia muito tempo que ninguém me tratava de uma forma que não fosse hostil e desconfiada, ainda era cedo demais para eu rir e ficar feliz e despreocupado. Ainda doía muito.

Pedi ao juiz permissão para ir pro Havaí dar uma desopilada. Levei Scott Humphrey comigo e fiquei na praia sem fazer nada, até retornar aos poucos ao planeta Terra. Reaprendi a interagir com as pessoas e, por fim, meu sorriso voltou, eu não precisava mais fingir. Mas o mundo não era mais o mesmo de quando saí dele. Todo mundo agora me olhava diferente: pessoas passavam por mim e sussurravam "lá vai aquele espancador de mulher". Eu ficava muito envergonhado de mim mesmo, demorou um tempo até que me desse conta de que não estava o mundo inteiro contra mim.

Outra coisa que mudou foi o fato de a Pamela ter garantido que o divórcio estaria concluído antes da minha soltura. Minha vida familiar, que me dera a minha maior alegria e a minha maior tristeza, parecia terminada por completo. Não conseguia entender por que ela faria aquilo comigo e com nossos filhos, mas estava claro, apesar de todas as cartas e telefonemas, que ela não queria mais nada comigo. Não havia chance de reconciliação, ainda mais com ela namorando a porra do Kelly Slater. Essa pequena reviravolta, combinada ao fato de que ouvi falar que ela havia mudado a tatuagem do casamento de "Tommy" para "*Mommy*" ("mamãe") me aborreceu tanto que, mais tarde, removi a minha tatuagem. Só quis tirar aquela merda do dedo e mudar de vida. Precisei me tornar um pai solteiro, algo que nunca quis ser. Meus pais ficaram juntos a vida toda. Meu pai, então com setenta e quatro anos, estava com mieloma e câncer na corrente sanguínea; minha mãe, que era bem mais jovem, passava dia e noite cuidando dele. Eu queria alguém que fosse fazer aquilo por mim, e a quem eu pudesse fazer o mesmo. O pior de ser um pai solteiro, porém, era não poder ver meus filhos sem um monitor indicado pelo tribunal para me supervisionar. Eu me sentia muito mal por Dylan e Brandon, porque eles não faziam ideia de quem eram aquelas pessoas e do que estava acontecendo.

Quando voltei do Havaí, baixei as persianas, tranquei as portas e reuni todas as anotações e gravações na secretária eletrônica que fiz na cadeia. Chamei um rapper chamado TiLo, um moleque das ruas, que conheci quando sua antiga banda, a hed (pe), abriu pro Mötley Crüe na turnê do *Generation Swine*, e nós começamos a trabalhar no meu próprio projeto, o Methods of Mayhem. Imergi por completo no trabalho, dedicando cada minuto a isso até as quatro ou cinco da manhã, e entrei em contato com todo mundo com quem eu gostaria de colaborar.

No meu aniversário, alguns amigos organizaram uma festa pra mim, porque eu não relaxava havia meses. Alguém convidou a Carmen Electra, nós fomos apresentados e começamos a jogar conversa fora. Ela tinha se casado com o Dennis Rodman quatro meses antes, mas pra todos os efeitos já estavam separados. Conversamos por telefone algumas vezes e, duas semanas depois, quando eu estava prestes a cair na estrada com o Mötley Crüe para a turnê do *Greatest Hits*, começamos a sair. Ela dizia ao Rodman – que ela alegava ter flagrado traindo-a com duas mulheres ao mesmo tempo –, que ia visitar avós doentes ou alguma merda assim quando, na verdade, ia viajar com a gente. Tínhamos de escondê-la ao entrar e sair dos shows e dos hotéis para que os tabloides não ficassem sabendo e fizessem a festa. Éramos ambos refugiados dos dois casamentos de celebridades mais loucos do ano. Além disso, quando a Pamela saiu do *S.O.S. Malibu* para fazer seu próprio seriado, *V.I.P.*, Carmen foi contratada como substituta dela.

Dennis Rodman tinha pedido o divórcio, mas isso não significava que ele queria que outra pessoa saísse com ela, então começou a perseguir a banda e aparecer de surpresa nos shows. Precisamos contratar seguranças para mantê-lo afastado a qualquer custo. E o mais engraçado foi que, apesar de eu tentar convencer a Pamela a conversar ou se encontrar comigo desde a minha saída da prisão, assim que vazou a informação de que Carmen e eu estávamos namorando, ela misteriosamente começou a ligar de novo.

COM EXCEÇÃO DAS VISITAS DA CARMEN RODMAN, me mantive reservado durante a turnê do Mötley. Levei meu estúdio inteiro para a estrada e, depois de cada show, me resguardava ao quarto e ficava trabalhando no Pro-Tools. Imaginei que, se compusesse sem parar, estaria com o disco do Methods of Mayhem pronto quando voltasse pra casa. Além do mais, isso evitaria que eu me metesse em mais encrencas. Em cada cidade que passávamos eu tinha de encontrar um laboratório e fazer um exame de urina antes de cada show, e ficava o dia todo ao telefone com agentes de condicional, conselheiros de terapia de controle de raiva, terapeutas e gurus. Numa condicional rígida, era como se eu ainda estivesse algemado. Não podia ir a restaurantes, mercados, postos de gasolina – a nenhum lugar que vendesse álcool, exceto, é claro, os nossos shows.

A cada show ficava mais difícil para mim tocar os nossos maiores sucessos em cima do palco. Ao tocar "Girls, Girls, Girls" pela décima-milésima vez, eu só conseguia pensar em voltar pro meu quarto de hotel e terminar a música na qual eu estivesse trabalhando. Fui muito mais feliz na turnê com o Corabi. Embora ninguém fosse ver os shows, pelo menos eu estava fazendo algo que me satisfazia. Sempre disse a mim mesmo que, quando não me dedicasse de coração, era hora de parar. E eu não estava me dedicando de coração.

Nikki, porém, estava tão entusiasmado com o Mötley Crüe quanto no dia em que começamos a banda na casa da antiga namorada dele em North Hollywood, comigo batucando na porra de uma mesa enquanto ele vendia lâmpadas pelo telefone. Com a banda agora num selo próprio e independente, ele se sentia novamente no comando de seu destino e como se o Mötley Crüe pudesse dominar o mundo de novo. Acho que ele acreditava pra caralho que eu iria mudar de ideia e ver as coisas da maneira como ele via, e então ficar no Mötley Crüe e lançar *Methods of Mayhem* como um projeto paralelo. Mas quando eu faço alguma coisa, faço 100%, e não poderia dar 100% ao Methods of Mayhem *e* ao Mötley Crüe, ainda mais depois que o Vince me deu um soco na cara gratuitamente.

Estávamos no aeroporto de Las Vegas a caminho de Los Angeles depois de mais um braço da turnê infinita do *Greatest Hits*. Vince estava muito bêbado e, consequentemente e como de costume, uma péssima companhia.

Eu estava no balcão das passagens conversando com Ashley, que trabalhava para o nosso selo e estava cuidando dos nossos assentos, quando Vince nos abordou todo cagado de bêbado e balbuciou:

– Me dá a porra do cartão de embarque, Ashley, você pode puxar o saco do Tommy mais tarde.

Cara, eu não fiz ideia de onde aquela porra daquela hostilidade saiu. Acho que ele não estava contente desde quando voltou à banda. E pode ter certeza de que ele não era o meu cara favorito no planeta, mas eu nunca fiz porra de crueldade nenhuma com ele. Ele simplesmente deixa tanta dor guardada que não compartilha com ninguém, e, cara, consigo entender. Mas quando ele falou aquela bosta no aeroporto, não entrei num clima muito empático.

– O que disse?

– Você ouviu, caralho – ele bradou com voz de bêbado.

– Cara, qual é o seu problema!

– Vai se foder!

– Me foder? Vai se foder você, mano!

E caímos numa daquelas briguinhas de merda que não eram muito raras entre nós.

– Não, vai se foder você, seu poser de merda do caralho – provocava ele enquanto colocava a cara inchada contra a minha. – O que você vai fazer? Me bater?

Ele sabia muito bem que eu estava em condicional e tentou de todo jeito que eu desse uma surra nele e violasse essa condicional. Recusei-me a morder a isca, colocando em prática a terapia de controle de raiva.

– Olha só, cara. Não vou bater em você, porra. Você precisa se acalmar, grandão. Vamos esquecer isso e pegar leve.

Então, do nada, ele me acertou em cheio no queixo. Quando você é atingido assim, a terapia de controle de raiva subitamente voa pela janela e o sistema de defesa instintivo animal bate. Minha reação imediata seria matá-lo. Embora eu estivesse com acusações de agressão, cadeia e conselheiros no rabo, não conseguia evitar, com aquele babaca me tripudiando do nada. Derrubei-o e preparei o braço pra mandar a cara dele pro hospital, estava cagando pra isso. Podem me levar de volta pra cadeia. Beleza. Mas o meu punho ia ter uma reunião de banda com a cara do Vince primeiro.

De repente, Chris, nosso segurança, voou pra cima de mim. Ele tinha ordens rígidas de garantir que eu não me metesse em problema, e seria o dele na reta se eu voltasse pra cadeia. Ele me tirou de cima do Vince e disse:

– Tommy, entra no avião e some daqui, porra. Agora!

Quando me virei em direção ao portão, Vince se levantou e berrou a plenos pulmões para a segurança do aeroporto:

– Polícia! Polícia! Fui atacado!

Aquele porra tinha acabado de me dar um soco gratuito na cara e agora estava tentando fazer com que eu fosse preso de novo. Se eu voltasse pra cadeia, teria de cumprir dez anos. Não se faz isso com outro ser humano – especialmente um colega de banda –, não importa o quão puto você esteja.

Corri para o avião e disse ao Nikki:

– Mano, tô fora. Você não vai me ver amanhã, nem no dia seguinte. É melhor vocês arrumarem outro baterista. A turnê acabou!

capítulo **4**

V I N C E

UM DUELO ENTRE CAVALHEIROS OLHADO DE OUTRA PERSPECTIVA, E OS EFEITOS DA INCREMENTAÇÃO DE SEIOS NUMA DAS PARTES DO DUELO SÃO CONSIDERADOS

Eu estava conversando com Ashley Smith, a assessora de imprensa do nosso selo, quando Tommy, sendo quem é, se intrometeu na conversa. Ele não tinha nada a ver com o que estávamos falando.

Quando o mandei calar a boca, ele me agarrou pelo pescoço.

– Tira a mão de mim agora mesmo! – ordenei.

Estávamos no meio de um aeroporto lotado e havia milhares de testemunhas. Se ele não tomasse cuidado, ia acabar de volta na cadeia, então o alertei de novo:

– Tira a porra da mão de mim.

Quando ele não o fez, dei um soco nele. Então eu não diria que foi um soco gratuito, ele que foi um babaca gratuitamente e levou um soco.

O Tommy pode ser o cara mais divertido do mundo, seu único problema é que ele tem tanto medo de os outros não gostarem dele que mente para passar uma impressão melhor de si mesmo. É o jeito dele e ele sempre vai ser assim. É um camaleão. O que estiver na moda é o que ele vai querer fazer. Nunca se manteve de verdade naquilo que fez dele quem é, ou seja, o rock 'n' roll. Se o hip-hop estiver na moda, ele é do hip-hop. Se a moda for o punk, ele é punk. Se o Tommy tivesse peitos, seria uma porra de uma Spice Girl.

capítulo 5

N I K K I

NO QUAL REFLEXÕES SOBRE VINTE ANOS DE CAMARADAGEM E DESCONTENTAMENTO SÃO COMPARTILHADAS QUANDO DA OCASIÃO DE UMA DISSOLUÇÃO TRÁGICA

Quando Tommy saiu da prisão, não ligou para ninguém da banda. Só descobri que ele estava solto três dias depois, e só descobri porque alguém o viu num shopping. Fiquei furioso. Eu o visitava quase toda semana. Fiz tudo o que pude para mantê-lo são lá dentro, até comecei uma campanha para que escrevessem cartas pedindo a antecipação da soltura dele. Então, quando ele nem me avisou que havia saído, foi como um tapa na cara.

– O que está acontecendo? Por que você não me disse que saiu? – liguei para ele e perguntei.

– Qual o problema? – ele se eriçou. – Não tenho que te dar satisfação.

Durante toda a turnê do *Greatest Hits* que se seguiu, ele foi frio e disperso. Era uma bomba-relógio de ressentimento, questão de tempo até ele explodir. Então, quando todo mundo se voltou contra o Vince depois da briga no aeroporto, eu vi a situação pelo que realmente era: Tommy jogando gasolina numa fogueira. Claro, Vince estava sendo um idiota com a nossa assessora, mas, ao mesmo tempo, Tommy pegou uma situação ruim e a tornou ainda pior quando agarrou Vince pelo pescoço. Depois, no avião, Tommy ficou muito emocionado e começou a chorar, enquanto Vince se sentou o mais longe possível, bufando e indignado. Pareciam dois moleques.

Eu já tinha visto esse tipo de coisa acontecer entre nós um milhão de vezes. Porém, quando a poeira baixava, éramos uma banda. Todo mundo cometia erros, todo mundo era um babaca às vezes.

No avião, eu disse a eles qual seria o novo plano:

– Escutem só, estamos exatamente onde queremos: agora temos nosso próprio selo, assim, podemos relançar nossos álbuns antigos com todas as faixas inéditas que os fãs vêm pedindo, gravar um novo álbum de rock puro, de quebrar tudo, e, lá pra setembro de 2001, tirar uma folga e trabalhar nos projetos solo que quisermos.

Mas Tommy não quis nem saber. De volta a L.A., se recusou a falar com Vince e fazer as pazes. E Vince se recusou a falar com Tommy. Ambos estavam errados, mas nenhum queria admitir, e eu sabia que, se eles só sentassem juntos, da maneira como Vince e eu fizemos depois da briga na turnê do *Generation Swine*, conseguiriam resolver a questão. Porém, o melhor que pude fazer foi convencer o Tommy a terminar a turnê.

– Beleza. Mas quero meu próprio ônibus e meu próprio camarim. E nem pensa em me colocar no mesmo avião que aquele cretino. Não quero ver aquele babaca até as luzes do palco se acenderem. No final do show, é melhor você levar ele pra um lado do palco, e eu pra outro. Não quero trombar nele, porque, cara, não confio em mim.

Quando voltamos para casa depois da turnê, um amigo me ligou e disse para eu ligar o rádio na KROQ, pois a Pamela Anderson estava sendo entrevistada. Ela dizia que ela e Tommy estavam juntos de novo e que ele havia decidido sair do Mötley Crüe para gravar um álbum solo.

Foi como descobri que Tommy tinha saído da banda: por meio da Yoko Ono na KROQ. Liguei para ele, mas ele não atendia. Fui até a casa dele, mas ele também não atendeu a porta. Escrevi cartas e e-mails, que nunca foram respondidos. Ele simplesmente sumiu, como se os vinte anos anteriores de amizade e música não existissem. Isso doeu imensamente. Mas não dói mais.

capítulo 6
M I C K

DE UMA AVENTURA NOTÁVEL ENVOLVENDO CRIATURAS FANTÁSTICAS DA IMAGINAÇÃO, TAIS COMO FANTASMAS, ALIENÍGENAS E PSIQUIATRAS

Eu disse ao meu médico que estava com dificuldade para adormecer e para levantar da cama pela manhã.

– Você está deprimido – disse ele.

Eu mesmo poderia ter informado isso a ele. Estava deprimido havia anos. Sentia dores todos os dias e estava exausto de viajar 1.200 km para cada show com uma banda que ainda brigava feito crianças de colo. Era uma situação cada vez mais doida. Quando Tommy saiu da banda, minha sensação era a de que, se você não está curtindo o que está fazendo, não vai dar o seu melhor, e vai começar a se ressentir com aqueles que você acha que estão atrasando sua vida, de forma que mesquinharias ínfimas ganham uma proporção absurda, como aconteceu no aeroporto com Vince. Então, se o Tommy quer sair da banda, melhor deixá-lo colocar isso pra fora e decidir por si mesmo se fez a escolha certa ou não. Tipo quando eu estava no White Horse e os caras viviam me dizendo que eu não conseguia tocar tão bem quanto eles, então segui meus instintos e saí da banda pra fazer o que eu realmente queria. E, no fim, fui eu quem riu por último. Assim, vai saber o que vai acontecer com o Tommy?

Para a minha depressão, o médico receitou Zoloft e Wellbutrin. Fui para casa imaginando que ia me livrar da letargia, parar de fumar, ganhar um pouco de energia, sair por aí e fazer coisas. Que nada. Tomei os comprimidos e instantaneamente fui transportado para outra dimensão. À noite, acordava em pânico, pensando que estava sendo abduzido por alienígenas ou observado por fantasmas, mas olhava em volta e não havia ninguém. De repente, umas merdas estranhas começavam a pingar do teto e a se erguer do chão.

Liguei para o médico e contei o que estava acontecendo, e ele disse para continuar com os medicamentos, pois logo meu organismo se ajustaria a eles. Fiquei numa viagem de ácido ininterrupta por três semanas seguidas. A cada dia eu me afastava um pouco mais da sanidade. Quando andava em cima do meu carpete bege, via as pegadas das minhas botas brilharem num laranja fosforescente. Tive certeza de que um parafuso estava prestes a cair e então ou eu me mataria, ou pegaria uma das minhas armas e a descarregaria em todos os vizinhos. Sabia que meu cérebro estava funcionando errado, mas não havia nada que eu pudesse fazer para parar isso.

Por fim, fui me consultar com um psiquiatra e ele me diagnosticou como esquizofrênico. Ser depressivo parecia nada quando comparado com ser esquizofrênico. O psiquiatra me receitou outro comprimido para balancear os outros remédios, e então ligou para o meu ortopedista e disse a ele que cortasse o medicamento para dor que eu tomava para as costas, porque tinha medo de que eu estivesse me tornando um viciado. Nunca fui viciado – fazia um estoque de dez dias de remédio durar um mês. Mas agora, graças a todos aqueles médicos, era esquizofrênico e com dor constante devido a uma doença óssea cumulativa de trinta anos. Além disso, como efeito colateral de um dos remédios, minhas mãos começaram a inchar e eu não conseguia tocar guitarra.

Meu irmão se mudou para a minha casa para cuidar de mim. Naquela noite, meu colchão começou a ondular e a serpentear. Pensei que fosse minha imaginação de novo, mas, de manhã, meu irmão me perguntou o que eu coloquei na cama para fazê-la chacoalhar daquele jeito. Agora eu não fazia mais ideia do que era ilusão e do que não era. Sempre soube que as coisas que o governo e os cientistas nos dizem são erradas, mas agora, pela primeira vez, eu tinha provas. Os medicamentos abriram uma janela para o mundo espiritual e não havia dúvidas de que algumas das coisas que eu estava vendo realmente existiam; mas, para funcionarem no mundo cotidiano, nossas mentes têm de estreitar o campo de percepção para apenas uma pequena fresta de realidade e excluir o resto. Infelizmente, como habitante do planeta Terra, eu precisava voltar a viver nele, então liguei para o médico de novo e implorei para que ele suspendesse aqueles remédios, ao que ele me disse para ser paciente e esperar o organismo se acostumar.

Naquele dia, comecei a ouvir um rádio bem distante em outro cômodo. Porém, quando eu tampava os ouvidos, a música e as vozes ficavam mais altas. Estavam na minha cabeça. A gota d'água foi quando eu estava na cama e um fantasma cinzento lodoso me prendeu no colchão.

– Me deixe levantar ou eu vou quebrar a porra do seu pescoço! – comecei a berrar, mas ele me deixou lá preso por uma hora.

Na noite seguinte, o fantasma cinzento voltou, mas dessa vez eu o agarrei e ele desapareceu. Quando acordei de manhã, com as dores de sempre nas juntas, que dificultavam muito até mesmo eu me levantar, me dei conta de que o fantasma era a minha espondilite anquilosante encarnada. Era isso que vinha me segurando a vida inteira.

Naquele dia, liguei de novo para o médico e ele me garantiu que eram efeitos colaterais normais.

– Não acho que sejam – disse eu. – Parecem um *flashback* de ácido.

– OK – ele suspirou. – Venha até aqui.

Assim que entrei no consultório, pude ver nos olhos dele que ele ficou com medo. Eu parecia a morte de botas.

capítulo 7
TOMMY

NO QUAL NOSSO HERÓI, TENDO FEITO A JORNADA DE MENINO PARA HOMEM, CHEGA A SUA DESCOBERTA FINAL: MANTER DISTÂNCIA DAQUILO QUE O MACHUCA

Acho que a banda sempre culpou a Pamela por me influenciar a sair. Chamavam ela de Yoko e montaram um alvo de dardos com a foto dela no camarim. Porém, ela nunca me disse pra sair. Sim, ela conseguia ver a disfunção da banda, mas toda decisão que tomei musicalmente sempre tomei por conta própria. Minha saída da banda nunca deveria ter sido uma surpresa pro Nikki; eu disse os motivos a ele uma porrada de vezes, mas acho que ele simplesmente não queria acreditar nisso de verdade, depois de tudo o que passamos.

Por alguma razão, Nikki e Pamela nunca se deram bem, o que sempre foi foda pra mim, porque foi ela quem apresentou Nikki à Donna. Pamela sacou o arco de cupido, atirou nos dois e desde então eles são um amorzinho. Acho que o Vince tinha problemas com a Pamela também, porque ele afirmava que já tinha transado com ela, embora ela diga que isso nunca aconteceu, mas ele nunca teve tanta raiva quanto o Nikki, que até hoje odeia a Pamela até os ossos.

Eu me senti assim também: depois do divórcio e de não poder fazer nada enquanto ela pegava o ex, disse a mim mesmo que não voltaria nem fodendo. Aceitei o mais graciosamente que pude o fato de que eu estava demitido. Sempre que eu ia buscar os meninos, ela pedia para a babá da semana trazê-los e fingia que não estava em casa.

Porém, assim como acontecia com a Bobbie Brown, Pamela e eu não conseguíamos ficar longe um do outro. Primeiro, ela de repente começou a me ligar de novo quando eu estava saindo com a Carmen. Depois, numa tarde em que fui buscar os meninos, a babá não estava e foi a própria Pamela quem os trouxe. Instantaneamente, apesar de tudo o que passamos, ambos sentimos a mágica e aquela atração inicial que nos juntou naquela véspera de Ano-Novo cinco anos antes. Depois disso, toda vez que eu ia buscar as crianças, curtíamos um pouco – até que um dia nos vimos curtindo na cama dela. Então eu comecei a dormir lá e a passar cada vez mais tempo com ela, até que estivéssemos praticamente casados de novo. Chamei-a para vir morar comigo de novo e, nesse dia, mano, ela foi ao tribunal e finalmente retirou a ordem de restrição contra mim. Até planejamos nos casar de novo no Dia dos Namorados.

Mas nós rapidamente caímos nos velhos padrões, porque mal tínhamos resolvido nossas questões. Era difícil convencê-la a conversar, o que tornava nossas tentativas de terapia um completo desperdício. Ao invés de trabalhar as coisas, ela dava ultimatos do tipo, "se você beber, não posso ficar com você". O garoto que eu era antes da cadeia odiava ultimatos, mas agora eu tentava aceitá-los como parte da personalidade dela. Ao mesmo tempo, porém, havia tantas minas no nosso relacionamento que nós não havíamos desativado, que acabamos andando na ponta dos pés ao redor um do outro para não explodir nenhuma.

As coisas degringolaram de novo na véspera do Ano-Novo. Estávamos sentados preguiçosos vendo TV e eu disse:

– Sabe de uma coisa, é quase Ano-Novo. É o quinto aniversário de quando nos conhecemos e amanhã vai ser a porra de um novo milênio. Vamos tomar uma dose de Goldschläger, pelos velhos tempos, relaxar na Jacuzzi e nos divertir.

Ela aceitou. Durante alguns dias depois disso, sempre que conseguíamos um tempo sozinhos, dividíamos um drink e relaxávamos.

Mas depois ela começou a surtar porque, ao beber, pisamos numa daquelas minas.

– Ai, meu Deus – ela vivia dizendo. – Não acredito que bebi com você. Não deveria estar fazendo isso.

E então, quando a culpa voltava, o drama do passado vinha em seguida. Justo quando tudo isso começou a acontecer, precisei sair em turnê com o Methods of Mayhem. Quando voltei pra casa, ela estava viajando para uma gravação para TV. Ficávamos nos desencontrando, e a distância e a falta de comunicação estavam nos destruindo. E então, no Dia dos Namorados, fui demitido de novo. Do nada, ela disse que não podia mais continuar, pegou as crianças e vazou. Desapareceu por completo: liguei pra família e pros amigos dela, mas ninguém me dizia onde ela estava.

Quando ela finalmente me ligou, uma semana depois, foi pra falar da custódia do Dylan e do Brandon. Ela queria que eu assinasse um acordo unilateral que basicamente dava a ela controle completo sobre as crianças. Eu disse que de jeito nenhum e, assim que o fiz, o promotor ligou para o meu advogado dizendo que tinha uma testemunha disposta a atestar que eu andara bebendo, portanto violando a condicional. E nós sabíamos muito bem quem era essa testemunha. Passei mais cinco dias na cadeia, mas consegui continuar a ver meus filhos.

Da última vez que estive em confinamento, olhei para dentro de mim e resolvi os problemas da porra do meu desenvolvimento mental atrofiado. Depois, olhei para fora e resolvi os problemas do meu desenvolvimento musical atrofiado, porque a prisão era o único lugar onde ninguém conseguiria entrar na minha cabeça e me manipular. Dessa vez, usei o cárcere para resolver a última peça que faltava do quebra-cabeça: minha vida amorosa fodida.

Fiz três promessas a mim mesmo: nunca mais me casar depois de conhecer alguém por apenas quatro dias; me certificar de conhecer a mãe da noiva antes de me casar, o que teria me poupado de muito aborrecimento com Pamela e Heather, porque as duas eram basicamente versões mais jovens de suas mães; e que a minha próxima namorada não seria ninguém que já participou de um filme, saiu numa revista ou sequer esteve em Hollywood: seria alguém que trabalha numa loja de cosméticos em Northbrook, Illinois, ou num escritório de advocacia em Raleigh, Carolina do Norte.

Quando saí da prisão, sabia que não haveria uma terceira vez com a Pamela. Eu não ficaria com raiva ou vingativo. Na verdade, ainda a amava e sempre vou amar. Compartilhamos dois filhos e ambos estarão nas nossas vidas para sempre, então é melhor tentarmos ser amigos. Também me prometi que não venderia a minha casa, porque quero que nossos filhos possam sempre voltar à casa onde nasceram e cresceram.

Montei um novo estúdio em casa no dia em que voltei e comecei a trabalhar em mais um álbum do Methods of Mayhem. No dia seguinte, fiz uma pausa e fui comprar comida no mercado ali perto. Lá, encontrei a ex-mulher do Nikki, Brandi, por acaso. Conversamos um pouco e, depois, ela pegou meu telefone com um amigo em comum e me ligou ontem, dizendo que mora aqui do lado de casa. Então talvez eu tenha que cair pra dentro. Afinal, sou o sr. Solteiro neste momento.[49] E, além disso, acabei de ler os capítulos do Nikki deste livro e fiquei sabendo de tudo que rolou entre ele e a Honey.

49 Atualmente, Tommy Lee está casado com Brittany Furlan desde fevereiro de 2019. (N. do T.)

capítulo 8

N I K K I

DE UMA ÚLTIMA AVENTURA QUE RECAI SOBRE O NOSSO DESAFORTUNADO HERÓI E OUTRAS QUESTÕES DE PESO INDISPENSÁVEIS PARA A COMPREENSÃO CLARA DESTA HISTÓRIA

Estranhamente, com a saída do Tommy, a banda entrou pela primeira vez, segundo a minha memória, num período de estabilidade e nós gravamos o álbum que deveria ter sido o sucessor de *Dr. Feelgood*, *New Tattoo*. As altas e sombrias emoções da era *Generation Swine* começavam a se resolver: lidei com o meu pai à minha maneira, ganhei a guarda conjunta dos meus filhos com a Brandi, coloquei a banda de volta nos trilhos e relancei nossos álbuns antigos pela Mötley Records, onde venderam cinco vezes mais do que estavam vendendo na Elektra.

Mas então recebi um telefonema do meu irmão Randy, que descobriu onde a nossa irmã, Lisa, estava morando: num sanatório em Santa Cruz. Fiquei determinado a vê-la. Depois de toda a heroína, cocaína e álcool, eu enfim estava despertando para quem eu realmente era. Liguei para a minha mãe e perguntei por que ela sempre me manteve distante de Lisa, mas ela só repetia que "na época, era diferente".

Desliguei na cara dela e liguei para a clínica.

– Não quero saber do que disserem – ameacei –, vou até aí e vou ver a minha irmã.

– Como assim? – uma enfermeira perguntou amigavelmente. – Quem disse que você não poderia ver a Lisa? Você pode vir visitá-la quando quiser.

– Mas a minha mãe me disse que a Lisa não quer visitas da família.

– Você poderia ter vindo quando quisesse, seria sempre bem-vindo. Nós nos perguntávamos por que você nunca telefonava.

– Você poderia me fazer um favor? Quero saber mais a respeito dela.

Disseram-me que o aniversário dela era em 12 de novembro, que ela tinha síndrome de Down, era cega e muda, e estava confinada a uma cadeira de rodas. Tinha o coração extremamente fraco e pesava menos de 27 quilos.

– Porém, a audição dela é perfeita – disseram. – E é curioso o que você escolheu fazer da vida, porque ela adora música. Tudo o que ela faz o dia todo é ficar do lado do rádio.

Eu me senti prestes a ter um colapso nervoso. Não conseguia acreditar que tinha uma irmã incrível que eu poderia ter visitado a qualquer momento nos últimos quarenta anos. Em alguns dias, partiria para o braço seguinte da turnê do *New Tattoo*, então disse à enfermeira que visitaria Lisa quando retornasse.

Três dias depois que cheguei em casa da turnê, Jeff Varner, do escritório dos meus empresários, ligou e disse que a polícia estava lá e queria meu endereço.

– Bom, dê um recado a eles por mim – comecei minha resposta como de costume. – Mande eles se foderem. Se eles vierem até a minha casa, vão perder tempo. Não estarei aqui.

– Olha, eles realmente precisam ver você – disse Varner.

– Bom, caguei. Estou cansado de ser preso e ir pra cadeia. Além do mais, não fiz nada.

Na verdade, eu tinha feito muita coisa. Dois dias antes, meu carro foi apreendido e eu fui preso por dirigir sem habilitação. Antes disso, um segurança com quem briguei em Greensboro durante a turnê do *Swine* tinha prestado queixa, então talvez a polícia estivesse tentando me extraditar pra Carolina do Sul.

– Nikki – Varner suplicou –, estou falando sério, você precisa me dizer o seu endereço e deixar a polícia ir até aí.

– Não, não vou voltar pra cadeia. Quer saber, se livra deles e reserva uma passagem pra mim pra algum lugar legal na América do Sul. Preciso de férias mesmo.

– OK, Nikki – ele suspirou. – Te ligo daqui a pouco.

Meu telefone só tocou dali a uma hora. Quando atendi, era o Vince. Ele soava fodido, mas não bêbado. Estava chorando.

– Nikki, cara. Não sei como te dizer isso.

– O quê? O quê?

– Acabaram de encontrar a sua irmã morta.

– Quem? Qual irmã? – não sabia se era Lisa ou a minha meia-irmã, Ceci.

– Não sei. Mas é por isso que a polícia estava no escritório. Estão tentando te informar.

Liguei para o escritório e descobri que Lisa havia morrido de ataque cardíaco naquela manhã. Caí em depressão imediatamente. Estava com raiva de mim mesmo por ter adiado a visita e puto com os meus parentes por a terem mantido em segredo por toda a minha vida. Pensei em quando fomos para San Jose no nosso avião particular durante a turnê do *Girls* para quatro noites com ingressos esgotados na arena local, cheirando cocaína antes de entrar no palco para nos apresentarmos diante de dezenas de milhares de fãs aos berros, flashes explosivos, garotas excitadas e caras que nos admiravam. E o tempo todo, minha irmã com síndrome de Down estava a um quilômetro e meio de distância dali, de fralda, deitada de costas e ouvindo rádio sozinha. Eu poderia ter tentado encontrá-la naquela época, poderia ter mandado cartões de aniversário. Poderia ter mandado dinheiro pra ela e oferecido melhores cuidados, de forma que talvez ela ainda estivesse viva. Poderia ter facilmente usado os quinhentos mil dólares que ganhamos naqueles shows para começar um fundo de apoio a pessoas com síndrome de Down no nome dela.

Sempre pronto para fazer muito pouco tarde demais, fui até Santa Cruz, comprei o caixãozinho mais bonito que encontrei e organizei o funeral dela. Foi lá que vi a minha irmã pela primeira e última vez. Embora suas mãos e sua espinha estivessem deformadas, os olhos dela eram exatamente como os meus. Fiquei com minha mãe, Ceci e Donna e chorei o tempo todo.

– Sinto muito – devo ter dito umas mil vezes a Lisa naquela noite. – Vou te ver no céu.

Em seguida, ela foi cremada. Pela Lisa, perdoei minha mãe, levei a urna de volta a Los Angeles e construí uma estátua de um anjo com asas. Queria dar à Lisa o presente da liberdade e da mobilidade, porque ela nunca foi capaz de andar. Comprei um pequeno pedaço de terra no topo de uma montanha e enterrei a urna lá, debaixo da estátua, de forma que sempre que eu estiver em Los Angeles posso ir vê-la, ficar próximo dela e ser lembrado de que não estou sozinho no mundo e de que a qualquer momento posso deixá-lo para me juntar a ela.

Foi o meu primeiro passo para endireitar todos os caminhos tortos do meu passado. Antes, nunca me dei conta de que tinha o poder de quebrar o ciclo de obscurantismo, desonestidade e irresponsabilidade que herdei, e poderia fazer isso simplesmente tendo um relacionamento sólido com minha esposa e minha família, e então meus filhos não passariam a vida perdidos e se escondendo de tudo, como eu passei.

É claro que essas resoluções são mais facilmente ditas do que executadas. Graças em parte aos nossos históricos fodidos, Donna e eu não tivemos o casamento mais fácil. Porém, aprendi que relacionamentos entre seres humanos, assim como os relacionamentos numa banda, requerem trabalho e comprometimento. E estou investindo tudo o que tenho nesse relacionamento. Até começamos a ver um conselheiro familiar, o que é ótimo, porque, pela primeira vez, há alguém na minha vida que senta, me escuta e não tem medo de chamar a minha atenção quando estou mentindo ou me enganando, coisas nas quais sempre fui muito bom. Passei tanto tempo sendo um clichê do rock 'n' roll que não quero ser um clichê de pai também.

Donna descobriu que estava grávida de uma menina, nossa primeira. O nome do meu pai era Frank, e Frank foi o nome que recebi à força quando nasci. Ao recusar esse nome na adolescência, dispensei minha família e meu passado. Então, aos quarenta e um anos, quis tomá-lo de volta: Donna e eu escolhemos chamar nossa filha de Frankie Jean (Jean vem do nome da mãe da Donna, Jeanette). Ao meu ver, pegamos nossas famílias e as unimos, e eu finalmente fechei o ciclo do meu pai. Enquanto escrevo isso, meus joelhos estão no chão e eu estou rezando para que eu possa manter esse ciclo unido, intacto, para sempre.[50]

---

50 Nikki Sixx e Donna D'Errico se divorciaram em 2007. Atualmente, ele é casado com Courtney Bingham desde março de 2014. (N. do T.)

capítulo 9
MICK

DOS MAUS AGOUROS SENTIDOS POR MICK MARS AO ENTRAR NO CONSULTÓRIO DO MÉDICO E OUTROS ASSUNTOS QUE ADORNAM E CONFIRMAM ESTA GRANDE HISTÓRIA

Assim que o médico me viu, suspendeu o Zoloft e o Wellbutrin.[51] Porém, continuei a ter alucinações e a sentir pressões nos ossos. Ainda ouvia as vozes de rádio e a cama ondulava todas as noites.

Fui ao meu ortopedista e implorei para que ele voltasse a me receitar os analgésicos. Disse que meus ombros e meu pescoço estavam travados, que precisava aumentar um pouco mais a guitarra a cada vez que tocava e que tinha de movimentar o corpo inteiro para conseguir virar a cabeça. Ele nem precisava ter ouvido isso tudo; só olhou para mim, mais curvado do que nunca, e disse:

– Você está perdendo a batalha.

E ele estava certo: a espondilite anquilosante estava tomando o controle. O fantasma cinzento estava vencendo. O médico voltou a me dar os analgésicos, além de um remédio que era basicamente um Valium peso-pena. O fantasma cinzento poderia pegar o meu corpo, mas eu ficaria com a minha mente, muito obrigado. Aos poucos, as vozes na minha cabeça se foram e minha cama parou de balançar à noite. Agora, só me sinto insano metade do tempo; na outra metade, *sou* insano.

Alguns anos antes, conheci uma garota esbelta e misteriosa chamada Robbie, uma fotógrafa subaquática que estourou um tímpano durante um mergulho de duzentos pés e agora trabalhava na produção da nossa turnê para ver como as criaturas acima do nível do mar se comportavam. Falava com a inteligência e a

51 Nomes comerciais dos antidepressivos sertralina e bupropiona. (N. do T.)

sagacidade de uma mulher de quarenta anos, embora ainda estivesse apenas na casa dos vinte. Levava uma conversa de uma maneira que eu nunca consegui: tudo o que ela dizia soava bem composto e bem pensado. Fui tão cativado por ela que, depois da turnê, anotei seu telefone, deixei um recado e, por fim, fui até o Tennessee para visitá-la. Não voltei sozinho.

À medida que Robbie e eu passávamos mais tempo juntos e ela se tornou minha única amiga, percebi que ela era a mulher pela qual procurei a vida inteira e falhei miseravelmente em encontrar. Ela não curtia bebida, nem drogas, nem negócios sujos, e, consequentemente, me ajudou a me manter na linha. Além disso, ela não estava atrás do meu dinheiro, porque tinha a própria companhia, a Nature Films, que fornece fotos e vídeos para as minhas coisas favoritas depois da guitarra: o Discovery Channel, o Learning Channel e o canal da National Geographic. Vince tem Heidi, Nikki tem Donna, e agora eu tenho Robbie. Sempre que vejo imagens feitas por ela na TV, sorrio e penso: "Essa é a minha mulher".[52]

Sou um velhote agora, então é difícil para mim sair em turnê com a banda. Mas não estou tão esgotado quanto estava na época do *Generation Swine*, porque me dei conta de que o que me faz feliz é tocar do jeito que escrevi naquele anúncio no *The Recycler* que me levou ao Mötley – "barulhento, rude e agressivo". Nikki também é um velho fodido agora, mas ele ainda quer que o Mötley Crüe domine o mundo. Isso nunca vai mudar nele. "Quero vencer", é o que ele sempre diz. E sei que ele ainda é capaz de vencer. Se não acreditasse nisso, estaria com o Tommy.

Quando retornei da turnê do *New Tattoo*, Robbie olhou para mim e sorriu.

– O quê? – perguntei.

– Está voltando.

– O que está voltando?

– O comedor de gente roxo.

A aura magenta doida que Tom Zutaut viu e que eu perdi durante a turnê do *Girls* havia retornado. Mas está num estágio preto agora, meio que um roxo desbotado.

52 Mick Mars e Robbie Mantooth se divorciaram em dezembro de 2004. Atualmente, ele está num relacionamento com Seraina Schönenberger. (N. do T.)

capítulo 10
V I N C E

NO QUAL NOSSO HERÓI APRENDE A LIÇÃO DE QUE NÃO HÁ LIÇÃO ALGUMA; SÓ A VIDA

No meio da nossa turnê no Japão, Heidi me ligou. Eram 5h da manhã, então eu sabia que havia algo errado. Ela disse que meu empresário, Bert, estava em casa, em Nashville, tentando desesperadamente falar comigo. Liguei para ele, e ele mal conseguia colocar as palavras para fora.

– Você é o único com quem posso falar – disse ele. – Quando te vi passar por isso, nunca imaginei que aconteceria comigo.

Na tarde anterior, o filho de Bert desmaiou enquanto jogava basquete com os amigos. Um aneurisma o matou na hora, sem sintomas ou alertas prévios. Em seguida ao Japão, fui diretamente para Nashville para ficar com o Bert. Quando Skylar morreu, ele estava lá comigo. Agora era a minha vez, porque eu sabia exatamente pelo que ele estava passando.

Tommy, Nikki e Mick podem me malhar o quanto quiserem, mas eles não sabem – não seriam nem capazes de conceber – como é ver um filho morrer. Se eles se colocassem no meu lugar por um segundo, iriam detestar a sensação, nunca conseguiriam suportar aquela dor. Talvez assim entendessem por que caralhos eu bebo tanto.

O tempo que passei com Bert foi mais um lembrete de que a vida é curta e o amor é raro. Quando voltei para L.A., me comprometi a trocar alianças com Heidi. Depois de namorarmos por sete anos, mais tempo do que durou qualquer casamento meu, percebi que ela era minha alma gêmea. Outras mulheres namoraram comigo pela diversão – as Ferraris, os Porsches, as mansões, sem falar no sexo incrível –, mas só Heidi ficou nos momentos ruins, passou pela morte, pela depressão, pelos problemas financeiros. Ela sabia que não deveria esperar um conto de fadas rock 'n' roll, gastos de vinte mil dólares por mês em bolsas ou um marido que passou pela vida sem as cicatrizes profundas, a culpa e a raiva que vêm com o fato de ter matado um bom amigo num acidente de carro e perdido uma filha de quatro anos para o câncer. Supostamente, oitenta e cinco por cento dos casais não conseguem superar juntos a morte de um filho, sejam ambos os pais biológicos ou não. Mas, de algum modo, Heidi e eu conseguimos passar por isso, não só como amantes, mas também como melhores amigos.

Marcamos a data do casamento e então fomos comemorar a decisão num jogo de hóquei dos Kings. Depois do jogo, encontramos por acaso Tom Arnold, que nos apresentou a alguns dos jogadores. Todos eles queriam festejar em algum lugar, então eu sugeri o Havana Room, um clube privado de charuto em Beverly Hills, composto em sua maioria por produtores, atores, advogados e um ou dois cirurgiões plásticos. Acho que sou o único membro roqueiro.

Estávamos todos enchendo a cara lá – exceto o Tom Arnold, que não bebe – quando Mel Gibson, que estava sentado sozinho no bar, perguntou se podia se juntar a nós. Por fim, só sobramos eu, Mel e Heidi, às 3h da manhã. Os funcionários queriam fechar o bar, mas não queriam nos enxotar dali, então nos deixaram ficar lá sozinhos fumando charutos.

Fomos embora do clube uma hora depois e seguimos para a minha casa, onde jogamos sinuca e tiramos Polaroids palhaças uns dos outros até as 6h da manhã. Eu apaguei, mas o Mel ainda queria rock. Heidi me acordou me sacudindo à tarde, rindo:

– Não acredito que tive que expulsar o Mel Gibson de casa.

Algum tempo depois do nascer do sol, ela chamou um táxi pra levá-lo de volta ao Four Seasons. De noite, Heidi e eu vimos no noticiário uma matéria sobre como o Havana Room tinha pegado fogo. Disseram que dois cavalheiros ficaram até tarde no clube e jogaram bitucas de charutos acesas numa lixeira, que pegou fogo e incendiou todo o lugar. Agora, além de tudo, eu era um incendiário.

Pouco depois disso, Heidi e eu nos casamos de forma discreta mas maravilhosa em Beverly Hills, ao som de "Crazy Love", do Van Morrison, num círculo de madrinhas composto quase totalmente por *Playmates*. Depois de tudo que perdi, ganhei uma mulher que era a mais linda das noivas e a pessoa mais incrível por dentro e por fora que já conheci. Foi a única mulher com quem namorei que se enturmava muito bem com os caras, desde colocar dinheiro no fio-dental de strippers a fumar charutos com o Mel Gibson no nosso último encontro antes do casamento. Pedi a um dos meus amigos mais próximos em todo o mundo para ser meu padrinho: Nikki Sixx. Depois, Heidi e eu voltamos pra nossa casa em Beverly Hills e adotamos dois pastores alemães que gostam de morder o Nikki.[53]

---

53 Vince Neil e Heidi Mark se divorciaram em 2001. Atualmente, ele está em um relacionamento com Rain Hannah. (N. do T.)

Suponho que o resto da banda zombaria de mim por fazer parte de um clube de charuto, morar em Beverly Hills, ser piloto de corrida e tentar ser um tipo de magnata do entretenimento (abri uma produtora com Marco Garibaldi, Priscilla Presley e alguns corretores de ações de Chicago – talvez até chamássemos o Doug Thaler pra trabalhar na correspondência). Mas o que eles não entendem é que estou fazendo a mesma coisa que sempre fiz. Ao invés de ficar bêbado com Tommy, Nikki e os traficantes deles, fico bêbado com o Mel Gibson. Ao invés de relaxar e curtir a boa vida na praia, vivo a boa vida no Havana Room. É importante ser verdadeiro consigo mesmo e não perder a identidade forçando a barra demais para se alinhar às expectativas e regras dos outros.

Depois da insanidade da turnê do *Girls*, acho que nos perdemos de vista. O Mötley Crüe se tornou uma banda sóbria, depois uma banda sem vocalista, depois uma banda de rock alternativo. Mas todo mundo sempre adorou o Mötley Crüe por ser uma banda decadente da porra: por ser capaz de entrar no recinto e inalar todo o álcool, as garotas, os comprimidos e as encrencas à vista. Suponho que um final feliz seria dizer que aprendemos a lição e que isso é errado. Mas foda-se.

Gosto de beber de vez em quando e gosto de me meter em encrenca. Não poderia ser o vocalista do Mötley Crüe se não gostasse. Passei por processos, divórcios, vícios, tentativas de suicídio e mais mortes do que eu gostaria de pensar. É hora de me divertir de novo.

Foi por isso que, quando contratamos meu velho amigo Randy Castillo[54] para assumir o lugar do Tommy na bateria e nos trancamos no estúdio para gravar *New Tattoo*, foi tudo muito fácil. Não havia danos cerebrais, nem esperas de duas semanas para conseguir um timbre de guitarra ou um som de caixa. Voltamos ao básico e finalmente aceitamos o fato de que somos o Mötley Crüe. Não somos uma banda de rap, não somos uma banda pop. Somos apenas uma banda que canta sobre as alegrias do goró, do sexo e dos carros. Uma banda que prospera em não se assentar. Prosperamos com as brigas e ao juntarmos três contra um. Prosperamos comigo sendo despedido, com Tommy saindo, com Nikki tendo uma overdose e com Mick sendo um velho pirado. Tudo o que deveria ter nos matado só nos tornou mais perigosos, poderosos e determinados.

Se eu estivesse na MTV quando perguntaram à banda sobre minas, fogo e laquê, não teria ficado na defensiva como o Nikki. Teria dito o seguinte: "Quer saber de uma coisa, a gente gosta de fogo, a gente gosta das minas e a gente gosta de laquê. E isso é muito melhor do que ser chato".

54 Randy Castillo adoeceu algumas semanas antes do início da turnê de *New Tattoo*, quando precisou ser substituído por Samantha Maloney, e faleceu em 2002 de carcinoma. (N. do T.)

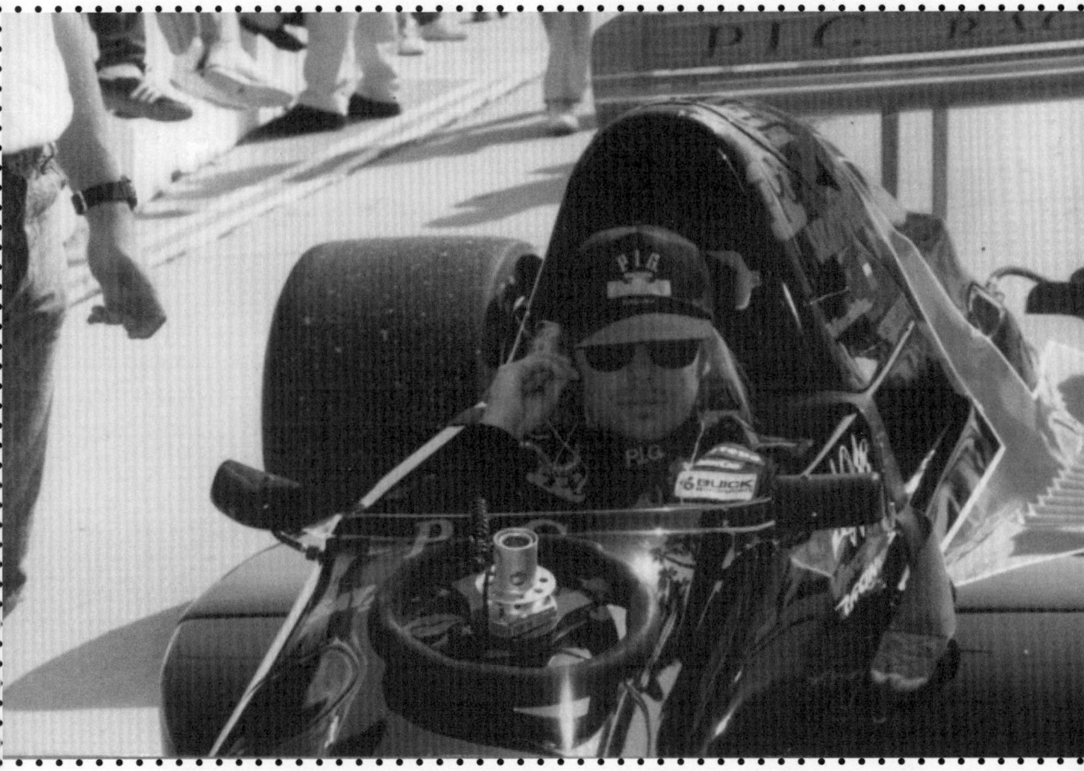
P.I.G.
BUICK

capítulo 11

TOMMY

DE UM FINAL, UM NOVO COMEÇO E DE ÁGUAS PASSADAS

Estava subindo as escadas para deixar os meus filhos na escola no primeiro dia de aula, quando olhei pra cima e vi a silhueta do Nikki no topo da escadaria. Lembrava um sonho que eu sempre tinha com ele. Fazia um ano desde a última vez que o vira ou falara com ele.

Encontrei-o no topo da escada e dei oi. Ele acenou com a cabeça.

– Os seus filhos estudam aqui também? – perguntei.

– Sim, estão bem ali naquela sala.

– Que viagem. Nossos filhos estão na mesma sala, mano.

Estávamos os dois de calça e camisa social, o que era muito pouco natural pra nós, mas não queríamos que os nossos filhos passassem vergonha com os pais roqueiros sujos. Nikki sorriu e nós nos abraçamos. Era uma baita de uma viagem: lá estávamos, dois caras que destruíram a porra do planeta juntos, se reencontrando na escadaria de uma porra de uma escola de ensino fundamental.

– Nunca estive aqui, como chego na sala? – perguntei ao Nikki.

Ele me conduziu para dentro do prédio e me apontou o corredor. Disse a ele que voltaria em um minuto; queria ter certeza de que meu filho ficaria tranquilo e contente. Nikki disse que esperaria e, quando eu voltasse, poderíamos tomar café juntos e conversar sobre os velhos tempos.[55]

55 Tommy Lee retornou ao Mötley Crüe em 2004. (N. do T.)

Porém, acabei ficando meia hora com o Brandon, porque ele estava apreensivo e assustado. Quando voltei ao saguão, não havia ninguém lá. Corri pra fora do prédio até a escadaria e olhei à minha volta. Nikki tinha sumido. Desci as escadas e espiei pela janela da sala de aula, para me certificar de que o Brandon estava fazendo amigos. E ele estava: ria de alguma coisa. Dei mais um passo para ver do que ele estava rindo e vi o filho do Nikki, Decker, tirando a camisa. Toda uma nova geração de Sixxes e Lees – e Neils e Marses – estava prestes a ser solta pelo mundo.

E assim NOSSOS HERÓIS COMPLETARAM DUAS DÉCADAS DE UMA ODISSEIA DE AVENTURAS ANIMALESCAS EM UNÍSSONO, DEPOIS DE APRENDER GRANDES, PEQUENAS E NENHUMA LIÇÃO. AGORA, DEVEMOS DEIXÁ-LOS PARA QUE SIGAM SEUS CAMINHOS DESVAIRADOS: PARA QUE FIQUEM MAIS SÁBIOS, AMEM SUAS ESPOSAS E PAGUEM PENSÃO A VIDA TODA; PARA QUE LEIAM ESTA HISTÓRIA PARA SEUS FILHOS, TOQUEM GLORIOSAMENTE PARA MULTIDÕES E RETORNEM REPETIDAS VEZES AO REFORMATÓRIO FEDERAL. CARO LEITOR, VIRE-SE PARA FITAR AS COSTAS DELES MAIS UMA VEZ, E VOCÊ OS VERÁ DESAPARECER, GALOPANDO RUMO AO SOL QUE SE PÕE PARA CONQUISTAR NOVAS TERRAS, CANTANDO UMA NOVA CANÇÃO QUE DEVERÁ SER SEMPRE A MESMA. ELA É MAIS OU MENOS ASSIM:

GASTEI UM MILHÃO DE DÓLARES EM ANFETAMINAS,
BATI MUITOS CARROS,
TREPEI COM TODAS AS ESTRELAS TOLAS DE HOLLYWOOD,
PORQUE EU PUDE, PORQUE NÓS PUDEMOS.

ENTÃO VOCÊ ADORAVA NOS ODIAR NOS NOSSOS JATOS PARTICULARES.
É ENGRAÇADO COMO VOCÊ ENCHIA O SACO E RECLAMAVA
PORQUE VOCÊ FICOU GORDA E RICA.
E, QUANDO EU MORRER,
TUDO O QUE VOCÊ VAI COLOCAR NA MINHA LÁPIDE É QUE...

SOU TÃO FALSO,
SOU UM BASTARDINHO SUJO.
FALSO, SEMPRE FUI TÃO PLASTIFICADO.
FALSO, É O QUE VOCÊ DIZ.
FALSO, SOU UMA PUTINHA SUJA.
FALSO, SOU TUDO ISSO E MAIS.
PARECE QUE EU SOU FALSO, EXATAMENTE...
EXATAMENTE IGUAL A VOCÊ.

QUARENTA BILHÕES DE DISCOS E CONTANDO.
NUNCA LEVAMOS UM GRAMMY.
AINDA NÃO JOGAMOS O JOGO DE HOLLYWOOD
COMO DEVERÍAMOS.

MEU ANEL DE DIAMANTE E MINHAS MARATONAS DE COCAÍNA,
CHAPADO NAS SUAS SERINGAS.
VENDI MINHA ALMA ENQUANTO VOCÊ VENDIA DISCOS.
FUI SEU ESCRAVO DESDE SEMPRE.

VOCÊ É TÃO FALSO,
VOCÊ É UM BASTARDINHO SUJO.
FALSO, VOCÊ É SEMPRE TÃO PLASTIFICADO.
FALSO, ENTÃO VOCÊ DIZ QUE É VERDADE.
PARECE QUE EU SOU UM FALSO EXATAMENTE IGUAL A VOCÊ.

NÃO SOU MORDAZ, SOU SÓ MELHOR.

AGRADECIMENTOS

Fazer algo do jeito do Mötley é fazer do jeito difícil. E este livro foi feito do jeito do Mötley. Seu percurso interminável até a publicação envolveu discussões, brigas, vinganças, doenças, advogados, prisões, divórcios, drogas, trocas de tiros, clubes de strip e, mais flagrantemente, e-mails escritos tudo em caixa alta. Na verdade, você nem estaria segurando *The Dirt* nas suas patinhas sujas neste momento se não fosse pelas seguintes pessoas:

Na Left Bank Organization, um agradecimento do tamanho da Bullwinkle a todo mundo, especialmente a Allen Kovac, que garantiu que *The Dirt* permanecesse sujo; a Jordan Berliant, que moveu montanhas e outras maravilhas naturais incomensuráveis, como egos humanos, para que este livro acontecesse (qualquer hora dessas, pergunte a ele como era visitar o Tommy Lee na cadeia); a Jeff Varner, que teve seu primeiro filho enquanto tentava manter esses moleques aqui na linha; à poderosa equipe jurídica formada por Jim Kozmor e Justin Walker, além do advogado da banda, Doug Mark, de fato poderosos; a Carol Sloat, que tanto sofreu por nós e reclamou tão pouco; e a Sue Wood, que gostou tanto de transcrever centenas de horas de áudio que transformou uma gravação do Nikki Sixx na mensagem da secretária eletrônica dela: "Ei, eu já te contei da vez que o Ozzy lambeu o meu mijo?". Louvores poderosos também a Randy Castillo e Samantha Maloney, cujas vozes serão ouvidas em *The Dirt, Livro II: Oh, Não, Não de Novo*.

Na ReganBooks, agradecimentos especiais a Jeremie Ruby-Strauss, a quem culpamos por ter começado essa bagunça toda; a Dana Albarella, que concluiu incansavelmente a bagunça que o Jeremie começou; a Lauren Boyle, que sofreu pacientemente ao longo disso tudo; a Andrea Molitor, por fazer a escrita deste livro parecer profissional; e a Judith Regan, nossa incansável capataz e árbitra da qualidade. Agradecimentos adicionais a John Pelosi, um dos únicos advogados que sabe a diferença entre o Monster Magnet e "The Monster Mash".

Obrigado também a todo mundo da Deluxe Management, como Carl Stubner, Jade McQueen e Brian Clausen. A dois agentes literários, Sarah Lazin e Ira Silverberg, que provavelmente ficariam felizes em nunca mais ouvir as palavras Mötley Crüe.

O maior agradecimento de todos vai para as incansáveis legiões de Crüeheads, especificamente a Paul Miles, do Chronological Crüe, cuja lista de correções foi quase tão longa quanto este livro; a Brent Hawryluk, que sacrificou noites e dias diante do videocassete para gravar imagens clássicas do Crüe em troca desse agradecimento insignificante; e a Laura Arroyo e Caitlin "Cat" Uecker, que são demais.

Quanto a todos os outros que talvez a gente tenha esquecido, vão se foder.

CRÉDITOS FOTOGRÁFICOS

Don Adkins: páginas 13, 60
Nelson Chenault: páginas 123, 174, 280, 293, 295
Coffman and Coffman Productions: páginas 69, 163, 242
Bob Gruen/Starfile: encarte de fotos, página 15 (acima)
Ross Halfin/Idols: páginas 2, 291, 411, encarte de fotos, página 1
William Hames: páginas 168, 169, 206, 218, 224, 227, 350, encarte de fotos, página 6
Barry Levine: páginas 17, 33, 52, 138, 166, 410, 415, 421, 423
Dean Messina: encarte de fotos, página 11
Cortesia do Mötley Crüe: páginas 18, 19, 21 (acima e abaixo), 24, 34, 36, 41, 45, 53, 59, 62, 68, 75 (acima e abaixo), 77, 80, 81, 85, 103, 105, 106, 107, 113, 119, 126, 132, 136, 143, 149, 165, 178, 181, 182, 189, 199, 203, 207, 223, 229, 234, 238, 245, 256, 274, 289, 296 (acima, no meio e abaixo à direita) 297, 306, 313, 344, 367, 373, 374, 379, 383, 389, 429, 434, 437, encarte de fotos, páginas 3 (esquerda), 4 (abaixo), 9, 12, 16 (acima e abaixo)
Paul Natkin: encarte de fotos, página 7
Anastasia Pantsios: 91, 100, 154, 158, 334
Jim Prue: página 131
Chuck Pulin: página 368; encarte de fotos, página 15 (abaixo)
Mick Rock/Starfile: página 440; encarte de fotos, página 5
Terry Sesvold: página 102; encarte de fotos, página 8
Cindy Sommerfield: páginas 193, 230, 241, 242, 268, 279, 336, encarte de fotos, páginas 10, 13
Mark Weiss: páginas 146, 155, 202, encarte de fotos, página 9
Neil Zlozower: 145; encarte de fotos, páginas 2, 3 (direita), 4 (acima), 14
Vinnie Zuffante/Starfile: páginas 173, 354

2020 - 4 reimpressões
Este livro foi composto em Caslon e impresso em Papel Ivory Slim 65, Gráfica Pallotti em março de 2024.